Franco Cardini

FRIEDRICH I. BARBAROSSA

Kaiser des Abendlandes

VERLAG STYRIA

Titel des italienischen Originals:
Il Barbarossa.
Vita, trionfi e illusioni di Federico I° imperatore;
Arnoldo Mondadori Editore, Milano 1985.
Ins Deutsche übertragen von Sigrid Spath.

Umschlagbild: Friedrich I. Barbarossa.
Flachrelief vom Portal des Doms von Freising, 2. Hälfte 12. Jh.
Archiv für Kunst und Geschichte, Berlin.

CIP-Titelaufnahme der Deutschen Bibliothek

Cardini, Franco:
Friedrich I. [der Erste] Barbarossa : Kaiser des Abendlandes /
Franco Cardini. [Übers. aus d. Ital. von Sigrid Spath]. –
Graz ; Wien ; Köln : Verl. Styria, 1990
ISBN 3-222-11971-6

1990 Verlag Styria Graz Wien Köln

Umschlaggestaltung: Hans Paar

ISBN 3-222-11971-6

Franco Cardini   Friedrich I. Barbarossa

Inhalt

I.
„Wie die Fische im Meer“

Das abendländische Reich Karls des Großen verdankt seine Entstehung in der Weihnachtsnacht des Jahres 800 wohl einem Mißverständnis zwischen dem Papst und dem Frankenherrscher, wahrscheinlich dem allzu ehrgeizigen Programm, einen Gegenpol zu jenem byzantinischen Kaiserreich zu errichten, das ja – ob man will oder nicht – tatsächlich nicht Erbe, sondern die ununterbrochene Fortführung des Römischen Reiches war. Man stellte sich immer wieder die Frage, worin denn die spezifische Eigenart jenes Experimentes bestanden habe, das immerhin eine „Institution“ ins Leben rief, die – unter vielfältigen Veränderungen – ihrerseits ein Jahrtausend europäischer Geschichte geprägt hat und deren Mythos den endgültigen Niedergang ihres letzten, fernen Epigonen, des österreichisch-ungarischen Habsburgerreiches, in mehrfacher Hinsicht überlebt hat. War es ein „Vorspiel“ oder eher ein „Fehlstart“ Europas?[1] Fest steht, daß bereits zur Zeit Karls des Großen die Verteilung der verschiedenen Regionen auf ebenso viele Mitglieder der kaiserlichen Familie die künftigen Bruchlinien des im Jahr 800 geschaffenen, aber freilich nie einheitlichen Gefüges angezeigt hatte; darüber hinaus war damit auch angedeutet, daß sich langsam ein französisches „Nationalbewußtsein“, vorwiegend fränkisch-lateinischen Charakters, im westlichen Teil des Reiches und ein nicht mehr ganz allgemein germanisches, sondern richtiggehend deutsches „National-“ bzw. vor allem Kulturbewußtsein im östlichen Teil abzeichnen und herausbilden würde. Die Wiege des Reiches war Franken, d. h. der südöstliche (zwischen Mittelrhein und Main gelegene) Ausläufer der antiken Regio Austrasia, die an das Gebiet der Alamannen (Schwaben) und der Bayern angrenzte. Im Zuge weiterer Reichsteilungen, der daraus folgenden Kämpfe und vor allem seit dem Vertrag von Verdun 843 hatten sich die *Francia occidentalis* und die *Francia orientalis* (d. h. das westliche und das östliche „Frankenland“) zunehmend auseinandergelebt; und dieses Ostfranken sollte schon bald zum eigentlichen Kern dessen werden, was wir Deutschland nennen. Unter den Nachkommen des großen Frankenkaisers hatte Ludwig – mit dem Beinamen „der Deutsche“ – zunächst die Angliederung Bayerns vollzogen, zu dem nach und nach Schwaben, Franken, Sachsen und Thüringen hinzugekommen waren: also das östlich des Rheins gelegene Gebiet des fränkischen Reiches. Die genauen Grenzen dieser Territorien, die zunächst als Siedlungsgebiete der entsprechenden Volksstämme zu verstehen sind, lassen sich nur schwer angeben. Aus der Aufteilung des Frankenreiches und der Einverleibung der fränkischen, schwäbisch-alamannischen, bayerischen und sächsisch-thüringischen Volksstämme in eine, freilich stets „unvollkommene“ historisch-politische Gemeinschaft entstand also die deutsche „Nation“. Auch wenn sich diese Stämme in Sprache und Kultur gewiß sehr ähnlich waren, kann man doch keineswegs behaupten, sie hätten tatsächlich *ein* Volk gebildet. Ein vorübergehender Zusammenschluß der verschiedenen karolingischen Königreiche unter Karl dem Dicken in der zweiten Hälfte des 9. Jahrhunderts scheiterte unter anderem wegen des Aufstandes des „ostfränkischen“ Adels im Jahr 887, der seinerseits einen neuen König wählte. Als 921 der König der Ostfranken, Heinrich I., am Rhein, unweit von Bonn, mit dem König der Westfranken, Karl III., einen Vertrag schloß, in dem die Gleichberechtigung und Unabhängigkeit der beiden Königreiche gegenseitig anerkannt wurde, war die Trennung zwischen Deutschland und Frankreich endgültig vollzogen. Einige Jahrzehnte später, 962, wird Otto I. von Sachsen (seit 936 deutscher König und seit 951 König Italiens) in Rom von Papst Johannes XII. die Kaiserkrone empfangen, nachdem ihn das Heer der deutschen Stämme bereits 955 nach dem Sieg über die Ungarn in der Schlacht auf dem Lechfeld zum Kaiser ausgerufen hatte. Aber das neue Großreich – *imperiale regnum,* wie es sich selbst bezeichnete – war zum Unterschied von dem vorhergehenden Karolingerreich schon bei seiner Entstehung von einem tief nationalen Charakter geprägt. Die alte *Francia occidentalis* (Westfranken) ebenso wie der Landgürtel der burgundisch-provenzalischen Gebiete, die das alte Lothringen bildeten, standen dieser neuen Herrscherautorität fern; das Königreich Italien sah sich nur insofern an sie gebunden, als jener Mann in Personalunion die Kaiserkrone und die deutsche Königskrone trug, der, wie schon gesagt, seit 951 auch König Italiens war.

Von da an war das geschichtliche Schicksal Frankreichs und Deutschlands von tiefgreifender Verschiedenheit gekennzeichnet. Das Deutsche Reich, das sich im 10. Jahrhundert fest in den Händen der Liudolfinger Herzöge von Sachsen befand, hatte es verstanden, sich gegen die von den verschiedenen „nationalen Herzogtümern“ (Sachsen selbst, Franken, Bayern, Schwaben) vertretenen zentrifugalen Bestrebungen durchzusetzen und ein Gleichgewicht zwischen kirchlicher und königlicher Macht herzustellen, das, wenn auch mit Ungewißheiten und Kompromissen, bis um die Mitte des 11. Jahrhunderts währen sollte. Das Königreich Frankreich dagegen hatte eine lange Zeit innerer Fehden – wir sprechen von „Feudalanarchie“ – zu bestehen. Es war die Zeit der Befestigung des Landes und der Entstehung des neuen Standes der *milites* oder Ritter, die sich streng von den *rustici,* d. h. den unbewaffneten Bauern, unterschieden.

Eine Zeit harter kriegerischer Auseinandersetzungen, von denen uns in einigen *Chansons de geste* (Ritterepen), die uns Bilder von schrecklichen Episoden überliefert haben, wahrscheinlich ein glaubwürdigeres Echo, als man annehmen würde, erhalten geblieben ist: in jenem „christlichen“ Mittelalter hatten die einander befehdenden Fürsten – jeder mit einer entsprechenden Schar von Leibwächtern – keine Hemmungen, Kirchen zu entweihen, Klöster anzuzünden, ja – wie man in einem Text liest – um den Hauptaltar ihr Lager aufzuschlagen und die Stangen der Metallkreuze als Ständer für ihre Jagdfalken zu verwenden.

Wie die ersten Menschen in ihren schlechten Handlungen von keinem Gesetz, von keiner Ehrfurcht gebremst wurden, sondern sich zügellos der Gefräßigkeit, der fleischlichen Lust und jedem anderen Laster hingaben, genauso treibt jetzt ein jeder, was er will, indem er jegliche Achtung vor den menschlichen und göttlichen Gesetzen beiseite läßt und die bischöflichen Erlässe mißachtet. Der Stärkere unterdrückt den Schwächeren, und die Menschen sind wie die Fische im Meer, die sich gegenseitig fressen; die Ungerechtigkeit wird dadurch gestärkt, daß sich Ungerechtigkeit über Ungerechtigkeit häuft. Daher kommt, was wir in der ganzen Welt sehen: Beraubung der Armen und Plünderung der Kirchen und ihrer Güter. Daher rühren die nicht zu stillenden Tränen und die Trauer: bis das von diesen Schrecken ausgelöste Klagegeschrei – wie einst jenes der Bewohner von Sodom – zum Himmel dringen und sich erfüllen wird, was die Stimme des Herrn durch den Psalmisten verkündet: „Weil mich das beklagenswerte Elend und Wehklagen der Schwachen jammert, werde ich mich jetzt erheben."[2]

Mit diesen Worten klagte der Erzbischof von Reims auf einer im Jahr 909 in Trosly bei Soissons abgehaltenen Synode über das zerrissene Frankreich seiner Zeit. Auf der gleichen Synode war ein ganzes Kapitel – mit dem vielsagenden Titel *De rapinis* – den Gewalttätigkeiten gewidmet:

. . . sie haben den Waisen den Esel, der Witwe den Ochsen geraubt; sie haben die Armen von der Straße getrieben, die Sanftmütigen unterdrückt; sie ernten die Felder ab, die ihnen nicht gehören, in den Weingärten, deren Besitzer sie gewaltsam vertrieben haben, lesen sie die Trauben; sie rauben die Menschen aus, ja reißen ihnen die Kleider vom Leib und lassen sie nackt in der Kälte zurück; bei ihrem Wüten plündern sie die Waisen und die Masse der Armen aus.[3]

Man mag einwenden, daß in dieser Zeit wie in ähnlichen Zusammenhängen die kirchlichen Quellen dazu neigen, in Anpassung an die biblisch-literarischen Vorlagen ihre Darstellungen in noch düstereren Farben zu zeichnen: so ist z. B. das nachdrückliche Betonen des von den Waisen und Witwen erlittenen Unrechts wörtlich aus dem Buch Hiob entnommen. Doch die Prälaten, die zu dieser wie zu vielen anderen Synoden zusammengetreten waren, bedienten sich natürlich auch deshalb der biblischen Erinnerung, weil sich der biblische Text in seiner ganzen Tragik als zu dem gegenwärtigen Geschehen passend erwies. Unter der Schale der Worte aus dem Alten Testament tut sich vor ihnen greifbar eine ganze Welt der Gewalt und des Elends auf. Witwen und Waisen gehören zur Klasse der Schutzbedürftigen; sie sind anerkanntermaßen dringend auf die Beschützung, die *tuitio,* die Verteidigung durch den König angewiesen und haben auch ein Recht darauf; die *tuitio* ist eines der Elemente der *pax regis,* des vom König verbürgten Friedens.

Wenn aber der König seinen Pflichten nicht ausreichend nachkam oder die öffentliche Macht sich außerstande zeigte, die Schwächsten zu schützen, würde der Herr selbst eingreifen: die Liturgie einer *missa contra tyrannos* aus dem 10. Jahrhundert nennt ihn *pater orphanorum e iudex viduarum,* also Vater der Waisen und Richter der Witwen. Ab dem Ende des 10. Jahrhunderts wird sich in ganz Frankreich jene Bewegung für den Gottesfrieden, die *Pax Dei,* herausbilden, der es zu verdanken war, daß Adelige und Ritter, von kirchlichen Instituten, allen voran dem Kloster von Cluny, angespornt und häufig von den Gemeinden der Bürger und Bauern unterstützt, eine drastische Verringerung privater Kriege und Gewalttätigkeiten erzwangen. Die *Pax Dei* würde nicht nur ein wesentlicher Faktor der Kirchenreform des 11. Jahrhunderts, sondern auch der Wiederherstellung des französischen Staatsgefüges sein.

Im Laufe der zweiten Hälfte des Jahrhunderts, unter König Philipp I., wies das Land bereits klare Anzeichen der Erholung und Befriedung auf. Ohne Zweifel war die Krone gegenüber den großen Landesfürsten – dem Herzog der Normandie, der 1066 auch England erobert hatte, den Herzögen von Aquitanien und Burgund, den Grafen von Anjou, Toulouse, Flandern usw. – noch zu schwach, sie erstarkte aber und konnte ihre Autorität ausweiten. Entscheidend zu dieser Normalisierung beitragen würde der Erste Kreuzzug (1096–1099), der das Land von so manchem hohen Adelsherrn und von einer Horde habgieriger und gewalttätiger Ritter befreite.

In Deutschland hingegen, wo die sächsischen und fränkischen Dynastien, die abwechselnd den Thron innehatten, über ein Jahrhundert lang mehr oder weniger Frieden und Sicherheit gewährleistet hatten, begann sich eine entgegengesetzte Tendenz abzuzeichnen. Unter dem Frankenkönig Heinrich III. (1017 bis 1056), den Konrad II. (um 990–1039) schon als zehnjährigen Knaben im Jahr 1028 zum Mitherrscher hatte krönen lassen, war das Reich noch stark. Nach dem Tod des Vaters 1039 war Heinrich alleiniger deutscher König: er war damals ungefähr 22 Jahre alt. Durch seine frühzeitige Designation und Krönung war dem Reich die Krise der Herrschernachfolge erspart geblieben; und noch vor einer anderen Gefahr war der neue Herrscher, obwohl noch sehr jung, geschützt: daß, weil er noch minderjährig war, die Einsetzung eines Stellvertreters auf dem Thron notwendig gewesen wäre. Als deutscher König hatte er nach dem von Otto I. eingeführten Brauch auch das Recht auf die Krone Italiens; und auf die Krone von Burgund, die sein Vater beim Tod König Rudolfs III. (993 bis 1032) von Burgund 1032 an sich gezogen hatte. Zu Weihnachten 1046 hat Heinrich III. in Rom die Kaiserkrone empfangen, auf die er durch den Besitz der deutschen Königskrone ein Recht hatte, die aber jedem neuen Herrscher vom Papst direkt aufs Haupt gesetzt werden mußte.

Als deutschem König war es Heinrich III. zunächst darum gegangen, über die sogenannten „Stammes-" oder „nationalen Herzogtümer", also die fünf Herzogtümer Lothringen, Alamannien-Schwaben, Bayern, Sachsen und Franken, seine Gewalt tatsächlich auszuüben. Darum galt es erst einmal zu verhindern, daß sich auch nur zwei von ihnen in der Hand eines einzigen Fürsten vereint fänden und sich dieser so ein Machtzentrum schaffen könnte, das als Konkurrenz zu jenem des Königs zu fürchten gewesen wäre; sodann war es notwendig, das Prinzip des Erbherzogtums zu bekämpfen und der Regelung feste Geltung zu verschaffen, wonach die Herzogtümer öffentlichen Ämtern gleichgestellt waren und die Herzöge daher vom König ausgesucht werden konnten. Auf diese Weise gelang Heinrich – wenn auch auf die Gefahr, dadurch schwere Krisen auszulösen – die endgültige Teilung des Herzogtums Lothringen in ein Ober- und ein Niederlothringen; als er nach dem Tod seines Vaters alleiniger König Deutschlands war und daher auf die Herzogtümer Bayern und Schwaben, deren unmittelbarer Inhaber er bis dahin gewesen war, dem Brauch entsprechend verzichten mußte, übertrug er zunächst beide Heinrich von Luxemburg; als dieser 1047 starb, zog es der König aber vor, sie wieder zu trennen und jedem von ihnen einen eigenen Landesherrn zu geben; im Jahr 1055 gelang es ihm auf geradem Wege wieder unmittelbar Herr über Bayern zu werden; und er übertrug dieses Herzogtum seiner Frau Agnes.

Auch was das Königreich Burgund angeht, verfolgte Heinrich eine Politik zur Stärkung der königlichen Vorrechte und verfügte die Einrichtung einer von der deutschen getrennten Kanzlei, die er dem Erzbischof von Besançon übertrug.

Als ehrgeizigem Herrscher war ihm zudem sehr an der Führung des Königreiches Italien sowie daran gelegen, jene Macht über den Papst in Rom beizubehalten, welche die römisch-deutschen Kaiser seit Otto I. innehatten und unter deren Schutz sie auch eine moralische Erneuerung der Kirche gelobt und gefördert hatten. Darüber hinaus hatte er seine Anstrengungen ernsthaft für eine tatkräftige Ostpolitik eingesetzt: Einschränkung der Bedrohung durch die am Unterlauf der Elbe angesiedelten slawischen Stämme und Stärkung der Vorherrschaft des Deutschen Reiches über Böhmen und die Nachbarreiche Ungarn und Polen. In der Tat zwang Heinrich im Jahr 1041 Böhmen zur Annahme der Lehnsoberhoheit und nötigte zwei Jahre später Ungarn, den von ihm bestellten Kandidaten zum König zu wählen und ihm die Gebiete zu überlassen, die später Teil der Mark Österreich werden sollten. Für eine derart dynamische Politik brauchte der König möglichst gesicherte Ordnung und Frieden in Inneren. Deshalb hatte er im Jahr 1043 die Einführung der *Pax Dei*, des Gottesfriedens, zu der es ein halbes Jahrhundert vorher in Frankreich gekommen war, um den Mangel an öffentlicher Macht aufzufangen, kurzerhand auf sein deutsches

Königreich ausgeweitet. Indem er diese *Pax Dei* persönlich von der Kanzel des Konstanzer Münsters herab verkündete, wollte der Kaiser Gott selbst zum Zeugen seines Friedenswillens und seiner Friedensbemühungen machen.

Doch im Oktober 1056 starb der große Herrscher, noch nicht vierzigjährig. Seinen 1050 geborenen Sohn Heinrich IV. hinterließ er in der Obhut der Kaiserin Agnes und des Erzbischofs Anno von Köln; das Kind war bereits 1053 im Alter von drei Jahren zum König gekrönt worden.

Die Hilfsmaßnahme der vorzeitigen Krönung des Thronfolgers half zwar dynastische Krisen vermeiden und verhinderte, daß sich bei der Nachfolge, wenn auch nur zufällig, im Gegensatz zum dynastischen Prinzip das Wahlprinzip durchsetzte, doch gab es keine deutsche Rechtspraxis, die die stellvertretende Regentschaft für den (noch minderjährigen) König geregelt hätte. So entfesselten sich hinter dem Rücken und auf den schwachen Schultern eines Kindes die härtesten Machtkämpfe: ein Staatsstreich schaltete Agnes als Regentin aus; die Regentschaft ging von ihr zunächst auf den Erzbischof von Köln und dann auf Adalbert von Bremen über. Als Heinrich schließlich mündig geworden war, befand sich das königliche Erbe in schwer angeschlagenem Zustand, die Fürsten standen am Rande des Aufruhrs, und die vom heftigen Windstoß einer Reform aufgerüttelte Kirche strebte – mit dem Dekret über die Papstwahl von 1059, das die diesbezüglich von Otto I. bestätigten kaiserlichen Vorrechte praktisch außer Kraft setzte, und dann mit dem Kampf gegen Simonie und Konkubinat des Klerus, der schließlich zu einem Kampf gegen die kaisertreuen alten kirchlichen Hierarchien wurde – entschlossen die *Libertas Ecclesiae* an, also die vollständige Freiheit der kirchlichen Einrichtungen gegenüber dem römisch-deutschen Kaiserreich und, auf weitere Sicht, ihre strenge Unterordnung unter den päpstlichen Stuhl.

Die 40 Regierungsjahre Heinrichs IV. (von 1066, als er mündig wurde, bis 1105, als er zur Abdankung genötigt wurde) waren schwere und bewegte Jahre, durchwegs gekennzeichnet vom Konflikt mit dem römischen Papsttum und mit den innerkirchlichen Reformkräften. Und das führte denn auch zur ernsthaften Schwächung der Autorität des Kaisers in den deutschen Landen. Die Notmaßnahme zur Kontrolle der „nationalen Herzogtümer“ durch die königliche Ernennung von Herzögen aus anderen Stämmen – so z. B. des Schwaben Berthold von Zähringen in Kärnten oder des Sachsen Otto von Northeim in Bayern – wurde zwar weiterhin angewandt, sie erbrachte jedoch keine zufriedenstellenden Ergebnisse.

Auf der Suche nach einer soliden politischen Basis, auf die sich die Macht des Königs stützen könnte, wandte sich Heinrich IV. Sachsen zu. Verglichen mit Südwestdeutschland herrschten dort noch recht altertümliche Gesellschaftsstrukturen: der Feudalismus war noch nicht so ausgeprägt, und es gab noch einen gefestigten Stand freier Bauern mit einer noch immer lebendigen kriegerischen Tradition, während die Grafschaften – als von einem königlichen Beauftragten geleitete öffentliche Landkreise – wahrscheinlich noch stark waren (ob davon auch noch in der Zeit Heinrichs IV. die Rede sein kann, muß allerdings bezweifelt werden). Der König hielt es jedenfalls für möglich, Sachsen zum Machtkern seiner Herrschaft zu machen. Er führte dort eine Rechtsordnung ein, zu deren Merkmalen auch Prozesse nach dem königlichen statt nach dem Gewohnheitsrecht gehörten; er leitete eine Bestandsaufnahme des Vermögens der Krone ein – die in vieler Hinsicht an das *Domesday Book* der normannischen Könige in England erinnert –, und schließlich entwarf er ein System kaiserlicher Festungen, die er sogenannten *ministeriales,* d. h. Verwaltern einfacher, ja sogar niedriger Herkunft, die zudem aus dem Süden des Landes stammten, übergab; es sollte das Gerüst der Herrschaft des Königs bilden.

Die sächsischen Adeligen waren jedoch weder bereit, sich an die Zügel nehmen zu lassen noch sich zu unterwerfen. Herzog Ordulf aus dem mächtigen Geschlecht der Billunger leitete selbst von Anfang an den Widerstand gegen das Vorhaben des Kaisers, das, wäre es verwirklicht worden, die Rolle und Stellung des Herzogs (deren Beziehungen zur Krone niemals klar formuliert worden sind) praktisch ihres Inhalts entleert hätte. Otto von Northeim, Herzog von Bayern, konnte seinerseits als Ordulfs Kollege nicht die drohende Gefahr einer kaiserlichen Politik unterschätzen, die es ganz offensichtlich darauf abgesehen hatte, die Macht der Herzöge einzuschränken; und als gebürtiger Sachse war er mit dem Adel jenes Landes, vor allem mit den mächtigen Grafen von Stade, eng verbunden. Der Kaiser setzte Otto von Northeim unverzüglich ab und berief an seine Stelle Herzog Welf IV.: aber da war der Aufstand bereits ausgebrochen. Der Kaiser wurde 1073 in der Burg Harzburg bei Goslar belagert, und die Situation konnte nur durch Vermittlung Bertholds von Zähringen einigermaßen behoben werden. Auf dem Reichstag zu Würzburg im darauffolgenden Oktober wurde der Kaiser gezwungen, seine Vorhaben aufzugeben: daraufhin begann man sogar mit dem Abbruch der königlichen Festungen, während 1075 ein zweiter sächsischer Aufstand – diesmal der Bauern – ausbrach und nur gewaltsam niedergeschlagen werden konnte. Auf das zeitliche Zusammentreffen gewisser Ereignisse braucht nicht eigens hingewiesen zu werden: 1073 besteigt der „geschichtliche“ Gegner Heinrichs IV., Hildebrand von Soana, als Gregor VII. den päpstlichen Thron; und zwei Jahre darauf, 1075, formuliert der Papst jenen *Dictatus Papae,* der das Ende der Abhängigkeit der Priesterschaft und kirchlichen Hierarchie vom weltlichen Reich, ja die Anmeldung der hierokratischen Forderungen des Bischofs von Rom anzeigt. Die politischen und diplomatischen Unternehmungen der päpstlichen Kurie gewannen von nun an entscheidenden Einfluß auf das Geschehen in den Königreichen Deutschland und Italien. Wenn im Januar 1076 ein Konzil, zu dem sich 20 deutsche Bischöfe versammelt hatten, die Wahl Gregors für ungültig erklärten, was Heinrich als *defensor Ecclesiae* – eine dem König zustehende Aufgabe, die bei der Krönung feierlich bestätigt wurde – die Möglichkeit gab, den Papst für abgesetzt zu erklären, so konnte Gregor seinerseits über den König den Kirchenbann verhängen und so deutlich machen, daß es sich bei dem im *Dictatus Papae* formulierten Programm nicht um leere Buchstaben handelte. Die darauf folgende Episode von Canossa ist bekannt: Der König sah sich zur Selbstdemütigung genötigt; im Büßergewand im Schnee kniend mußte er geduldig warten, bis ihn der Papst in der Apenninenburg empfing, wo er sich als Gast der Gräfin Mathilde von Tuszien aufhielt. Zur damaligen Zeit hatte freilich eine solche Szene der Buße und anschließenden Vergebung im Grunde nichts Seltsames an sich und schon gar nicht haftete ihr etwas „Demütigendes" in unserem heutigen Verständnis dieses Wortes an. Von größerer Bedeutung war der Umstand, daß die von den päpstlichen Legaten unterstützten Gegner Heinrichs 1077 in Forchheim in der Person des Schwabenherzogs Rudolf von Rheinfelden einen neuen deutschen König wählten. Die Stellung des Gegenkönigs erwies sich allerdings schon bei den ersten Schlägen als wesentlich schwächer als die des legitimen Herrschers. Rudolf verdankte seine fragwürdige Krone der Gunst des Papstes und eines Teiles des Adels; er sah sich daher, wollte er sich diese Gunst erhalten, zu dauernden Zugeständnissen genötigt. Andererseits war die Vorstellung von der Rechtmäßigkeit des dynastischen Prinzips zu tief verwurzelt, als daß der Adel sie leichtfertig aufkündigen und sich gar unbefangen für jenes Wahlprinzip entscheiden konnte, das immerhin eine altehrwürdige Form des Gewohnheitsrechts war. Schließlich war das aufstrebende städtische Bürgertum, das Heinrich in vieler Hinsicht gefördert hatte, unverzüglich bereit, den König mit aller Entschlossenheit zu unterstützen.

Um sich die Gunst des Papstes und damit die Voraussetzung für seine Krone zu erhalten, hatte Rudolf von Rheinfelden freie Wahl der Bischöfe versprochen und vielleicht sogar den Vollzug der Abhängigkeit vom Heiligen Stuhl angedeutet. Er starb jedoch bereits im Jahr 1080; und die anschließende Kandidatur einer zweitrangigen Gestalt wie des lothringischen Grafen Hermann von Salm als Gegenkönig zeigt, wie sehr die Partei der Aufrührer inzwischen an Ansehen eingebüßt hatte. Heinrichs Einzug in Rom im März 1084, wo Gregors Gegenpapst, Wibert von Ravenna, der den Namen Clemens III. angenommen hatte, ihn zum Kaiser krönte, während Gregor mit Hilfe der Normannen aus Süditalien eben noch die Flucht gelang, bedeutete einen großen Erfolg des salischen Herrschers, der 1085 für das gesamte Reichsgebiet die *Pax Dei* ausrufen konnte. Doch schon flammten die Kämpfe wieder auf, und obwohl der müde gewordene Kaiser 1103 in Mainz feierlich einen öffentlichen Reichsfrieden für vier Jahre verkünden konnte, sah sich nicht nur der deutsche Hochadel, sondern sogar die Familie des Kaisers in die Auseinandersetzungen verwickelt. Im Dezember 1104 erhob sich Heinrich V., Sohn Heinrichs IV. und seit langem als sein Thronfolger gekrönt, gegen den Vater und zwang ihn zur Abdankung und Verbannung; und so starb der betagte Kaiser im August 1106 als Verbannter. Der neue König ließ indessen erkennen, daß er die Pläne seines Vaters sowohl gegenüber den Päpsten wie auch gegenüber dem deutschen Adel weiterzuverfolgen gedachte. Der Kampf entbrannte daher aufs neue mit aller Härte, und wie gewöhnlich bildeten die kirchlichen Fragen in Deutschland einen hervorragenden Vorwand für neue Aufstände gegen die Krone und für neue bürgerkriegsähnliche Vorkommnisse.

Als Heinrich V., ohne direkte Erben zu hinterlassen, im Mai 1125 starb, erlitt das Prinzip der dynastischen Erbfolge eine unvermeidliche Unterbrechung, die den Ambitionen der Reichsfürsten, vor allem der Herzöge, freie Bahn ließ. Die stärkste Stellung unter ihnen behauptete zweifellos Heinrich, genannt „der Schwarze", ein Nachkomme jenes Welf, der auf Wunsch Heinrichs IV. Otto von Northeim als Herzog von Bayern ersetzt hatte. Aber neben dieser wichtigen Adelsfamilie gewannen die Herzöge von Schwaben an Bedeutung; obgleich eher bescheidener Abstammung hatten sie es verstanden, während der Herrschaft Heinrichs IV. zu einer beachtlichen Rolle aufzusteigen. Der Begründer des erfolgreichen Aufstiegs der Dynastie war Friedrich von Büren (oder Beuren) gewesen, dessen Treue der Kaiser damit belohnt hatte, daß er dessen Sohn Friedrich I. 1079 mit dem Herzogtum Schwaben belehnte und ihm seine Tochter Agnes zur Frau gab. Der Name „Staufer", wie sich dieses Geschlecht künftig auch nennen würde, rührt von dem Bergfelsen bei Göppingen in Schwaben her, dem Hohenstaufen, auf welchem sie ihre Stammburg errichtet hatten; sie waren bekannt als „die Herren vom Hohenstaufen".

Unter den übrigen mächtigeren Adelsfamilien kam eine besondere Rolle den Zähringern zu, die einige der von Deutschland nach Italien führenden Straßen kontrollierten.

Aber seit Mitte des 11. Jahrhunderts hatte nicht nur der hohe, sondern auch der niedere Adel die ständigen Kämpfe genutzt, um angesichts jener bis dahin nur mäßig vorhandenen Feudalbindungen, die sich jetzt immer weiter auszubreiten begannen, die im Land bestehenden Machtverhältnisse umzugestalten. Auf diese Weise wurde die Krone, außer in den ihr direkt zugehörigen Gebieten, zunehmend von der Möglichkeit des unmittelbaren Eingreifens ausgeschlossen. Diese Entwicklung, verbunden mit dem parallel einhergehenden Verfall der freien Stände und der zunehmenden Bedeutung der Amtswalter niedriger Herkunft, der sogenannten *ministeriales,* bewirkte innerhalb weniger Jahre, daß das alte System der Kontrolle durch die öffentliche Macht rasch brüchig wurde.

Das war die Zeit, wo auf deutschem Boden die Ritterburgen emporwuchsen; ein Phänomen, das in Frankreich bereits seit dem 9./10. Jahrhundert vertraut; in Deutschland aber verhältnismäßig neu war. Bis dahin hatte die Krone streng darüber gewacht, die Errichtung von Festungen möglichst zu unterdrükken, wobei es in zahlreichen Fällen sogar zur Beschlagnahme kam. Jetzt dagegen entstanden nacheinander die Wehrburgen, und von der jeweils bekanntesten ihrer Burgen übernahmen die Adelsfamilien für sich selbst den Namen. Die Staufer, die Zähringer, später die Supplinger (die Familie Kaiser Lothars) gaben sich nach dem bedeutendsten oder ihnen teuersten ihrer Burgfelsen den Namen, unter dem sie dann auch in die Geschichte eingehen sollten.

Als Heinrich V. 1025 starb, oblag die Wahl des künftigen deutschen Königs – der als solcher auch designierter Kaiser sein würde – traditionsgemäß dem Adel. Seite an Seite mit den weltlichen saßen als Wahlmänner auch die Kirchenfürsten: zunächst die Erzbischöfe der drei Rheinmetropolen Köln, Mainz und Trier und sodann jene der im Zuge der Ausweitung des Deutschen Reiches nach Osten gegründeten Diözesen Bremen, Hamburg, Magdeburg und Salzburg. Praktisch waren deshalb nach alter deutscher Tradition, die dieses Recht allen Freigeborenen zubilligte, alle, die mit einer feudal-herrschaftlichen Macht ausgestattet waren, zur Wahl des Königs berechtigt. Tatsächlich waren es jedoch nur einige Dutzend Fürsten, die das entsprechende Ansehen besaßen und mit ihrer Stimme in der einen oder anderen Richtung den Ausschlag geben konnten; und unter ihnen war die Stimme der geistlichen Fürsten noch ausschlaggebender als die der weltlichen, weil sie zwar nicht direkt nach der Krone streben, jedoch mit einem starken moralischen Einfluß rechnen konnten und sich nicht nur auf ihre unmittelbaren Gefolgsmänner zu verlassen brauchten. Die für Deutschland charakteristische Gestalt des „geistlichen Reichsfürsten" war einige Jahre zuvor klarer bestimmt worden, als durch das 1122 zwischen Papst Calixtus II. und Kaiser Heinrich V. abgeschlossene Wormser Konkordat die deutschen Bischöfe, die bis dahin als Amtsträger der Reichsmacht gegolten hatten, mit einigen rechtlich dem König zustehenden Rechten und Privilegien, den *iura regalia,* ausgestattet worden waren: und die Investitur begründete jetzt ein üblicherweise unwiderrufliches Recht. Dadurch hatte die Bedeutung des – weltlichen und geistlichen – Feudaladels gegenüber der Krone außerordentlich zugenommen.

Die Königswahl des Jahres 1125 kündigte sich als besonders heikel und mühsam an. Man begann damit, daß man unter den Hunderten Mitgliedern des Hochadels, die sich den Zugang zum aktiven Wahlrecht, einem, wie schon erwähnt, einst allen Freigeborenen zustehenden Gut, bewahrt hatten, für jeden der vier großen Volksstämme (Sachsen, Franken, Schwaben, Bayern), die das deutsche Volk bildeten, zehn Wahlmänner auswählte. Sie benannten ihrerseits vier Kandidaten: einen für jede Gruppe. Auf diese Weise wurde dem Prinzip der ethnischen Herkunft einigermaßen Rechnung getragen; es blieben jedoch noch andere Prinzipien zu beachten oder einzubringen, die herkömmlicherweise bei der Wahl des Königs bestimmte Geltung hatten, nämlich das dynastische Prinzip, das Prinzip der Einsetzung durch den verstorbenen Herrscher, das Prinzip der freien Wahl, das Prinzip der Wahl durch eine begrenzte Gruppe von Repräsentanten von Familien, die als Träger besonderer Charismen angesehen wurden. Keines dieser gewohnheitsrechtlichen Prinzipien – die in der Tat kaum miteinander in Einklang gebracht werden konnten – war durch genaue Bestimmungen geregelt. Das letzte Wort hatten am Ende daher tatsächlich die Macht und die politische Vermittlung.

Die größten Chancen unter dem Gesichtspunkt der verwandtschaftlichen Bande mit dem verstorbenen Herrscher hatte Friedrich von Hohenstaufen, der seit 1105 Herzog von Schwaben und zudem durch seine Mutter Agnes von Franken Erbe des Familienvermögens jenes Geschlechtes war, dem der verstorbene Herrscher angehört hatte. Da Agnes die Schwester Heinrichs V. war, war Friedrich der Neffe des Kaisers, der ihn vor seinem Tod zu seinem Nachfolger bestimmt und ihm den Schutz seiner Frau, der Kaiserin Mathilde, welcher die kaiserlichen Insignien übergeben worden waren, anvertraut hatte. Er war also ohne Zweifel einer der eindrucksvollsten und mächtigsten Fürsten des Reiches.

Aber gerade deshalb waren der deutsche Hochadel und insbesondere die geistlichen Fürsten seiner Erhebung auf den Thron keineswegs gewogen. Was würde bei einem so starken Herrscher mit den Privilegien der Fürsten geschehen? Erzbischof Adalbert von Mainz, der als Erzkanzler bei den Wahlarbeiten den Vorsitz führte, holte bei Friedrich in der Richtung Erkundigungen ein, die alle Magnaten interessierten: Würde er bereit sein, seine Wahl zum König als Ergebnis einer Verhandlung mit den Fürsten anzusehen und sich dementsprechend zu verhalten? Doch die Antwort des Herzogs von Schwaben sollte ihn nicht beruhigen.

Ein anderer Kandidat für die Krone war Markgraf Leopold III. von Österreich, der zufällig Friedrichs Stiefvater war, da die Prinzessin Agnes von Franken ihn in zweiter Ehe geheiratet hatte. Aber auch ihm gelang es nicht, sich bei den Wahlmännern ausreichende Sympathien zu verschaffen.

So wurde – auf eine von Erzbischof Adalbert betriebene Kandidatur hin – Lothar aus der Familie der Grafen von Supplinburg zum König gewählt. Der Familienname rührte von einer Burg bei Braunschweig her. Als Lothar III., der 1106 der Familie der Billunger als Herzog von Sachsen nachgefolgt war, den Thron bestieg, war er ungefähr 50 Jahre alt. Ohne männliche Nachkommen, stand er im Ruf der Treue zu der Kirche, die aus der Reform des vorigen Jahrhunderts hervorgegangen war. Es besteht also kein Zweifel, daß die Gunst der geistlichen Fürsten für seine Wahl ausschlaggebend gewesen ist. Darüber hinaus konnte seine Wahl zum König auch einen unterschwellig mitschwingenden antifränkischen (und infolgedessen antischwäbischen) Charakter haben, da sich Lothar ja bereits 1123 offen gegen Heinrich V. aufgelehnt hatte: und als dieser starb, war der Aufstand noch im Gange. Die Wahlarbeiten waren also mühsam und wurden erst Ende August 1125 abgeschlossen. Innerhalb der aktiven Wählerschaft, also der 40 Fürsten, hatten sich verschiedene Konflikte zwischen weltlichen und geistlichen Fürsten und zwischen *maior pars* (der zahlenmäßigen Mehrheit) und *sanior pars* (der Mehrheit der angesehensten und würdigsten Wahlmänner) abgezeichnet. Insgesamt also kein sehr zuverlässiges Ergebnis.

Auch Lothar sprach sich nicht ausdrücklich für das Wahlprinzip und für dessen Vorrang vor dem dynastischen Prinzip bei der Wahl des Königs aus. Er war jedoch schwach genug, dem Adel zu versichern, daß er in dieser Frage niemals Druck auf ihn ausüben würde. Das dynamische Element in der deutschen Politik zu jenem Zeitpunkt stellte im übrigen die Familie der Hohenstaufen dar, die wenige Monate später, im Dezember auf dem Reichstag zu Regensburg, wo gegen die Regelwidrigkeit der Königswahl protestiert wurde, den Anspruch auf ihr dynastisches Recht geltend machten. Lothars Antwort war äußerst klar und bezeichnend. Er war sich bewußt, daß der Frage der Stämme – und, begrenzter, auch der Frage der Wahlrechte und Wahlprozeduren – jetzt nur mehr geringe Bedeutung zukam. Was wirklich zählte, war das Kräftemessen zwischen den großen Adelsgeschlechtern: und da er eine der angesehensten dieser Familien gegen sich hatte, suchte er die Unterstützung der anderen, nämlich der Welfenherzöge von Bayern. Er gab seine Tochter Gertrud dem neuen bayerischen Herzog Heinrich X. dem Stolzen zur Frau, der auf diese Weise – mit den Besitzungen seiner eigenen Familie sowie den ihm durch die Heirat neu zugefallenen – zum mächtigsten Lehnsherrn des Deutschen Reiches wurde. Mehr noch: Die Ehe Heinrichs von Bayern mit Gertrud von Sachsen stellte, im Abstand von einigen Jahren, eine Situation dar, die Ähnlichkeit mit jener hatte, welche durch die Vermählung Friedrichs I. von Schwaben mit Agnes von Franken geschaffen worden war. In beiden Fällen heiratete ein hoher Herr, Haupt eines Stammherzogtums, eine Prinzessin von königlichem Geblüt. Somit würde beim Tod König Lothars III. Herzog Heinrich X. sich die Ansprüche, die Friedrich von Schwaben den deutschen Fürsten 1125 vorgelegt hatte, zu eigen machen und im Namen des dynastischen Rechts für die Königskrone kandidieren und damit eine Wende der vorherigen Situation herbeiführen können. Ganz deutlich zeichnete sich nunmehr der Konflikt zwischen den Welfen von Bayern und den Hohenstaufen von Schwaben ab. Diese reagierten sofort und beriefen am 18. Dezember 1127 einen Reichstag der mit ihnen sympathisierenden Fürsten ein, der die Krone einem Gegenkönig zuerkannte: Konrad, dem jüngeren Bruder Friedrichs. Viele schwäbische, fränkische, niederlothringische und österreichische Adelige unterstützten ihn. Wie ein halbes Jahrhundert zuvor stand man wieder vor einem Bürgerkrieg. Doch geben wir zu: Es läßt sich kaum mit Sicherheit sagen, welcher von den beiden – Lothar oder Konrad – tatsächlich „König" war und welcher dagegen unrechtmäßiger König und somit als „Gegenkönig" bezeichnet werden mußte. Denn auch wenn es zwar zutrifft, daß Lothar zuerst gewählt worden ist und die Wahl Konrads als die einer Partei hingestellt werden konnte, so trifft es auch zu, daß die Wahl von 1125 durch eine zumindest verdächtige Prozedur zustande gekommen war und daß im übrigen das dynastische Recht tief im allgemeinen Bewußtsein verwurzelt war und nicht durch das bloße Einvernehmen eines Teiles des Adels beiseite geschoben werden konnte.

Lothar wußte sehr wohl, daß er in Wirklichkeit am Seil balancierte. Einerseits wollte er sicher nicht auf den Thron verzichten; andererseits verfügte er objektiv weder persönlich noch in seiner Familie über ausreichende Kräfte, um der schwäbischen Mannschaft entgegenzutreten, es sei denn, er würde sich zunehmend auf die Hilfe des mächtigen Schwiegersohnes verlassen. Dieser Entscheidung stand er jedoch abneigend gegenüber: er hätte es vorgezogen, sich eine autonome Machtbasis aufzubauen, hatte dafür aber keine andere Waffe, als die Gunst von Kräften zu gewinnen, die ihn zu unterstützen bereit waren. Diese Unterstützung forderte freilich ihren Preis: Lothar III. kam dem dadurch nach, daß er die Zugeständnisse an den deutschen Feudaladel vermehrte[4] und sich zugleich als äußerst treu gegenüber der Kirche erwies; er mischte sich nicht in die bischöflichen Angelegenheiten ein (was die Absetzung einer Reihe von Diözesanbischöfen, die dem Papst nicht genehm waren, möglich machte); er war getreuer Vollstrecker und Garant der von der Krone mit dem Wormser Konkordat übernommenen Verpflichtungen, und seine Achtung den Bischöfen gegenüber ging sogar so weit, daß er auf den formellen Akt der *commendatio* von ihrer Seite, nachdem sie bereits geweiht worden waren, verzichtete.

II.
„Hie Welf – hie Waiblingen!“

Die Beachtung der Wormser Verträge war nur eine der Komponenten, auf die sich der, wenn auch bedenkliche Ausgleich zwischen Kirche und römisch-deutschem Kaiserreich stützte: um so bedenklicher dann, wenn man der (heute der Wahrheit wegen fallengelassenen) Vorstellung folgt, die Kirche habe erkennen lassen, daß sie von ihrer Seite diese Verträge nicht als endgültig bindend, sondern nur gegenüber dem Herrscher, der sie abgeschlossen hatte, Heinrich V., als gültig betrachte und daher annehme, daß sie jedesmal, wenn ein neuer Monarch den Thron besteige, erneuert werden sollten. Aber da gab es andere Probleme: allen voran die Frage der Güter, die Mathilde, Markgräfin von Tuszien, der römischen Kirche vermacht hatte.[1]

Zu den Reichslehen Mathildes gehörten außer der Markgrafschaft Tuscia (Toskana) auch die Grafschaften Parma, Reggio, Modena, Ferrara, Verona, Brescia und Mantua; aber sie verfügte auch über sogenannte Allode, d. h. Freigüter, im Apennin in der Nähe von Reggio und Bologna, weiters in der Poebene bei Mantua und Ferrara, in der Romagna und im toskanischen Val di Serchio sowie in Versilia. Mathilde, die ihre Allode im Jahr 1102 dem Heiligen Stuhl geschenkt hatte,[2] hatte sie von diesem als Lehen zurückerhalten mit dem Vorrecht, im Rahmen der Gepflogenheiten darüber zu verfügen; sie hatte sie daher im Jahr 1111 Heinrich V. als Lehen übertragen, der dadurch – was diese Güter betraf – unvermutet zum Lehnsmann des Papstes wurde.[3] Der Kaiser, der sich als oberster Souverän betrachtete, hatte freilich nie die entsprechende Huldigung geleistet: was von seiner Seite der Erklärung gleichkam, daß er diese Güter (trotz der unbestreitbaren Gültigkeit der Schenkung von 1102) noch immer als Allode und damit als ihm voll übertragen ansah. Durch die Vermählung der Agnes mit Friedrich I. von Schwaben konnten diese Güter als zu dessen Vermögen gehörig betrachtet werden; dagegen hatte Lothar III. bei der Heirat zwischen seiner Tochter Gertrud und Heinrich dem Stolzen dem Schwiegersohn auch die Rechte über das ansehnliche toskanische Erbe abgetreten. Im übrigen sei vermerkt, daß der Onkel Heinrichs des Stolzen, also Welf V.,[4] sich im Jahr 1089 mit Mathilde vermählt hatte; die Ehe war aber 1095 wieder getrennt worden. So geriet schließlich auch die Frage um Mathilde von Tuszien und ihr Erbe in das „Bündel“ von Rivalitäten, die zwischen Welfen und Staufern gärten. Lothar hatte übrigens der Kirche, um die Probleme mit ihr beizulegen, die

Eigentumsrechte über Mathildes Güter zuerkannt, wobei er sich darauf beschränkte, sich gegen eine große Geldsumme über deren Verwendung zu vergewissern: ein Akt, der als typisch lehnsabhängig angesehen werden kann. Und in Rom ließ man sich keine derartige Gelegenheit entgehen.

Papst Honorius II., der in diesen Jahren regierte, zweifelte nicht an der Notwendigkeit, einen Herrscher, der sich als so treuer Sohn der Kirche erwies, zu unterstützen. Zu Beginn des Jahres 1127 hatten die deutschen Bischöfe – die sich nicht zufällig in Würzburg zu einer qualvollen Bischofswahl versammelt hatten, während welcher die Haltung des Königs dem Standpunkt Roms das Übergewicht verschafft hatte – über Gegenkönig Konrad den Kirchenbann verhängt; man darf als wahrscheinlich annehmen (auch wenn es nur eine Quelle klar ausspricht), daß der Papst diese schwerwiegende Entscheidung bestätigt hat.

Konrad war indes weit davon entfernt, sich zu ergeben. Im Jahr 1128 zog er nach Italien, wo Anselm Pusterla, der Erzbischof von Mailand, ihm dem Brauch gehorchend die eiserne Reichskrone aufsetzte. Die Antwort Honorius' II. ließ nicht auf sich warten: ein in Pavia zusammengetretenes Konzil sprach in Anwesenheit des päpstlichen Legaten, Kardinal Johannes, über den ambrosianischen Erzbischof den Bann aus. Aber auch zahlreiche lombardische Städte hatten ihm gegenüber eine feindselige Haltung eingenommen – wahrscheinlich nicht aus Haß gegen den schwäbischen Herrscher, sondern gegen das ihm gewogene Mailand; es handelte sich u. a. um die Städte Pavia, Novara, Brescia, Piacenza, Cremona. Konrad III. hatte außerdem gehofft, bei seinem kurzen Italienaufenthalt das verwickelte Problem der Mathildischen Güter zu seinem Vorteil in Ordnung bringen zu können; aber auch hier sollte er auf die, man kann sagen, einhellige und massive Feindseligkeit aller an der Betreuung jener Güter beteiligten lokalen Kräfte stoßen.

Wenig später machte das Schisma, das in jenen Jahren die abendländische Christenheit zerriß, den Bürgerkrieg in Deutschland noch verworrener und grausamer. Nachdem Honorius II. am 13. Februar 1130 gestorben war, gelang es einer Gruppe von Kardinälen, die Wahl eines römischen Adeligen, Gregor Papareschi, Kardinaldiakon von Sant'Angelo, zum Papst durchzusetzen; er nahm den Namen Innozenz II. an; aber nach kurzer Verwirrung kam es zur Spaltung des Kardinalskollegiums, und ein Teil der Kirchenfürsten stimmte ihrerseits für einen anderen adeligen römischen Prälaten, Petrus Pierleoni, der als Papst den Namen Anaklet II. wählte.

Das Problem bestand nicht nur in den Modalitäten der in der Tat von beiden Seiten ziemlich regelwidrigen Doppelwahl. Tatsache ist, daß hinter Gregor Papareschi eine Schar größtenteils nicht-römischer Kardinäle stand, die sich nicht an die strengen alten Kirchenvorstellungen gregorianischen Ursprungs gebunden fühlten; während umgekehrt der von einer Mehrheit römischer Prälaten geförderte und vom ungestümen „Volk" von Rom leidenschaftlich unterstützte Petrus Pierleoni den Willen verkörperte, mit Festigkeit und Strenge – aber vielleicht ohne die nötige Sensibilität für die veränderten Zeitumstände – auf dem von dem großen Gregor VII. vorgezeichneten Weg weiterzugehen.

Innozenz II. mußte also Rom verlassen; er begab sich nach Frankreich, wo er allerdings nicht allein die Unterstützung des Hofes, sondern auch die des „spirituellen Herrschers“ der damaligen Christenheit, Bernhard von Clairvaux, erhielt. Dieser bemühte sich zusammen mit dem Kanzler der römischen Kirche, Kardinal Haimerich – dem Hauptinitiator der Wahl von Innozenz –, fieberhaft darum, Anhänger für die Sache seines Papstes zu gewinnen. Und so kam es, daß Frankreich, England und Deutschland Innozenz unverzüglich anerkannten.

Die deutsche Situation ist für uns besonders bezeichnend. Bernhard wußte, daß er sich hier auf einen großen und treuen Freund stützen konnte: den Prämonstratensermönch Norbert von Xanten, der 1126 unter recht stürmischen Umständen und nicht zuletzt auch dank des Verhaltens König Lothars Erzbischof von Magdeburg geworden war. Norberts Einfluß war zweifellos entscheidend, um den König von der gerechten Sache des Papstes Innozenz zu überzeugen.

Das Schisma zwischen Innozenz und Anaklet diente jedenfalls – wie es in solchen Fällen immer geschah – den verschiedenen politischen Kräften im Abendland als Vorwand, die darin wetteiferten, dem einen oder anderen der beiden Päpste gegen Zugeständnisse oder Belohnungen, die sie dann auf die Waagschale ihrer Rechte werfen konnten, ihre Unterstützung zu verkaufen. Ein sehr klares Beispiel für das alles bietet die Politik Rogers II., des normannischen Nachkommen Robert Guiscards, der gerade damals, 1127, die Herzogtümer Apulien und Kalabrien und die Grafschaft Sizilien geerbt und vereinigt hatte.[5] Roger bedurfte dringend einer Legitimation seiner Stellung; und dazu konnte er sich nur an den Papst wenden, dem die Normannen bereits im vorigen Jahrhundert die Oberhoheit über ihre süditalienischen Eroberungen zuerkannt hatten. Nun aber gab es zwei Päpste: Roger war sich darüber im klaren, daß er sich nicht auf Innozenz stützen konnte, der – obgleich aus Rom vertrieben – auf internationaler Ebene der Stärkere und daher nicht auf seinen Beistand angewiesen war. Außerdem war er jetzt ganz offenkundig der Papst des deutschen Königs; und das römisch-deutsche Reich hatte niemals aufgehört, mit besorgniserregendem Interesse auf den Süden Italiens zu blicken.

Aus diesem Grund trat Roger II. für den Gegenpapst Anaklet ein; und er wurde dafür großartig belohnt. Mit einer in Benevent unterzeichneten Bulle vom 27. September 1130 rief Anaklet Roger II. unter der päpstlichen Oberhoheit zum König von Sizilien aus und setzte außerdem das Erbrecht seiner Familie in dem neuen Königreich fest, das den ganzen Süden der italienischen Halbinsel und Sizilien umfaßte. Einige Monate später, am schicksalhaften Weihnachtstag, der bei den abendländischen Monarchen für Krönungen beliebt war, wurde Roger zum König gekrönt. Das neue Königreich, das im Mittelmeer lag und sich zeitweise gegen den Balkan, gegen Afrika und das Heilige Land hin erstreckte, ragte als stolze Herausforderung gegenüber den beiden Kaiserreichen, dem römisch-deutschen und dem byzantinischen, empor. Seine Errichtung stellte eine kühne Provokation dar, die an Narrheit grenzte; aber sie war auch ein genialer Handstreich. Roger wußte gut, daß er seine Krone einem Papst verdankte, den nahezu das gesamte Abendland für unrechtmäßig hielt und dessen Sache früher oder später besiegt sein würde; aber er wußte ebenso gut, daß, würde es ihm gelingen, die ersten Reaktionen zu überwinden, der andere Papst – der Sieger in dem mit dem Schisma eröffneten Streit – gar nicht anders könnte, als die Entscheidungen des Rivalen zu bestätigen, um mit aller Klarheit die Lehnshoheit über ein eindrucksvolles Königreich zu beanspruchen.

Unterdessen kam es im März 1131 in Lüttich zur Begegnung zwischen Innozenz II. und Lothar III. Der Abt von Clairvaux verfolgte aufmerksam den Ausgang der Verhandlungen, und es war vielleicht großenteils ihm zu verdanken, wenn sie den Anschein eines außerordentlichen Erfolges der geistlichen Macht über die weltliche annahmen. Lothar stimmte zu, dem Papst durch eine bedeutungsvolle Geste zu huldigen: er bot ihm seine Dienste an, indem er rituell als sein Marschall fungierte, das heißt ihm den Bügel hielt, während er ihm in den Sattel half, und dann ein Stück weit sein Pferd am Zügel führte.

Es mag auch sein, daß sich Lothar nicht in allen Phasen der Begegnung von Lüttich dem Papst gegenüber so nachgiebig und verfügbar gezeigt hat, wie in dem Augenblick, als er einer derart kompromittierenden symbolischen Zeremonie zustimmte. Man darf sicher nicht den großen Einfluß unterschätzen, den Männer wie Bernhard von Clairvaux und Norbert von Xanten auf ihn hatten; zweifellos befand er sich jedoch auch gegenüber Innozenz in einem Zustand politischer Unterlegenheit. Die offenkundige Schwäche Anaklets hinderte ihn daran, im Streitfall zum taktischen Mittel der Drohung zu greifen, den Gegenpapst unterstützen zu wollen; eine solche Drohung wäre wenig glaubhaft gewesen. Umgekehrt hatte Innozenz die Situation insofern in der Hand, als er wohl wußte, wie sehr Lothar in Deutschland von der politischen und militärischen Opposition der Hohenstaufen verfolgt wurde. Eine bloße Andeutung von Widerstand gegen seine Forderungen seitens des Edlen von Supplinburg – und Innozenz hätte ihm sofort damit gedroht, Konrad von Schwaben zu unterstützen. So sah sich Lothar gezwungen, jeder päpstlichen Forderung zuzustimmen und sich vor allem zu verpflichten, möglichst bald nach Italien zu ziehen, um aus den Händen des Papstes die Kaiserkrone zu empfangen, aber auch und vor allem um diesen wieder in jenem Rom einzusetzen, ohne das er nicht auskommen konnte.

Erst im August 1132 konnte der deutsche König den vorgesehenen Zug nach Italien unternehmen: die Lage des Reiches hatte es ihm nicht früher gestattet. Er zog über den Brenner und weiter nach Verona; nervenaufreibend langsam kam er voran und traf erst im Frühjahr 1133 in der Nähe von Rom mit Innozenz zusammen. Der Widerstand Anaklets, der sich in der Stadt verschanzt hatte, konnte nur zum Teil gebrochen werden: der Gegenpapst hielt die Engelsburg fest in seiner Hand und kontrollierte die Petersbasilika, in der traditionsgemäß die Zeremonie der Kaiserkrönung stattfinden sollte. Lothar mußte sich daher damit zufrieden geben, daß er am 4. Juni in der Lateranbasilika gekrönt wurde.

Zur Erinnerung an das Ereignis wurde der Lateran dann mit einem berühmten Fresko geschmückt, das zur Quelle späterer Spannungen zwischen Papsttum und Reich werden sollte. Es stellte den neuen Kaiser dar, wie er Innozenz II. huldigte, und wurde von einem lateinischen Zweizeiler kommentiert, in dem darauf hingewiesen wurde, daß der Kaiser erst, nachdem er den Eid auf die *Urbis honores* (d. h. die Rechte der Stadt Rom) abgelegt und dem Papst seine Huldigung geleistet hatte, aus seinen Händen die Krone des Reiches empfangen habe. Der *Dictatus Papae* Gregors VII. hätte nicht klarer illustriert werden können. Das Fresko ist wahrscheinlich einige Jahre nach Lothars Krönung entstanden: vielleicht 1139 anläßlich des 2. Laterankonzils. Wie einschränkend auch immer die Szene der Huldigung wohl tatsächlich verstanden werden mußte – nämlich nur auf die Güter Mathildes bezogen –, so konnte man sich doch kaum dem Eindruck entziehen, daß sie besonders und in erster Linie einen Bezug zur Kaiserkrone deutlich machen sollte. Oder es steht zumindest außer Zweifel, daß sie in der Folge so interpretiert wurde.

Man darf nicht vergessen, daß gerade in diesen Jahren Honorius Augustodensis in seinem Werk *Summa gloria de Apostolico et Augusto* behauptete, mit der „Konstantinischen Schenkung" habe der Kaiser dem Papst nicht nur die Reichskrone übertragen (das VIII. Kapitel des *Dictatus Papae* erklärte, daß nur der Papst sich der kaiserlichen Insignien bedienen konnte, und im Jahr 1099 wurde bei der Krönung Papst Paschalis' II. tatsächlich eine Kaiserkrone verwendet), sondern auch das Recht, dem Kaiser Schwert und Krone zuzuerkennen: auf diese Weise verfügte also der Papst über das *dominium mundi,* die Herrschaft über die Welt, und die Funktion des Kaisers wurde auf die eines *advocatus Ecclesiae,* eines Delegaten für die weltlichen Angelegenheiten, eingeschränkt.

Die Stadt jedenfalls war, ob Lothar den Eid auf die *Urbis honores* tatsächlich abgelegt hat oder nicht, in Aufruhr, und auch der Gegenpapst blieb nicht untätig. Der deutsche Kaiser mußte auf jeden Plan, nach Süditalien weiterzuziehen und eine Konfrontation mit Roger zu suchen, verzichten und zog sich klugerweise nach Pisa zurück.

Die Krönung Lothars diente, wie üblich, auch als Vorwand für neue politische Vereinbarungen. Besondere Bedeutung kam dabei der Bestätigung der Metropolitanrechte der Diözese Bremen-Hamburg über die nordischen Länder und jener der Diözese Magdeburg über Polen zu. Diese sanktionierten nicht nur den Vorrang des Reiches – der auch feudalherrschaftliche Züge annahm – über die dänischen und polnischen Monarchien, sondern besiegelten vor allem mit dänischer und päpstlicher Zustimmung jenen „Drang nach Osten", der seit den Zeiten Ottos I. ein typisches Merkmal der deutschen Welt war.

Die Ostpolitik bleibt in der Tat eines der eigenständigen Kennzeichen, der Grundmerkmale der Herrschaft Lothars von Supplinburg. Unter anderem gründeten bzw. festigten während seiner Herrschaft einige Familien ihre Besitzungen im Osten: die Familie Albrechts des Bären, die Askanier, in Brandenburg, die Wettiner in Meißen und Lausitz. 1134 wurde Albrecht der Bär († 1170) vom Kaiser mit der „Nordmark" belehnt; nach Abschluß weiterer Gebietsgewinne sollte sie dann zur Mark Brandenburg werden. Ein Jahr später, 1135, mußte auch der polnische König Boleslaw III. „Schiefmund" die Oberhoheit des Reiches über sein Gebiet anerkennen: die Metropolitanrechte Magdeburgs über das Gebiet waren also, wie man sieht, keine rein kirchliche Angelegenheit.

Die Kaiserkrone und die in der Ost- und Nordpolitik erzielten Erfolge stellten nunmehr eine ausreichende Basis dar, um darauf die Aussichten auf einen künftigen Erfolg zu gründen. Und eben aufgrund dieser Voraussetzung beschlossen Lothar und sein Schwiegersohn, Heinrich der Stolze, Herzog von Bayern, den entscheidenden Schlag gegen die Staufer zu führen, und fielen im August 1134 in Schwaben ein. Im Verlauf eines ebenso raschen wie grausamen Feldzuges wurden die Region verwüstet, die Stadt Ulm in Brand gesteckt und die schwäbischen Lehnsherren zum Treueid gezwungen. Angesichts dieser unerwarteten Offensive konnte sich Herzog Friedrich nur ergeben: Während eines nach Bamberg einberufenen Reichstages, an dem auf Verlangen von Papst Innozenz auch Bernhard von Clairvaux teilnahm, unterwarf er sich im März 1135 Lothar. Gegenkönig Konrad, der sich vom eigenen Bruder verlassen sah, konnte da nicht mehr viel ausrichten. Er zögerte es noch bis September hinaus, begab sich aber schließlich nach Thüringen, um sich dort am Fest des Erzengels Michael dem Kaiser zu unterwerfen.

Damit war die Einheit des Deutschen Reiches wiederhergestellt; nun ging es darum, die lange Rechnung zu bezahlen, die Papst Innozenz II. dem Kaiser unverzüglich zugehen lassen würde. Denn dieser hatte dank päpstlicher Unterstützung ausreichendes Ansehen erlangt, um seine Autorität gegenüber den deutschen Fürsten wieder durchzusetzen und den Drang nach Osten tätig voranzutreiben. Jetzt erwartete der Papst seinerseits Hilfe von ihm, um Rom endgültig zurückzuerobern, den Gegenpapst Anaklet zu schlagen und das Schisma zu beenden.

Zu Beginn des Jahres 1136 gab Lothar auf dem Reichstag zu Speyer feierlich seine Absicht bekannt, erneut nach Italien ziehen zu wollen; dieses Vorhaben wurde zu Ostern und dann im August auf den Reichstagen zu Aachen bzw. Würzburg bekräftigt; in Würzburg wurde Heinrich der Stolze, der bereits Inhaber des Herzogtums Bayern war, außerdem mit dem Herzogtum Sachsen belehnt.

Der neue Italienfeldzug begann unmittelbar nach dem Reichstag zu Würzburg: An der Spitze eines großen Heeres, dem unter anderen die Erzbischöfe von Trier und Mainz sowie Konrad von Hohenstaufen (der sich ja wenige Monate zuvor mit dem Kaiser ausgesöhnt hatte) angehörten, zog der Kaiser über den Brenner und – nachdem er die Unterwerfung der lombardischen Städte entgegengenommen und jene bestraft hatte, die (wie Pavia, Cremona und Piacenza) sich ihm aus gewohntem Haß gegen die dem Kaiser gewogenen Städte Mailand und Verona widersetzt hatten – im Januar 1137 entschlossen nach Süden weiter, wobei er Apulien als Ziel anpeilte. Pisaner und Genuesen bereiteten sich im Einvernehmen mit Lothar unterdessen auf den Angriff gegen Rogers Reich vor, während Anselm von Havelberg nach Konstantinopel aufgebrochen war, um ein Bündnis der beiden Kaiserreiche gegen die Normannen einzufädeln.[6]

Das kaiserliche Heer, das durch die Truppenverbände italienischer Städte Verstärkung erhalten hatte, war in zwei Kolonnen geteilt. Lothar befehligte die erste, die entlang der Adriaküste nach Apulien vorrückte; Heinrich der Stolze von Sachsen und Bayern führte die zweite Kolonne an: Sie unterwarf zunächst die Toskana und gelangte, nachdem sie im Süden dieser Region mit Innozenz zusammengetroffen war, unter Umgehung Roms – wo die Stellung des Gegenpapstes zu gefestigt war – und nach Eroberung der römischen Campagna, Benevents und Capuas Ende Mai nach Bari, wo sich die beiden Heeresteile wieder vereinigten. Kaiser und Papst konnten sich nun, wie es dem Brauch entsprach, wieder umarmen. Roger, der sich auf der Flucht befand, sah sich genötigt, einen Frieden anzubieten, der natürlich abgelehnt wurde. Die Umarmung zwischen Lothar und Innozenz war allerdings eine zwischen zwei Brüdern, die sich nicht sonderlich liebten. Der Horizont war noch von zahlreichen Wolken verhangen: Noch immer hielt eine normannische Einheit die Festung von Salerno besetzt; ihren Widerstand zu brechen, war durch Zwistigkeiten zwischen kaiserlichen Truppen und Pisanern vereitelt worden; sodann weigerte sich das von dem aufreibenden Feldzug erschöpfte Heer, Roger bis nach Sizilien zu verfolgen und – wie es Lothar gewünscht hätte – endgültig mit ihm abzurechnen; und schließlich brachen zwischen dem Papst und dem Kaiser schwerwiegende Streitigkeiten aus; Anlässe dazu waren einerseits Abt Rainald von Monte Cassino, der zwar Lothars Oberhoheit unumwunden anerkannt hatte, aber nicht daran dachte, die Sache des Gegenpapstes aufzugeben, und andererseits die Sukzession im Herzogtum Apulien, auf das sowohl der Papst wie der Kaiser Vormachtsansprüche erhoben.

Wieder einmal mußte Lothar dem Papst nachgeben. Was Apulien betraf, nahm er den Kompromiß an (auch weil er von den Rechten Konstantinopels über diese Gebiete wußte) und fand sich auch – widerwillig – mit der Absetzung des treuen Abtes Rainald von Cassino ab. Sein triumphaler Kriegszug nach Italien war also von dem Augenblick an gescheitert, als er Rogers Widerstand nicht hatte völlig brechen können; zudem hatte er sein Interesse für die Sache des ungestümen und unnachgiebigen Innozenz verloren, der sich als ebenso unverschämt in seinen Forderungen wie schroff und ablehnend in seinen Zugeständnissen erwiesen hatte.

Vor allem aber war ihm wohl nicht mehr viel an seinem Leben gelegen. Er hatte bereits das siebzigste Lebensjahr überschritten, ein für die damalige Zeit ehrwürdiges Alter; und seit einiger Zeit schritt der Tod neben ihm her. Lothar brach im September von Apulien auf, begleitete den Papst bis Farfa im Sabinerland und zog sich von dort in großer Eile aus Italien zurück; im Spätherbst überschritt er die Alpen und verschied bald darauf, am 4. Dezember 1137, in einer bescheidenen Berghütte in Breitenwang in Tirol. Sein Leichnam wurde in sein Stammland Sachsen gebracht und in dem von ihm gegründeten Kloster Königslutter beigesetzt.

Roger II. von Sizilien lauerte aufmerksam auf eine Gelegenheit zum Gegenschlag. Kaum war der Süden von kaiserlichen Truppen frei, zog er eilends nach Salerno und versuchte von dort aus die Rückeroberung. Der von Papst und Kaiser gemeinsam ernannte neue Herzog von Apulien, Rainulf von Alife, besiegte ihn jedoch im Oktober. Andererseits hatte Innozenz, dem klar geworden war, daß es nicht leicht sein würde, Roger außer Gefecht zu setzen, beschlossen, das Hindernis, das seine Feindseligkeit darstellte, zu umgehen. Nach seiner neuerlichen militärischen Niederlage willigte der Normanne ein, die Frage des Schismas neu zu überdenken; und die beiden Päpste schickten Bernhard von Clairvaux bzw. den großen Kanonisten Petrus von Pisa zu ihm. Bernhard gelang es, seinen gelehrten Gegenredner von der guten Sache des Innozenz zu überzeugen; nicht zu überzeugen vermochte er dagegen den König, da es für diesen im Grunde nur eine ganz einfache, aber entscheidende Frage gab: Würde Innozenz zustimmen und ihm die Krone bestätigen, die Anaklet ihm verliehen hatte?

Wie so oft, übernahm es der Gang der Ereignisse, das Dilemma zu lösen, das sonst wohl kaum zu entwirren gewesen wäre. Durch Lothars Tod war das Reich ohne Führung, und die gerade erst beschwichtigten Kämpfe flammten wieder auf; am 25. Januar 1138 starb auch der Gegenpapst Anaklet. Roger trachtete, durch Fortbestehen des Schismas Zeit zu gewinnen, und unterstützte zu diesem Zweck die Wahl eines neuen Gegenpapstes in der Person des Kardinals Gregor. Doch wiederum griff Bernhard von Clairvaux ein und, überwältigt von der Ausstrahlung und Autorität des großen Mystikers, mußte sich Gregor zu Innozenz begeben und sich ihm unterwerfen.[7]

Der Papst hat sich in jener schwierigen Lage wieder einmal als unfähig erwiesen zur Mäßigung und zu politischem Einfühlungsvermögen. Als Sieger wollte er auf der ganzen Linie siegen; als Herr der Tiara wollte er seiner Krone die vergiftete Blüte der Rache hinzufügen und ließ die alten Anhänger des Gegenpapstes, auch jene, die längst Abbitte geleistet hatten, verfolgen.

Auf dem Laterankonzil von 1139, das eigens einberufen worden war, um den Triumph Innozenz' zu feiern, wurde der Kirchenbann gegen Roger von Sizilien feierlich bestätigt. Der Papst war entschlossen, auf diese geistliche Maßnahme eine militärische folgen zu lassen, und zog im Juni gegen den König zu Felde. Doch wurde er von diesem in einer Schlacht bei Mignano geschlagen und gefangengenommen.

Die Schlauheit und der traditionelle diplomatische Spürsinn der Normannen taten ein Übriges. Der gefangengenommene Papst wurde mit Ehren umgeben, aber gleichzeitig gab man ihm klar zu verstehen, daß seine Freiheit ihren Preis hatte: die Krone Siziliens. Außerdem konnte Innozenz, wenn er Sizilien und Süditalien Roger zu Lehen gab, sich zumindest von der kaiserlichen Hypothek befreien, die ihm drei Jahre zuvor ein unbequemes Mitbesitzrecht über das Herzogtum Apulien auferlegt hatte. Auch die letzte starke Zelle des südlichen Widerstandes gegen Roger, Neapel, ergab sich ihm inzwischen friedlich: Alle, die bis dahin seine Feinde gewesen waren, beeilten sich nun, ihre Haltung zu ändern. Dasselbe gilt von Bernhard von Clairvaux, der ihm in lobenden Worten schrieb: Er war sich bewußt, daß die Kirche einen neuen, mächtigen Verbündeten gewonnen hatte, und war dem König dankbar, der den Zisterziensern gestattet hatte, die beiden großen Abteien Fossanova und Casamari zu gründen.

Während sich das alles in Italien zutrug, hallte Deutschland wider von dem Kriegsgeschrei, das von Festung zu Festung weitergetragen wurde.

Die Königswahl von 1138 gibt in verändertem Rahmen und sogar unter anscheinend entgegengesetztem Vorzeichen die Situation und den Ausgang von 1125 wieder. Auch damals standen viele und gegensätzliche Prinzipien zur Debatte: vom dynastischen – aber der verstorbene König hatte keine direkten männlichen Erben – über das von der Designation durch den vorigen Herrscher bis hin zum Wahlprinzip, an welchem den weltlichen und vor allem den geistlichen Fürsten gelegen war. Auch damals wurde der stärkste und mit den größten und besten Anrechten auf die Nachfolge ausgestattete Kandidat verworfen; seine Niederlage hatte ihren Grund eben darin, daß man ihn für den stärksten hielt. Auch damals gelang es der römischen Kirche durch einen ihrer Bischöfe, der auch Reichsfürst war, ihren Kandidaten durchzusetzen. Und auch damals führte all das zu einem Zusammenstoß zwischen gegensätzlichen Familien und Parteien, also zum Bürgerkrieg.

Beim Tode Lothars gab es keinen Zweifel, daß der naheliegendste und in mehrfacher Hinsicht selbstverständliche Kandidat für die deutsche Königskrone – und damit für die Königskronen Italiens und Burgunds und schließlich die Kaiserkrone – der Herzog von Sachsen und Bayern, Heinrich der Stolze, war, der vom Kaiser, seinem Schwiegervater, designiert und mit den königlichen Insignien betraut worden war; im übrigen war er mit unterschiedlichem Anrecht bereits Herr eines großen Teiles des Reiches. Das hätte die neuen Unruhen zum Schweigen gebracht, die Fortsetzung der deutschen Expansionspolitik gegen Osteuropa sichergestellt und auch die Verfolgung einer etwas festeren Führungslinie gegenüber dem unnachgiebigen Papst Innozenz II. erlaubt, wie sie Lothar selbst im letzten Abschnitt seines Italienfeldzuges zu erkennen gegeben hatte.

Aber gerade das bewirkte, daß man Herzog Heinrich nicht gern auf dem Thron gesehen hätte, weder in Rom noch seitens zahlreicher deutscher Bischöfe, die seine politische und militärische Stärke kannten und deshalb allen Grund hatten zu glauben, daß er, einmal gekrönt, weit über das hinaus, was sie zu akzeptieren bereit waren, sich würde Geltung verschaffen können.

Wieder einmal griff ein Prälat ein und verstand es, einer Minderheit vor allem kirchlicher Wahlmänner Vormachtstellung zu verschaffen. Diese Rolle fiel dem Erzbischof von Trier, Albero von Montreuil, zu, der es zuwege brachte, daß der Papst die Kandidatur des einige Jahre zuvor gebannten Gegenkönigs Konrad von Schwaben annahm. Ja, der päpstliche Kardinal-Legat Dietwin stimmte nicht einmal zu, daß eine wirkliche Königswahl stattfände, sondern nahm, zusammen mit dem Erzbischof von Trier, persönlich am 13. März 1138 in Aachen die Krönung seines Kandidaten vor. Der Gepflogenheit nach wäre als Zelebrant eigentlich der Erzbischof von Köln vorgesehen gewesen, von dessen Metropolitansitz die Diözese Aachen abhängig war; aber den Kölner Stuhl hatte zu dem Zeitpunkt ein Bischof inne, der noch nicht geweiht worden war. Und vor allem hatte man es mit der Krönung eilig.

Unmittelbar vor der Krönung wurde am 7. März – lediglich um die Form zu wahren – ein Wahlreichstag in Koblenz abgehalten. Doch das Spiel war bereits entschieden, so daß es sich nicht um eine Wahl, sondern vielmehr um die Zeremonie der Treueidleistung gegenüber dem neuen König handelte, eine Zeremonie, welcher Heinrich wie auch die sächsischen und bayerischen Adeligen vielsagenderweise fernblieben. Als Neffe Heinrichs V. verkörperte Konrad die Kontinuität der fränkischen Dynastie, genauso wie Heinrich die sächsische verkörpert hätte; und die Tatsache, daß in Koblenz nur Franken und Schwaben – also nur zwei der vier Stämme, die historisch das deutsche Volk bildeten – anwesend waren, verlieh dem Ereignis im übrigen noch eine weitere Bedeutung. Sowohl auf dynastischer wie auf ethnischer Ebene war Deutschland neuerlich in zwei Teile gespalten: auf der einen Seite die hinter dem Haus der Welfen stehenden Sachsen und Bayern, auf der anderen Seite die zur Unterstützung der Staufer entschlossenen Franken und Schwaben.

Nicht daß die Dinge so streng schematisch gewesen wären! Im besonderen war die Zeit der Stämme vorbei; sie waren eingeholt worden von den Entwicklungen, die in Deutschland vom Feudalsystem und von der Auffassung nicht mehr in den Kategorien der Stämme, sondern der Länder vollzogen worden waren, auf deren Grundlage die Herzogtümer aufgebaut und verwaltet wurden. Nicht zufällig stammte das Geschlecht der Welfen, so verwurzelt es auch in Bayern war, seinerseits aus Schwaben.

In Form von Alloden und Feudalbesitzungen beherrschte Heinrich der

Stolze ein geschlossenes Gebiet, das von der Nordsee bis zu den Alpen reichte; außerdem das Erbe Mathildes, das er als Lehnsmann des Papstes erhalten hatte. Er konnte also mit einem Schuß Ironie auf seinen von den Pfaffen unterstützten Gegenspieler Konrad blicken, der mit Sicherheit nur über seinen privaten Landbesitz in Oberfranken herrschte und dem zu helfen sogar sein Bruder Friedrich, Herzog von Schwaben, nur in sehr beschränktem Maße bereit schien. Doch der mächtige Welfenherzog hatte weder das Interesse noch vielleicht den Mut, sich der vollendeten Tatsache zu widersetzen. Als der neue König in Bayern erschien, machte er sich zur Begegnung mit ihm nach Regensburg auf, bereit, ihm die Insignien der Macht zu übergeben: Aber als Gegenleistung für seine Huldigung verlangte er die Bestätigung sowohl seines Herzogtitels von Sachsen wie jenes von Bayern. Es handelte sich um mehr als um eine diplomatische Geste oder das Angebot zu einem Austausch von Gefälligkeiten: Es war genau das Zeichen dafür, daß nunmehr die Zeit der Stammesherzogtümer zu Ende war und die politische Macht in Deutschland fest in den Händen großer Familien lag, die entschlossen waren, auf eine hinsichtlich der königlichen Macht wesentlich autonome Weise ihre Landesherrschaft zu gestalten, die sich auf eine tatsächliche Macht und auf den Mechanismus der Beziehungen der Lehnsabhängigkeit gründete.

Aber Konrad fühlte sich wahrscheinlich nicht allzu stark, ja im Gegenteil und mit Recht zu schwach, um das anzunehmen, was praktisch ein Angebot zu einer Zweimännerregierung war. Er beschloß daher, den einzigen echten Trumpf, den er in Händen hielt, nämlich die Königswürde, voll auszunutzen, und befahl dem Herzog, Bayern, dessen Herzogswürde dieser durch Vererbung besaß, an ihn zurückzugeben, während er Sachsen (in dessen Besitz Heinrich aufgrund eines ihm in weiblicher Linie durch seine Frau, die Tochter Lothars von Supplinburg, übertragenen Rechtes gelangt war) Albrecht dem Bären übertrug, der gleichfalls in weiblicher Linie mit den letzten Herzögen von Sachsen aus dem Geschlecht der Billunger verschwägert war.

In ganz Deutschland brach nun der Aufruhr los; in Schwaben selbst gelang es Welf VI., dem Bruder Heinrichs des Stolzen, den Aufstand zu organisieren, während er andererseits mit Roger von Sizilien einig wurde, der ganz allgemein daran interessiert war, daß das Deutsche Reich niemals zur Ruhe käme – denn der Friede würde den deutschen König dazu verleiten, das Problem seiner Rechte über Süditalien wieder aufzugreifen –, der aber vor allem in den Schwaben wegen der Beziehungen, die sie zum byzantinischen Reich knüpften, seine unmittelbaren Gegner ausgemacht hatte.

Durch die zweite Vermählung seiner Mutter hatte Konrad einen Stiefbruder in der Person Leopolds III. von Babenberg, Markgraf von Österreich; ihm hatte er das Herzogtum Bayern als *honor* – d. h. als Lehen, das mit öffentlichen Funktionen verbunden ist – zugeteilt, nachdem er es Heinrich dem Stolzen weggenommen hatte. Letzterer starb im Oktober 1139; aber es gab noch zwei mächtige Welfen: seinen sehr jungen Sohn Heinrich – der später als „der Löwe" bekannt werden sollte – und dessen Onkel Welf VI.[8] Der erste, beim Tod des Vaters erst zehn Jahre alt, war augenblicklich noch zu jung. Doch der verstorbene Herzog hatte eine starke Gefolgschaft von *fideles,* ihm und seinem Haus getreuen Anhängern, zurückgelassen; diese würden seinen Erben nicht im Stich lassen. Dem Stolzen war es noch gelungen, Sachsen zu befreien, Albrecht den Bären davonzujagen und sich vom König selbst die Herrschaft für eine bestimmte Zeit, bis Pfingsten 1140, übertragen zu lassen; es war freilich offenkundig, daß er keineswegs daran dachte, sie wieder abzugeben, sondern sich sogar anschickte, dem Babenberger Bayern zu entreißen. Sein Tod hatte sein Vorhaben, nicht aber den Bürgerkrieg unterbrochen.

Monatelang wurde Deutschland von zwei wilden Kriegsrufen zerrissen und durchdrungen: „Hie Welf!" – „Hie Waibling!" Bei der Belagerung von Weinsberg 1140 scheinen sie zum ersten Mal erschollen zu sein. Wie der Bischof und Chronist Otto von Freising erläutert, bezog sich der erste auf die schwäbisch-bayerische Familie der Welfen von Altdorf, während sich der zweite von der Stammburg der Waiblingen auf den Hertfelder Bergen in der Diözese Augsburg, die den Staufern gehörte, herleitete. Aus jenen Kriegsrufen entstanden die Namen „Welfen" und „Ghibellinen", die – mit unterschiedlicher Bedeutung und mit zahllosen Mißverständnissen – die italienische Geschichte der folgenden drei Jahrhunderte ausfüllen sollten.

Im Oktober 1141 starb, zwei Jahre nach dem Tod Heinrichs des Stolzen, auch Leopold IV. von Österreich und Bayern. 1142 gab der König auf dem Frankfurter Reichstag seine Zustimmung, daß Sachsen rechtmäßig an den Sohn Heinrichs des Stolzen, Heinrich den Löwen, zurückkomme; um die Frage Bayern zum Abschluß zu bringen, übertrug er das Lehen an den Bruder Leopolds, Heinrich von Babenberg, der wegen seines Lieblingsausrufes („Ja so mir Gott helfe!") mit dem Beinamen „Jasomirgott" in die Geschichte eingegangen ist. Dadurch, daß Konrad eine Ehe zwischen Gertrud, der Tochter Kaiser Lothars und Witwe Heinrichs des Stolzen, und Heinrich Jasomirgott, Markgraf von Österreich und nun Herzog von Bayern, zustande brachte, trug er sowohl seiner Entscheidung, das Herzogtum Bayern seinen babenbergischen Stiefbrüdern zuzusprechen, als auch der Notwendigkeit Rechnung, die Rechte der Welfen zu berücksichtigen. Die stolze sächsische Edelfrau war auf diese Weise aufs neue Herzogin und obendrein Markgräfin, während sie die Rechte ihres Sohnes Heinrich auf das Herzogtum Sachsen garantiert sah. Sie konnte im Grunde zufrieden sein.

Konrad III. seinerseits spielte den Trumpf seiner Familienpolitik bis zum Äußersten aus, indem er sich ebenso auf die Staufer wie auf die Babenberger und die Sulzbacher (aus welcher Familie seine Frau kam) stützte. Deshalb adoptierte er seine Schwägerin, Bertha von Sulzbach, als Tochter, um sie in den Königsstand zu erheben und ihr so zu ermöglichen, sich mit dem Kronprinzen von Konstantinopel, dem „Porphyrogenetos“ (d. h. während der Regierungszeit des Vaters geborenen) Manuel I. Komnenos, zu vermählen. Die Vermählung fand 1146 statt, als Manuel bereits *basileus,* Kaiser, war. Außerdem verlobte Konrad seinen noch sehr jungen Sohn Heinrich († 1150) mit einer Tochter des Königs von Ungarn und schloß Ehebündnisse, aufgrund welcher seine beiden Stiefschwestern aus dem Haus Babenberg den König von Polen bzw. den Herzog von Böhmen heiraten sollten.

Dabei ging es ihm vor allem um die Ostpolitik. Unterdessen war Konrads Schwester Herzogin von Niederlothringen geworden; und unter den vielen Söhnen aus der Ehe von Agnes von Franken mit Leopold von Babenberg hatten einige die kirchliche Laufbahn eingeschlagen und mit Hilfe des Königs höchste Stellungen erlangt: Otto wurde Bischof von Freising, zwei andere erhielten die Bischofsstühle von Passau bzw. Hildesheim. Konrad konnte also zufrieden sein.

Ganz und gar unzufrieden war der jüngere Bruder Heinrichs des Stolzen, Welf VI. von Memmingen. Die aus dem Reichstag zu Frankfurt hervorgegangene Ordnung schloß ihn vom Machtspiel des Hochadels aus, während ihm Bayern so oder so für seine Familie endgültig verloren zu sein schien: In der Tat hatte Gertrud mit ihrer zweiten Eheschließung die Beziehungen zum Geschlecht der Welfen endgültig zerschnitten, und von dem noch unmündigen Heinrich von Sachsen war vorläufig wenig zu erhoffen.

Welf führte daher seinen Kampf allein weiter. In diesen nutzlosen und aufwendigen feudalen Raufhändeln, wo er fast allein in Süddeutschland von einer Burg zur anderen hastete, konnte er sich mit dem jungen Friedrich verbinden, dem dritten dieses Namens als Herzog von Schwaben, der von väterlicher Seite her Staufer und Neffe des Königs war, von mütterlicher Seite aber dem welfischen Haus angehörte; als Fürst und Lehnsinhaber des Herzogtums Schwaben fühlte er sich aber ebenso wie sein Onkel Welf vom großen Spiel der Macht ausgeschlossen, in dem über die Königskronen und über den zwar nutzlosen, aber doch in hohem Ansehen stehenden Kaiserthron entschieden wurde.

III.
Ein junger Herr mit roten Haaren

Wann Friedrich von Schwaben geboren worden ist, läßt sich nicht genau sagen. Das soll uns aber nicht befremden, denn im 12. Jahrhundert – und übrigens auch noch viel später, bis an die Schwelle der Neuzeit und sogar darüber hinaus – war es recht schwierig, daß das Geburtsjahr eines Menschen genau festgehalten wurde. Man konnte sich allenfalls an den Monat, den Tag und sogar die Stunde erinnern: der Tag war in bezug zum liturgischen Jahr und zu den Festen der Namenspatrone wichtig, und Monat, Tag und Stunde konnten zudem für die astrologischen Voraussagen dienen. Aber das Jahr war mehr oder weniger unbedeutend, und wenn man sich daran erinnerte, dann meist wegen des Zusammentreffens mit bestimmten Ereignissen: das Jahr der großen Kälte, das Jahr der Seuche, das Jahr dieses oder jenes Krieges usw. Die örtlichen Unterschiede in der Zeitrechnung machten die Sache noch komplizierter. Zwar wird für die Großen der Erde diese Lücke teilweise revidiert. Die Mechanismen der „Volljährigkeit", also der vollen Rechtsfähigkeit, konnten über das Schicksal und die Stabilität eines Reiches oder eines Feudalfürstentums entscheiden, und es war daher wichtig, das Alter eines Fürsten zu kennen und es öffentlich bezeugen zu können. Aber in vielen Fällen herrschte weiterhin Ungewißheit.

Das ist bei Friedrich der Fall. Alle sind sich darin einig, daß er um das Jahr 1120 geboren sei, also in der ersten Hälfte des dritten Jahrzehnts des Jahrhunderts; doch sämtliche Hypothesen sind unsicher, und es fehlen stichhaltige Beweise für die eine und gegen die andere. Wir glauben auf jeden Fall, daß er noch nicht 30 Jahre alt war, als er 1152 den deutschen Thron bestieg, auch wenn es manche gibt, die meinen, er sei damals bereits 32 Jahre alt gewesen, das heißt genau im Jahr 1120 geboren.[1]

Die schicksalhafte Burg Hohenstaufen und das Kloster Lorch, das heißt die beiden Zentren der Familientradition der Staufer, waren von Friedrich von Büren gegründet worden, dem kleinen schwäbischen Edelmann, der – wie bereits von uns ausgeführt – seinen Erfolg der Kaiser Heinrich IV. gegenüber bewiesenen Treue verdankte. Der Graf von Büren starb vor 1094; er konnte noch ausgiebig erleben, daß sein Sohn, der denselben Namen wie er trug, sich mit Agnes, der Tochter des tragischen Frankenkaisers, vermählte und als Friedrich I. Herzog von Schwaben wurde. In seiner territorialen Ausdehnung umfaßte das Herzogtum das Gebiet zwischen Alpen, Vogesen, dem Oberlauf des Rheins und den Flüssen Neckar und Lech. Die Tatsache, daß das Herzogtum den Zähringern zugesprochen und im ausgehenden 11. Jahrhundert innerhalb der traditionellen Grenzen Schwabens wieder abgeschnitten wurde, hatte die Macht und das Ansehen der Herzöge von Schwaben, denen man einige in der heutigen Schweiz und im Schwarzwald gelegene Gebiete entrissen hatte, vermindert. Aber für die Nachkommen der Herren von Büren war der Aufstieg immerhin außergewöhnlich.

Aus der Ehe Friedrichs I., der 1105 starb, mit Agnes von Franken waren Friedrich „der Einäugige“, als Herzog von Schwaben Friedrich II., und Konrad, der 1138 zum deutschen König gekrönt werden sollte, hervorgegangen. Friedrich hatte Judith von Bayern, die Schwester Heinrichs des Stolzen und Welfs VI., geheiratet, in deren Adern durch ihre Mutter Wulfhild auch das Blut der sächsischen Billunger floß. Und der Sohn Friedrichs und Judiths ist eben der Held unseres Buches.

Friedrich der Einäugige lebte bis 1147; und wie wir bereits wissen, war er es, der den Kampf gegen seinen Schwager Heinrich den Stolzen, die wichtigste Stütze Kaiser Lothars von Supplinburg, begonnen hat.

Wir sehen also diesen anderen Friedrich, der unter dem Beinamen „Barbarossa“ schon in wenigen Jahren die Chroniken Europas füllen wird, als Knaben vor uns. Sein schlanker jugendlicher Körper wurde von einer Mischung kostbarsten deutschen Adelsblutes gespeist: Er ist der Sohn eines Herzogs von Schwaben und einer Edelfrau aus dem Geschlecht der Welfen von Bayern; sein Onkel mütterlicherseits, Heinrich der Stolze, ist der mächtigste Fürst Deutschlands, den Kaiser Lothar auch mit dem Herzogtum Sachsen belehnt hat; sein Onkel väterlicherseits hingegen ist Konrad, der wenige Jahre später König von Deutschland sein wird. Aber damit nicht genug. Friedrichs Großmutter väterlicherseits ist Agnes, die Tochter Kaiser Heinrichs IV.; die Großmutter mütterlicherseits Wulfhild aus dem sächsischen Fürstengeschlecht der Billunger.

Seit dem Tod Kaiser Heinrichs V., 1125, des Bruders seiner Großmutter Agnes, war Friedrich als Kind und als heranwachsender Jüngling gewohnt, Könige und Kronanwärter in der Familie zu haben. Zuerst hatte Lothar von Supplinburg, der Vater seiner Tante Gertrud, mit Hilfe Onkel Heinrichs (des Stolzen) den Thron bestiegen, womit er den Zorn seines Vaters Friedrich, der vor der Wahl als Favorit gegolten hatte, erregte; dann, im Jahr 1138, war Onkel Konrad an der Reihe und gewann die Oberhand über Onkel Heinrich, den Friedrich am Tag nach der Wahl nicht mehr in der Rolle des Favoriten, sondern mit abgestoßenen Hörnern dastehen sah.

Seine Kindheit hatte Friedrich in den Jahren der Bürgerkriege 1125–1135 verbracht, bis sein Vater Friedrich und sein Onkel Konrad sich Lothar unterwarfen; seine Jugendzeit fiel mitten in die Bürgerkriege der Jahre 1139–1142. Im Jahr des Reichstags zu Frankfurt dürfte er zwischen 16 und 22 Jahre alt gewesen sein; er stand nun in der Blüte des Ritteralters, empfand die Wonne seines

Kampfgeistes. Aber die höfische Kultur, die westlich des Rheins, wo bereits seit einiger Zeit die Taten Rolands besungen und die Erlebnisse des Ersten Kreuzzuges erzählt wurden, manche im Erblühen begriffene Knospe aufwies, drang nur mit Mühe in die schroffen Burgen und dunklen Wälder Deutschlands ein; auch wenn das südwestliche Deutschland mit seinen schönen Städten und seinen Weinbergen für den hellen, leichten Wein viel freundlicher war als der Norden, der noch zwischen dem sächsischen Heideland und den düsteren Bergrücken des Harz und Thüringens stumpf dahindöste.

Wir wissen fast nichts über die Kindheit und Jugend Friedrichs; so wie wir im allgemeinen fast nichts über die Kindheit und Jugend der Menschen wissen, die im 12. Jahrhundert gelebt haben, nicht einmal wenn sie einer großen Familie angehörten. Gewiß, hie und da bekommen wir diese Kinder zu Gesicht; und je mehr sie sich zeigen, einer um so höheren sozialen Schicht gehörten sie an. Aber es handelt sich um schüchterne, flüchtige, zumeist zufällige oder nur auf die Namen oder spärliche Altersangaben beschränkte Auftritte. Wir entdecken sie da und dort in den Dokumenten; manchmal erstehen sie vor uns in irgendeinem ethischen oder religiösen Traktat; in den meisten Fällen schlüpft der eine oder andere von ihnen in gewisse Chroniken oder in seltsame selbstbiographische Erzählungen, wie *De vita sua* von Abt Guibert von Nogent. In den Heiligenlegenden, in den Heiligenviten sind diese Kinder, denen das Empfinden ihrer Zeit allem Anschein nach keine Beachtung – und auch keine Liebe – schenkt, wohl am häufigsten anzutreffen: wenn sie nämlich krank sind, werden sie auf wunderbare Weise geheilt. Und so stehen wir vor der Galerie der Leiden der Kleinen, der Kinderkrankheiten. Das „tiefe" Mittelalter bedeutete für Kinder harte Zeiten: Nicht zufällig ist – neben der Geburtsgeschichte – die bekannteste Episode der Heiligen Schrift, deren Hauptpersonen Kinder sind, die vom Mord an den unschuldigen Kindern. Die Eindringlichkeit, mit der die hochmittelalterlichen *Poenitentialia* (Bußbücher) Abtreibung und Kindesmord verdammen, läßt uns ahnen, wie häufig diese Verbrechen gewesen sein müssen; und das berühmte Lied *Amis et Amiles* schildert als beispielhafte Liebesgeste zwischen brüderlichen Freunden einen Vater, der frommen Sinnes seinen Kindern die Kehlen durchschneidet, um frisches Kinderblut zu gewinnen, mit dem er dem Volksglauben der damaligen Zeit gemäß den Aussatz des Freundes behandeln konnte. Aber auch wenn einer das Glück hatte, nicht vor der Geburt ermordet zu werden, und keine aussätzigen Freunde der Familie das Haus belagerten, dürfte die Situation des Kindes unangenehm gewesen sein. Abt Guibert von Nogent, der um die Wende des 11. zum 12. Jahrhundert lebte, erzählt von einer Vision seiner Mutter, welcher der Geist ihres Mannes (also Guiberts Vater) erschienen war, der nach dem Tod unter der Bestrafung für seinen zu Lebzeiten begangenen Ehebruch litt. Aus jener Beziehung war ein Kind hervorgegangen: In der Vision sah die Frau die Frucht des Vergehens – gleichfalls ein nichtiger Schatten – wimmernd neben dem Vater. Das uneheliche Kind ist arm und unschuldig; aber es ist ungetauft gestorben und darum muß es auch leiden. Für das Seelenheil der beiden ist Guiberts Mutter bereit, ein Neugeborenes zu adoptieren und aus Buße sein Schreien zu ertragen. Die gute Frau konnte in dieser für sie neuen Beziehung zu einem kleinen, schutzlosen Wesen nichts anderes erblicken als ein Sühneopfer. Das ging immer soweit gut, wenn ein Junge geboren wurde; denn die Frau gehört – auch das erwähnt Guibert – zum minderwertigeren Geschlecht.[2]

Es stimmt sicher nicht, daß wir von der hochmittelalterlichen Pädagogik gar nichts wissen; im Gegenteil, wir wissen recht viel, wenn auch nicht soviel wie von der antiken Pädagogik. Das Problem besteht vielmehr darin, zu erkennen, wie bestimmte allgemeine Prinzipien dann in der Praxis zur Anwendung kamen. Diese Prinzipien sind jedenfalls nicht ermutigend. So heißt es z. B. in dem höchsten Lob auf ein Kind, das in der Bibel zu finden ist, daß es eigentlich gar kein Kind war: „Er war der jüngste von allen, aber er hat sich nie wie ein Kind gebärdet", heißt es im Buch Tobias;[3] in den Heiligenleben findet sich oft die Anspielung auf das zur Heiligkeit bestimmte Kind, das sich wie ein Erwachsener, ja sogar wie ein alter Mensch verhält. Aus den Weisheitsbüchern der Bibel läßt sich eine Pädagogik der körperlichen Züchtigung ableiten, die bei weitem härter war als die römische: „Steckt Torheit im Herzen des Knaben, die Rute der Zucht vertreibt sie daraus"; „Rute und Rüge verleihen Weisheit, ein zügelloser Knabe macht seiner Mutter Schande".[4] Als allgemeine Theorie der mittelalterlichen Pädagogik – und Psychologie – galt das, was Augustinus im 7. Kapitel des I. Buches der *Bekenntnisse* geschrieben hat: Das Kind wird von frühester Kindheit an von den Mächten des Bösen bedrängt; das Mal der Erbsünde hat es gezeichnet, und deshalb ist es launenhaft, bockig, stolz, faul, gierig, diebisch. Das Kind hat nur in dem Maße einen positiven Sinn, in dem es heranwächst.

Was die Kinder betrifft, die zum Studium angehalten wurden – womit im Hochmittelalter ganz offensichtlich das Klosterleben gemeint ist –, wissen wir von ihrer Disziplin und von den Büchern, nach denen sie lernen mußten. Für die führende weltliche Schicht besitzen wir bereits im karolingischen Zeitalter eine Reihe von ethisch-pädagogischen Handbüchern, die sogenannten *Specula principum,* Fürstenspiegel. So schrieb zum Beispiel zwischen 841 und 843 die Markgräfin Dhuoda von Septimanien für ihren damals ungefähr sechzehnjährigen Sohn Wilhelm ein Handbuch, in dem sie ihm Elemente der Politik, der Moral – unter besonderer Betonung der Keuschheit – und der Theologie erläuterte und ihn sogar mit so etwas wie einem kleinen Laienbrevier versorgte, das sich weitgehend an Alkuins Traktat *De usu Psalmorum* inspirierte.[5]

Zweifellos hatte sich zwischen dem 9. und 12. Jahrhundert in Deutschland ebenso wie anderswo in der Erziehung einiges geändert. Im 10. Jahrhundert waren die Schulen der Klöster von Corvey und Gandersheim berühmt; und aus jenem Milieu gingen für die Kultur der Zeit bedeutende Persönlichkeiten hervor, wie die Nonne und Dichterin Roswitha von Gandersheim, die die Komödien des Terenz wiederentdeckte und neu bearbeitete. Inzwischen war Regensburg mit dem Kloster St. Emmeram und seinem berühmten gelehrten Mönch Otloh – auch ein Selbstbiograph, der sich an Augustinus inspirierte – so berühmt geworden, daß es „zweites Athen" genannt werden konnte, und die Abtei Tegernsee in Bayern war stolz auf ihren Lehrer Froumund.

Nach der „karolingischen Renaissance" war jetzt die „ottonische Renaissance" dabei, die europäisch-abendländische Kultur zu beleben. Im Jahr 996 hatte Kaiser Otto III. die große und berühmte Abtei St. Gallen, in der es sowohl eine Schule für die Oblaten als auch eine für die externen Kleriker gab, die keine Berufung zum Mönchsleben hatten, ersucht, ihm dort ausgebildete Lehrer zu schicken. Auf diese Weise hatte das berühmte Kloster an der Gründung des deutschen Schulsystems mitgearbeitet.

Aber all das betraf vor allem die Kultur und die Ausbildung des Klerus. Was geschah unterdessen für die Schulerziehung der Laien?

Der Adel des 10. und 11. Jahrhunderts neigt logischerweise eher dazu, seinen Söhnen das Reiten, Bogenschießen und Jagen beizubringen als das Lesen. Aus den Ritterepen *(Chansons de geste)* erfahren wir vieles über die militärische Ausbildung: Bereits die Kinder müssen den Umgang mit dem Pferd lernen und die schwere Rüstung der damaligen Zeit tragen: den eisernen Kettenpanzer, den großen mandelförmigen Schild, den mit dem Nasenschutz versehenen kegelförmigen Helm, die lange Lanze, das Schwert mit der breiten Klinge. „Wenn ihr ein Kind an die Schwelle des Jugendalters gelangen laßt, ohne daß es sich die notwendige Vertrautheit mit den Waffen angeeignet hat, wird es zu nichts mehr zu brauchen sein: ihr könnt nur einen Priester aus ihm machen."

Dennoch gab es Ausnahmen, und das bezeichnenderweise an der Pyramidenspitze des Lehnsadels. Denken wir an Wilhelm V. den Großen, Graf von Poitou und Aquitanien, der von 990 bis 1029 herrschte: er war der Freund eines der größten Gelehrten seiner Zeit, Fulbert von Chartres, und hatte – so berichtet der Chronist Ademar von Chabannes – in seinem Palast eine große Anzahl von Büchern; wenn ihm die Kriegsgeschäfte Zeit ließen, las er allein, bis er über den offenen Seiten einschlief.

Die Tochter Wilhelms, Agnes, hatte, als sie sich mit Kaiser Heinrich III. vermählte, jenseits des Rheins ein Milieu angetroffen, das in kultureller Hinsicht vielleicht nicht so lebendig, aber sicher nicht stagnierend war. Heinrichs Lehrer war der Dichter Wipo gewesen, der für ihn eine Reihe von Regeln und Geboten in Spruchform verfaßt hatte, die von einer maßvollen Weisheit, in absichtlicher Alternative zur Selbstkasteiung, getragen waren: Fasten ist richtig, aber wenn es nicht angebracht ist, ist es besser, zu essen und sich auszuruhen, wie es für die Gesundheit notwendig ist; das rechte Maß ist in allen Dingen eine gute Norm; Auswüchse sind zu vermeiden. Um 1050 ist im Kloster von Tegernsee ein lateinisches Versepos, *Ruodliep,* entstanden, von dem uns große Bruchstücke erhalten sind und das bereits – einige Jahrzehnte früher als in Frankreich selbst – eine höfisch-ritterliche Ethik zu verkünden scheint. Der Held des Epos ist ein *miles peregrinus*: wohl am besten mit „fahrender Ritter“ zu übersetzen. In den erbarmungslosen Mechanismus der Blutrache verstrickt und deshalb verbannt, erreicht er unerkannt einen Hof, wo er sich durch seine Gaben Ansehen verschafft und wo wir ihn Schach und Würfel spielen, Rätsel aufgeben und den Tanz „des Falken und der Schwalbe“ vorführen sehen. Als Ruodliep im Begriff ist, diesen Ort, wo er die Fröhlichkeit kennengelernt hat, zu verlassen, läßt er sich vom König über einige Regeln belehren, die von weisem Maßhalten inspiriert sind: sich nicht vom Zorn mitreißen lassen, immer treu sein, den Frieden suchen, die religiösen Wahrheiten hochhalten. Von diesem ethisch-paränetischen Einbau des *Ruodliep* strahlt wie von den Sprüchen Wipos eine Atmosphäre aus, die man laienchristlich zu nennen versucht wäre und in der sich eine dünne evangelische Schicht mit einem moralischen Gewebe zusammenfügt, das die Lehren Ciceros und Senecas zu verwerten scheint. Und Ciceros *De Officiis* sowie Senecas *De Clementia* liegen ja jener Ritterethik zugrunde, die sich in der zweiten Hälfte des 11. Jahrhunderts in Frankreich aufgrund der zur Unterstützung der *Pax-Dei*-Bewegung einberufenen Konzilien herausgebildet hat.

Unterdessen hatte die deutsche Dichtung – sowohl die epische wie die religiöse – einen beachtlichen Aufschwung erlebt. Bereits Ezzo, der Scholasticus des Kapitels von Bamberg, hatte – wahrscheinlich im Auftrag jenes Bischofs Gunther, der 1064 einen berühmten Pilgerzug ins Heilige Land anführte – eine *Cantilena* gedichtet, die die Wunder Jesu zum Inhalt hat, und das in einer Sprache, die das sogenannte „Mittelhochdeutsche“ vorwegnimmt – und ihm zugleich Auftrieb verleiht. Gunther scheint übrigens auch die alten epischen *Cantilenae* germanischer Tradition, den *Heliand* und das *Hildebrandslied* (in dessen Mittelpunkt die heroische Gestalt Theoderichs steht), sehr gut gekannt zu haben.

Aber in lateinischer Sprache hatte die deutsche Kultur außer dem *Ruodliep* noch anderes zu bieten. In das dritte Viertel des 10. Jahrhunderts reicht das in lateinischen Hexametern verfaßte Waltharilied, *Waltharius manu fortis*, zurück, das um die Mitte des folgenden Jahrhunderts, also gleichzeitig mit dem *Ruodliep*, vollständig überarbeitet worden ist. Das Waltharilied ist eine Dichtung, die von Krieg redet; aber es ist stark geprägt vom Vorbild der *Psychomachia* des Prudenz, also von der Vorstellung, daß der Krieg nichts anderes ist als das allegorische Vorbild für den einzigen echten Kampf, den der Christ zu kämpfen aufgerufen ist, den Kampf in seinem Inneren gegen das Böse und die Sünde. Waltharius besitzt als besondere Tugend die Demut und kämpft gegen den Hochmut an: Man stößt in dem Text da und dort – vergessen wir nicht, daß sein Überarbeiter ein Mönch ist! – auf eine harte Bemerkung gegen den Krieg an und für sich.

Fürstenspiegel und epische Dichtungen sind uns freilich keine allzu große

Hilfe, um etwas über die Erziehung des jungen Sohnes des Herzogs von Schwaben und der bayerischen Edelfrau zu erfahren.

Friedrich hat – auch wenn man das genaue Geburtsjahr nicht mit Sicherheit kennt – ziemlich sicher vor dem Tod Kaiser Heinrichs V., d. h. vor 1125, das Licht der Welt erblickt. Er war also ein „im Purpur Geborener", ein *Porphyrogenetos,* wie man ihn in Byzanz genannt hätte: weil der salische Kaiser keine männlichen Erben hatte und Friedrich der Einäugige, der Vater des Knaben, sein designierter Nachfolger war.

Es läßt sich schwer sagen, ob nach der demütigenden Niederlage von 1125 der Knabe in Unwissenheit über alles, was seine Familie betraf, und damit in Unkenntnis über den ganzen Groll zwischen deren väterlichem und mütterlichem Zweig heranwuchs. Mag sein, daß seine ersten Erzieher, die Mönche von Lorch, bemüht waren, ihn über alles im dunkeln zu halten; ebenso kann es sein, daß sie ihm den Haß auf das Geheimtreffen einiger dem römischen Papst höriger Bischöfe einflößten, bei dem der Plan ausgeheckt worden war, den Staufern die Krone zu entreißen, auf die sie als rechtmäßige Erben der salischen Dynastie ein Recht hatten. Zu seinen Erziehern kann auch Wibald gehört haben, der Abt von Corvey und später von Stablo und geschätzter kirchlicher Ratgeber Konrads III. und, so kann man sagen, der eigentliche Kanzler des Reiches. Wibald ist einer der Hauptverantwortlichen für Konrads Politik gegenüber der römischen Kirche, eine Politik, die genauso hörig-ergeben war wie jene Lothars von Supplinburg.

Die Erziehung, die Friedrich erhielt, mußte der weltlichen Gepflogenheit der Zeit entsprechend jedenfalls zunächst kriegerisch sein. Wir würden ihn gern dabei überraschen, wie er sich über ein Buch beugt oder aufmerksam einer Lesung lauscht. Aber was hätte ihm vorgelegt werden können? In lateinischer Sprache sicher nicht viel, denn trotz der feierlichen Ansprachen, die ihm seine Biographen bisweilen in den Mund legen, hat er nie wirklich unter Beweis gestellt, daß er Latein besonders gut konnte bzw. verstand. Vielleicht reichte es gerade aus, daß er die Bibel ein wenig verstehen und der Liturgie folgen konnte. Ob ihn die alten germanischen Epen begeistert haben? Ob sich der erste Keim seiner späteren Liebe für das Heilige Land und die bewaffnete Pilgerfahrt in ihm eingenistet hat, als er die Verse Ezzos über die Wunder Jesu hörte, jene Dichtung, die für Bischof Gunther, den Pilger und Märtyrer des Jahres 1064, verfaßt worden war? Ob er Betrachtungen über die Heilige Schrift angestellt hat, über das Bestehen sogar von Versionen und Neufassungen in der Vulgärsprache nach Art der sogenannten „Wiener Genesis", die zwischen 1060 und 1065 von einem wahrscheinlich aus Kärnten stammenden Priester geschrieben wurde, oder nach Art der Übersetzung des Hohenliedes, die der Mönch Williram von Ebersberg Kaiser Heinrich IV. gewidmet hatte? Gewiß wird man ihm Tiergeschichten erzählt haben: entweder in der satirischen Neubearbeitung äsopischen Stils, bekannt als *Ecbasis cuiusdam captivi per topologiam,* oder nach einem der vielen Codices des *Physiologus,* der Hauptschrift christlicher Natursymbolik. Am neugierigsten aber wären wir, zu erfahren, ob Friedrich den *Ruodliep* gekannt hat. Wahrscheinlich wohl, und die Erzählung von den Taten des hochherzigen Jünglings mit der von Familienfehden getrübten Kindheit würde sehr gut zu ihm gepaßt haben: Aber wer auch immer sie ihm vorgelesen hat – wobei er den Text aus dem Lateinischen übersetzen mußte –, wird zweifellos jene Stellen sentenzenartiger Moralvorschriften ausgelassen haben, wo dem Helden empfohlen wird, jedem zu mißtrauen, der *rufus,* rothaarig, ist. Ein alter Gemeinplatz, der dann von den Feinden des Schwaben mit den rotblonden Haaren bis zum Überdruß immer wieder aufgegriffen wurde.

Friedrichs Vater starb im Jahr 1147; aber schon viel früher, praktisch nach der Unterwerfung gegenüber Lothar 1135, hatte er sich nach und nach aus der Politik und möglicherweise auch aus der Sorge um das Herzogtum und die Familie zurückgezogen. In dem Bewußtsein, daß seine Gelegenheit unwiederbringlich vorbei war, und verbittert wegen der Königskrone, die 1125 um eine Nasenlänge an ihm vorübergegangen und dann für immer entschwunden war, hatte er die Führung der Geschicke der Staufer endgültig Konrad überlassen; und man kann nicht einmal sagen, daß er ihm gegen seine Verwandten aus dem Hause Bayern in den Jahren 1138/39 und 1142 besonders behilflich gewesen wäre.

Der jugendliche Friedrich mußte sich also um die Familie und das Herzogtum kümmern. Beim Reichstag zu Frankfurt mochte er ungefähr zwanzig Jahre alt gewesen sein, und er war bereits von jener erhabenen Rolle erfaßt, die seine Geburt ihm zu spielen auftrug; er war vielleicht auch etwas verärgert über den Gang der Ereignisse. Die große Gelegenheit für Friedrich den Einäugigen 1125 war von der Tatsache bestimmt gewesen, daß sein Onkel mütterlicherseits, Kaiser Heinrich V., keine Söhne hatte. Umgekehrt war aber Konrad am Ende der dreißiger Jahre ein Sohn Heinrich geboren worden: und das verurteilte den schwäbischen Prinzen zu einem Leben im Hintergrund, im Dienst des jüngeren und glücklicheren Vetters.

Und wer weiß, ob nicht im Grunde alles in allem Friedrich in seinem Herzen eine tiefe Bewunderung – wir wagen nicht zu sagen: Liebe, auch weil Gefühle dieser Art damals sehr verschieden von dem waren, was wir heute darunter verstehen – für den anderen Onkel, Herzog Heinrich den Stolzen, den Gegenspieler seines Vaters und dann Konrads, verbarg. Heinrich war der ältere Bruder von Friedrichs Mutter Judith; und auch wenn wir (wie bei vielen anderen Dingen) hinsichtlich der Beziehungen zwischen Mutter und Sohn im dunkeln tappen, dürfen wir, ohne die Phantasie mit uns durchgehen zu lassen, doch annehmen, daß Onkel Heinrich viele Gaben besaß, die dem Knaben und Jüngling gefallen mußten. Er war zweifellos viel tatkräftiger als sein Vater; und während des Italienfeldzuges von 1137 war es vor allem er, der sich der aufdringlichen Anmaßung Papst Innozenz' II. widersetzte, in welchem man in

Deutschland den Hauptverantwortlichen für den Niedergang des Ansehens des Reiches und – gemeinsam mit dem Erzbischof von Trier und großen Wahlmann Konrads – den wichtigsten Urheber der Hörigkeit der deutschen Krone gegenüber der römischen Kurie sah. Die frühen vierziger Jahre dürften für Friedrich alles in allem eine Zeit der Frustration, der Entmutigung gewesen sein, die wohl durch die nicht allzu große Hochachtung des Knaben für seinen Vater noch verschärft wurde.

Er zog weg, er brach auf aus dem Umkreis der schwäbischen Berge und Wälder, aus ihrer bedrückenden Enge; er wurde zum fahrenden Ritter wie *Ruodliep;* er schüttelte die träge väterliche Klugheit ab und rächte sich an den Priestern Roms und ihren deutschen Anhängern, die seiner Familie zweimal den Weg zum Königtum versperrt hatten, dadurch, daß er ordnungsgemäß den Kandidaten begünstigte, der ihn vom Spiel ausschloß; wer weiß, er hat sogar das Andenken an den großen salischen Kaiser, den unglücklichen Heinrich IV., gerächt, der die römischen Priester so lange Zeit in Schach gehalten hatte, ehe es ihnen gelang, ihn zu vernichten, indem sie sich ihrer Gewohnheit entsprechend seiner eigenen Angehörigen bedienten.

Übermütig eilte Friedrich, gleichsam fluchtartig mit wenigen Freunden und Anhängern sein Land verlassend, der Revolte seines anderen Onkels mütterlicherseits, Welf VI. von Memmingen, zu Hilfe. Im ersten Augenblick ließ er sich von dessen Hochherzigkeit ihm gegenüber täuschen – dank des Goldes des Königs von Sizilien war Welf gut ausgerüstet. Wahrscheinlich wurde ihm aber schon bald bewußt, daß er einen Fehler begangen hatte; und vor allem machte er sich klar, daß sein Platz, unter welchen Umständen auch immer, auf der anderen Seite, an der Seite Konrads, war.

Der König seinerseits hat ihm wohlwollend verziehen und es verstanden, sich seiner und der Gaben seiner Loyalität und seines Mutes zu bedienen, um die chaotische innere Situation in den Griff zu bekommen. Private Fehden und Kriege befleckten Deutschland mit Blut: Friedrich machte sich eifrig, aber wie es scheint auch mit einem neuen Geist an die Arbeit. Er kämpfte zum Beispiel in Bayern gegen Konrad von Zähringen, besiegte ihn, nahm ihn gefangen, schenkte ihm aber die Freiheit, ohne ein Lösegeld zu verlangen. Das wurde als äußerst großzügige Geste empfunden; wir könnten sie „ritterlich" nennen, wenn dieser Ausdruck um die Mitte des 12. Jahrhunderts nicht für die deutsche Kultur noch verfrüht wäre. Und zur Hochherzigkeit war Friedrich ohne Zweifel befähigt. Aber wer weiß, ob es nicht schon damals etwas mehr gewesen ist; z. B. ein Mindestmaß an diplomatisch-familiärer Schlauheit? Die Zähringer waren Verwandte der Staufer, ihre Lehnsgebiete und Allode grenzten aneinander. Warum sollte er nicht eine Entspannungsgeste wagen, die ihn zwar im Augenblick einige Silbermark kosten würde, ihm aber in der Folge einen Freund und angesehenen Verbündeten gewinnen könnte?

Über all das hinaus sollte sich jedoch im Herzen des Schwaben die Überzeugung durchsetzen, daß es solange kein blühendes und starkes Reich geben würde, bis nicht der Friede in ihm hergestellt wäre. Die politische Unsicherheit, wie sie die beiden letzten deutschen Kaiser in dramatischer Weise gegenüber der päpstlichen Kurie an den Tag gelegt hatten, hatte ihre Ursache in der chronischen Schwäche einer Krone, die der Willkür der Parteien ausgesetzt und daher gezwungen war, sich ständig gegen die Widersacher im Inneren zu verteidigen und deshalb auch eigennützigste Hilfe und selbst Erpressung anzunehmen: Der Preis für solche Unterstützung war nämlich stets hoch, und mit der Zuverlässigkeit war es nicht sehr weit her. Dieser Gewißheit, daß es unbedingt der Stärkung der Krone bedürfe, und diesem tiefen Staatsbewußtsein – das sich, sobald es ihm die Umstände erlauben würden, auch mit genauer rechtlicher Sachkenntnis sehr präzise bestimmen lassen sollte – kam zweifellos die Tatsache zugute, daß Friedrich Erbe der beiden verwandten Traditionen, der schwäbischen und der bayerisch-sächsischen, war – und sich auch als solcher fühlte –, der Fürst, in dem sich die Familien, die seit 200 Jahren Deutschland regierten, würden erkennen können. Obwohl Friedrich seine Kindheit inmitten der Haßausbrüche der Dynastien gegeneinander verbracht hat, war er selbst davon frei und konnte jetzt, wo er an Konrads Seite seine untergebene Rolle als Vertreter des Hauses Schwaben gelassen akzeptiert hatte, mit ebensolcher Gelassenheit auf die andere Dynastie, die edlen und kühnen Welfen, blicken.

Wie wir bereits wissen, stand dem König von Deutschland traditionsgemäß die Kaiserkrone zu: Doch die deutschen Verhältnisse ließen eine längere Abwesenheit, wie sie eine Italienfahrt immer zur Folge hatte, nicht geraten erscheinen. Und Konrad schien auch kein übermäßiges Interesse für einen Thron zu hegen, dessen praktischer Inhalt in den letzten Jahrzehnten eine zunehmende Entleerung erfahren hatte, nachdem er seit dem Tod Heinrichs III. (1056) lange Zeit nur Unheilsquelle gewesen war.

Die Ereignisse, die jetzt in Rom vor sich gingen, waren allerdings von solcher Bedeutung, daß sie am Hof des für die Übernahme der Aufgaben des *Patricius Romanorum* und des *Advocatus Ecclesiae* ausersehenen Herrschers nicht mehr länger ignoriert werden konnten.

1143 erreichte die republikanische Volksbewegung, die sich bereits im ganzen nördlichen Mittelitalien durchgesetzt hatte, auch Rom, das im übrigen lange unter dem Streit im Gefolge des Schismas zwischen Innozenz II. und Anaklet II. zu leiden gehabt hatte, der in der Stadt als Kampf zwischen den Frangipani und Pierleoni ausgetragen wurde.

Innozenz II. war bei den Römern nie besonders gern gesehen gewesen: Eine kurze „Flitterwochenzeit", während der er die Wiederherstellung der Kirche Santa Maria in Trastevere angeordnet hatte und das Zisterzienserkloster ad Aquas Salvias errichtet worden war, fand durch Unstimmigkeiten ein jähes Ende, die wegen des Vorgehens gegenüber Tivoli, das seit einiger Zeit Rom die Stirn bot, zwischen dem Papst und den Römern ausgebrochen waren. In ihrer

Empörung über das zwischen Papst und Tiburtinern einseitig geschlossene Abkommen unternahmen die Römer einen überraschenden Überfall auf das Kapitol und erklärten die Wiederherstellung der ehrwürdigsten antiken Institution, des altrömischen Senats. Dieser Senat, der seine reguläre Tätigkeit im Oktober 1144 beginnen sollte, wies allerdings nicht viel Ähnlichkeit mit der antiken Einrichtung auf. Er glich in etwa dem eingeschränkten Consilium, das in der sogenannten Konsularzeit das Leben der nord- und zentralitalienischen Städte und Gemeinden regelte.

Natürlich war die Angelegenheit um Tivoli, wenn auch nicht gerade ein Vorwand, zumindest eine Gelegenheitsursache gewesen. Innozenz II. kam nicht mehr zu einer entsprechenden Antwort, er starb am 24. September 1143. Auf ihn folgte für nur knapp fünf Monate Cölestin II., der sich ganz unter den Schutz der Frangipani stellte; und auf ihn folgte im März 1144 Lucius II., ein überzeugter Befürworter eines engen Einvernehmens mit König Roger von Sizilien, was die Römer aufbrachte und beunruhigte.

Angesichts der durch das enge Einvernehmen des Papstes mit den Normannen entstandenen Gefahr hatte es die Stadt Rom noch eiliger, sich einen ausgeprägt volksnahen Charakter zu geben, und übertrug die Regierung der Stadt neben den Senatoren einem Patricius in der Person Jordan Pierleonis. Der Papst war nicht mehr in der Lage, die Stadt zu beherrschen; mit Hilfe der Normannen stürmte er den Felshügel des Kapitols, auf dem sich die Senatoren verbarrikadiert hatten, wurde dabei aber verletzt und starb einige Tage später, am 15. Februar 1145, im Gregoriuskloster auf dem Caelius.

Am 27. Februar, knapp zwei Wochen nach dem Tod Lucius' II., wählten die Kardinäle, die aus Angst vor Überfällen in einer Klosterfestung zum Konklave zusammengekommen waren, Bernhard, den Abt des Zisterzienserklosters ad Aquas Salvias, zum Papst, der den Namen Eugen III. annahm. Seine erste Handlung als Papst war seine Flucht in die Abtei Farfa im Sabinerland, weil der Senat als Bedingung für seine Zustimmung zur Papstkrönung in Sankt Peter die Zuerkennung der Befugnisse und öffentlichen Rechte weltlicher Art, die *Regalien*, verlangte.

Eugen III. schlug seine Residenz in Viterbo auf. Von dort aus organisierte er den Kampf gegen das aufständische Rom, zu dem er den Adel, die Barone der Campagna und der kleineren Zentren in Latium aufrief. In Rom sah man ein, daß es nicht angebracht war, auf Unnachgiebigkeit zu beharren; so gelangte man zu einem vorübergehenden Frieden, aufgrund dessen das Amt des Patricius abgeschafft, aber umgekehrt der Senat anerkannt wurde. 1145 konnte der Papst Weihnachten in Rom feiern; und endlich, wenn auch erst nach einer Reihe weiterer Zusammenstöße und Spannungen, anerkannten die Stadtgemeinde die päpstliche Autorität und der Papst seinerseits die Existenz der Gemeinde.

Gerade damals – als bereits der Senat gegründet und das Leben der Republik in vollem Gang war – tauchte eine Persönlichkeit auf, die Eugen III. als

Schüler und strenger Anhänger des hl. Bernhard nur mit Sorge und Mißbilligung aufnehmen konnte. Es handelte sich um Arnold von Brescia, den bereits das Laterankonzil von 1139 wegen seines Widerstandes gegen den Bischof seiner Stadt verurteilt hatte; er hatte dann in Frankreich Schutz gesucht, wo er Jahre zuvor als junger Student Abälard kennengelernt hatte; jetzt, 1140 auf der Synode von Sens, hatte er sich hinter seinen ehemaligen Lehrer gestellt. Nach Paris zurückgekehrt hatte Arnold seine Angriffe auch gegen Bernhard von Clairvaux, den Gegner seines Lehrers, schonungslos verschärft, den er als eitel und eifersüchtig beschrieb. Der Abt von Clairvaux war freilich nicht bereit, solche Anschuldigungen zu vergeben: Er wandte sich persönlich an König Ludwig VII. und bewog ihn, gegen jenen Zwietracht säenden Schismatiker einzuschreiten. In Zürich hatte Arnold dann trotz der leidenschaftlichen Proteste Bernhards im Bischof von Konstanz einen Verteidiger gefunden. Nachdem man ihn auch von dort vertrieben hatte, konnte er immerhin der Unterstützung seines alten Pariser Mitschülers, des Kardinal-Legaten Guido, gewiß sein; unter seinem Schutz (was dem erbitterten Abt von Clairvaux natürlich nicht entging) konnte Arnold nach Italien zurückkehren. In Viterbo kam es 1145/46 zur Aussöhnung mit Eugen III. Obwohl ehemaliger Schüler und treuer Anhänger Bernhards, war der Papst im Augenblick mit ganz anderen Dingen beschäftigt: mit der Organisation eines Kreuzzuges. Von Viterbo begab sich Arnold, wohl als Büßer und Pilger, nach Rom. Nachdem er sich hier niedergelassen hatte, nahm er jedoch nach und nach seine Apostolats- und Predigttätigkeit wieder auf und sorgte – wie es scheint, bereits 1147 – durch die Ausstrahlung seiner Persönlichkeit und durch seine gegen das weltliche Machtstreben der Päpste gerichteten Thesen für eine starke, wenn auch indirekte Unterstützung des Kampfes der Stadt Rom gegen den Papst. Tatsächlich hielt er seine Predigten immer häufiger auf dem Kapitol. Mit seinen harten, anschaulichen Angriffen gegen den Papst, der zwar als Zisterzienser seine Gelübde im strengsten Mönchsorden abgelegt hätte, dessen „Leib und Geldbeutel“ aber immer fetter würden, und gegen die Prunk- und Habsucht der Kirchenfürsten hatte er nicht nur bei den Laien, sondern auch beim niederen Klerus Erfolg. Im Juli 1148 verhängte Eugen III. den Bann über ihn, doch Arnold hatte bereits die ganze Stadt auf seiner Seite. Der Papst mußte Rom verlassen, er begab sich zunächst nach Viterbo und von dort 1149 nach Tivoli. Wie es seit den Zeiten Gregors VII. immer wieder geschah, dachte auch er, die einzige Macht, die ihn in der Stadt, deren Bischof er war, wiedereinsetzen könnte, wären die Normannen von Sizilien.

In der Tradition der Pataria aufgewachsen, sprach Arnold der Kirche leidenschaftlich das Recht auf weltliche Macht und Besitz ab. Daher seine Ablehnung jeder Form weltlicher Jurisdiktion in den Händen von Klerikern und seine Unterstützung für die Regierung des kommunalen Rom durch Laien gegen die hohe Hand, die der Papst gemäß einer mindestens ins 8. Jahrhundert zurückgehenden Tradition der Stadt auferlegt hatte, die aber die gregorianische Reformbewegung, in welcher Arnold selbst wenigstens teilweise seine Wurzeln erkannte, keineswegs komprimittiert, sondern im Gegenteil gestärkt hat.

Doch Arnold scheint den Römern auch noch etwas anderes, für ihn Neues gepredigt zu haben. Das kommunale Leben begeisterte ihn, und er war sich bewußt, daß das neue Experiment nur dann standhalten würde, wenn es auf einer entsprechenden gesellschaftlich-sozialen Grundlage Unterstützung fände; als Gegengewicht zum Hochadel der Stadt und der Campagna, dem Träger der päpstlichen Macht, wünschte er daher die Erstarkung der niedrigen städtischen Aristokratie, des Ritterstandes *(ordo equestris)*, und der Männer aus dem Volk. Sein kultivierter, sich aus alten Erinnerungen nährender Geist war aber vor allem nicht unempfänglich für den Zauber einer Stadt geblieben, die selbst noch im Verfall und in der Verwahrlosung eindrucksvolle Spuren ihrer ruhmreichen Vergangenheit bewahrte. Und da verschrieb sich dieser gequälte vagabundierende Mönch, dieser Heimatlose, der auch das feinsinnige und mitreißende Denken Abälards kannte und es verstanden hatte, sich die Gunst eines Kardinals zu gewinnen, schließlich der *sedes imperii* (Sitz des Reiches), dem *fons libertatis* (Quelle der Freiheit), der *domina mundi* (Herrin der Welt). Gegenüber dem (gemäß dem *Dictatus* Gregors VII.) vom Papst als Geschenk ererbten konstantinischen Rom, gegenüber der *translatio imperii* von den Römern auf die Franken und Germanen, worin der Kern der ottonischen und salischen Kaiseridee bestand, in Alternative zu jenem anderen Neuen Rom am Bosporus, jenem Konstantinopel, das Erbe und Fortführer des Reiches ist, erhob sich jetzt, von dem schroffen kapitolinischen Felsen gestärkt, ein neues, freilich städtisches Bewußtsein, ein neuer republikanischer Stolz. Der Anspruch auf das Recht zur Herrschaft über die Welt, erhoben von vier kleinen Adeligen und Männern aus dem Volk in einer Stadt der Ruinen und Ziegenhirten, mutet lächerlich an. Und doch war es der erste Anfang einer großen Ahnung und, wenn man will, einer großen modernen Utopie, die der Kultur und Politik der folgenden acht Jahrhunderte ihren und den Stempel ihrer Illusion aufdrücken sollte.

IV.
Speyer, Konstantinopel, Jerusalem

Nach dem Tode Mohammeds (632) hat der Islam eigentlich zu keiner wirklichen Einheit mehr gefunden; auch wenn es den Kalifen der Omaijaden-Dynastie von Damaskus durch Familienkämpfe und Palastverschwörungen gelungen war, zumindest den Anschein einer Einigkeit zwischen den vom Zentrum wegstrebenden Emiraten und stolzen, freiheitsdurstigen und dem Krieg untereinander verfallenen Stämmen, zwischen gegensätzlichen Koran-Schulen und blühenden Hafen- und Karawanenstädten, die korantreu, aber dringend auf Handel angewiesen waren, ein Jahrhundert lang aufrechtzuerhalten.

Als sich jedoch um die Mitte des 8. Jahrhunderts in Bagdad das Kalifat der Abbasiden durchgesetzt hatte, war es zu einem ersten, endgültigen Schisma gekommen: gleichsam als Konkurrenz dazu war im fernen Cordoba ein Kalifat omaijadischer Tradition errichtet worden. Seit damals hatte die muslimische Welt, die inzwischen von den Säulen des Herkules bis in das ferne Indien reichte, kein eigenes politisch-religiöses Zentrum mehr gefunden. Es genügte das sakrale Zentrum, der Schwarze Stein der Kaaba in Mekka, zu dem jeder Gläubige wenigstens einmal im Leben pilgern sollte.

Aber für das christliche Abendland bedeutete der Islam nur eines: den gewaltigen Aufmarsch der Heerscharen des Antichristen. *Chansons de geste* und *Chansons de croisade,* Ritterepen und Kreuzzugsgesänge, stimmten darin überein, daß sie die Ungläubigen als halbwilde, dämonische Ungeheuer erscheinen ließen.[1] Der Kampf gegen den Sarazenen glich einem geistigen Kampf, war eine *pugna spiritualis.* Der Kreuzzug wurde so zunächst zum Kampf des Guten gegen das Böse, den jeder Christ in seinem Herzen auszufechten hatte.

In der Mitte des 12. Jahrhunderts hatte die christliche Welt den Eindruck, der Islam als ganzer sei dabei, an Boden zu verlieren. In Spanien waren nach der aus Afrika herandrängenden Woge der Almoraviden die christlichen Reiche zum Angriff übergegangen, und 1146 setzte Alfons VII., König von Kastilien und León, zur Rückeroberung Andalusiens an. In Katalonien ging in derselben Zeit Graf Raimund Berengar IV. daran, die letzten muslimischen Festungen nördlich des Ebro zu beseitigen. Im Oktober 1147 eroberte indessen Alfons I. von Portugal, der 1139 nach dem Sieg über die Mauren bei Ourique zum König ausgerufen worden war, mit Hilfe eines bunt zusammengewürfelten Kreuzfahrerheeres – Skandinaviern, Schotten, Bretonen, Flamen, Lothringern und Anglonormannen – die arabische Stadt Lissabon. Und während des ganzen fünften Jahrzehnts des 12. Jahrhunderts unternahm König Roger von Sizilien abwechselnd diplomatische Vorstöße und Angriffe zur See gegen das nordafrikanische Reich, und 1148 gelang ihm die Eroberung von al-Mahdiah, das bereits im Jahr 1087 von den Pisanern geplündert worden war.

Großartige christliche Siege, die den Enthusiasmus abendländischer Ritter und Mönche derart anfeuerten, daß sich – wie Bernhard von Clairvaux bezeugt – in den Klöstern kaum mehr die Disziplin bewahren ließ. Und da das Werkzeug des Kreuzzugs bereits seine ursprünglichen Merkmale einer bewaffneten Pilgerfahrt nach Jerusalem zu verlieren begann, um jene neuen Kennzeichen eines Krieges gegen die Ungläubigen anzunehmen – ein Aspekt, der bis dahin nebensächlich und alles in allem nicht einmal deutlich formuliert gewesen war –, beschloß der Adel Norddeutschlands mit Unterstützung dänischer und polnischer Adeliger 1147, sich auf einen aufsehenerregenden Eroberungsfeldzug durch Nordosteuropa bis nach Pommern zu begeben, der als Kreuzzug anerkannt wurde.[2]

Diese ganze Kreuzzugsbegeisterung entstand jedoch aufgrund bestimmter Aspekte aus einem Gefühl der Bestürzung, ja, wenn man will, kollektiver hysterischer Angst. Der Eindruck, daß der Islam von Portugal nach Nordafrika zurückweiche – der zudem falsch war, weil es sich ja nicht um eine einheitliche, monolithische Macht handelte –, wurde von einer einzigen, allerdings außerordentlich schwerwiegenden Ausnahme gefährdet: dem syrischen Kriegsschauplatz unmittelbar hinter dem Heiligen Land, dessen Eroberung der Ruhm des Ersten Kreuzzuges gewesen war. Hier drohte eine neue gewaltige muslimische Offensive das Vermächtnis eines halben Jahrhunderts zu gefährden, das von französischen Kreuzfahrern errichtete Königreich Jerusalem und die in treuer Abhängigkeit von ihm stehenden Fürstentümer Edessa, Antiocheia, Tripolis und Transjordanien.

1143 waren im Abstand von wenigen Wochen sowohl der Kaiser von Konstantinopel, Johannes II. Komnenos, als auch der dritte französische König von Jerusalem, Fulko von Anjou, gestorben. Hatte Johannes eine kraftvolle Kampagne in Richtung Osten unternommen und dabei manche Kreuzfahrerfürsten zur Anerkennung seiner Oberhoheit gezwungen, so schien sich sein Nachfolger Manuel I. hingegen nicht um den asiatischen Kriegsschauplatz zu kümmern und allenfalls nachhaltig auf Europa zu blicken, dessen Welt eine große Faszination auf ihn ausübte. In Jerusalem ging unterdessen die Königskrone auf Balduin III. über, einen vierzehnjährigen Knaben, der sich zunächst der schwachen Regentschaft seiner Mutter Melisende, der Tochter Balduins II. und einer armenischen Prinzessin, unterstellt sah. Der von der unsicheren Hand dieser französisch-orientalischen Herrscherin geleitete Hof zu Jerusalem versank in Intrigen; währenddessen nutzten Raimund von Poitiers, der Fürst von Antiocheia, und Jocelyn II. von Courtenay, Graf von Edessa, die Lage aus, um sich immer mehr von ihren Lehnsbanden gegenüber dem Königreich zu lösen und eine unabhängige Politik zu betreiben, die auf die an ihre Gebiete angrenzenden Reiche der türkischen, armenischen und syrischen Potentaten ausgerichtet war; ihre insgeheime Rivalität untereinander verschärfte die Situation dadurch, daß sie die Aufmerksamkeit des Islam, auf die Nordgrenze des fränkisch-syrischen Königreiches lenkte, jenes Islams, der sich – nachdem er beim Ersten Kreuzzug, weil von Spaltungen in Kalifate und inneren Zwistigkeiten zerrissen, überrumpelt worden war – jetzt rasch reorganisierte.

Anführer der muslimischen Gegenoffensive war der türkische *Atabeg* Imad ad-Din Zengi, der, dem Namen nach für den in Bagdad residierenden Sultan, praktisch aber völlig autonom, über ein riesiges, von den beiden Städten Aleppo und Mosul abhängiges Gebiet im syrisch-mesopotamischen Raum herrschte.

Die Grafschaft Edessa war der nordöstliche Kreuzfahrervorposten; nahe an die Berge Armeniens herangerückt, überwachte sie das Hochtal des Euphrat. Zengi sah in dieser blühenden, aber schwachen Stadt sein erstes Ziel; und der Fürst von Antiocheia mußte diesen Plan natürlich unterstützen, erleichtert darüber, daß sich der muslimische Druck nicht gegen sein zwischen der Gebirgskette des Antitaurus, dem Fluß Orontes und dem Meer eingezwängtes Gebiet richtete. Ende November 1144 fiel Edessa in die Hände des *Atabeg.* Die Einnahme dieser Stadt führte in kurzer Zeit zum Fall aller östlich des Euphrat gelegenen Kreuzfahrerfestungen; die Grafschaft Edessa war damit auf das Zentrum Turbessel auf der Westseite des Flusses zusammengeschrumpft. Zu spät bemerkten die Kreuzfahrerfürsten, daß in den Beziehungen zwischen ihnen und der sie umgebenden islamischen Welt etwas Entscheidendes vor sich gegangen war: Die Muslime waren zum Gegenangriff übergegangen und würden nicht eher einhalten, als bis sie sie aus Syrien und Palästina vertrieben hätten.

Im ersten Augenblick war ihre Offensive jedoch zum Stillstand gekommen. Mitte September 1145 hatte sich wieder einmal das Unvorhergesehene, diese Überraschungskarte, die nicht selten die Spielpartien der Geschichte durcheinanderbringt, auf der Bildfläche des Vorderen Orients eingestellt. Der *Atabeg* wurde, allem Anschein nach von einem Eunuchen, den er aus nichtigem Grund streng bestraft hatte, im Schlaf ermordet. Es ist nicht bekannt, ob hinter diesem banalen Tagesereignis der Wille und die Korruption eines auf Zengi eifersüchtigen muslimischen Machthabers oder sogar des Hofes von Melisende gestanden sind. Sein Reich wurde jedenfalls in zwei getrennte Herrschaftsgebiete geteilt und von seinen beiden Söhnen übernommen: Aleppo ging an Nur ad-Din Mahmud (in der Tradition des italienischen Ritterepos als „Norandino“ bekannt) und Mosul an Saif ad-Din Ghazi über.

Die Franzosen freuten sich über den Untergang des Mannes, den die lateinischen Chroniken in Anpassung seines Namens an ein grausames Wortspiel *Sanguis,* Blut, nannten. Von Turbessel aus gelang Jocelyn von Edessa, von treuen Armeniern unterstützt, die Rückeroberung seiner Hauptstadt: Aber es wurde ihm schon bald klar, daß er sie gegen Nur ad-Din, der unverzüglich herbeigeeilt war, um sie zu belagern, nicht würde halten können, wenn er nicht von Melisende von Jerusalem, von Raimund von Antiocheia und von dem mächtigen französischen Fürsten Raimund II. von Tripolis, der den Libanon beherrschte, sofort Hilfe erhalten würde.

Nicht einmal der Ernst des Augenblicks veranlaßte jedoch die französisch-syrischen Fürsten, sich untereinander einig zu werden. Der Fürst von Antiocheia war in Wirklichkeit froh, daß sich sein Gegner Jocelyn in übler Lage befand, und rührte keinen Finger für ihn. Aber er sollte das schon bald bitter bereuen, denn nachdem Nur ad-Din Anfang November 1146 in einem schrecklichen Blutbad Edessa zurückerobert hatte, fiel er ohne Zögern über das Fürstentum Antiocheia her.

Ein unglückseliges Manöver der Regentin und des Adels des Königreiches Jerusalem drohte indessen die Situation der Kreuzfahrerstaaten völlig zu gefährden. Der alte Mamelucken-Kommandant Unur, der über Damaskus herrschte, war ein entschiedener Gegner Zengis. Damaskus war einer der größten Handels- und Warenumschlagplätze des Vorderen Orients, und wenn sich der *Atabeg* von Aleppo und Mosul dieser Stadt bemächtigt hätte, wäre er tatsächlich zum unbestrittenen Herrn Syriens geworden. Aber Unur war – trotz seiner unerschütterlichen persönlichen Treue zum Sultan – fest entschlossen, seine schöne und wohlhabende Stadt nicht aufzugeben, und hatte sich, um der von Norden und Osten eindringenden Gefahr besser entgegentreten zu können, natürlich auf das im Westen angrenzende Königreich der Kreuzfahrer gestützt. Auf diese Weise hatte er den Rücken geschützt, während Jerusalem über eine wirksame Verteidigung in Form einer Scheidewand zwischen Palästina und den Gebieten Zengis verfügte.

Aber zu Beginn des Jahres 1147 rebellierte ein armenischer Renegat, der im Auftrag Unurs, des Herrschers von Damaskus, einige Gebiete des Hauran (zwischen dem heutigen Syrien und Jordanien) beherrschte, gegen seinen Herrn und bat Jerusalem, ihn als ihren Vasallen anzuerkennen. Den Kreuzfahrern bot sich so eine ausgezeichnete Gelegenheit, ihre Stellung in Transjordanien zu stärken; andererseits verscherzten sie sich auf diese Weise die Freundschaft Unurs. Sie wählten also den schlechteren Teil, überzogen den Herrscher von Damaskus mit einem ungeschickten Angriffskrieg und trieben ihn so ungeachtet seines eigenen Willens in die Arme des Herrn von Aleppo.

Als Edessa im November 1144 zum zweiten Mal gefallen war, hatten die Franzosen im Heiligen Land den Augenblick für gekommen gehalten, sich mit einem Aufruf an das Abendland zu wenden. Doch erst ein Jahr später, im November 1145, erreichte der Gesandte des Königreiches Jerusalem, Bischof Hugo von Dschabal, Viterbo, wo er mit Papst Eugen III., dem der Aufstand der Römer die Rückkehr nach Rom verwehrte, zusammentraf.

Der Papst empfing Hugo und vernahm niedergeschlagen die Nachrichten aus dem Orient. Am Hof von Viterbo weilte aber gerade auch eine große Persönlichkeit aus dem deutschen Königreich: der Zisterzienser Otto von Babenberg, Stiefbruder König Konrads und Bischof von Freising. Vom Bischof von Dschabal hörte der adelige Zisterzienser nicht nur Unglücksnachrichten, sondern auch Worte der Hoffnung. Es hieß, ein nestorianischer Fürst mit Namen Johannes aus dem Zentrum Asiens, der großen Mutter des Schweigens, habe im östlichen Teil Persiens siegreich gegen die Ungläubigen Krieg geführt, auch wenn sich, wie es den Anschein hat, sein Heer dann rätselhafterweise aufgelöst hat.

Diese Nachrichten entbehrten nämlich keineswegs jeder historischen Grundlage. Tatsächlich gab es unter den Tataren sowohl in China wie in Indien Gemeinden nestorianischer Christen; 1141 war der Seldschuken-Sultan Sanjar von einem Fürsten der mongolisch-chinesischen Liao-Dynastie, Yeh-lü Ta-shih, bei Samarkand geschlagen worden. Dieser war höchstwahrscheinlich Buddhist, aber es ist nicht auszuschließen, daß er sich als Christ betrachtete oder Christen unter seinen Gefolgsleuten hatte. So entstand die Legende von einem christlichen Priesterkönig, dem Presbyter Johannes, dessen Reich sich jenseits von Persien und Armenien erstreckte und der aus Innerasien den Christen in Syrien gegen den Islam zu Hilfe gekommen sei.

Der Inhalt der Legenden, die allem Anschein nach von Otto von Freising stammen bzw. von ihm weitergegeben wurden, weist auf den Inhalt einer Reihe prophetischer Schriften hin, die seit mindestens 200 Jahren im Abendland im Umlauf waren. Unter diesen als „Sibyllinische Bücher" bekannten Texten erlangte die Prophezeiung der sogenannten „Tiburtinischen Sibylle" besondere Bedeutung. Sie war im 10. Jahrhundert von Adso von Montier-en-Der in seiner der westfränkischen Königin Gerberga, Gemahlin Ludwigs IV. und Schwester Kaiser Ottos I., gewidmeten Schrift über den Antichrist den Zeitumständen angepaßt worden. Adsos Werk hatte bei den Kapetingern stets leidenschaftliche Leser gefunden, weil sich aus dem umgearbeiteten Text der „Tiburtina" herauslesen ließ, daß in den „letzten Tagen" vor der Ankunft des Antichrist der König von Frankreich als Souverän herrschen würde.[3]

Und auf die Frömmigkeit wie auf das universale Sendungsbewußtsein König Ludwigs VII. von Frankreich vertraute dann auch Papst Eugen III., als er, von Bernhard von Clairvaux ermutigt, aufgrund der an ihn in Viterbo herangetragenen dringenden Bitten zum Kreuzzug aufrief.

Der Appell des Papstes fiel auf einen durch die erregte Stimmung und die weitverbreitete Angst bereits fruchtbaren Boden. In ganz Europa hielt man besorgt Ausschau nach den „Zeichen" vom Himmel; und an solchen Zeichen fehlte es nicht – wie uns die Chronisten der Zeit versichern: Unwetter, Überschwemmungen, Hungersnöte, Seuchen. Der damaligen Denkweise entsprechend mußte jede Natur- oder soziale Katastrophe ihre unmittelbare Erklärung notwendigerweise in den Sünden des Menschen und im Herannahen der Endzeit finden. Die Welt wurde alt, der Herr war der Menschheit müde. Er versäumte es nicht, mit den offenkundigen Zeichen seines Zornes die Wunderzeichen am Himmel einhergehen zu lassen: Sonnen- und Mondfinsternisse. Im Jahr 1129 war neuerlich eine Gürtelrose-Epidemie ausgebrochen; 1140 hatte es einen schrecklichen Vesuvausbruch gegeben; 1144 war auf einen außerordentlich strengen Winter eine schwere Hungersnot gefolgt. Die Pferde der Apokalyptischen Reiter schlugen mit ihren Hufen den europäischen Himmel. Es galt Buße zu tun.

Und der Kreuzzug wurde, bereits bei dem ersten großen Unternehmen dieser Art vor 50 Jahren, im wesentlichen als eine große Bußwallfahrt empfunden. *Iter* nannten ihn die Fürsten und Ritter mit einem aus der Militärsprache entlehnten Ausdruck: *iter,* (militärisches) Unternehmen. Aber *peregrinatio,* Pilgerzug, nannten ihn die Armen und Demütigen; und das war er auch im Wortschatz der Kirche. Ludwig VII. von Frankreich hatte schon seit längerer Zeit dem Papst seinen Willen mitgeteilt, sich – vielleicht zur Sühne seiner Sünden – als Pilger zum Grab Christi zu begeben. Nun wandte sich der Papst mit einem am 1. November 1145 in Vetralla datierten Brief an Ludwig mit der Aufforderung, nach dem Orient aufzubrechen, wo durch den Fall von Edessa die christlichen Brüder des Königreiches Jerusalem bedroht seien. Am folgenden Weihnachtsfest richtete in Bourges Bischof Gottfried von Langres, gleichfalls Zisterzienser, in Anwesenheit des Königs an die Adeligen und Ritter Frankreichs einen dringenden Aufruf zum Kreuzzug.

Die führenden Schichten des Landes scheinen die Aufforderung allerdings recht kühl aufgenommen zu haben. Da bat Ludwig VII. den Abt von Clairvaux um seine Mitwirkung; dieser wurde jedoch erst aktiv, nachdem Eugen III. mit der Bulle *Quantum praedecessores* vom 1. März 1146 den *iter Hierosolymitanum,* also das „Unternehmen Jerusalem", offiziell ausgerufen und im Zusammenhang damit den Teilnehmern die Erlassung der Sünden angeboten und sie, ihre Familien und ihren Besitz unter den Schutz der Kirche gestellt hatte. Am 31. März, dem Ostersonntag, predigte nun Bernhard selbst zum Kreuzzug: in Vézelay, der Stadt mit dem berühmten Maria-Magdalena-Heiligtum, von der aus ein Pilgerweg nach Santiago de Compostela führte, der *Camino de Santiago.* Bernhard war damals 56 Jahre alt und nur mehr ein Schattenbild des anmutigen jungen Edelmannes mit der hellen Haut und dem goldblonden Haar, der er einst gewesen war. Doch von seiner vom Beten gekrümmten und vom Fasten ausgemergelten Gestalt und vor allem von seinen feurigen Worten ging eine Kraft aus, die Könige bezwang. „Die Stimme" haben sie ihn genannt. Er hatte sein armseliges graues Gewand in Stücke reißen müssen, um daraus Kreuze zu schneiden, die er an seine sich wie verrückt gebärdenden Zuhörer verteilte. Dadurch, daß sie jenes Zeichen über der Brust anhefteten oder annähten, brachten sie ihr Kreuzzugsgelübde zum Ausdruck. Auch König Ludwig VII. und seine Frau Eleonore von Aquitanien hatten sich mit dem heiligen Merkmal versehen. Die Geste des Herrschers, die seine feste Entschlossenheit, ins Heilige Land aufzubrechen, unterstrich, hatte freilich Angst und Ratlosigkeit ausgelöst. Vor 50 Jahren hatte dank des Ersten Kreuzzuges, an dem einige der höchsten Adeligen Frankreichs teilnahmen, der König in ihrer Abwesenheit seine eigene Macht gefestigt. Würde aber, wenn er sich jetzt entfernte, nicht die Gefahr eines Rückfalls des Landes in die Feudalanarchie bestehen? Gegen Ludwigs Aufbruch war zweifellos sein großer Berater, Abt Suger, der erst vor kurzem sein Hauptwerk, die Klosterkirche von Saint-Denis, eingeweiht hatte, die mit ihren bunten Glasfenstern von weitem wie ein Reliquiar leuchtete und mit ihren Spitzbogengewölben das große Zeitalter der französischen Gotik eröffnete. Suger wäre es lieber gewesen, wenn sich Adelige am Kreuzzug beteiligt hätten und der König in seinem Land bliebe und sich um die Festigung seiner Herrschaft kümmerte. Vielleicht war Papst Eugen der gleichen Ansicht.

Aber keiner von beiden hatte das Unwägbare einkalkuliert: Bernhard. Nachdem der Abt von Clairvaux demütig die päpstlichen Entscheidungen abgewartet hatte, gab es für ihn, sobald diese durch die Bulle vom März mit aller Klarheit zum Ausdruck gebracht worden waren, keinen Zweifel mehr; und wie gewohnt schob er jedes Hindernis zur Seite.

Außerdem mußte er im vorliegenden Fall wohl eingreifen, um die hochgepeitschten Wogen der Begeisterung in vernünftige Bahnen zurückzuleiten. Ein Zisterziensermönch – also ein Mitbruder Bernhards –, Rudolf, erregte mit seiner glühenden Predigt die Rheinstädte. Es handelte sich bei diesem Mann um eine etwas seltsame Persönlichkeit, von der wir nur wenig wissen: fest steht, daß er trotz der strengen klösterlichen Vorschrift der *stabilitas loci* seine Bleibe ständig verlagerte. Er war Wanderprediger: Was immer das heißen mag, sein undiszipliniertes Verhalten war jedenfalls nicht dazu angetan, bei dem strengen Abt von Clairvaux auf Gegenliebe zu stoßen. Rudolf predigte in Köln, Mainz, Worms, Speyer und Straßburg; er traf Städte an, die erschüttert waren von den Kämpfen zwischen den Fürstbischöfen bzw. den führenden Ständen, die sie regierten, und dem örtlichen Bürgertum, an das und wohl an die untersten Schichten der Bevölkerung er sich mit seinen Predigten gegen die Juden wandte. Dasselbe war am Vorabend des Ersten Kreuzzuges geschehen, als Haufen von Pilgern und Ausgestoßenen der Gesellschaft die jüdischen Gemeinden im Rhein-Donau-Gebiet blutig überfallen hatten; auch damals waren seltsame umherziehende „Propheten“ aufgetreten, die die Emotionen im Volk anheizten. Endzeit und Weltuntergang betreffende Aufrufe, Stimmen über das bevorstehende Kommen des Antichrist, Erwartung einer Eroberung des „himmlischen Jerusalem“, in dem die *pauperes,* die Armen, wieder zum Leben erweckt und das Reich des Friedens und der Gerechtigkeit sogleich sichergestellt würden: alles vermengte sich in einer heftigen Spannung, hinter der sich das Auftauchen der neuen sozialen Probleme abzeichnete, die vom Zusammenleben in immer dichter besiedelten städtischen Zentren ausgelöst wurden.

Wie schon während des Ersten Kreuzzuges verteidigten der höhere Klerus und der König von Deutschland auch jetzt die jüdischen Gemeinden. Bischof Siegfried von Würzburg weigerte sich nachdrücklich, einen Jugendlichen heiligzusprechen, der angeblich von den Juden zu Tode gebracht worden sei und dessen Reliquien bereits vom Volk verehrt wurden; in Nürnberg griff der Herrscher persönlich ein, um die Sicherheit der israelitischen Gemeinschaft sicherzustellen; und es war der Erzbischof von Mainz, der sich gegen den seltsamen Zisterzienser, der die Reinigung des „wahren Israel" durch das Blut des alten predigte, an Bernhard wandte. Dieser antwortete mit einer ebenso harten wie entschiedenen Stellungnahme: Rudolf, der predigend von Stadt zu Stadt zog, verletzte sowohl die Disziplin seines Ordens wie die Rechte der bischöflichen Autorität; es war nicht verwunderlich, daß aus der disziplinlosen Haltung die Häresie erwuchs, wie es ja immer geschieht, und daß gegen das göttliche Gesetz der schlechte Mönch das Vergießen von Blut anregte; was die Juden angeht, so ist ihr Schmerz ein lebendiges Abbild des Leidens Christi, und sie werden erst am Ende der Zeiten bekehrt werden. Im übrigen war es ja gerade diese Gewißheit, daß das Ende der Zeiten gekommen sei, die die Massen zur Gewalttätigkeit aufputschte: der Tag ging zur Neige, der Herr war im Begriff zu kommen, Israel mußte sich bekehren oder vernichtet werden.

Rudolf wurde, so scheint es, von der gebieterischen Stellungnahme Bernhards dazu bewogen, sich wieder einzufügen; aber seine Aufgabe als Kreuzzugsprediger wurde von Bernhard selber fortgesetzt – freilich frei von den gewalttätigen und apokalyptischen Aspekten und von einem kräftigen mystischen Hauch durchdrungen.

Konrad III. von Hohenstaufen hatte, zum Unterschied vom französischen König, nicht die Absicht, in einem so heiklen Augenblick sein Reich zu verlassen und damit einem streitsüchtigen und untreuen Adel und den aufrührerischen Kräften, die das entstehende städtische Leben aufwiegelten, Handlungsfreiheit zu gewähren. Zudem war die römische Situation noch nicht in Ordnung gebracht, und es bestand weiter die ernste Gefahr, daß die skrupellose normannische Politik den Interessen jenes Königreiches Italien, dessen Krone traditionellerweise dem König von Deutschland zustand, weitere Schäden zufügen könnte. Ähnlicher Ansicht scheinen auch sein wichtigster geistlicher – aber auch politischer – Ratgeber Wibald von Stablo und der Papst selbst gewesen zu sein, der sich bis dahin auf die Unterstützung durch den Kaiser verlassen hatte.

Ende November 1146 kam es in Frankfurt zur Begegnung zwischen Bernhard und dem König. Dabei wiederholten sich die Szenen, die stets das Auftreten des Abtes von Clairvaux in einer Stadt begleiteten: Groß und klein fielen bei den Worten des Heiligen auf die Knie, alte Feinde versöhnten sich unter Tränen miteinander, Söldner und Arme nahmen das Kreuz. Aber der König begegnete dem Drängen Bernhards mit fester Ablehnung: die Lage des Reiches erlaubte ihm nicht, bei dem Unternehmen mitzumachen. Nichtsdestoweniger predigte der Heilige weiter zum Kreuzzug, und das besonders auf schwäbischem Reichsgebiet: in Freiburg, Basel, Schaffhausen, Konstanz. Es war ein hartes Jahr gewesen, der beginnende Winter kündigte sich mit den Farben des Hungers an; das einfache Volk nahm Bernhards Ermahnungen als eine Aufforderung an, ein unangenehmes Exil zu verlassen und wie einst die Juden unter Moses nach dem Gelobten Land aufzubrechen, wo Milch und Honig fließen.

Zu Weihnachten sollte in Speyer ein Reichstag abgehalten werden; der Abt von Clairvaux wollte anwesend sein, und es war schon bekannt, daß viele deutsche Fürsten und Ritter das Kreuz genommen hatten oder es nehmen wollten. Wenige Tage zuvor hatte Welf VI. beschlossen, am Kreuzzug teilzunehmen; aber dieses Beispiel konnte es allenfalls für Konrad noch mehr angeraten sein lassen, in Deutschland zu bleiben und nun hier die Stellungen zu stärken, da so viele unruhige Untertanen den Weg ins Heilige Land antraten.

Es scheint, daß der König, wenn auch vielleicht etwas aufgewühlt, der Weihnachtspredigt Bernhards in dem herrlichen Dom zu Speyer, dessen Krypta als Grabstätte der deutschen Könige diente, widerstanden hat. Nicht widerstanden hat er jedoch einer neuerlichen Predigt, die der Heilige während einer feierlichen Versammlung des ganzen Hofes zwei Tage später, am Fest des Evangelisten Johannes, vortrug. Der Abt wandte sich an den König und sprach ihn in der ersten Person an, als wäre er Christus: „Mann, gibt es etwas, das ich für dich hätte tun können und nicht getan habe?"

Alte Chronisten und moderne Historiker ergingen sich darin, die erhabene Episode mit lebhaften Farben auszumalen: der Dom von Speyer, der dröhnt vom Geschrei der deutschen Adeligen, die das Kreuz verlangen, der von Leidenschaft bebende Heilige, der am Ende erschöpft zu Boden stürzt, Konrad, der von seinem Sitz hochspringt, den schmächtigen Körper in den Königsmantel hüllt und ihn vor der schrecklichen Umarmung der außer sich geratenen Menge in Sicherheit bringt.

Ein Wunder, würde Bernhard später sagen; ein Wunder, würden seine Biographen wiederholen. Aber Eugen III. nahm die Nachricht mit Enttäuschung auf, und die an den König gerichtete Botschaft (die uns nicht erhalten ist), in welcher er zu den Ereignissen von Speyer Stellung nahm, dürfte von einer ziemlichen Kälte geprägt gewesen sein. Der junge Friedrich von Hohenstaufen befand sich an jenem St.-Johannis-Tag des Jahres 1146 im Dom zu Speyer an der Seite des Königs. Welche Gedanken ihm durch den Kopf gegangen sein, welche Gefühle ihn erregt haben mögen, werden wir nie erfahren. Mag sein, daß ihn sein politischer Sinn bis dahin von der Versuchung des Aufbruchs abgehalten hat; doch wer weiß, ob ihn nicht die Abenteuerlust ergriffen hat, wie es wenige Jahre zuvor der Fall gewesen war, als er am Aufstand Welfs VI. teilgenommen hatte.

Möglicherweise hätte er auch nichts dagegen gehabt, über Konstantinopel zu ziehen, wo seine Schwägerin Bertha von Sulzbach als Gemahlin des *basileus*

Manuel I. Komnenos seit Januar unter dem griechischen Namen Irene Kaiserin war. Vor allem aber kann es sein, daß das Grab Christi und die Vorstellung, gegen die Sarazenen zu kämpfen, einen verlockenden Anreiz auf ihn ausübten.

Konrad seinerseits konnte wohl, mitgerissen von seiner und der Begeisterung des Adels und der Ritter des Reiches, das Kreuz genommen haben; er hat deshalb jedoch nicht seine dynastischen Interessen vergessen. Ja, in dem auf die Annahme des Kreuzes folgenden Klima mystischer Inbrunst fiel es ihm leichter, dem deutschen Adel die notwendige Zustimmung für die Mitherrschaft seines jungen Sohnes Heinrich abzuringen. Auf diese Weise war die Nachfolge sichergestellt.

Auf dem Reichstag zu Frankfurt im März 1147 wurde Heinrich (VI.), der zehnjährige Sohn Konrads, zum König gewählt, und es wurde über die bis dahin angelaufenen Vorbereitungen des Kreuzzuges berichtet. Konrad wäre gern zu Ostern aufgebrochen, das in jenem Jahr auf den 20. April fiel. Aber in Frankfurt, wo Bernhard auch wieder zugegen war, wurde offenkundig, daß die Vorbereitungen noch nicht so weit gediehen waren. Außerdem griff in Deutschland wie anderswo die Frage um sich, ob es wirklich angebracht sei, die Heiden in der Ferne zu bekämpfen, während sie doch ganz in der Nähe niederzuringen wären.. Eugen III. hatte denn auch bereits Alfons VII. von Kastilien ermächtigt, seinen Kreuzzug nicht einst in Syrien, sondern vielmehr an den Grenzen seines Königreiches auszufechten; und schon im Juni würden der Graf von Portugal und der Bischof von Oporto eine aus englischen, flämischen und friesischen Kreuzrittern bestehende Flotte, die auf der Fahrt ins Heilige Land an der Mündung des Duero (Duoro) haltmachte, überzeugen, daß man gar nicht erst ins östliche Mittelmeer zu fahren brauche, um die Ungläubigen zu bekämpfen: sie waren gar nicht weit von hier anzutreffen. Diese Ablenkung der Flotte von ihrem geplanten Weg führte dann zur Einnahme von Lissabon.

In Frankfurt befanden sich sowohl Konrad wie Bernhard in einer ähnlichen Situation. Der von dem jungen Sachsenherzog Heinrich XI. dem Löwen angeführte norddeutsche Adel verlangte einstimmig, am Kreuzzug teilzunehmen und in den Genuß der geistlichen Vorteile zu gelangen; doch als sein besonderes Ziel schlug er nicht schon das Heilige Land vor, sondern die Gebiete östlich der Elbe. Bernhard suchte Zeit zu gewinnen und informierte den Papst; dieser ermächtigte mit der Bulle *Divina dispensatione* vom 13. April 1147 die Christen Nordeuropas, ihren Kreuzzug nicht gegen die Muslime in Syrien und Palästina, sondern gegen die heidnischen Slawen Östlich der Elbe zu führen. Es handelte sich nicht mehr um die Verteidigung des Heiligen Grabes, sondern es ging – nach Art einer „Volkskreuzzugs"-Idee, die sich die Kirche bis dahin nicht zu eigen gemacht hatte – allenfalls darum, die territorialen Grenzen des Christentums auszuweiten und die Barbarenvölker zu bekehren. An der Spitze des Nordkreuzzuges standen die Bischöfe Anselm von Havelberg (der Prämonstratenser, der 1136 in Konstantinopel über die Streitfrage des *Filioque* diskutiert hatte und der jetzt päpstlicher Legat war), Adalbert von Bremen und die Prälaten von Mainz, Halberstadt, Münster, Merseburg, Brandenburg und Olmütz; unter den weltlichen Fürsten ragten Herzog Heinrich von Sachsen und Albrecht der Bär, Markgraf von Brandenburg, heraus; Dänen und Polen unterstützten das Unternehmen, an dem auch viele landhungrige sächsische Bauern teilnahmen. Kreuzzug, Evangelisierung und deutsche Kolonisierung der Heidegebiete östlich der Elbe gingen seitdem Hand in Hand. Das Unternehmen im Norden griff im übrigen eine alte expansionistische Tradition wieder auf. „Ziehe nach Osten, Junge!", bekamen die armen Bauern auf der Suche nach Land, Arbeit und Erfolg seit Jahrzehnten immer wieder zu hören. Im Jahr 1108 wurde in einem Aufruf des Erzbischofs von Bremen für diese „neue Grenze" so geworben: „Die Slawen sind ein abscheuliches Volk, aber ihr Land ist reich an Fleisch, Honig, Korn, Vögeln und hat unvergleichlichen Überfluß an allem, was die bebaute Scholle hervorbringen kann." Bereits um das Jahr 1143 waren den Slawen in Holstein, Mecklenburg und Brandenburg neue Gebiete entrissen worden. Der Kreuzzug bot eine Gelegenheit, diesen Drang nach Osten mit neuer und verstärkter Legitimation wiederaufzunehmen und fortzusetzen.

Aber kehren wir zu dem Unternehmen im Heiligen Land zurück. Im Mai 1147 verließ Konrad III. Bamberg in Richtung Regensburg, dem Tor zur Donaustraße; den jungen König Heinrich hatte er dem Schutz von Abt Wibald von Corvey und Stablo anvertraut. Was den Umfang des deutschen Kreuzfahrerheeres betrifft, geben die Chronisten ungeheure Zahlen an, die aber unglaubwürdig sind; es mußte jedoch ganz ansehnlich gewesen sein und mag ungefähr 20.000 Personen erreicht haben, deren Großteil allerdings aus unbewaffneten oder nahezu wehrlosen Pilgern bestand, was ein großes militärisches Problem darstellte. Herzog Ladislaus von Böhmen und König Boleslaw IV. von Polen, beide Vasallen der deutschen Krone, waren mit ihrem Kriegsvolk dabei. Zahlreich waren sodann die Bischöfe, darunter jene von Freising, Metz, Toul, jeder mit eigenen Truppenverbänden. Unter den weltlichen Fürsten war man sich darüber klar, daß dem jungen Schwager und Günstling des Königs, Friedrich von Schwaben, der nach dem Tod des Vaters seit kurzem auch formell Herzog war (tatsächlich aber übte er die Herzogspflichten schon seit längerer Zeit aus), eine ganz besondere Rolle oblag.

Ludwig VII. von Frankreich setzte sich etwas langsamer in Bewegung. Sein Heer, belastet durch eine Menge von Wagen, die bis oben mit Luxusgerät vollgestopft waren, brach erst nach Pfingsten, genau Anfang Juni, von Metz, dem Sammelpunkt der französischen Truppen, auf. Ludwig reiste im schlichten Pilgergewand; aber sein Gefolge glänzte und glitzerte durch seine Frau Eleonore und die sie umgebenden Damen, an ihrer Spitze die Gräfinnen von Blois, Flandern, Toulouse und Burgund. Ein byzantinischer Chronist erzählt sogar von Frauen unter den Kreuzfahrern, die bis an die Zähne bewaffnet waren; dieses Gerücht wurde auch von muslimischen Chronisten aufgegriffen. Aber die

Legende, daß Eleonore eine faszinierende Amazonenabteilung befehligt habe, verbreitete sich auch im Abendland. Ob Militäraktion oder Bußwallfahrt, das französische Kreuzzugsunternehmen glich jedenfalls teilweise auch einer langen Jagdpartie oder einem Maifest: unschickliche Merkmale für ein heiliges Unternehmen.[4]

Am Vorabend des Aufbruchs hatte Ludwig lange, enge und hitzige diplomatische Kontakte mit König Roger II. von Sizilien. Schon auf dem Reichstag zu Étampes, der vom König Anfang des Jahres einberufen worden war, damit sich alle Barone, die ihre Bereitschaft zur Teilnahme am Kreuzzug erklärt hatten, dort zusammenschließen könnten, waren auch normannische Gesandte aufgetaucht; in der Folge hatte der König von Sizilien neuerlich durch eine Reihe von Botschaften Druck auf den französischen König ausgeübt. Er lud die französischen Kreuzfahrer ein, auf dem Seeweg ins Heilige Land zu fahren, indem sie in einem seiner Häfen zwischenlanden; er würde für die Schiffe sorgen. Wegen der Feindschaft zwischen Normannen und Byzantinern lag es andererseits auf der Hand, daß die Annahme des Angebots von Roger einer schweren Provokation gegenüber dem *basileus* und indirekt auch gegenüber den Deutschen gleichkäme, die damals sehr mit Byzanz verbunden waren. In Étampes erfuhr König Ludwig von dem byzantinischen Angebot, das für den Zug ins Heilige Land schließlich die Wahl des Landweges nach sich zog. Hier erhob sich an erster Stelle die antiochenische Frage. Roger machte sich offensichtlich zum Wortführer der normannischen Ansprüche auf das lateinische Fürstentum Antiocheia, dessen Gründer der Normanne Boëmund von Tarent, ein Sohn Robert Guiscards, gewesen war. Jetzt aber befand sich das Fürstentum in der Hand Raimunds von Poitiers, des Onkels der Königin Eleonore, der gegenüber dem Kaiser in Konstantinopel den Lehnseid geleistet hatte. Mit seiner Entscheidung für das byzantinische Angebot setzte sich Ludwig VII. der Gefahr aus, daß die Normannen möglicherweise den Kreuzzug für ihre Zwecke nutzen würden.

Die Deutschen zogen, nachdem sie sich in Regensburg gesammelt hatten, durch die balkanische Ebene weiter, wo sie mit den ungarischen und byzantinischen Gesandten zusammentrafen. Die ersten Kontakte zwischen Deutschen und der Regierung von Konstantinopel waren vorbildlich; die Probleme begannen später, im Spätsommer, nachdem man die Stadt Sofia erreicht und überwunden hatte. Die Deutschen begannen sich dem Rauben und Plündern hinzugeben, und als Konrad von byzantinischer Seite ersucht wurde, sie davon abzuhalten, mußte er einräumen, daß sich in ihren Reihen Elemente befanden, die er nicht zu zügeln vermochte. In Philippopel brach ein Aufruhr aus, weil die Pilger einen armen Taschenspieler mit sich führten, der ein paar Groschen zu verdienen hoffte, indem er sie mit seinen Tricks unterhielt, der jedoch der Zauberei angeklagt wurde. Damit war der Zeitpunkt erreicht, wo sich die byzantinischen Begleiter zurückzogen, um ihren Platz Militärkontingenten zu überlassen, die entschlossen waren, für die Einhaltung der Ordnung zu sorgen. Zum politisch gefährlichsten Augenblick kam es bei Adrianopel; im Mittelpunkt stand der junge Herzog von Schwaben: Ein kleiner deutscher Adeliger, der sich, weil indisponiert, vom Gros der Truppen entfernt hatte, wurde von einigen Banditen erschlagen. In dieser schwierigen Lage enthüllte Friedrich einen seiner Charakterzüge, die ihn später in trauriger Weise berühmt machen sollten: Er zündete ein Kloster an, in dessen unmittelbarer Nähe sich der Vorfall ereignet hatte, und liquidierte die Insassen. Als Reaktion setzten die byzantinischen Truppen zum systematischen Sturm auf den versprengten Deutschen an, und man gelangte an den Rand des Zusammenstoßes. Einen Augenblick lang schien es sogar, daß Kaiser Manuel die Kreuzfahrer daran hindern wollte, nach Konstantinopel zu kommen.

In diese Tage – Ende August oder Anfang September – fällt eine Episode, welche die byzantinischen Chronisten als eine Gottesstrafe für die abendländischen Anmaßungen deuteten, die aber in ein *signum electionis,* ein Anzeichen für die Wahl Friedrichs umschlägt. Während die Kreuzfahrer in der Ebene Thrakiens lagerten, entlud sich ein schreckliches Unwetter über ihrem Lager, bei dem viele Pilger ertranken und die Zelte hinweggeschwemmt wurden. Nur das Lagerzelt des Herzogs von Schwaben – so berichtet Otto von Freising voll Bewunderung – blieb stehen, und seine Mannen, die sich auf einer Anhöhe aufgehalten hatten, waren zwar durchnäßt, aber unverletzt. Sofort wurde in dem unversehrt gebliebenen Teil des Lagers ein Dankgottesdienst gehalten. Doch der Kreuzzug war unter einem schlechten Stern geboren.

Am 10. September erreichten die Kreuzfahrer Konstantinopel. Der *basileus* hatte seinem königlichen Schwager einen prächtigen Palast in der Vorstadt als Residenz zugewiesen, den die Deutschen in wenigen Tagen derartig zurichteten, daß ihr König den Aufenthaltsort wechseln mußte. Die Kreuzfahrer – die Pilger trieben es dabei ärger als die Soldaten – unternahmen ständig Plünderungen, und in kurzer Zeit war man an den Rand des Bruches gelangt. Wahrscheinlich verhinderte nur die Tatsache, daß die Kaiserin Irene eigentlich Frau Bertha von Sulzbach war, und vor allem das allgemeine Schreckgespenst der Normannen Siziliens einen deutschen Eroberungsversuch Konstantinopels bzw. einen Vernichtungsschlag gegen Konrads Heer von seiten der Byzantiner. Endlich gelang es Manuel mit einem erleichterten Aufatmen, die unbequemen Gäste, gut versorgt und überhäuft mit Geschenken, auf die andere Seite des Bosporus überzusetzen.

Als die deutschen Kreuzfahrer ihren Fuß auf den Boden Asiens setzten, hatten sie praktisch nicht die geringste Ahnung weder von der politischen noch von der Nachschubsituation, auf die sie bei der Durchquerung der anatolischen Halbinsel stoßen würden. Tatsächlich war das Gebiet in zwei Einflußzonen geteilt: den Westen, mit den Zentren Sivas und Melitene, beherrschte die Dynastie der Danishmenditen; den Süden und Osten der Seldschukensultan von Konya, dessen Reich bis an den Euphrat reichte. Die Beziehungen zwischen den beiden Potentaten standen nicht zum besten; das hatte Manuel bisher leidlich zu lavieren erlaubt, so daß er zwar nicht die Souveränität, so doch den Einfluß über die Küstenstädte und über die große Militärstraße im Landesinneren, die von Nikäa nach Doryläum (dem heutigen Eskishehir) führte, wiederherstellen konnte. Die Deutschen – an Soldaten und Pilgern nunmehr auf die Hälfte der 20.000 Mann zusammengeschmolzen, die stolz vor wenigen Monaten Bamberg verlassen hatten – brachen Mitte Oktober schlecht versorgt und noch schlechter organisiert von Nikäa auf. Aber auf den Rat der Byzantiner hin wählten viele Unbewaffnete eine sicherere Nebenstraße: Otto von Freising führte sie an. Diese Gruppe gelangte schlecht und recht bis Attalia in Kilikien. Die Kreuzritter Konrads hingegen wurden Ende Oktober bei Doryläum angegriffen, während sie völlig ungeordnet ihre Pferde tränkten. Die Wogen der leichten türkischen Kavallerie mit ihren tödlichen Bogen säten Panik und richteten ein Massaker an. Fast alle Pilger verloren bei dem unheilvollen Geschehen – man zaudert, es als Schlacht zu bezeichnen – ihr Leben, während einmal mehr der Beweis dafür geliefert wurde, worin das hauptsächliche Manko der schweren abendländischen Kavallerie bestand: sie war außerstande, eine Verteidigungsfront aufzubauen, einem die Linie überrennenden feindlichen Angriff standzuhalten, ohne sich von Panik erfassen zu lassen und in ungeordneter Flucht davonzustieben. Jene stolzen und im Angriff so mutigen deutschen Krieger verloren den Kopf: Edle und Ritter schwangen sich in den Sattel, und unrühmlich ergriffen sie mit ihrem König die Flucht. Und dabei zeigte sich ein weiteres, und zwar diesmal kein militärisches, sondern ein ethisch-politisches Manko der feudalen Gesellschaft und Kultur: die *seniores*, die Herren, vom König angefangen, waren Herren vor allem ihrer Lehnsmänner, ihrer Ritter *(milites)*. Das Volk, das Kriegsvolk zu Fuß, die Soldateska, wie die Pilger wurden erbarmungslos ihrem Schicksal überlassen. Der Feudalherrscher benahm sich hier, wie sich ein altgermanischer König, der seinem aus freien Menschen bestehenden Volk treu war, nie benommen hätte. Andererseits war es gerade die riesige Schar jener so schrecklich undisziplinierten Soldateska und Pilger, die teilweise den Zusammenbruch der deutschen Truppen verschuldete.

Und das in den deutschen Reihen herrschende Durcheinander und die laufend vorkommenden Barbareien brachten Konrad III. noch weiter in Verlegenheit. So hatte sich zum Beispiel das disziplinierte, gut gerüstete und auserlesenere lothringische Kontingent von Konrads Truppen abgesetzt und in Konstantinopel auf die Ankunft der Truppen des französischen Königs gewartet, um sich ihnen anzuschließen.

Ludwigs Kreuzzug war bis jetzt günstiger verlaufen: Man hatte den Balkan einigermaßen erfolgreich durchquert, abgesehen von der einen oder anderen Schwierigkeit, die ihre Ursache darin hatte, daß die Deutschen bei der örtlichen Bevölkerung sehr üble Erinnerungen hinterlassen hatten. Wie unter den Deutschen, so waren auch unter den Franzosen Mißtrauen und barbarische Verachtung für die Byzantiner weitverbreitet: Vorurteile, die unter den Abendländern schon beim Ersten Kreuzzug im Umlauf waren. Zu ihrem Herold hatte sich der Bischof von Langres gemacht, ein Zisterzienser, der dafür eintrat, durch einen Handstreich den Fall Konstantinopels herbeizuführen. Ludwig hatte sich jedoch für den loyalen Weg entschieden; zudem waren seine Reiter viel auserlesener und seine Pilger an Zahl geringer und von besserer Disziplin als die deutschen. Sein Aufenthalt in Konstantinopel verlief daher verhältnismäßig geordnet und erträglich; und Anfang November erreichten auch sie Nikäa. Friedrich von Schwaben oblag die undankbare Aufgabe, sich als erster in das Lager der Franzosen zu begeben und dem König – der kaum älter war als er – zu erklären, wie die Lage der Deutschen aussah. So erfolgte die verhängnisvolle Vereinigung der Truppen. Mit den Franzosen waren wahrscheinlich auch einige „italienische" Adelige mitgezogen, deren Territorien jedenfalls ganz oder zum Teil auf der italischen Halbinsel lagen. Amadeus III., Graf von Savoyen, Wilhelm V., Markgraf von Montferrat, Guido, Graf von Biandrate, Hermann, Markgraf von Verona, und Guido Guerra aus der mächtigen Familie der Grafen Guidi von Toskana hatten sich den französischen Truppen angeschlossen oder hatten sich allein in Richtung Konstantinopel auf den Weg gemacht, indem sie in getrennten Kolonnen durch Illyrien oder Süditalien zogen, um sich in Brindisi einzuschiffen.

Im November 1147 begann also mit vereinigten Truppen der zweite Versuch, die anatolische Halbinsel zu durchqueren. Diesmal waren sich die beiden Könige darüber einig, daß es am zweckmäßigsten wäre, die bequemere Küstenstraße einzuschlagen, auf der der Zug über Pergamon und Smyrna Ephesus erreichte. Dort mußten sie jedoch zur Kenntnis nehmen, daß die Situation unerträglich war: die Spannung zwischen Franzosen und Deutschen wuchs – der byzantinische Geschichtsschreiber und Chronist Kinnamos berichtet belustigt von den Schreien „Pousse, Allemand!", die die ersteren den zweiten entgegenschleuderten –, und Konrad selbst war am Ende seiner Kräfte.

So kam es, daß er und sein Gefolge von Ephesus aus nach Konstantinopel zurückkehrten, wo sich der leidende deutsche König von Manuel I. Komnenos buchstäblich verführen ließ. Der große Herr von Byzanz umhegte und umsorgte ihn und handelte mit ihm die Heirat seines Stiefbruders Heinrich Jasomirgott mit der Prinzessin Theodora, der Tochter seines eigenen Bruders Andronikos Komnenos, aus. Auch Konrads Gefolge – dem Friedrich von Schwaben, Wilhelm von Montferrat und Amadeus von Savoyen angehörten – wurde mit derselben Zuvorkommenheit behandelt: Kaiserin Irene hatte zweifellos die Regie der Sache in Händen, deren unmittelbarer politischer Zweck wohl darin bestand, Konrad möglichen antibyzantinischen Einflüssen zu entziehen, die, wie man wußte, unter den Franzosen vorhanden waren. In der Tat hatten sich die Vorgänge auf dem griechisch-jonischen Kriegsschauplatz inzwischen überstürzt: Roger von Sizilien hatte im Herbst 1147 die Insel Korfu eingenommen, und von dort aus unternahmen normannische Kommandos Raubzüge nach Griechenland; Theben und Korinth wurden geplündert.

Als nach dem Winter im darauffolgenden März die Schiffahrt auf dem Meer wiederaufgenommen werden konnte, wurden Konrad und seine Leute von einer byzantinischen Flotte ins Heilige Land gebracht. Während des Zwischenaufenthaltes auf der Insel Zypern starb der Graf von Savoyen; sonst verlief die Seefahrt ohne Zwischenfälle – ein in der damaligen Zeit nicht unbeachtliches Ereignis! –, und Mitte April 1148 ging der König von Deutschland mit Friedrich und seinen anderen Getreuen in Akkon an Land, wo er von König Balduin III. von Jerusalem und der regierenden Königin Melisende empfangen wurde. Das einzige, was dem deutschen Herrscher und seinem Gefolge vielleicht Kummer bereitete, war die Tatsache, daß sie um wenige Tage zu spät eingetroffen waren, um der Feier des Osterfestes in Jerusalem beiwohnen zu können. Ludwig von Frankreich würde erst einen Monat später im Heiligen Land ankommen; und wieder einige Wochen nach seiner Ankunft würde am 24. Juni, dem Fest Johannes' des Täufers, in Akkon die große Versammlung abgehalten werden, auf welcher fränkisch-syrische Barone und Führer der Kreuzfahrer erörtern würden, wie endlich der Krieg zum Schutz des Heiligen Landes geführt-werden müßte.

Jene sechs Monate zwischen Ephesus und Akkon, die er teilweise in einem freundlichen Konstantinopel, teilweise in der frischen Kühle der Frühlingsüberquerung des östlichen Mittelmeeres, teilweise zwischen dem prächtigen Akkon und Jerusalem verbracht hatte, gehörten ohne Zweifel zur besten Zeit, die der junge Kreuzfahrer Friedrich von Schwaben erlebt hatte. Das Frühlingsklima im Heiligen Land ist mild und angenehm; die Früchte, die Schleckereien aus Honig, das frische Aroma der mit Zucker eingedickten arabischen Säfte – alles schließt sich zusammen, um einen verführerischen Zauber auf einen Zwanzigjährigen auszuüben, der aus den Wäldern Schwabens kommt, auch wenn er bereits die Pracht und die Versuchungen Konstantinopels kennt.

Aber inzwischen hatte sich in Anatolien nach dem deutschen auch das französische Kreuzzugsdrama ereignet. Frankreichs edle Ritterschaft hörte mit zuviel Vertrauen auf ihre Sänger: Für sie bestand der Krieg gegen die Ungläubigen wie in den *chansons* aus Gefechten und Reitergesellschaften, aus schönen Schlägen und klingenden Kampfliedern; der Orient war ein reiches Land, das geplündert werden mußte, ehe man sich im Gebet und unter Tränen über den Felsen des Heiligen Grabes beugte. Die orientalische Kriegführung dagegen bestand in Diplomatie, was Ludwigs Kriegern als Feigheit anmutete; in Schlauheit und List, die sie für Verrat hielten. Manuel befand sich weder mit den Danishmenditen noch mit den Seldschuken im Krieg; ja, er unterhielt mit ihnen diplomatische Beziehungen und versuchte den Franzosen begreiflich zu machen, daß feindselige Handlungen in Anatolien niemanden dienen und auch dem Anliegen des Kreuzzugs nicht zuträglich sein würden. Was konnte dem Emir von Sivas oder dem Sultan von Konya daran liegen, wenn die Kreuzfahrer – was die objektive Realität war – vorhatten, den *atabeg* von Aleppo, der das christliche Anatolien bedrohte, anzugreifen?

Doch für den, der, in muslimischen Dingen unerfahren, in seinem Herzen die Verse des *Rolandsliedes* deklamierte, waren alle Ungläubigen gleich. Die Franzosen stellten sich Krieg führend dem kalten anatolischen Winter; die wiederholten türkischen Hinterhalte brachten sie in ernste Schwierigkeiten; sie konnten zwar den einen oder anderen militärischen Erfolg erzielen, aber die Überquerung der kilikischen Berge in Richtung Attalia war eine Tragödie. Am Ende des Winters erreichte endlich das, was vom französischen Kreuzfahrerheer und den armen deutschen Pilgern der Kolonne Ottos von Freising, die sich ihm angeschlossen hatten, übriggeblieben war, Antiocheia. Die französischen Kreuzfahrer waren überzeugt davon, daß sie ihr Mißgeschick der Felonie Manuels zuzuschreiben hatten, dem falschen Christen, der mit den anatolischen Türken Umgang hatte; sie waren daher bereit, auf ihren Landsmann und Fürsten von Antiocheia, Raimund von Poitiers, zu hören, dessen politischer Plan es war, sich von der Hypothek der Abhängigkeit von Byzanz zu befreien, ohne darum die Oberhoheit des Königs von Jerusalem anzunehmen.

In Antiocheia wurde das französische Drama zu einer Komödie, grenzte aber um Haaresbreite an eine Tragödie. Der Weg von Attalia zum Hafen von Antiocheia war auf dem Meer zurückgelegt worden. Antiocheia war damals eine der prächtigsten Städte im Vorderen Orient; und hier fand Eleonore den Liebreiz ihrer altprovenzalischen Sprache und der Olivenhaine ihres Landes wieder, zusammen mit dem Lächeln ihres um wenige Jahre älteren Onkels. Der Troubadour Raimund von Poitiers, ein Sohn Wilhelms IX., Herzogs von Aquitanien, war tatsächlich der jüngere Bruder Wilhelms X., des Vaters der Königin. Die selbstbewußten und raffinierten Herzöge von Aquitanien, Herren eines viel größeren Gebietes als jenes der Könige Frankreichs, sahen die ungeschliffenen und bigotten Kapetinger von oben herab an, und das mußte Ludwig zweifellos von Anfang an irritieren.

Raimund war hochgewachsen, schön und sehr tüchtig bei den Turnieren und Ritterspielen, die nunmehr selbst im Orient so in Mode gekommen waren, daß sie auch den *basileus* Manuel faszinierten. Wie sein Vater liebte er die Poesie, und an seinem Hof entstanden Verse, die Berühmtheit erlangen sollten. Aber der Fürst von Antiocheia, der das Fürstentum dank einer politischen Eheschließung wenige Jahre zuvor erhalten hatte, war auch ein kluger Staatsmann, und nicht allein wegen alter Geschichten persönlicher Feindschaft konnte er die Königin Melisende nicht ausstehen. Sehr entschieden und exakt hielt Raimund es für das einzige wahre Problem des Augenblicks, Edessa zurückzugewinnen, die Euphratgrenze wieder zu befestigen und den Angriff von Nur ad-Din zurückzuschlagen. Aber die Erklärungen für diesen Plan, die er Eleonore in ihrem geliebten Altprovenzalischen erteilte, einer Sprache, die Ludwig wahrscheinlich Mühe hatte zu verstehen, steigerten nur dessen Mißtrauen. So brach schnell ein Streit aus, über den der Hofkaplan Oddo von Deuil, der über den Kreuzzug genau Tagebuch führte, verlegen hinweggeht. Ludwig VII. wandte gegen die Vorschläge von Feldzügen im Norden ein, seine Pflicht als Pilger wäre es, nach Süden vorzustoßen; es handelte sich um einen Kreuzzug und Jerusalem wäre das Ziel, an dem angekommen er über dem Felsen des Heiligen Grabes sein Gelübde einlösen würde. Eleonore intervenierte, indem sie die von Raimund vorgebrachten Gründe unterstützte und androhte, mit ihren aquitanischen Vasallen in Antiocheia zu bleiben; Ludwig erhob in seiner Entgegnung Anspruch auf seine Rechte als Ehemann, welche den Gehorsam der Gemahlin einschlössen; Eleonore wies das zurück – wobei sie eine erstaunliche Kompetenz in Fragen des Kirchenrechts hervorkehrte – mit dem Hinweis, daß ihre Ehe wegen ihrer Verwandtschaft von recht zweifelhafter Rechtsgültigkeit wäre. Das Bestehen einer Blutsverwandtschaft war üblicherweise die Rechtfertigung für die Auflösung eines Ehebündnisses.

Chronisten und vor allem Historiker haben es sich viel Mühe kosten lassen, dem Gerücht von einer in den antiochenischen Gärten aufgeblühten schuldhaften Beziehung zwischen Eleonore und Raimund entweder Glauben zu schenken oder aber es zu bestreiten. Eine fruchtlose Sache, in Ermangelung sicherer Beweise auf einem Gerücht zu beharren, das der Angelegenheit nichts weiter als eine gewisse romanhafte Färbung verleihen sollte. Unbestritten ist, daß weder ihr politischer Sinn noch ihre starke Persönlichkeit es Eleonore gestatten konnten, den frommen Bedenken und eigensinnigen Launen Ludwigs VII. nachzugeben. Am Ende gewann zwar sein Wille das Übergewicht, aber Eleonore konnte nur gewaltsam aus Antiocheia weggebracht werden. In Jerusalem traf ein königliches Paar mit überreizten Nerven, zwischen Drama und Komik schwebend, ein.

Bei dem großen Treffen in Akkon im Juni waren viele der hohen Herren vom Heiligen Land nicht zugegen. Raimund von Antiocheia wußte, abgesehen von seinen Spannungen mit dem Jerusalemer Hof und mit dem König von Frankreich, daß sein Platz in dieser Stunde in seinem Fürstentum war, das sich ernsthaften Bedrohungen ausgesetzt sah; aus ähnlichen Gründen konnte Jocelyn von Edessa Turbessel nicht verlassen, wo er sich an der vordersten Linie befand; Graf Raimund von Tripolis hingegen fehlte, weil er – vielleicht nicht ganz ohne Grund – verdächtigt wurde, mit Melisendes Beihilfe durch Gift den Tod des Grafen Alfons-Jordan von Toulouse herbeigeführt zu haben, der mit den französischen Truppen auf dem Seeweg eingetroffen war und Rechte auf den Thron von Tripolis geltend machte.

Die Versammlung von Akkon war trotzdem feierlich und prunkvoll. Zahlreich vertreten waren die deutschen Führer. An erster Stelle natürlich König Konrad; sodann Heinrich von Österreich, Otto von Freising, Welf von Bayern, Friedrich von Schwaben. Man kann sagen, daß außer Heinrich von Sachsen und

Albrecht von Brandenburg, die den nordischen Kreuzzug durchführten, der gesamte deutsche Hochadel an der Seite seines Königs im Heiligen Land angetreten war. Auch die hohen Herren der Franzosen, von Graf Heinrich von Champagne bis zu Graf Theoderich von Flandern, waren anwesend. Unbekannt ist, wie eigentlich der Beschluß zum Angriff auf Damaskus zustande kam; denn als einziger islamischer Macht des syrisch-jordanisch-mesopotamischen Raumes war es Damaskus stets daran gelegen, mit den Franken Freundschaft zu halten. In Damaskus liefen zwei heterogene Impulse zusammen: einerseits hatten es die fränkisch-syrischen Barone auf das reiche Land jenes Emirates abgesehen; zum anderen waren die Kreuzfahrer auf Beute aus und von dem Verlangen beseelt, ein Land zu erobern, mit dem die Heilige Schrift sie vertraut gemacht hatte.

Das bedeutet nicht, daß sich der fränkisch-syrische Adel und die Führer der Kreuzfahrer wirklich verbrüdert hätten. Im Gegenteil, es fiel den Kriegern aus dem Abendland schwer, in jenen seltsamen bärtigen und nach arabischer Mode gekleideten Gestalten, die orientalischen Bräuchen gemäß lebten und die gutturale Sprache des Ungläubigen sprachen, Brüder in Christus zu erkennen. Falsche Christen, dachten sie, verweichlichte und korrupte Leute. Umgekehrt blickten die fränkisch-syrischen Adeligen angeekelt und voll Argwohn auf jene Schweinespeck essenden Barbaren, auf ihren Schmutz, auf die Rohheit ihres Geschmacks und ihrer Sitten. Es mutet seltsam an, daß Leute, die sich gegenseitig haßten und so verachteten, am Ende darin einig wurden, in einem gemeinsamen Unternehmen den gröbsten und gewaltigsten Irrtum zu begehen.

Ihr Heer, das Mitte Juli von Galiläa aufgebrochen war, schlug zehn Tage später am Rande des üppigen Gürtels von Blumen- und Obstgärten, der Damaskus umgab, die Feldlager auf. Für jeden, der die sengende, trostlose Jordansenke hinter sich gelassen hat, war jene Oase ein wahres Paradies. Das ist das Land, wo Milch und Honig fließen, das ist das Gelobte Land, sagten sich die Kreuzfahrer. Und sie begannen sogleich, sich über die Beute einer Stadt zu streiten, die ihnen noch gar nicht gehörte: Die Königin Melisende hatte Damaskus dem Sire von Beirut zugedacht, während es dem Grafen von Flandern gelang, die Einstellung Ludwigs, Konrads und sogar Balduins III. von ihr abzulenken. Der damaszenische Statthalter Unur war inzwischen mit den Waffen der Korruption und der Diplomatie tätig: er zahlte an Mitglieder des fränkisch-syrischen Adels hohe Geldsummen, drohte, Nur ad-Din um sein Eingreifen zu ersuchen, hielt aber zugleich diesen hin. Schon bald brachen im Kreuzfahrerlager offen die Feindseligkeiten aus: Die *poulains* – die „Bastarde", wie die Kreuzfahrer die fränkisch-syrischen Christen nannten – erklärten den Angriff auf Damaskus als Irrtum und verlangten von den Königen Deutschlands und Frankreichs, das Lager abzubrechen. Diese weigerten sich, konnten aber nicht umhin, sich einem Beschluß anzupassen, dessen politische Logik ihnen entging. Der Rückzug, während dem es nicht an sarazenischen Störaktionen fehlte, ging im übrigen rasch vor sich: Anfang August war das Heer bereits wieder in Palästina.

Konrad reichte es nun. Er trachtete, seine Leute wieder zu organisieren, und fuhr am 8. September von Akkon mit einem Schiff in Richtung Thessalonike ab. Der byzantinische Kaiser Manuel hatte ihn eingeladen, das Weihnachtsfest in Konstantinopel zu verbringen, und der deutsche Monarch schien zu meinen, der einzige politische Zweck von Bedeutung, der sich als Ergebnis der mißglückten Unternehmung konsolidieren ließ, wäre das Bündnis mit Byzanz gegen Roger von Sizilien. Während dieses zweiten Besuchs wurde mit großem Aufwand die Hochzeit zwischen Heinrich Jasomirgott und Prinzessin Theodora gefeiert. Konrad verließ das byzantinische Territorium im Februar 1149, nachdem er mit Manuel ein Bündnis geschlossen hatte, auf dessen Grundlage die beiden Herrscher beschlossen, den Normannen anzugreifen und sich den Süden Italiens zu teilen. Doch was diesen Punkt angeht, würde es freilich nicht an Reibereien und Mißverständnissen fehlen.

Damit vollzog sich auch der Bruch zwischen dem deutschen und dem französischen König, und zwischen Konstantinopel und Damaskus stand er unmittelbar bevor. Ludwig war bis zu den Osterfeierlichkeiten in Jerusalem geblieben, dann hatte er ein Schiff einer ihm zur Verfügung gestellten sizilisch-normannischen Flotte bestiegen. Die Königin, die sich jetzt in offenem Streit mit ihm befand, hatte auf einem anderen Schiff Platz genommen. Es wurde eine abenteuerliche Überfahrt, auch wegen der byzantinischen Schiffe, die im Mittelmeer kreuzten, um diese Flotte aufzubringen. Ende Juli traf das Königspaar in Kalabrien ein und wenige Wochen später in Frankreich, wo man eine Zeitlang allen Ernstes an einen neuen Kreuzzug dachte, der sich diesmal gegen das griechische Reich richten sollte. Bernhard von Clairvaux selbst, der sich in seinem Traktat *De consideratione* in klaren Worten dem Problem gestellt hatte, was das Scheitern des Kreuzzuges bedeute, versuchte, Konrad von Deutschland für dieses neue Vorhaben zu gewinnen oder ihn jedenfalls dahin zu bringen, sich mit Roger zu versöhnen und damit das Bündnis mit Byzanz zu lösen. Otto von Freising fungierte wahrscheinlich als Vermittler zwischen Bernhard und Konrad. Doch der schwäbische Herrscher war zuerst einmal kreuzzugsmüde; sodann hatte er bereits seine Entscheidung im byzanzfreundlichen Sinn getroffen; schließlich verstand er nur allzu gut, daß hinter diesem neuen Plan die Mittelmeerpolitik Rogers stand.

Zum Unterschied von ihm hatte sich sein Gegner Welf von Bayern für das normannische Bündnis entschieden und war auf der Rückkehr vom Kreuzzug über Sizilien gefahren. Aber wahrscheinlich teilte auch Friedrich nicht völlig die Haltung seines Königs. Er scheint nicht ganz unempfänglich für die französische Propaganda gewesen zu sein, die Manuel zum Komplizen der Sarazenen erklärte; jedenfalls lastete er dem *basileus* die verheerenden Rückschläge an, die die Deutschen im Herbst 1147 in Anatolien erlitten hatten: Diese Eindrücke entfernten ihn objektiv von den von Wibald von Stablo verfochtenen Thesen. Der Kreuzzug mußte ihn immerhin viel gelehrt haben.

Zunächst war er während des Unternehmens mit den höchsten Herren Europas in Kontakt getreten: mit dem Grafen von Champagne, dem Grafen von Flandern, dem Markgrafen von Montferrat, dem Grafen Guido Guerra. Selbst der König von Frankreich wird ihn vielleicht interessiert haben mit seiner ein wenig düsteren Frömmigkeit, mit seiner seltsamen Mischung aus Schwachheit und Starrsinn. Aber nicht weniger bedeutsam war die Tatsache, daß er zu einigen der wichtigsten Persönlichkeiten des Deutschen Reiches ein größeres Vertrauensverhältnis herstellen konnte: Das galt nicht nur für Otto von Freising und Welf VI. von Memmingen, seine Onkel, sondern auch für Bischof Heinrich von Regensburg, Herzog Ladislaus von Böhmen, den Markgrafen von Steiermark. Außerdem hatte er sich auf dem Kreuzzug endgültig die Wertschätzung und Zuneigung seines königlichen Onkels gewonnen.

Sodann hatte er seine Weltsicht erweitert; er hatte die großen Städte des Orients kennengelernt; er hatte in Konstantinopel die großartigsten Spuren Roms bewundert und begriffen, was das Reich, was die Macht eigentlich war. Der feierliche, gewaltig anmutende Kaiserpalast in der Nähe des Hafens mit seiner Folge eindrucksvoller, in Marmor und Mosaiken erstrahlender Gebäude und Gärten hat ihn zweifellos fasziniert; mit Bewunderung erfüllt hat ihn sicher auch der Wohnpalast des Kaisers; und ebenso die mystischen Gottesdienste im Halbdunkel der Sophienkirche, die vom Gleißen und Glitzern der vom Schein unzähliger Öllampen getroffenen Mosaiken und Ikonen erhellt wurde; die hierarchische Hofetikette, in welcher der *basileus,* „Freund Christi“ und „den Aposteln gleich“ genannt, sich wie ein Gott strahlend auf dem Thron erhob; und die Bäder, die Rennbahnen des Hippodroms, die Jagden auf wilde Tiere mit Falken und Geparden.

Aber vielleicht hat ihn doch vor allem Jerusalem ergriffen. Die Stadt war viel kleiner als Konstantinopel, kein Zweifel. Und es gab wohl nur ein Bauwerk, das mit den Bauten der byzantinischen Hauptstadt an Schönheit hätte konkurrieren können, nämlich die Kuppel der Felsenkirche, die die Kreuzfahrer *Templum Domini,* Tempel des Herrn, nannten und die sich in der Mitte der großen viereckigen, von den Rittern des Templerordens bewachten Fläche erhob.[5] Die Auferstehungskirche dagegen – mit der Kuppel der *Anastasis* und der Kapelle des Heiligen Grabes – war in der Mitte des 12. Jahrhunderts noch eine riesige Baustelle, wo die Arbeiten beendet wurden, die das, was von der konstantinischen Anlage übrig war, vollständig umgestalten sollten: in die chaotischeste und faszinierendste romanische Kirche der Christenheit.[6]

Von Friedrichs Aufenthalt in Jerusalem und seinen Besuchen der Heiligen Stätten besitzen wir nur eine geringfügige direkte Spur, nämlich die Tatsache, daß er sich später wiederholt bewegt daran erinnern würde, mit eigenen Augen die vielen Werke der Nächstenliebe gesehen zu haben, die dank des Einsatzes der Ritter des Johanniterordens jeden Tag im Hospital der Heiligen Stadt vollbracht wurden.[7]

Friedrich verließ Jerusalem Ende August oder Anfang September 1148; am Fest Mariä Geburt verschwanden die Mauern von Akkon am Horizont; er wird wahrscheinlich vom Heck seines Schiffes noch lange auf sie zurückgeblickt haben, bis das blaue Band des Meeres sie verschlungen hatte. Aber seit damals hatte die Heilige Stadt wohl ihren Platz im Innersten seines Herzens, an jedem Tag seines Lebens. Im 137. Psalm, der von der Trauer über das Exil spricht, heißt es:

Wie könnten wir singen die Lieder des Herrn,
fern auf fremder Erde?
Wenn ich dich je vergesse, Jerusalem,
dann soll mir die rechte Hand verdorren!
Die Zunge soll mir am Gaumen kleben,
wenn ich an dich nicht mehr denke,
wenn ich Jerusalem nicht
zu meiner höchsten Freude erhebe.

Im Exil seiner deutschen Heimat und der Straßen Burgunds und Italiens würde Friedrich 40 Jahre lang Jerusalem nie vergessen. Und an der Schwelle zum Alter würde er wieder den Pilgerstab nehmen und den Weg in den Orient einschlagen, um noch einmal jenen fernen Jugendtraum anzusteuern, die Erinnerung jenes hochherzigen und wilden Jungen, jenes Jünglings mit den rotblonden Haaren, der König Konrad über das Meer gefolgt war.

Wenn ich dich je vergesse, Jerusalem . . .

V.
Von Krone zu Krone

In welchem Jahr Friedrich sich mit Adela, der Schwester von Markgraf Gebhard von Vohburg, vermählt hat, können wir nicht mit Sicherheit sagen. Manche nehmen an, die Hochzeit habe noch ehe Friedrich Herzog von Schwaben geworden war, also in den ersten Monaten des Jahres 1147, stattgefunden; nach anderen erst in der zweiten Hälfte des Jahres 1149. Die Vohburger waren Anhänger des Hauses Schwaben, und Adela, die einige Jahre älter als Friedrich war, hatte als Mitgift das direkt vom König abhängige Lehen Egerland in die Ehe mitgebracht. Wie hinter einem Nebelschleier bleibt vor unseren Blicken die Gestalt dieser deutschen Dame verhüllt, die lange Zeit abseits stand, die bei der Thronbesteigung ihres Gemahls nicht mit ihm gekrönt wurde und die sich schließlich mit der Auflösung ihrer Ehe abfinden mußte. Da ihre Ehe kinderlos geblieben war, andererseits aber die Zweitehen beider Partner mit Nachwuchs gesegnet waren, besteht in der Tat der Verdacht, daß intime Beziehungen zwischen Friedrich und seiner Gemahlin eher selten gewesen sein dürften. Zwischen Kreuzzug, der Sorge um das Herzogtum und dann dem Kampf um die Krone wird Friedrich wohl nicht viel Zeit geblieben sein, um sich einer nicht mehr ganz jungen und obendrein aus einer zweitrangigen Familie stammenden Frau zu widmen.

Wir übergehen denn auch das Thema „eheliche Untreue", das von Chronisten jener Zeit aufgegriffen wird. Nach deutschem Gewohnheitsrecht hätte der Ehebruch zwar den Gatten dazu berechtigt, seine Ehefrau zu verstoßen oder gar zu töten, aber nach dem Kirchenrecht stellte er an sich keinen hinreichenden Grund für eine Scheidung dar. Die Gerüchte über Adelas Untreue mögen allenfalls zu den Rechtfertigungsbelegen für die Annullierung des Ehebundes gehört haben, aber es ist kaum anzunehmen, daß sie vom Hof und schon gar nicht von Friedrich ausgegangen sind. Und das sei gerade im Hinblick darauf betont, daß in der Denkweise der Feudalzeit der Ehebruch Schmach und Schande für den Betrüger mit sich brachte und nicht – wie es später im Gewoge bestimmter erfolgreicher Themen der Troubadour- und Spielmannsdichtung auftauchen sollte – den Betrogenen lächerlich machte.

Die Entwicklung der ganzen Affäre veranlaßt uns jedenfalls eher zu der Annahme, daß Friedrich der verlassenen Adela gegenüber Gefühle entfernter Reue, wenn auch vermischt mit Unduldsamkeit, hegte. Die Auflösung der Ehe erfolgte ohne Schwierigkeiten und mit Billigung der Kirche aufgrund des damals üblichen Vorwandes einer vorhandenen Blutsverwandtschaft: tatsächlich bestand zwischen den beiden eine Verwandtschaft sechsten Grades; Verwandtschaftsverhältnisse dieser Art kamen innerhalb des Hochadels natürlich sehr häufig vor; man kann sagen, wenige Familien waren gleichsam einer Art Standesinzucht verfallen. Um einen derart entfernten Verwandtschaftsgrad kümmerte man sich freilich nur dann, wenn es vorteilhaft erschien. Adela vermählte sich in zweiter Ehe mit dem standesmäßig unter ihr stehenden Ritter Dietho von Ravensburg, einem Ministerialen, wobei Ungewißheit darüber herrscht, ob er Anhänger der Staufer oder der Welfen war. Wer weiß, vielleicht war diese zweite, mit mehreren Kindern gesegnete Ehe ein indirekter Versuch von seiten des Königs, ein begangenes Unrecht wiedergutzumachen und der Frau als Gattin eines *ministerialis* den königlichen Schirm und Schutz zu gewährleisten.

Tatsache ist jedenfalls, daß die Verbindung mit den Vohburgern noch zur sogenannten „Familienpolitik" gehörte, wie sie Friedrich der Einäugige in seinen letzten Lebensjahren betrieben hatte; die diente lediglich dazu, die Stellung der Schwaben in feudal- und vermögensmäßiger Hinsicht zu stärken. Sobald Friedrich einmal König war, würde er diese kinderlose Ehe mit der Vertreterin eines so bedeutungslosen Hauses als schweres Hindernis ansehen.

Lassen wir also Adela hinter dem Nebelschleier, der sie unseren Blicken entzieht, ohne sie eines Ehebruchs zu bezichtigen, den zu begehen sie, selbst wenn sie gewollt hätte, wohl gar nicht Gelegenheit gehabt hätte; erweisen wir der Trauer einer Frau unsere Achtung, die Opfer zuerst einer ihr von ihrem Haus, dann von den Erwägungen einer sie überragenden Politik auferlegten Bindung geworden ist.

Und kehren wir zu Friedrich zurück, zu seiner Rolle als Herzog von Schwaben und enger Mitarbeiter des deutschen Königs unmittelbar nach dem Kreuzzug. Gleich nach diesem mißglückten Unternehmen hatte Welf von Memmingen nach seiner Rückkehr von einem Besuch bei Roger von Sizilien und, wie man annehmen darf, wohlversehen mit normannischem Gold, damit begonnen, wieder eine Adelsrevolte zu organisieren, die mehr oder weniger das ganze Reich durchzog und die auch durch die lange Abwesenheit des Königs auf dem Kreuzzug begünstigt worden war. Welf hatte es natürlich auf die Rückgewinnung Bayerns abgesehen, doch der junge König Heinrich, der sich während der Abwesenheit des Vaters gut bewährt und große Hoffnungen geweckt hatte, besiegte ihn am 8. Februar 1150 in einer Schlacht bei Flochberg, bei der das Bündnis der Aufständischen aufgerieben wurde, und nahm ihn gefangen. Bei dieser Gelegenheit traten nun die Gabe zu politischem Maßhalten und die Mittlerfähigkeit des Herzogs von Schwaben ans Licht: Friedrich sorgte dafür, daß die Gefangenen von Flochberg von den Siegern rasch freigelassen wurden und daß Welf unter Beibehaltung seiner Würde auf seinem Platz bleiben und Güter, deren Qualität und Größe ihm alle Ehre machten, zurückerhalten konnte.

Es zeichnete sich nunmehr eine Situation ab, in welcher – wie übrigens auch schon früher – das Gleichgewicht innerhalb Deutschlands aufs engste mit dem Gleichgewicht im internationalen Bereich zusammenhing. Angesichts der Beziehungen zwischen Krone und deutschem Adel lag es nämlich auf der Hand, daß jeder äußere Feind des Königs diesen dadurch in Schwierigkeiten zu bringen versuchte, daß er sich mit dem einen oder anderen der großen Adelsherren seines Reiches verbündete. Die ständige Spannung zwischen Staufern und Welfen bildete daher eine ideale Gelegenheit für alle, die die innere Sicherheit des Reiches von außen zu bedrohen trachteten. Konrad seinerseits hatte die Aktionsfelder der internationalen Bündnisse ziemlich hart eingeschränkt, als er sich unmißverständlich für die Freundschaft mit dem byzantinischen Hof entschied: ja, er hoffte, eine byzantinische Prinzessin als Gemahlin für seinen Sohn Heinrich zu erlangen. Das brachte ihm automatisch die irreversible Feindschaft des Königs von Sizilien ein, der nur zu gut Bescheid wußte um die Rechte und Ansprüche der beiden Kaiserreiche auf eben die Gebiete, die sein Königreich bildeten; aber nach dem Kreuzzug entzogen auch der Papst und der König von Frankreich dem deutschen König ihre Sympathien, da sie beide überzeugt waren, daß Manuel Komnenos sich mit den Türken verschworen habe, um das heilige Unternehmen zum Scheitern zu bringen. Im übrigen haben wir ja bereits gesehen, daß sich während des Kreuzzuges die gegenseitige Abneigung von Deutschen und Franzosen nicht nur in politischen Äußerungen kundtat.

Roger von Sizilien stand seinerseits vor einer Vielzahl von Problemen: Die mit der Einnahme von Korfu eingeleitete Aktion gegen Byzanz war erfolglos geblieben, und im Sommer 1149 hatten die Byzantiner mit Hilfe der Venezianer die Insel zurückerobert; gleichzeitig mußte er einem Bündnis aufständischer Adeliger entgegentreten, mit dem er erst im darauffolgenden Februar, also – Zufall? – zur selben Zeit, als die Schlacht von Flochberg geschlagen wurde, fertigwerden sollte. Roger wußte gut, wie unerläßlich die Unterstützung von seiten des Papstes für ihn war, um sich in seinem Königreich halten zu können; er wußte aber auch, daß seit dem Wormser Konkordat das Papsttum – einer von Otto I. im 10. Jahrhundert erneuerten karolingischen Tradition entsprechend – im deutschen König seine natürliche politische Stütze sah und daß es in der Umgebung des Papstes Prälaten gab, die ihre Auffassung von der Ordnung des Abendlandes auf das Gleichgewicht zwischen dem Heiligen Stuhl und der deutschen Krone gesetzt hatten. Daher war es für Roger eine Notwendigkeit, einerseits durch Bestechung jede nur mögliche Form von Aufstand oder politischer Schwierigkeit in Deutschland zu schüren und andererseits dem Papst zu beweisen, daß es nutzlos sei, wenn er sich von jenseits der Alpen Hilfe erwarte, da Konrad – eben wegen jener Aufstände und Schwierigkeiten – diese gar nicht leisten könne; hingegen befand sich in unmittelbarer Nachbarschaft des Papstes der einsatzbereite, wirksame normannische Arm, der schon Gregor VII. zur Zeit des „Investiturstreites" unterstützt hatte. Nachhaltige Unterstützung wurde der Politik Rogers beim Papst durch einen angesehenen Vertreter der römischen Aristokratie, Cencius Frangipani, zuteil.

Rom befand sich neuerlich in Auflehnung gegen den Papst; seit 1148 ließ sich der Senat zunehmend von den aufwieglerischen Reden eines Arnold von Brescia verführen. Papst Eugen III. nahm daher die normannische Hilfe gerade in dem Augenblick an, als der deutsche König mit der Niederschlagung der Adelsrebellion in seinem Reich beschäftigt war und ihm deswegen natürlich nicht zur Hilfe kommen konnte. Allerdings mußte der Papst für Rogers Hilfe einen hohen Preis zahlen: Der Normanne verlangte als Gegenleistung nicht nur die Bestätigung des Belehnungsrechtes im Königreich Sizilien, sondern praktisch auch das Recht, die Prälaten seiner Städte zu ernennen. Das war weitaus mehr, als der König von Deutschland seit dem Wormser Konkordat je gefordert hatte. Und im Heiligen Kollegium gab es Kardinäle – unter ihnen der Kanonist der Universität Bologna, Rolando Bandinelli, der erst kurz zuvor die Kardinalswürde erhalten hatte –, die zu einem Abbau des Bündnisses mit Palermo rieten. Roger war sich bewußt, daß er den Papst vor die vollendete Tatsache stellen mußte, und ließ zu Ostern 1151 seinen Sohn Wilhelm I. zum König krönen, womit er sich die dynastische Nachfolge sicherte.

Der Vorstoß des Normannen war um so schwerwiegender, als Eugen III. inzwischen neuerlich zum Verlassen Roms gezwungen gewesen war. Erschütternde Appelle an Konrad ergingen damals gleichzeitig von der päpstlichen Kanzlei und vom römischen Senat. Konrad kam nach Rom, um sich endlich jene Kaiserkrone aufs Haupt zu setzen, die seit Otto I. von Rechts wegen dem König von Deutschland zustand. Und er nahm sie aus den Händen des Papstes entgegen, womit er seine Rolle als *defensor Ecclesiae* aufs neue beteuerte und die Autorität des Papstes in Rom wiederherstellte: Das jedenfalls bildete sich Eugen ein. Der Kaiser empfing jedoch die Krone vom römischen Volk, dem allein es nach der alten Überlieferung zustand, sie ihm zu übertragen: Das machte der Senat geltend.

Eine aus den Kardinälen Ottaviano von Santa Cecilia und Giordano von Santa Susanna bestehende päpstliche Gesandtschaft begab sich nach Deutschland, um verschiedene Streitursachen, die Eugen und Konrad noch immer entzweiten, auszuräumen. Bei dieser Gelegenheit schloß Kardinal Ottaviano mit Friedrich von Schwaben eine Freundschaft, die ein Jahrzehnt später unerwartete Früchte bringen sollte. Der Papst war bereit, das Bündnis mit Palermo, das ja stets als eine vorübergehende Notlösung angesehen worden war, und damit den Plan zu einem französisch-normannischen Kreuzzug gegen Konstantinopel aufzugeben (ein Plan, der auch von den Äbten von Clairvaux und Cluny unterstützt wurde), dafür aber sollte die römische Intervention Konrads rasch und erfolgreich vor sich gehen. Roger blieb freilich unterdessen nicht untätig, schon flammten in Sachsen wieder Unruhen auf.

Der geballte Druck, den der Papst durch die Kardinäle und die Hofprälaten, allen voran den einflußreichen Ratgeber Wibald von Stablo, auf Konrad III. ausübte, vermochte schließlich dessen Unschlüssigkeit zu überwinden. Dem König war an der Kaiserkrone gelegen; Wibald war entschlossen, zwischen Manuel und Konrad zu vermitteln, und der Kaiser von Konstantinopel erklärte sich bereit, schon in Kürze gegen Roger in Italien einzugreifen.

Mit der Krönung Wilhelms hatte der Normanne das Maß des Erträglichen überschritten. Nun war auch der Papst der Meinung, daß ein Feldzug gegen den König von Sizilien unumgänglich war. Bei zwei aufeinanderfolgenden Reichstagen, im Juni 1152 in Regensburg und im September in Würzburg, erklärte Konrad seine Entschlossenheit, die italienische Unternehmung durchzuführen, während welcher er die Kaiserkrone empfangen sollte. Herzog Heinrich von Sachsen befand sich zwar noch immer im Aufstand, aber jetzt gab es eine Frage der Prioritäten, und Konrad hatte seine Entscheidung getroffen. Er setzte zwölf Monate für die Vorbereitung des Heeres fest: Mitte September des folgenden Jahres wollte er in Richtung der Alpenpässe aufbrechen, bis dahin sollten seine Getreuen *(fideles)*, jeder mit seinen Einheiten, einsatzbereit sein. An Sachsen würde man später denken.

Inzwischen reiste eine aus dem königlichen Kanzler, Erzbischof Arnold von Köln, und Wibald von Stablo bestehende deutsche Delegation ab. Mit sich trug sie Sendschreiben nicht nur für den Papst, sondern auch für verschiedene italienische Städte, die in der einen oder anderen Weise von dem Italienzug betroffen waren. Eine Botschaft war auch für die widerspenstigen Römer bestimmt, denen geraten wurde, sich freiwillig zu ergeben, aber zugleich eine gewisse Rücksichtnahme entgegengebracht wurde. Die Gesandtschaft hatte den Auftrag, ihr möglichstes zu tun, damit die Rückkehr des Papstes nach Rom mit Zustimmung des Senats erfolge. Der Papst unternahm jedoch von sich aus keinen Schritt, um zu einem Einvernehmen mit seinen römischen Gegnern zu gelangen.

Mitte Februar 1152 hielt sich Konrad in Bamberg auf, wo er einen Reichstag abhalten sollte. Er war müde und nicht mehr in der Blüte der Jahre, es gab aber keinen wirklichen Anlaß dazu, um sein Leben fürchten zu müssen. Dennoch verließ er unerwartet dieses Tränental; sein Tod am Vorabend des Aufbruchs nach Italien kam einerseits derart unerwartet, andererseits so „im rechten Augenblick", daß man argwöhnte – Otto von Freising greift dieses Gerücht auf –, Roger habe ihn vergiften lassen.

Konrads Sohn Heinrich, der Sieger von Flochberg, der bereits 1147 zum Mitregenten auf dem deutschen Thron bestimmt worden war, war kurz vorher dem Vater im Tod vorausgegangen. Dieser hatte zwar noch einen anderen Sohn, Friedrich, Graf von Rothenburg, der damals aber noch ein Knabe von sechs oder sieben Jahren war. Der sterbende König vertraute daher die königlichen Insignien und den Schutz seines jüngsten Sohnes seinem Neffen, Friedrich von Schwaben, an, der während der letzten fünf Jahre ständig an seiner Seite gewesen war und ihm zahlreiche Beweise für seine Treue, Tatkraft und Intelligenz erbracht hatte. Später tauchte dann das Gerücht auf, Friedrich sei vom sterbenden Konrad zum wahren und eigentlichen Nachfolger designiert worden; es kann sich jedoch, wie es scheint, auf keine ernsthafte Grundlage stützen.

Die Tatsache, daß Friedrich Sohn eines Staufers und einer Welfin sowie Hüter der königlichen Insignien war, entsprach zwei wichtigen Elementen, die im Hinblick auf die Kandidatur für den Thron von Vorteil für ihn waren. Es galt jedoch rasch zu handeln, denn ein hoher Einsatz stand auf dem Spiel: auf der einen Seite ging es darum, das Ansehen der Krone zu stärken, ehe die zentrifugalen Bestrebungen des deutschen Adels erneut Oberhand gewinnen und das Land noch einmal in den Bürgerkrieg stürzen würden; auf der anderen Seite mußte verhindert werden, daß es – wie bei den zwei letzten Königswahlen geschehen – der Partei der engen Gefolgschaft zum römischen Papsttum gelänge, die Wahlversammlung zu beherrschen und den schwächeren Konkurrenten als ihren Kandidaten durchzusetzen, um jenen Zustand der Unsicherheit der Krone weiterbestehen zu lassen, der sowohl dem Papst wie den Fürsten (vor allem den kirchlichen, aber auch den weltlichen) genehm war.

Die Verhandlungen wurden von Friedrich nicht nur mit der größten Unvoreingenommenheit geführt, sondern auch in der vollen Akzeptierung einer Logik der territorialen und lehnsmäßigen Verteilung, die gewissermaßen den friedlichen Abschluß einer Entwicklung bedeutete, die von drei Jahrzehnte währenden Bürgerkriegen gekennzeichnet gewesen war. Heinrich der Löwe, Herzog von Sachsen und nun – trotz seiner erst 22 Jahre – anerkanntes Haupt der Welfen, hatte schon 1142 sein Herzogtum wieder zurückerhalten, das Konrad zuvor seinem Vater weggenommen hatte; aber er befand sich seit einigen Monaten in Auflehnung, weil er wieder in den Besitz des Herzogtums Bayern gelangen wollte, das seine Vorfahren auf dem Erbweg erhalten hatten. Und in Bayern besaß Heinrich außer Lehen nichtherzöglichen Ursprungs zahlreiche Alloden: Diese Region war voll mit seinen Getreuen. Friedrich war sich im klaren, daß die Nichtrückgabe des Herzogtums Bayern an seinen Vetter die Fortdauer des Bürgerkrieges bedeuten würde; zudem konnte der Löwe, auch wenn er keine Möglichkeit besaß, selbst zum König gewählt zu werden, einen Großteil der Wahlversammlung wirksam beeinflussen. Die einzige vernünftige Lösung bestand also darin, sich seine Unterstützung dadurch einzuhandeln, daß er ihm als Gegenleistung beide Herzogtümer, Sachsen und Bayern, verbindlich zusagte.

Eine klare und zugleich verwirrende Lösung: der Triumph des Hauses der Welfen durch die Thronbesteigung eines Hohenstaufen! Und in der Tat war es eine Zweimännerregierung im Reich – und war das etwa nicht logisch, wenn man bedenkt, daß sich die zwei Parteien seit Jahren feindlich gegenüberstanden, ohne daß es einer der beiden gelungen wäre, die Vorherrschaft zu erlangen? –, denn der Herr von Bayern und Sachsen beherrschte ja nicht nur sozusagen, sondern tatsächlich halb Deutschland.

Um die Achse des Bündnisses zwischen den beiden Vettern ordneten sich die anderen Mächte, die anderen Vorwände und Interessen an; Welf von Memmingen wurden die Mark Toskana und das Herzogtum Spoleto versprochen; Berthold von Zähringen, der Schwiegervater Heinrichs des Löwen und Herr von Breisgau, Zürich und Bern, erhielt die Herrschaft über Burgund zugesprochen. Nicht einverstanden mit der Vereinbarung war Heinrich Jasomirgott von Babenberg, Herzog von Bayern, der erkannte, daß sich ein Bündnis abzuzeichnen begann, das ihn seiner kostbaren Krone berauben würde. Aber wie die Dinge jetzt lagen, stand er allein. Ungewiß blieben auch die Stellungen verschiedener anderer Großer des Reiches: des Pfalzgrafen von Bayern Otto von Wittelsbach, des Grafen Heinrich von Ratzeburg, Albrechts des Bären, Markgraf von Brandenburg, Adolfs II. von Schauenburg, Graf von Holstein, des Herzogs Ladislaus von Böhmen, des Pfalzgrafen des Rheinlandes Hermann von Stahleck und anderen. Das vertrauliche Verhältnis, das Friedrich während des Kreuzzuges zu einigen von ihnen gewonnen hatte, war wahrscheinlich für ihre Zustimmung entscheidend. Jedenfalls scheint es keine wirklich starke Opposition gegeben zu haben. Ein echtes Hindernis stellte allerdings der Prälat dar, der die Stellung einnahm, welcher in Zeiten der Thronvakanz nach alter Gewohnheit die Regentschaft des Reiches oblag: Erzbischof Heinrich von Mainz, der bekanntlich dem Papst sehr treu ergeben war und dessen Fürstbistum traditionellerweise gegen Franken und Schwaben eingestellt war. Er blickte außerdem voll Argwohn auf den Onkel Friedrichs, Otto von Babenberg, Bischof von Freising.

Als Wibald von Stablo von seinem Auftrag in Italien zurückgekehrt war, bemerkte er sogleich, daß sich in der Politik der deutschen Aristokratie eine Änderung anbahnte. Die Erzbischöfe Arnold von Köln und Hillin von Trier (ein großer Freund des Schwaben) hatten sich der in Bamberg in Aussicht genommenen Lösung, nämlich einer Nachfolge des Herzogs von Schwaben auf dem Königsthron, angeschlossen; der bayerische Klerus hatte sein Wohlwollen für diese Entscheidung kundgetan; der deutsche Adel versammelte sich in Köln zu einer Art Einvernehmen vor der Wahl, Mainz wurde offenkundig gemieden. Wibald hatte um des Friedens willen zu einer Annäherung zwischen Welfen und Waiblingern ermutigt: Aber nun stellte er sich vielleicht die Frage, was sich daraus für die Interessen der Kirche in Deutschland ergeben würde.

Am 4. März 1152 eröffnete der Erzbischof von Mainz, wie es sein Recht war, in der seiner Autorität unterstehenden Stadt Frankfurt den Wahlreichstag. Sogleich wurde das zwischen Bamberg und Köln abgesprochene Spiel geschickt inszeniert: Der Erzbischof von Köln schlug vor, daß die Entscheidungen (für die Wahl war traditionsgemäß Einstimmigkeit erforderlich) einer Kommission übertragen werden sollten, die sich aus den großen Fürsten, aus denen der König hervorgehen sollte, zusammensetzte; diese Kommission, in der sich Friedrich von Schwaben, Heinrich von Sachsen und Heinrich von Bayern befanden, trat rasch zusammen; aber fast gleichzeitig erhoben sich stürmische Stimmen aus dem Lager, und überall erscholl der Zuruf *Fridericus Rex!*, während die schwäbischen Edlen ihren jungen Herzog auf die Schilde hoben. So wurde er König von Deutschland und „römischer König", ein Titel, der an sich der konkreten Realität entbehrte, der ihm aber der Tradition nach das Recht einräumte, in Rom die Kaiserkrone aus den Händen des Papstes entgegenzunehmen. Die Proteste des Mainzer Erzbischofs wurden erstickt; Friedrich, in vielsagender Weise von seinen Anhängern in Waffen umgeben, erklärte den Wahlreichstag für beendet und berief alle Anwesenden für den 9. März, also schon in fünf Tagen – der so knapp festgesetzte Zeitpunkt verrät die Eile –, nach Aachen ein, wo die Krönungszeremonie stattfinden sollte. Die mutmaßliche „Eile" war gerechtfertigt. Denn die Wahl verlieh ihm keinerlei Macht; sie war lediglich ein Rechtstitel für die Thronbesteigung, erst die Krönung machte den Gewählten „zum König".

Von Frankfurt nahm Friedrich zunächst den Schiffsweg über Main und Rhein und erreichte dann von Sinzig auf dem Landweg Aachen. Die Krönungszeremonie fand am 9. März, dem vierten Fastensonntag, *Laetare Jerusalem*, in der Pfalzkapelle statt, der großen achteckigen Kirche, die Karl der Große nach dem Vorbild von San Vitale in Ravenna hatte errichten lassen und wo der Gründer des fränkischen Kaiserreiches beigesetzt ist. Der junge Schwabe setzte sich auf den großen, an der Westseite des Chorumganges der Kirche aufgestellten steinernen Thron, wo ihm von Erzbischof Arnold von Köln die Krone aufs Haupt gesetzt wurde; anschließend empfing er die sakramentale Salbung. Der „König des Abendlandes" – denn sein Thron stand im Westteil der Kirche – sah, wie von Osten – denn der große Altar befand sich im Ostteil der Kirche – die Königskrone an ihn herangetragen wurde. Fünf Jahre nach seinem Zug zum Heiligen Grab geleitete ihn nun Christus in einer Prozession vom Morgenland ins Abendland, vom steinernen Altar zum steinernen Thron. Es war seine triumphale Rückkehr vom Kreuzzug. Von dem Chrisma, mit dem sich auch die Bischöfe salben, gestärkt, war er nunmehr ein „Christus", d. h. ein Gesalbter, des Herrn.

Die Bischöfe von Bamberg und Trier und der Abt von Ebrach wurden unverzüglich mit einem Schreiben nach Rom entsandt, in welchem der König den Papst über seine Wahl benachrichtigte – ihn aber nicht, wie es seine Vorgänger getan hatten, um die Bestätigung dieser Wahl ersuchte – und ihn seiner Entschlossenheit versicherte, die Treue zur Kirche zu wahren und ihre Vorrechte unverändert beizubehalten, im Reich Gerechtigkeit einzuführen und die vergangene Größe des Imperiums wiederherzustellen.

Aber alle diese Formulierungen gehörten mehr oder weniger zu dem bei derartigen Anlässen üblichen Repertoire. Die Wirklichkeit bestand darin, daß der damals ungefähr dreißigjährige Friedrich im Vollbesitz seiner Kräfte stand; und als Nachkomme der beiden Fürstenhäuser, die seit 30 Jahren um die höchste Macht in Deutschland rangen, der Welfen und der Waiblinger, war er der „Eckstein", der imstande war, die beiden Traditionen zu vereinen und somit „in Frieden" zu herrschen, das heißt mit einer Macht und politischen Tatkraft, wie sie wohl kein deutscher König seit dem Tod Heinrichs III. mehr besessen hatte.

Die Antwort Papst Eugens III. auf das Schreiben Friedrichs traf zwei Monate später aus Segni ein: Auch wenn man berücksichtigt, daß der Kommunikationsaustausch zu jener Zeit recht schleppend vor sich ging und daß ein so wichtiges Dokument der sorgfältigen Überlegung bedurfte, war die Verzögerung auffallend. Der Papst war bereits vom Erzbischof von Mainz und von den ihm am treuesten ergebenen deutschen Prälaten über den Verlauf des Reichstages zu Frankfurt informiert worden. Auch Wibald von Stablo hatte ihm geschrieben, wobei er den Verstand, die Entschlossenheit, den Mut und den Gerechtigkeitssinn (d. h. ausdrücklich die hohe Auffassung von der eigenen Macht) des neuen Herrschers lobte; er hatte ihn also warnend darauf hingewiesen, daß für die Überwachung des Reiches durch die Kirche schwierigere Zeiten anbrechen würden. Der Umstand, daß der neue deutsche König vom Papst keine Bestätigung der empfangenen Krone erbat, war Anzeichen für eine Entscheidung: Von nun an würde die deutsche Kirche große Probleme haben, was die Beibehaltung ihrer *libertas* (Freiheit) anging, zudem ein Begriff, der die enge Abhängigkeit von der päpstlichen Kurie bedeutete.

Eugen III. erklärte in seinem Brief, daß er die Wahl Friedrichs *benigno favore sedis apostolicae* (mit dem Wohlwollen des Apostolischen Stuhls) billige: Das war die „wohlwollend" zustimmende Antwort auf eine Frage, die gar nicht gestellt, auf ein Ersuchen, das vermieden worden war. Und gleichzeitig klang sie ernster als ein Tadel. Seit der Karolingerzeit war der Kaiser stets vom Papst gekrönt worden, was stillschweigend einschloß, daß ein deutscher Fürst, um sich „König der Römer" und damit Kandidat für die Kaiserkrone nennen zu können, den *favor apostolicus,* die Gunst des Heiligen Stuhls, besitzen mußte. Man kann in gewissem Sinne behaupten, die praktisch ununterbrochenen Kämpfe, die Friedrich 40 Jahre lang mit sieben verschiedenen Päpsten austragen mußte, haben hier ihren Ausgang genommen.

Andererseits konnte Eugen III. sich nicht mit dem deutschen König überwerfen; ja, er legte ihm in seinem Sendschreiben nahe, möglichst bald nach Italien zu kommen, um die Krone entgegenzunehmen und jene Zusagen zu erfüllen, die Konrad der Kurie gemacht, an deren Einhaltung ihn aber der Tod gehindert hatte. Der Grund für dieses Drängen ergibt sich aus einem Brief, den der Papst einige Monate später, am 20. September desselben Jahres, an Wibald von Stablo schrieb: Angestiftet von Arnold von Brescia bereite das Volk von Rom heimlich einen Aufstand vor; der deutsche König müsse unbedingt auf schnellstem Wege nach Rom kommen und den Kopf der Revolte zerschlagen. Begrifflich paßt sich der im Brief an Friedrich unausgesprochene, mit *benigno favore* umschriebene

Anspruch auf päpstliche Überlegenheit vollkommen an die Bitte um Hilfe in dem Brief an Wibald an: War der Kaiser etwa nicht der *defensor Ecclesiae*? Was die politische Seite betraf, so wußte der Papst sehr wohl, daß er die Hilfe des deutschen Königs würde teuer bezahlen müssen; trotzdem hielt er es offensichtlich für vorrangig, ein für allemal Arnold loszuwerden, selbst wenn ihn das zu drückenden Zugeständnissen an den deutschen Kaiser nötigen sollte. Im übrigen bat Friedrich, auch wenn er es unterließ, um die Billigung zu ersuchen, in seinem Brief an den Papst doch indirekt darum, wenn er als Gegenleistung eine tatkräftige und rasche Unterstützung versprach: In der Bedrängnis, in der er sich befand, war es für den Papst kein nachteiliger Tauschhandel.

Doch die Römer, die von den Brandreden Arnolds aufgewiegelt und vom Streben nach Unabhängigkeit ihrer Stadt wie besessen waren, dachten nicht daran, diesem Handel passiv zuzusehen. Sie hatten bereits 1149 mehrmals an Konrad III. geschrieben und ihn aufgefordert, trotz der Machenschaften des Papstes, der Frangipani, der Pierleoni (Giordano natürlich ausgenommen) und des Königs von Sizilien nach Rom zu ziehen und die Kaiserkrone entgegenzunehmen. Ins Auge fielen in diesen Schreiben die Zusammenhänge zwischen den christlich-volkstümlichen Thesen Arnolds und der neubelebten „Quiriten"-Ideologie, die sich wegen der gleichzeitigen Renaissance des römischen Rechts den Senat der Stadt für sich zu gewinnen wußte. Rechtliche Grundlage für die Forderung des römischen Volkes nach dem Recht auf Selbstregierung und für seinen Anspruch auf Verfügung über die Kaiserkrone war die *Lex regia;* im Namen dieses Gesetzes war die Krone König Konrad angeboten worden, indem man ihm Konstantin und Justinian als die beiden Vorbilder christlicher Kaiser vor Augen stellte. Im Jahr 1152 erhielt nun Friedrich den Brief eines Anhängers Arnolds, den wir unter dem Namen Wetzel kennen und von dem wir daher annehmen, daß er Deutscher war. Aber ob es sich um seinen wahren Namen oder um ein Pseudonym handelte, das Dokument, das jene Unterschrift trug, ließ eine solide Bildung und eine klare, wenn auch etwas schematische und einseitige Sicht der Dinge erkennen. Einleitend beglückwünschte Wetzel Friedrich zur Wahl zum König, bedauerte jedoch, daß dieser, offensichtlich von den Klerikern, die stets die menschlichen und die göttlichen Dinge durcheinanderzubringen trachten, irregeführt, es versäumt habe, nicht etwa den Papst, sondern dessen Untertanen oder, noch besser, Rom selbst, Rom, „die Herrin der Welt, die Schöpferin und Mutter der Kaiser", um die Bestätigung seiner Wahl zum „römischen" König zu ersuchen.

Dann legte Wetzel im Licht sowohl der Heiligen Schrift wie des justinianischen Rechts dar, welche Rechte dem römischen Volk bei der Verwaltung der Kaiserwürde zustünden: Rom wird mit Rebekka verglichen, die Jakob zum Erstgeburtssegen Isaaks verholfen hat; der Klerus wird als häretisch, abtrünnig und Feind der Gesetze Gottes und die „Konstantinische Schenkung" als Lüge hingestellt; Hauptwaffe des Kaisers sei das Gesetz; Macht und Würde des Imperiums liegen in den Händen der Römer, ihnen obliege es darum, die Kaiser zu wählen. Das Schreiben schließt mit der Bitte um Entsendung einer Delegation, die über die Einzelheiten der kaiserlichen Rechte verhandeln sollte.

Dieser wohl vereinzelten Stimme konnte und wollte Friedrich gewiß nicht Gehör schenken; doch er mußte auf das Vorhandensein auch solcher Launen Rücksicht nehmen, vor allem wenn er sich ein klares Bild von dem machen wollte, was alles er möglicherweise in Italien vorfinden würde. Aber für den Augenblick galt es, die Situation in Deutschland zu festigen, wozu ihn auch die weltliche Aristokratie drängte, die ihn einstimmig auf den Thron gehoben hatte, nachdem sie durch Schaden klug geworden und in dreißigjähriger Erfahrung zu der Einsicht gelangt war, daß die Wahl eines schwachen Kandidaten nicht etwa zu einer größeren Freiheit des Adels, sondern nur zum Bürgerkrieg führte. So notwendig es war, nach Italien zu ziehen – auch um sich die beiden Kronen, die italienische Königskrone und die Kaiserkrone, aufzusetzen –, Friedrich wollte zuerst für eine Ordnung der deutschen Angelegenheiten sorgen, um dann mit dem Papst dahingehend einig zu werden, daß die Beilegung der römischen Fragen einer Neudefinition sowohl der Beziehungen zwischen Reich und Papsttum als auch der königlichen Vorrechte über die deutsche Kirche untergeordnet würde.

Die zwei Jahre von 1152 bis 1154 waren durch eine ununterbrochene Folge von Reichstagen gekennzeichnet, auf denen sich Friedrich der Reihe nach mit den wichtigsten Fragen auseinandersetzte: Erst nachdem er so in großen Linien seine Regierungstätigkeit festgelegt hatte, würde er zum Zug über die Alpen aufbrechen können.

Der König, der das Osterfest in Köln gefeiert hatte, eröffnete am 18. Mai in Merseburg eine große Vollversammlung aller Fürsten seines Reiches. Es war Pfingsten; der Reichstag würde bis zum Monatsende dauern.

Welches Bild bot nun Deutschland damals? Auf den ersten Blick könnte man zu der Antwort versucht sein, es war das Bild eines im Übergang befindlichen Landes: Die Spuren des alten Systems der Stammesorganisation bestanden zwar noch, aber das neue Modell der territorialen Organisation gewann zunehmend an Bedeutung, während sich das Feudalsystem entscheidend ausbreitete. Die stärksten, d. h. mit der weitreichendsten Autonomie und den größten Reichtümern ausgestatteten Fürstentümer waren die Herzogtümer: Sachsen im Norden; Schwaben, Bayern und Kärnten im Süden; Oberlothringen im Westen (das als ein Teil des alten Stammesfürstentums Lothringen entstandene Niederlothringen war verschwunden, und der ihm zustehende Herzogstitel wurde von Brabant beansprucht); Böhmen im Osten. Das Stammesherzogtum Franken gab es nicht mehr. An den Ostgrenzen bestanden – zur Verteidigung dieser Grenzen – die Marken: die alte Nordmark, jetzt Brandenburg; und die Marken Lausitz, Meißen, Österreich, Steiermark, Krain.

Zwischen dem einen und anderen Herzogtum, der einen und anderen Mark oder auch innerhalb der einen oder der anderen gab es Grafschaften: Es handelte sich dabei ohne Zweifel um öffentliche Bezirke, aber das hindert nicht daran, daß manche von ihnen durch widerrechtliche Aneignung der königlichen Rechte oder infolge der Zerstückelung früherer Bezirke entstanden sind. So waren die Grafschaften Franken und Friesland entstanden; aus der Aufspaltung von Niederlothringen waren die von Deutschland abhängige Grafschaft Flandern (eine andere, größere flämische Grafschaft war dagegen von Frankreich abhängig) sowie die Grafschaften Luxemburg, Hennegau, Holland und Geldern. Einigen Grafen war es gelungen, ihre Autorität über weite Gebiete aufrechtzuerhalten, über die sie auch die Rechtsgewalt ausübten: das waren die Landgrafen, deren berühmtester der Landgraf von Thüringen war. Eine besondere Rolle unter den Grafen fiel den sogenannten Pfalzgrafen zu, da sie an der *Curia regis,* also der „Pfalz“ oder dem Königshof, öffentliche Ämter bekleideten. Besonders wichtig waren der Pfalzgraf von Sachsen und noch wichtiger jener von Oberlothringen: diesen nannte man gewöhnlich „Pfalzgraf des Rheinlandes“, denn er verwaltete die Region, die dann den Namen Rheinpfalz annehmen wird.

Zum Unterschied von den weltlichen Fürstentümern, die gewöhnlich ländlichen Charakter bewahrten und deren Inhaber es sich zunehmend zur Gewohnheit machten, ihre Bezeichnung von einer ihrer Burgen abzuleiten, bestanden die kirchlichen Fürstentümer – Mainz, Köln, Trier, Salzburg, Hamburg-Bremen, Magdeburg – im allgemeinen aus den Städten, also dem Zentrum der Diözese des Fürstbischofs, und einem mehr oder weniger großen Teil des umliegenden Gebietes. Das Reich zählte sechs Erzdiözesen, die wiederum in ungefähr 40 Diözesen unterteilt waren; den Bischöfen und den Äbten der Reichsklöster stand das Recht zur Teilnahme an der Wahl des Königs zu.

Die geistlichen und die weltlichen Fürsten sowie die von ihnen oder direkt vom König abhängigen Grafen bildeten den obersten Stand des deutschen Adels. Darunter standen die Inhaber kleinerer Lehen oder die freien Eigentümer von Alloden; bei ihnen unterschied man je nach ihrer persönlichen Situation zwischen *domini* (Herren), d. h. Besitzern größerer Lehen oder Alloden und bestimmter rechtlicher Privilegien, *milites* (Rittern), freien Besitzern kleinerer Lehen, und *ministeriales* (Dienstmannen), die oft reich und mächtig, aber nicht freier Herkunft waren und ihren Adelstitel der Ausübung eines Amtes verdankten.

Die Einwohner des Reiches hatten also über sich diese komplizierte Adelspyramide. Außer wenn sie in den Städten wohnten, die gerade im 12. Jahrhundert in Deutschland an Zahl und Umfang zunahmen, denn in diesem Fall konnten sie sich der ganz besonderen Regierungsform erfreuen, die die Krone den städtischen Zentren und ihren Märkten unmittelbar zubilligte. Wenn wir zu diesem Dickicht von Rechtsverhältnissen und sozialen Ständen, von standesunterschiedlicher Gerichtsbarkeit, von verschieden verteilten Vorrechten noch die

Rivalitäten zwischen den Fürstengeschlechtern und die Bürgerkriege hinzunehmen, wird uns unschwer aufgehen, wie schwierig es für den König war, geordnet und wirksam zu regieren.

Der engagierte Einsatz, mit dem sich Friedrich an die Neuorganisation seines Reiches machte, ist sicherlich seiner Tatkraft zuzuschreiben; aber zweifellos auch dem Willen der Hocharistokratie, die erleben wollte, wie die mit ihm am Vorabend der Wahl vom März getroffenen Vereinbarungen schon bald an ihr glückliches Ziel gelangten. In Merseburg geschah etwas, das allen als gutes Vorzeichen erschien: Sven und Knut, die sich gegenseitig den Thron von Dänemark streitig machten, hatten sich an den deutschen König um seinen Schiedsspruch gewandt. Er entschied zugunsten von Sven, verlangte aber, daß dieser ihm huldigte; auf diese Weise wurde der dänische Thron Untertan des Deutschen Reiches. Indessen überließ er, wahrscheinlich um ein Konrad gegebenes Versprechen einzulösen, sein Herzogtum Schwaben dem Vetter Friedrich von Rothenburg; auf dem Reichstag zu Regensburg im folgenden Juni übertrug er dem Welf von Memmingen als Lehen die Mark Toskana, das Herzogtum Spoleto, die Mathildischen Güter und Sardinien. Als komplizierter erwies sich das Problem des Herzogtums Bayern, auf das Heinrich der Löwe gegen Heinrich Jasomirgott Anspruch erhob: Friedrich wollte die in der Vorwahlzeit gemachten Versprechungen einhalten, aber die Frage war zu heikel, so daß er sie der Versammlung der Reichsfürsten vorlegen mußte.

In dieselbe Zeit fällt die Ausrufung des Landfriedens, die Verkündigung des für das ganze Reich gültigen Friedenserlasses. Friedrich läßt schon zu Beginn seiner Herrschaft klar erkennen, daß er parallel – wenn auch in abwechselnden taktischen Stufen – zwei Vorhaben vorantreiben wollte: einerseits die Feudalisierung des Reiches, die ihm von der tatsächlich vorhandenen großen Macht der Fürsten, ohne die er niemals in den Besitz der Krone gelangt wäre, auferlegt wird; und anderseits die Erhaltung und, wo und wann immer möglich, der Ausbau des Prinzips der höheren territorialen Einheit des Reiches selbst, so sehr auch die öffentliche Autorität hier weitgehend den Fürsten übertragen sein mag. Kennzeichnend werden angesichts dessen das gleichzeitige Bestehen und die Dialektik eines Landrechts und eines Lehnsrechts sein. Zweck des Landfriedens war die Behauptung der Königsmacht gegen jede mögliche Form von Anarchie oder zentrifugaler Kraft: Einzig und allein der König konnte den Friedenserlaß ausgeben, auch wenn er dann in verschiedenen lokalen Versammlungen die Fürsten zusammenrief und jeden von ihnen den Eid auf diesen Erlaß ablegen ließ. In diesem Erlaß wurden für Mord die Todesstrafe verordnet und für die Vergehen der schweren Körperverletzung und des Diebstahls die Strafen festgelegt; auf andere Delikte, unter denen die Getreidepreisspekulationen besonders hervorgehoben wurden, standen Geldstrafen; bestraft wurden ferner die widerrechtliche Aneignung von öffentlichen Machtbefugnissen und die verschiedenen bis dahin üblichen Formen von Amtsmißbrauch, wie die willkürliche Gebühreneinhebung; rigoros eingeschränkt wurde das Recht zum Tragen von Waffen, von dem die Bauern überhaupt ausgeschlossen wurden; der gerichtliche Zweikampf wurde nur jenen Rittern erlaubt, deren Vorfahren bereits die Ritterwürde erhalten hatten (damit bahnte sich das Ende des Ritterstandes und sein Übergang in einen Blutadel an; Friedrich würde diese Tendenz mit den in den Jahren 1156 und 1186 erlassenen Gesetzen bestätigen).[1]

Zwei Neuerungen sprangen an diesem Erlaß ins Auge: zunächst beteuerte er in der Tat, jenseits jeder möglichen Zweideutigkeit, wieder den öffentlichen Charakter der Funktionen und Ämter, die die Fürsten ausübten, und damit die ihnen übertragene Rolle ihrer Befugnisse gegenüber dem König; sodann betraf er alle (vom Hochadel bis zu den Kaufleuten und Bauern) und zeigte – mit den Verfügungen zur Verhinderung des allgemein verbreiteten Waffentragens, der Getreidpreisspekulationen und der ungesetzlichen Gebühren –, daß man den engen Zusammenhang zwischen Gewalt, Unsicherheit, Ungerechtigkeit, Unzufriedenheit und politischer Instabilität sehr klar erfaßt hatte. Den Zirkelschluß zwischen diesen Elementen, die alle dem Frieden und der Ordnung schädlich waren, wollte der König zerbrechen.

Man pflegt die Herrschaft Friedrichs in große Zeitabschnitte zu unterteilen und sagt, von 1152 bis 1158 habe er die Deutschland, Burgund und das Reich betreffenden Probleme geordnet; von da an habe er sich an die Probleme des Königreiches Italien gemacht, deren Lösung sich als weitaus schwieriger herausstellen sollte. Man neigt jetzt aber einhellig auch zu der Feststellung, daß sich in seiner Politik die Fäden eines klaren und strengen Planes erkennen lassen, der von ihm mit Zähigkeit, aber auch mit einem bemerkenswerten Gefühl der Anpassung an die verschiedenen politischen Realitäten, auf die er sich jedesmal einstellen mußte, verfolgt wurde. Die Hauptzüge dieses Planes lassen sich in drei Punkten zusammenfassen: hoher Sinn für Gerechtigkeit und Glaube an das Prinzip, daß sich die Stärke der öffentlichen Macht nur durch das Recht behaupten darf; klares Bewußtsein davon, daß die territorialen und feudalen Kräfte, die sich das Königreich Deutschland jetzt teilten, nicht beiseite geschoben werden konnten und daß sich daher der Herrscher auf Unterhandlungen mit ihnen einlassen mußte, ohne jedoch darauf zu verzichten, auf jeden Fall und überall die Respektierung des Grundsatzes zu verlangen, daß er die einzige Rechtsquelle war; Einsicht, daß es dringend notwendig war, ein Kronland zu schaffen, auszuweiten und zu stärken, in dem er ohne Mittelsmänner seine königliche Macht ausüben konnte, wobei er natürlich verschiedene lokale Kräfte berücksichtigte, aber das Recht auf die Inanspruchnahme der höchsten Vorrechte, insbesondere der hohen Gerichtsbarkeit, bekräftigte. Friedrich war fest entschlossen, keinesfalls auf die Hoheitsrechte, den *honor imperii,* zu verzichten, auch wenn er sich bewußt war, daß er sich in den einzelnen praktischen Fragen und gegenüber den verschiedenen tatsächlichen Kräften und Situationen äußerst geschmeidig verhalten mußte. Lothar III. und Konrad III. waren bei ihren Herrscheraufgaben grundlegend gescheitert, weil sie all das nicht genügend berücksichtigt hatten und weil die Kämpfe zwischen den beiden „Clans“, den Welfen und den Ghibellinen (Staufern), sie am Aufbau einer ausreichend tragfähigen Politik des Königs gehindert hatten.

An dieser Stelle haben die Anekdotensammlungen ihre Berechtigung, vorausgesetzt, daß ihre Funktion richtig verstanden wird. Eine lange Tradition gelehrter Geschichtsschreibung hat, wenn auch aus entgegengesetzter Absicht, lange Zeit nachdrücklich die „Härte“ und „Unbeugsamkeit“ Friedrichs hervorgehoben, was im Widerspruch zu jenen Anlagen ritterlicher Großmut und Großzügigkeit steht, die manche Episoden seines Lebens kennzeichnen. Zudem werden „Härte“ und „Unbeugsamkeit“ einmal zum Vorbild herrschaftlicher Größe erhoben, dann wieder wilder Tyrannei zur Last gelegt.

Diese Unbeugsamkeit hatte er bereits bewiesen. Es wird überliefert, daß der König am Tag seiner Krönung – einem Ehrentag und damit einem Tag der Gnade und Milde – einen mit dem Bann belegten Adeligen, der ihn um Gnade bat, unerbittlich zurückgewiesen habe. Im Bewußtsein, gerecht und ohne jede persönliche Abneigung geurteilt zu haben, erklärte der neue König, daß es in diesem Fall im Namen der Gerechtigkeit keinen Milderungsgrund gebe. Anläßlich einer Reihe von Privatkriegen, die auf dem Gebiet des Fürstbischofs von Mainz um sich griffen, hat Friedrich – der ja inzwischen auch seine ersten Kontakte mit dem römischen Recht gehabt hatte – dann im Jahr 1155 nicht gezögert, aus dem germanischen Gewohnheitsrecht einen alten, seit gut 200 Jahren aufgegebenen Brauch wieder hervorzuholen: Auf dem Reichstag zu Worms zwang er am Weihnachtstag den rheinischen Pfalzgrafen Hermann von Stahleck und zehn weitere aufständische Grafen, zum Zeichen der Schmach mit einem Hund auf den Schultern an ihm vorüberzuziehen. Nach dem Tod Hermanns von Stahleck belehnte Friedrich seinen Stiefbruder Konrad mit der Rheinpfalz, um die direkte Macht der Hohenstaufen im Rheinland zu festigen.

Nach den Reichstagen von Merseburg und Regensburg regelte Friedrich im Juli 1152 auf dem Reichstag zu Ulm einige territorialrechtliche Probleme, die Schwaben betrafen; und der Reichstag von Würzburg im folgenden Oktober stellte ihn neuerlich vor die Frage wegen Heinrich Jasormirgott. Friedrich wurde von den Verhandlungen mit der Kirche (der Reichstag von Konstanz im März 1153 würde zum Abkommen zwischen ihm und dem Papst führen) und mit dem byzantinischen Kaiser, dem *basileus,* in Anspruch genommen: Kurz gesagt, er bereitete seine Übernahme der Kaiserwürde vor und war nicht gewillt, sich durch eine sichtlich lästige Angelegenheit weiterhin davon ablenken zu lassen. Verärgert über eine zwischen dem König und den Fürsten vereinbarte Lösung, die er für sich als nachteilig empfand, blieb der Babenberger unter einem Vorwand dem Reichstag von Würzburg fern; dasselbe machte er bei den zwei folgenden Reichstagen, dem von Worms zu Pfingsten 1153 und dem zu Speyer im Dezember desselben Jahres. Schließlich versammelten sich die

Fürsten am 3. Juni 1154 zu einem neuen Reichstag in Goslar: Diesmal waren sie sich einig, daß das Betragen des Jasomirgott eine unerträgliche Beleidigung für ihre Würde darstellte, und auch dem König – der schon wegen des Adelsaufstandes im Fürstbistum Mainz sehr aufgebracht war – reichte es. Das Herzogtum Bayern wurde also Heinrich dem Löwen übertragen, der von sich aus – einseitig, aber aufgrund der zwei Jahre früher getroffenen Vereinbarungen – bereits den Titel eines Herzogs von Bayern und Sachsen angenommen hatte.

Heinrich der Löwe genoß die besondere Gunst des Königs, der wohl wußte, daß der Friede des Reiches im wesentlichen von seinem Verhältnis zu den Fürsten abhing, von denen Heinrich der mächtigste war. Friedrich bemühte sich daher mit Sorgfalt und viel Taktgefühl, als Vermittler alle möglichen Gründe und Anlässe für Reibereien zwischen den großen Adelsherren beizulegen; und solche Anlässe gab es unzählige, besonders zwischen Heinrich dem Löwen und Albrecht dem Bären. Der König unterstützte Heinrich auch in seiner Kirchenpolitik, und so wurde auf dem Reichstag von Goslar das Investiturrecht in den drei Bischofssitzen Oldenburg, Mecklenburg und Ratzeburg und in allen jenen, die von da an in dem kürzlich eroberten „Wendenland" gegründet werden würden, tatsächlich dem Herzog von Sachsen gewährt. Die Proteste des Erzbischofs von Bremen und Metropoliten jener drei Diözesen, halfen nichts; kurz darauf bestätigte auch der Papst die königlichen Entscheidungen, aufgrund welcher der Herzog nun eine große Macht über die Kirche in Sachsen besaß und über Vorrechte über die Bischofskirchen verfügte, die traditionsgemäß vom König wahrgenommen wurden. Und in der Tat nahm Heinrich eine Umgestaltung des Kirchengebietes nach seinem Willen vor: Er verlegte das Zentrum der Diözese Oldenburg nach Lübeck und jenes von Mecklenburg in das von ihm neu errichtete Bistum Schwerin. Andererseits respektierte er die Vorrechte des Erzbischofs von Bremen als Metropolit der Region; aber energisch verwaltete er sämtliche weltlichen Belange der diözesanen Organisation, von der Ausstattung der neuen Bischöfe mit Land und wirtschaftlichen Mitteln – wofür durch die Enteignung von Grund und Boden verschiedener reicher sächsischer Herren und durch eine hervorragend organisierte Erhebung des „Zehnten" gesorgt war – bis hin zur direkten Kontrolle der kirchlichen Vogteien. Bei aller Ausdehnung der ihm unterstehenden Gebiete hat Heinrich niemals seine Funktionen als Inhaber der hohen Gerichtsbarkeit an einen anderen übertragen; ja, er hat bedenkenlos eine strenge Enteignungspolitik durchgeführt, indem er den von den Adelsherren, die sich unter Umständen gegen ihn auflehnten, beschlagnahmten Grund und Boden seinen treuen Dienstmannen *(ministeriales)* zuteilte. Unterdessen verfolgte er mit Interesse die Entwicklung des Handels im Baltikum und gab den ersten Anstoß zu dem, was einmal der hanseatische Markt werden würde.

Als Herzog sowohl von Sachsen wie von Bayern verfolgte Heinrich jedoch in jeder der beiden Regionen eine unterschiedliche Politik. Wenn für seine Herrschaft in Sachsen wesentlich territoriale Kriterien bestimmend waren, ging er in Bayern – wo für ihn als Vertreter des Hauses der Welfen die Grundlagen seiner Macht fester waren – so vor, daß er gleichsam das Erbe der alten Stammestradition antrat: Im besonderen machte er ausgiebig von den Landtagen, den lokalen Reichstagen bayerischer Tradition, Gebrauch, zu denen er in regelmäßigen Abständen die Grafen und Bischöfe einberief.

Heinrich der Löwe spielte ein entschlossenes und zugleich fein ausgeklügeltes Spiel. Er betrieb ohne Zweifel eine selbständige Politik, und man kann sagen, daß ihm zum König nur der Titel gefehlt hat. Gleichzeitig war er jedoch sehr darauf bedacht, niemals Schritte zu wagen, mit denen er sich offen außerhalb die staatliche Gesetzlichkeit stellen würde: Er handelte als Herzog stets als Bevollmächtigter des Königs in seinen beiden Herzogtümern. Und Friedrich seinerseits intervenierte da und dort, aber immer in nachgiebiger Weise und, was die Vermittlungen – zwischen dem Löwen und Albrecht dem Bären oder dem Erzbischof von Bremen und anderen – betraf, in der Regel mit einer Politik zugunsten des Vetters. Das mag den Eindruck einer gewissen Schwäche letzterem gegenüber vermuten lassen; dieser Eindruck trügt, denn gerade durch diese stets von Bereitwilligkeit gekennzeichneten Vermittlungen bekräftigte Friedrich, wenn auch mit diplomatischer Höflichkeit, seine unverzichtbare Rolle als König, dem in jedem Fall die letzten Entscheidungen oblagen. Andererseits wußte er gut – und nach seinem Italienzug von 1154/55 konnte für ihn überhaupt kein Zweifel mehr daran bestehen –, daß sein Herrschaftsplan über die Erhaltung des Friedens in Deutschland führte, ein Ziel, das er keinesfalls würde erreichen können, wenn er sich nicht die Freundschaft seines mächtigen Vetters dadurch erhielte, daß er ihn bei Bedarf selbst auf (freilich nie zu schwerwiegende) Kosten des königlichen Ansehens unterstützte, ihm jedoch gleichzeitig zu verstehen gab, daß er in seinem Dynamismus die Grenzen einhalten müsse. Und Heinrich hatte von sich aus Interesse daran, seine selbstherrlichen Impulse zu zügeln, um zu verhindern, daß sie als Reaktion Adelsaufstände entfachten, die ihm die, wenn auch „diskrete" und „entgegenkommende", Vermittlung des Königs auferlegen würden. Es war eine Beziehung auf des Messers Schneide, in welcher jedoch Friedrichs scheinbares Nachgeben gegenüber Heinrich genau das Gegenteil von dem anzeigt, was häufig angenommen wird; es ist nie zu einem tatsächlichen Verzicht auf die königliche Macht gekommen, weder in Bayern noch in Sachsen, noch hat sich je einer von ihnen der herzöglichen Eigenmächtigkeit überlassen.

Im Herbst des Jahres 1155 kehrte Friedrich von jenem Italienunternehmen zurück, über das wir im nächsten Kapitel ausführlich sprechen werden. Auf seiner Stirn glänzten zwei neue Kleinode: die Königskrone Italiens, die er im April in Pavia empfangen hatte, und die Kaiserkrone, die ihm zwei Monate später in Rom aufs Haupt gesetzt worden war. Sein Vetter Heinrich der Löwe war ihm ständig zur Seite gewesen und hatte sich dabei als einer seiner wertvollsten Mitarbeiter erwiesen. Die engen Beziehungen zwischen dem dreimal gekrönten Herrn der Waiblinger und dem jungen und willensstarken Sohn Heinrichs des Stolzen wurden von dem gemeinsamen Bewußtsein gerechtfertigt, daß einer den anderen brauchte. Vorsicht und gegenseitiges Mißtrauen gehörten freilich dazu: Heinrich war in Goslar als Herzog von Bayern designiert, aber noch nicht als solcher eingesetzt worden; und die Tatsache, daß seine Macht noch nicht diese endgültige – und im Denken und in der Praxis der damaligen Zeit grundlegende – Bestätigung erhalten hatte, bereitete ihm zweifellos Sorge. Erst im Oktober fand während des Reichstags in Regensburg die Zeremonie der Investitur statt. Es war die erste feierliche Handlung, die Friedrich in Deutschland ausführte, nachdem er mit der Kaiserkrone auf dem Haupt deutschen Boden betreten hatte: Der Umstand ist nicht ohne Bedeutung. Aber dasselbe gilt für die Tatsache, daß seit den Beschlüssen von Goslar 16 Monate vergangen waren: In diesem nicht langen, aber doch auch nicht ganz kurzen Zeitraum wußte Heinrich, daß er auf die Probe gestellt wurde; und er wußte auch, daß sein Rivale für Bayern, Heinrich Jasomirgott, sein Tun und Treiben ständig belauert hatte und bereit war, Friedrich eine sichere Hand hinzustrecken, welcher der Kaiser das Herzogsbanner anvertrauen konnte. Der Abstand zwischen der Ernennung in Goslar und der Einsetzung in Regensburg umfaßt genau den Zeitbogen des Italienunternehmens. Friedrich, der es kaum erwarten konnte, die italienische und die Kaiserkrone aufzusetzen, wußte, daß er sich vor eigenmächtigen Initiativen sowohl des Löwen wie Jasomirgotts den Rücken decken mußte, und mit jenem einfachen Mittel des Hinauszögerns hatte er erreicht, was er wollte. Um seine Aussichten stand es gut.

Die Regensburger Zeremonie bedeutete allerdings nicht, daß Friedrich den Jasomirgott seinem Schicksal überlassen oder sich mit der Möglichkeit einer Auflehnung des Babenbergers abgefunden hätte. Gerade der neue Herzog von Bayern wußte nur zu gut, daß sein Sieg einen anderen Preis hatte. Es begannen langwierige und mühselige Verhandlungen, die einen neuen Reichstag zur Folge hatten, der im September 1156, also fast genau ein Jahr nach dem ersten, gleichfalls in Regensburg abgehalten wurde.

Die Wahl des Ortes und Zeitpunktes war nur einer der Faktoren, die darauf hinausliefen, diesem neuen Reichstag nicht nur den Anschein der Versöhnung, sondern vielleicht sogar der Wiedergutmachung in bezug auf den vorhergegangenen zu verleihen. Die Versöhnungszeremonie fand in einem prunkvollen Feldlager statt, das Heinrich Jasomirgott nahe der Stadtmauer hatte errichten lassen. Ladislaus II., Herzog von Böhmen, nahm die feierliche Lesung eines Dokuments vor, das zwar die Zugehörigkeit des Herzogtums Bayern zu Heinrich dem Löwen bestätigte, jedoch ein beachtliches Stück – das Gebiet am Mittellauf der Donau zwischen Mähren und Steiermark bis hin zur ungarischen Grenze – davon abtrennte, um es Heinrich von Babenberg zuzuerkennen: die Mark Österreich oder Ostmark, die jetzt erweitert und gleichfalls zum Herzogtum erhoben wurde und somit direkt vom deutschen König abhängig war. Der neue Herzog von Österreich gab dem Kaiser die Insignien der bayerischen Herzogsmacht zurück, die er bis dahin eifersüchtig gehütet hatte und die jetzt dem Löwen ausgehändigt wurden; aber die Banner, Symbole der Gerichtsbarkeit in den Gebieten der Ostmark, wurden dem Babenberger zurückerstattet.

Die Errichtung des neuen Herzogtums war nicht nur ein weiterer Schritt voran auf dem Weg, die Stammesherzogtümer abzubauen und durch Herzogtümer auf territorialer Grundlage zu ersetzen (wir haben gesehen, daß, was Bayern betraf, Heinrich der Löwe eine Politik betrieb, die es auf eine Verzögerung dieser Lösung angelegt hatte). Der in der historischen Überlieferung als *Privilegium minus*[2] bekannte Freibrief, den Heinrich Jasomirgott bei diesem Anlaß von Kaiser Friedrich verliehen erhielt, ging weit darüber hinaus, ja, er ging in Wahrheit über jedes bis dahin einem Reichsfürsten verliehene Privileg hinaus. Es besagte: Innerhalb der Grenzen des neuen Herzogtums konnte ohne Zustimmung des Herzogs niemand irgendeine Macht ausüben – nicht einmal der Kaiser. Außerdem wurde das Herzogtum – es besteht allerdings der Verdacht, daß diese Klausel das Ergebnis einer späteren Manipulation des Dokuments ist – nicht nur Heinrich und seiner Gattin, der byzantinischen Prinzessin Theodora, einer Verwandten von Kaiser Manuel I. Komnenos, sondern auch ihren sowohl männlichen wie weiblichen Nachkommen als Lehen übertragen.

Das Jahr 1156 war für das Leben und die Politik Kaiser Friedrichs von besonderer Bedeutung. Bereits im März 1153 war anläßlich des Vertrags von Konstanz mit dem Papst die Ehe mit Adela von Vohburg aufgelöst worden: eine der Auflagen, die der König dem Papst für das Abkommen abverlangt hatte. Wibald von Stablo hatte eine peinlich genaue genealogische Untersuchung vorgelegt, aus welcher hervorging, daß zwischen Friedrich und Adela tatsächlich eine Verwandtschaft sechsten Grades bestand, was für die Annullierung ihrer Ehe durch den Papst ausreichte. Der König von Deutschland schmiedete jetzt andere Pläne. Er brauchte Erben – Adela hatte ihm keine geboren; und er brauchte vor allem die Aussicht auf eine neue, eindrucksvollere Vermählung. Zuerst dachte Friedrich an Byzanz: In der Tat hatte er zu diesem Zweck mit dem Hof von Konstantinopel Verhandlungen aufgenommen, die die Reihe ehelicher Verbindungen zwischen den beiden Kaiserreichen (Bertha von Sulzbach und Manuel, Heinrich von Babenberg und Theodora) fortsetzen sollten. Zusammen mit dem Bündnisangebot gegen die Normannen von Sizilien und die Ungarn hatte ein außerordentlicher Gesandter, Anselm von Havelberg, im September 1153 Manuel einen Vorschlag zur Vermählung zwischen Friedrich und der *sebastocratorissa* (hochverehrten) Maria, einer Nichte des *basileus,* überbracht. Andere Delegationen folgten; aber die Verschlechterung der Beziehungen zwischen den beiden Reichen verwehrte ihnen, ihr Ziel zu erreichen.

Schon bald zeichnete sich im Zusammenhang mit einer anderen wichtigen politischen Frage die Möglichkeit zu einer Neuvermählung ab. Das Königreich

Burgund (oder Arles), das Teile von Burgund, die Provence, das Aostatal und das westliche Gebiet der späteren Schweiz umfaßte, war 1032 an den deutschen König übergegangen; 1038 hatte eine in Soleure zusammengetretene Versammlung der burgundischen Kirche bestätigt, daß von da an das Königreich Burgund den römisch-deutschen Kaisern gehören sollte; es war den deutschen Kaisern aber nie gelungen, ihre Macht auch tatsächlich auszuüben. Im Jahr 1127 hatte Lothar von Supplinburg die Familie der Zähringer mit dem Amt des *rector Burgundiae* betraut; auf dem Reichstag zu Merseburg von 1152 hatte Friedrich dem Haupt des Hauses Zähringen, Herzog Berthold, dieses Amt bestätigt. Dieser mußte vor allem dafür sorgen, die von dem Grafen Wilhelm von Mâcon ausgehende Aggressionspolitik einzudämmen. Am 9. Juni 1156 aber gab es eine Überraschung: Im Laufe eines ausgedehnten, äußerst prunkvollen Festes, das sich über eine ganze Woche hinzog, vermählte sich Friedrich mit Beatrix von Burgund, der Erbin der Grafschaft Mâcon. Die Hochzeit war verbunden mit dem Wunsch und Willen, von nun an in die Fragen Burgunds einzugreifen. Dem des Amtes eines *rector Burgundiae* enthobenen Berthold von Zähringen wurde die Vogtei der Diözesen Lausanne, Genf und Sion übertragen. Das genügte natürlich nicht, um ihn zufriedenstellend zu entschädigen.

Die Eheschließung zwischen Friedrich und Beatrix kündigt eine Wende in der Geschichte Deutschlands, Burgunds und vor allem des Gebietes zwischen Rhein, Rhône und Po an, das der Kaiser für die Errichtung eines Machtkernes – der staatlichen und zugleich der Macht der Familie – im Auge hatte. Aber es war wohl auch ein Wendepunkt in der persönlichen Geschichte Friedrichs.

Es heißt allgemein, das 12. Jahrhundert habe die Liebe entdeckt, wie wir Modernen sie verstehen,[3] wobei hinzugesetzt wird, daß es sich bei dieser Liebe jedenfalls immer um etwas handelte, was außerhalb der Ehe, jenes zu politischen, wirtschaftlichen oder diplomatischen Zwecken geschlossenen Vertrages, lag. Aber den tiefen Zauber des Verliebtseins eines Paares jener fernen Zeit zu ergründen, ist schwierig; auch die berühmten Beispiele von Abälard und Héloïse oder Tristan und Isolde bleiben uns in ihrer Sphäre der Vollkommenheit und Unnahbarkeit unzugänglich. Und fast unmöglich ist es, in einer privaten Geschichte, die uns keine unmittelbaren Spuren hinterlassen hat, in einer hinter dem Glanz zu vieler Kronen verborgenen und hinter dem schwerfälligen Rascheln zu vieler offizieller Dokumente verschwiegenen Geschichte zu lesen. Das Pergament läßt sich nur schwer aufrollen. Es ist daher nutzlos, anachronistisch und unhistorisch, sich zu fragen, ob sich Friedrich und Beatrix geliebt haben und ob eine solche Frage anständigerweise überhaupt gestellt werden darf. Immerhin, etwas in der langen und wohl auf ihre Weise glücklichen Beziehung jenes Paares – inmitten der stürmischen Zeiten des Reiches, inmitten der Abenteuer und Kriege – läßt uns, jenseits von Kronen und Pergamenten, diese Frage bejahen; hinter allen Anachronismen der Welt hat es in dieser Beziehung etwas gegeben, was der Liebe ähnlich gewesen sein dürfte.

Als die Kaiserkrone mit ihren schweren Edelsteinen sich auf den Schleier ihres blonden Haares niedersenkte, war Beatrix 20 Jahre alt: Sie hätte beinahe die Tochter ihres Gemahls sein können, der damals sicher zehn, wahrscheinlich vierzehn Jahre älter als sie war; ein für die damalige Zeit passendes Altersverhältnis zwischen den Gatten. Aber im 12. Jahrhundert waren zwanzig Jahre schon viel, und Beatrix war bereits eine hohe Dame; zudem hatte sie das Glück, in gewissem Rahmen die aufwallenden Träume jener Morgenröte europäischer Kultur zu erleben, der von ihrer großen Zeitgenossin, der Herzogin Eleonore von Aquitanien, Königin von Frankreich und später von England, auf so hervorragende Weise Ausdruck verliehen wurde.

Die junge Kaiserin schrieb und sang Lieder: in lateinisch, in der Langue d'oïl (dem alten Nordfranzösischen), in der Langue d'oc (dem Südfranzösischen), in deutsch, in italienisch. In der Provence hatte sie das Aufblühen der schönsten Liebesdichtung der Zeit erleben können. Und mit Sicherheit ist, wenigstens bis zu einem gewissen Grad, ihr die Veredelung der deutschen Kultur zu verdanken, die am schwäbischen Hof erblühte und durch die vielen Hofdichter (zumeist dem Stand der Ministerialen angehörend) weitergegeben wurde, um schließlich jenen Minnegesang aufbrechen zu lassen, in dem Eros und Lehnstreue zu verschmelzen schienen.

Doch kehren wir zurück zur Politik. Burgundische Hochzeit, Abrücken von Byzanz, Regelung der Angelegenheiten in Bayern, Errichtung des neuen Herzogtums Österreich: das alles fällt in das Jahr 1156, das man als ein entscheidendes Jahr in der Geschichte des Schwabenkaisers ansehen darf.

Das Reich hatte seine Regierungsbeamten: An ihrer Spitze standen einige hohe Prälaten, aus denen sich sowohl die Kapelle wie die Kanzlei des Kaisers zusammensetzte. Erzkanzler für das Königreich Deutschland war der Erzbischof von Mainz; für das Königreich Italien der Erzbischof von Köln; für das Königreich Burgund der Erzbischof von Besançon. Schlußstein und Krönung des Systems bildete aber die Rolle des Kanzlers, der praktisch die drei Kanzleien und die Angelegenheiten des ganzen Reiches leitete. Im Mai 1156 war Erzbischof Arnold II. von Köln verschieden, einer der großen Wahlmänner Friedrichs, der zugleich die Erzkanzlei Deutschlands und die kaiserliche Kanzlei geführt hatte. Der Kaiser nahm die Gelegenheit wahr, um durch die Wahl neuer Männer seine Politik voranzutreiben, und berief einen Edelmann aus großer Familie, der bereits Propst in den Domkapiteln von Münster und Hildesheim gewesen war: Rainald von Dassel. x)

Rainald, der um 1120 geboren, also ungefähr gleichaltrig mit dem Kaiser war, hatte eine hervorragende Erziehung genossen und war auch ein Studienfreund von Ekbert von Schönau, dem späteren großen Mystiker, gewesen; wahrscheinlich hat er zwischen 1140 und 1146 in Paris studiert. Der tätige, vorurteilslose, bisweilen skrupellose, ehrgeizige Mann hatte Friedrich im Jahr 1149 kennengelernt, als dieser noch Herzog von Schwaben und vom Nimbus

x) s. „Die Staufer" S. 100–101 Herkunft etc.

des Kreuzzugsruhmes umgeben war. Rainald hatte inzwischen das Ansehen und die Sympathie Wibalds von Stablo gewonnen, der wegen seiner klassischen Kultur bewundert wurde: In Wirklichkeit lagen aber seine eigentlichen Kompetenzen eher in militärischen Fragen, die ihn auch weitaus mehr begeisterten.

Im Einvernehmen mit Wibald und Arnold von Köln hatte Rainald seinen Anteil an der Königswahl vom März 1152; und in der Folge hatte er eine Reihe von Aufträgen erfüllt, wobei er stets geschickt Friedrichs Aufmerksamkeit auf sich zu ziehen wußte. Belohnung für diese eifrige Arbeit waren 1156 das Kanzleramt und 1159 das Erzkanzleramt für Italien und der Sitz des Erzbischofs von Köln.

In diesem neuen Mitarbeiter fand Friedrich den Mann, den er brauchte, um den Übergang von einer vorwiegend deutschen zu einer wirklich kaiserlich-imperialen Politik zu schaffen. Am Ausgang dieser Politik stand eine erhebliche Geldnot; und allein die italienischen Städte waren in der Lage, den Kaiser ausreichend mit Geld zu versorgen. Damit begann ein neuer Abschnitt, der mit dem Zug nach Süden über die Alpen im Jahr 1158 eingeleitet wurde.

VI.
„Mirabilia Urbis"

Das Bild der äußeren Erscheinung Friedrichs und seines Charakters nachzuzeichnen, ist schwierig. Die Chronisten, die es entworfen haben – und die sich bisweilen in der unmittelbaren Umgebung des Herrschers aufhielten –, haben zunehmend Beobachtungen, die wir als wirklichkeitsgetreu ansehen würden, mit schematischen Darstellungen verbunden, die der Ethik und Topik ihrer Zeit entnommen waren: Das war im 12. Jahrhundert ebenso normal wie in den Epochen zuvor. Man braucht gar nicht erst an den 300 Jahre zurückliegenden Fall des berühmten Einhard zu erinnern, der sich bei der Beschreibung der äußeren Gestalt und des Wesens Karls des Großen – in seiner *Vita Karoli* auch für uns noch nachlesbar – an den in Suetons *De Vita XII Caesarum* (um die Wende vom 1. zum 2. nachchristlichen Jahrhundert entstanden) vorgegebenen Schablonen inspiriert hatte, indem er sich bemühte, seinen Helden diesem berühmten Vorbild anzugleichen und damit seine Biographie sozusagen zur „dreizehnten Vita eines Cäsaren" zu machen.

Andererseits muß man sich vor der Annahme hüten, Einhard habe lediglich das Charakterbild eines Idealtypus gezeichnet. Gewisse, wenn auch allgemeine physische Merkmale, auf die er hinweist – z. B. hoher Wuchs und kräftige Statur –, wurden durch eine 1861 durchgeführte Untersuchung der sterblichen Überreste Karls bestätigt. Bedeutung behielten auf alle Fälle die schematischen Muster ethisch-politischer Art, und Einhard machte Schule mit der Festlegung einer eigenen literarischen Gattung, der *Vita regis*. Wir erkennen deutlich, wie sich der Einfluß dieses Vorbildes z. B. auf die im zweiten Viertel des 11. Jahrhunderts von Elgad von Fleury geschriebene *Vita* Roberts des Frommen, Königs von Frankreich, oder in den um die Mitte desselben Jahrhunderts vom königlichen Hofkaplan Wipo verfaßten *Gesta Chuonradi II imperatoris* ausgewirkt hat. Diese Lebensbeschreibungen waren absichtlich als „exemplarische" Biographien angelegt, die ein mustergültiges Vorbild darstellen sollten. Einen ganz anderen Zweck hingegen hatten die *Gesta Friderici I imperatoris,* die Friedrichs Oheim, der Zisterzienser Otto von Bamberg, Bischof von Freising, niederschrieb. Otto, der in Paris studiert hatte, wo Abälard und Gilbert de la Porrée lehrten, und u. a. Johannes von Salisbury zu seinen Studienfreunden zählte, hatte eine *Historia de duabus civitatibus* geschrieben: eine Universalgeschichte, in der nach dem Beispiel des hl. Augustinus und des Paulus Orosius das Geschehen in der *civitas terrena,* auf Erden, und somit im Römischen Reich als Gleichnis des Niederganges, der langsamen – und gleichwohl von der Vorsehung bestimmten – Zersetzung der irdischen Einrichtungen, aber zugleich als Weg hin zur Parusie, zur Wiederkunft Christi, dargestellt wurde. Otto hatte freilich auch ein Thema behandelt, das seinem kaiserlichen Neffen sehr willkommen war: die *translatio imperii,* den Übergang der Weltherrschaft von den Griechen auf die Römer und von diesen auf die Germanen. Und auf die *translatio* und die großen, von Friedrich geweckten Hoffnungen hinsichtlich der Erneuerung der Kaiserwürde stützte sich denn auch der Bericht über die Thronbesteigung des jungen schwäbischen Prinzen und seine ersten Regierungsjahre.

Die von dem gelehrten Bischof von Freising auf ausdrücklichen Wunsch seines Neffen begonnene Erzählung bricht 1158, dem Todesjahr des Verfassers, ab; sie wurde von Rahewinus wiederaufgenommen und bis zum Jahr 1160 fortgesetzt, ohne daß es diesem jedoch gelungen wäre, der Schilderung jene Inspiration, jenen Geist zu verleihen, die man beim Lesen von Ottos Werk empfindet.

Den *Gesta Friderici* verdanken wir ein erstes Bild von Friedrich; weitere mehr oder weniger realistische und mehr oder weniger wohlwollende Darstellungen folgten auf den Seiten der verschiedenen Chroniken. Wir werden im großen und ganzen natürlich nur die zeitgenössischen Darstellungen berücksichtigen. Aber manchen Aufschluß, zumindest über sein Gesicht und seine körperliche Erscheinung im allgemeinen (sämtliche Quellen erwähnen übereinstimmend sein bezauberndes Lächeln und seine wunderschönen Hände), erhalten wir außerdem von einer ikonographischen Überlieferung, die zwar noch unsicherer als die chronistische und vom historischen Gesichtspunkt aus noch schwieriger zu verwerten ist, aber dennoch nicht unterschätzt werden darf. Wir besitzen einige bildnerische Darstellungen Friedrichs, die wohl als glaubwürdig angesehen werden können: die als Reliquiar dienende Büste aus vergoldeter Bronze in der Pfarrkirche von Cappenberg in Westfalen; sein in Metall gehauenes Bildnis auf dem Reliquienschrein Karls des Großen in Aachen; eine Miniatur in einem Kodex in der Fuldaer Landesbibliothek, wo der Kaiser zwischen seinen Söhnen Friedrich und Konrad auf dem Thron dargestellt ist; und endlich noch eine Miniatur, in einem Kodex der Vatikanischen Bibliothek, die uns Friedrich in dem mit dem Abzeichen des Kreuzzugsgelübdes versehenen Gewand zeigt. Ganz unterschiedliche Quellen also, die in verschiedenen Zeiten und zu verschiedenen Zwecken entstanden sind, die aber doch alle – auch wenn sich der Grad der Idealisierung bzw. des Realismus in dem Sinn, den wir diesen beiden Begriffen zuschreiben, nur schwer überprüfen läßt – etwas Gemeinsames, man würde fast sagen, einen gemeinsamen Geist haben. Von jenem hageren, von einem kurzen rötlichblonden Bart umrahmten Antlitz, von jenem Mund mit dem Anflug eines geheimnisvollen Lächelns – ob wohlwollend, belustigt oder ironisch, weiß man nicht zu sagen, dem aber eine geradezu grimmige

Tatkraft und Entschlossenheit zugrunde liegt – strahlt ein Gefühl der Stärke und zugleich so etwas wie eine verwirrende, unergründliche Botschaft aus. Er hat Augen, die einen tiefen Blick in die *arcana imperii,* die Geheimnisse des Reiches, getan haben: und davon scheinen sie vielleicht eine souveräne Verachtung, vielleicht eine strenge Überlegenheit, vielleicht eine mit königlicher Ergebung getragene – und ertragene – heimliche Müdigkeit bewahrt zu haben. Man kann die Büste von Cappenberg oder die Miniatur von Fulda wohl kaum betrachten, ohne an jenes – über eine bloß physische Darstellung weit hinausgehendes – Bild zu denken, dás Acerbus Morena, der Chronist aus Lodi, der Friedrich aus der Nähe kannte und ihn begeistert verehrte, von ihm gezeichnet hat. Ein freundliches Antlitz – sagt Morena –, das den Eindruck erweckte, immer zum Lächeln bereit zu sein. Doch auch in diesem heiteren Ausdruck, ja gerade in ihm, gab es etwas Tierisches, Schreckliches: die blendend weißen Zähne, die in dem Lächeln, selbst wenn es entrüstet war, aufblitzten. Ein Lächeln, das Angst einjagte.

Als Wibald von Stablo an Papst Eugen III. über seinen Herrn schrieb, verlor er sich nicht in äußerlichen Beschreibungen, sondern zog es vor, ein moralisches Bild von ihm zu zeichnen: „Kampfversessen, ruhmbegierig und bereit, sich in den schwierigsten Unternehmungen zu bewähren; äußerst empfindlich für Beleidigungen." Otto von Freising lieferte ein schmeichelhaftes, aber auch stereotypes moralisches Charakterbild, und was die äußere Erscheinung und Haltung betraf, so hielt er sich an eine Redeweise, die ganz unmittelbar an gewisse etwa gleichzeitige oder etwas jüngere Beschreibungen der Helden der Ritterromane erinnert. Friedrich – so lesen wir bei Otto – ist wohlproportioniert: er ist nicht sehr groß, doch seine Gestalt und seine Haltung sind überdurchschnittlich erhaben und vornehm. Der Körperbau ist schlank, elegant, aber zugleich kräftig. Er hat blondes gelocktes Haar, das er stets ziemlich kurz trägt, so daß es kaum seine Ohren bedeckt, und einen rotblonden Bart. Die Augen sind von eindringlichem Hellblau, die Haut ist ganz weiß und von einer jugendlich zarten Röte angehaucht; die Zähne – wieder werden die Zähne erwähnt! – leuchten weiß wie Schnee.

Der Kaiser, so sein Biograph weiter, hat einen selbstbewußten Gang und eine feste Stimme; er erfreut sich bester Gesundheit, bis auf leichte Fieberanfälle, die ihn hie und da heimsuchen und nur einen Tag dauern. Obwohl er den Krieg liebt, verliert er jedoch nie den Frieden als Ziel aus den Augen. Er ist weise, barmherzig gegenüber denen, die ihn anflehen, freundlich mit allen, die um seinen souveränen Schutz bitten.

Wie verbringt er seinen Alltag? Am Morgen wohnt er entweder allein oder mit einem auf wenige beschränkten Gefolge dem Gottesdienst bei und läßt sich mit den Reliquien segnen; dann besorgt er die Regierungsaufgaben. Mitunter widmet er sich aber auch der körperlichen Ertüchtigung, der Jagd mit Hunden oder Falken, dem Bogenschießen. An seinem Tisch sind die Mahlzeiten weder je allzu bescheiden noch übermäßig üppig; und dasselbe rechte Mittelmaß hält er ein, wenn er zu Gericht sitzt, ohne sich je weder von übertriebener Nachgiebigkeit noch von zu harter Strenge und schon gar nicht von dumpfem Rachedurst verleiten zu lassen.

Seine Vorbilder findet er in der Heiligen Schrift und in den Taten der alten Kaiser. Er verteilt mit eigenen Händen die Almosen und führt gewissenhaft seine Zehnten an die Kirche ab. Was die Kleidung anlangt, liebt er die Schlichtheit der nationalen Tracht. Schließlich ist er sehr gewandt in seiner Muttersprache und versteht recht gut Latein, auch wenn er es nicht fließend spricht.

Zu diesem Idealbild hat Rahewinus – ein nicht so gewandter Schriftsteller wie Otto – eine Reihe von Gemeinplätzen hinzugefügt, die Autoren wie Sidonius Apollinaris, Jordanes und vor allem Einhard entnommen sind, wodurch sein Text zu einem echten Zitaten-„Puzzle" wird: Daher rührt eine gewisse äußere und charakterliche Ähnlichkeit zwischen Karl dem Großen und Friedrich, die es in Wirklichkeit gar nicht gab, die aber dem Schwabenkaiser keineswegs mißfiel. Der Friedrich des Rahewinus ist auch außerordentlich gebildet: Nach seinen Ausführungen zu schließen, zitiert der Kaiser aus dem Gedächtnis ganze Abschnitte des Kirchen- und des römischen Rechts und gibt lange Passagen aus Josephus Flavius wieder. Darüber braucht man sich in Anbetracht dessen nicht zu wundern, daß sein Vorbild, der Karl der Große Einhards, obgleich Analphabet, den hl. Augustinus las!

Die Chronologie ist eines der großen Geheimnisse der Geschichte. Jahrelang scheint, wenn wir die Geschehnisse betrachten, nichts zu geschehen; dann plötzlich, gleichsam ohne offensichtlichen Grund, gerät die Geschichte in Bewegung, und die Ereignisse überschlagen sich. Zwischen 1152 und 1156, das heißt genau in den Jahren, in denen Friedrich seine vier Kronen – die deutsche, die italienische, die Kaiserkrone und die burgundische – empfangen hat, schienen die Grundlagen der alten Welt in Erschütterung zu geraten. Wenn ein gewisses Gleichgewicht erreicht worden war, wenn man seit einigen Jahren von einer gefestigten Ordnung reden konnte, so stand das im Zusammenhang mit einigen wichtigen Persönlichkeiten, die jedoch alle innerhalb von nur fünf Jahren starben. Konrad III. war im Februar 1152 verstorben; Papst Eugen III. war sich kaum bewußt geworden, daß sich mit dem neuen deutschen König die Beziehungen zwischen *regnum* und *sacerdotium* in bezug auf das vor dreißig Jahren geschlossene Wormser Konkordat wiederum ändern würden, als er Anfang Juli 1153 in Tivoli starb, kurz nachdem er mit Friedrich den Vertrag von Konstanz geschlossen und den Kardinal Roland Bandinelli in die Kanzlei der römischen Kirche berufen hatte. Auf ihn folgte Anastasius IV., der jedoch nicht einmal eineinhalb Jahre regierte, weil er bereits Anfang Dezember 1154 in Rom verschied. Inzwischen war im August 1153, wenige Wochen nach Eugen III., auch der geistliche Diktator der Christenheit der ersten Hälfte des 12. Jahrhunderts, Bernhard von Clairvaux, gestorben. Im Februar 1154 war Roger II. von Sizilien gestorben. Kurz darauf sollten auch die Vertreter des alten Gleichgewichts zwischen Kirche und Reich von der Bühne des Lebens abtreten: nachdem Abt Suger von Saint-Denis bereits im Jahr 1151 der Tod ereilt hatte, starben 1158 Wibald von Stablo und Anselm von Havelberg. Im Jahr 1154, dem Jahr, in dem Friedrich zum ersten Mal nach Italien zog, haben in Sizilien Wilhelm I. und in England Heinrich von Anjou den Thron bestiegen. Man könnte den Eindruck haben, die abendländische Kultur habe innerhalb weniger Jahre eine Seite ihrer Geschichte umgeschlagen.

Man weiß nicht recht, wie man im Hinblick darauf den Vertrag von Konstanz beurteilen soll. War er die letzte Zeile der vorigen oder die erste Zeile der folgenden Seite? Die päpstliche Kurie war natürlich wegen der künftigen Vorhaben des jungen Herrschers aus Schwaben besorgt, der gegen den Willen jener Repräsentanten der deutschen Kirche, die Anhänger Roms und der alten, unter Lothar und Konrad vertretenen Politik der Unterordnung des Reiches unter das Papsttum waren, zum König gewählt worden war; auf der anderen Seite brauchte Papst Eugen III. den deutschen König, um den Widerstand des Senats und des durch die Predigten Arnolds von Brescia aufgewiegelten Volkes brechen und seine Residenz wieder in Rom aufschlagen zu können, und er brauchte ihn auch, um sich gegen die Normannen Siziliens zu schützen. Ein gewisses Nachgeben, was die *libertas* der deutschen Kirche gegenüber dem Reich betraf, würde ein bescheidener Preis sein, der als Gegenleistung für die Unterstützung des Königs bei der Bewältigung der römischen Situation und bei der Abwendung der normannischen Gefahr zu zahlen war. Andererseits konnte Friedrich die deutsche Kirche vor eine Reihe vollendeter Tatsachen stellen, die zum Beispiel klarmachten, daß er – mit Billigung des Wormser Konkordats – nicht die Absicht hatte, de facto auf die Bischofs- und Abternennungen zu verzichten; aber er begriff sehr wohl, daß mit Gewalt daran festzuhalten kostspielig und gefährlich wäre, während ihm das Einvernehmen mit dem Papsttum jenes Ansehen und jene Legitimation verschaffen würde, deren seine noch junge Macht dringend bedurfte. Abgesehen von der Tatsache, daß er den Papst brauchte, um seine Ehe mit Adela von Vohburg aufzulösen.

Nach verschiedenen einleitenden Gesprächen, die bereits anläßlich des Reichstages zu Würzburg Ende 1152 geführt worden waren, traf im März 1153 eine starke päpstliche Delegation – ihr gehörten sieben Kardinäle an! – in Konstanz ein, wo der König hofhielt. Der Wortlaut des Vertrages, den der Papst tatsächlich ja bereits im Januar gebilligt hatte, war klar und gegenüber beiden Seiten sehr zuvorkommend: Der König verpflichtete sich, ohne Zustimmung des Papstes weder mit dem König von Sizilien noch mit den Römern Frieden zu schließen und dem Papst dabei zu helfen, die Stadt Rom zu unterwerfen; als *defensor Ecclesiae* würde er die Rechte und Befugnisse des Stuhls Petri schützen und dem „König der Griechen" (d. h. dem byzantinischen *basileus*) kein Land „diesseits des Meeres" zubilligen, ja mögliche Invasionsversuche zurückschlagen. Der Papst verpflichtete sich seinerseits, den deutschen König zu krönen, wenn dieser nach Rom käme, um die Kaiserkrone zu empfangen; jeden mit dem Bann zu belegen, der gegen die Hoheitsrechte und Befugnisse des Reiches verstoße; mögliche Angriffe von byzantinischer Seite auch mit seinen Kräften zurückzuschlagen.

Der Vertragstext sah also ein aktives Zusammenwirken bei der gegenseitigen Aufrechterhaltung der Rechte des Papsttums und des Reiches und ein Bündnis gegen mögliche byzantinische Angriffe auf Italien vor. Friedrich übernahm die Verpflichtung, weder mit den Normannen noch mit den Römern gemeinsame Sache zu machen: Entsprechend dieser einseitigen Verpflichtung, die im übrigen selbstverständlich war (der Papst war gemäß der „Konstantinischen Schenkung" Herr von Rom und *senior* des Königs von Sizilien, weshalb sich das Versprechen des deutschen Königs auf die – nach dem Feudalrecht und der Lehnsgesinnung logische – Verpflichtung beschränkte, sich nicht ohne Zustimmung oder gegen den Willen ihrer Herren mit Vasallen zu verbünden), erreichte er die Auflösung seiner Ehe und erhielt auch in gewissem Maße freie Hand gegenüber der Kirche in Deutschland. Darin paßten sich die Gesandten in Konstanz seinem Willen an. Erzbischof Heinrich von Mainz, der die Wahl Friedrichs zum König zu verhindern versucht hatte, sah sich von den päpstlichen Gesandten seiner Ämter enthoben, obwohl sich der hl. Bernhard für ihn eingesetzt hatte; und Friedrich berief – mit Hilfe der äußeren Wahl – seinen Kanzler Arnold von Seelenhofen auf den Mainzer Bischofsstuhl; Arnold wurde dann 1160 ermordet. Dagegen verhinderte der König, daß der Vertrag von Konstanz auch eine entsprechende Schuld der Diözese Magdeburg beglich, für die er wenig später lieber allein und natürlich nach seinem Willen eine Lösung fand. Es kam zu weiteren Absetzungen, manche erfolgten aus Alters- und Krankheitsgründen; insgesamt bot Konstanz eine Gelegenheit zur Erneuerung des Episkopats in Deutschland. Im übrigen verfuhr der König gegenüber der deutschen Kirche im Sinne der Wahrung des *honor imperii,* d. h. der Hoheitsrechte des Reiches, indem er z. B. verhinderte, daß die Güter der Kirche veräußert wurden. Und das Papsttum mußte damit einverstanden sein. Aber wenn Konrad als „Pfaffenkönig" galt, so trachtete Friedrich, auf diese Weise und mit diesen Maßnahmen nach und nach die alten Bischöfe, die noch an der Vorherrschaft des *sacerdotium* über das *regnum* festhielten, wie sie sein Vorgänger gefördert oder wenigstens geduldet hatte, auszuscheiden und durch einen neuen, jüngeren, der Krone ergebenen Bischofsstand zu ersetzen, von dem eine größere Verantwortung für politische, administrative und militärische Aufgaben verlangt werden konnte. Auf diese Weise sicherte sich der König auch gegen die zentrifugalen Bestrebungen des weltlichen Adels ab; und in dem Maße, in dem er den Bischöfen Macht zugestand, schwächte er die Folgen möglicher feudaler Einwurzelungen, weil die Prälaten, die zwar gewöhnlich aus großen Familien stammten, doch über keine rechtmäßige direkte Nachkommenschaft verfügten und es daher nicht auf die Gründung von Dynastien abgesehen hatten. Im übrigen zögerte Friedrich nicht, bisweilen auf alle Rechtstraditionen zurückzugreifen, die den Herrscher ermächtigten, im Fall einer angefochtenen Wahl die Bischöfe direkt zu ernennen oder auf der Grundlage des sogenannten „Rechtes zum Besitzentzug“ sich beim Ableben eines Bischofs die bischöflichen Güter anzueignen.

Eine Sache von Belang mußte man in Konstanz vermerken: Das Wormser Konkordat war nicht anwesend. Um die Wahrheit zu sagen: es wurde weder angefochten noch gekündigt, sondern es wurde erst gar nicht herangezogen. Der König war sich bewußt, daß es angebracht war, es ohne revisionistische Forderungen beiseite zu legen, indem man sich nur dann, wenn es nützlich war, seiner bediente und sonst deutlich machte, daß es de facto überholt war.

Jetzt war es jedoch vor allem Italien, das den Schwaben beschäftigte – und das nicht nur wegen der Kaiserkrone. Friedrich wollte zwischen Italien, Deutschland und Burgund, auf dem Boden seiner schwäbischen Vorfahren, einen starken territorialen und dynastischen Machtkern begründen, der zur Hochburg seiner Herrschaft werden sollte: Von dort könnte er – das war seine Vorstellung – rasch im ganzen Reich eingreifen. In Konstanz hatte sich übrigens eine starke Vertretung von Adeligen und Gesandten der „lombardischen“ (das heißt, im damaligen Sprachgebrauch, der norditalienischen) Städte um den König der Römer gedrängt, um ihn um die Bestätigung alter oder weniger alter Privilegien zu ersuchen oder sein Eingreifen zur Behebung von Ungerechtigkeiten zu verlangen. Die Italiener waren bereits auf den Reichstagen von Ulm, im Juli des Vorjahres, und von Würzburg, im Oktober, aufgetreten: In Würzburg waren mehrere lombardische Edle, insbesondere aus dem Gebiet zwischen Mailand, Vercelli, Novara und Pavia, anwesend. In Ulm mußte sich Friedrich eines Territorialproblems annehmen, das die Beziehungen zwischen den Zentren Como und Chiavenna betraf: Später, im August 1153, kam er darauf zurück, um zu bestätigen, daß Chiavenna vom Herzogtum Schwaben abhängig sei, auch wenn Como es zu Lehen haben konnte. Das bedeutete nichts anderes als die Bekräftigung, daß jener Hauptort für den Alpenübergang an der Straße, die die Lombardei mit dem Oberrhein und der Donau verband, Teil des deutschen Reiches blieb, aber gleichzeitig das Zugeständnis an die italienische Stadt Como, sich die reichen Einnahmen daraus zunutze zu machen. In Konstanz waren aber vor allem die lauten Klagen einiger lombardischer Städte gegen die in dem ganzen Gebiet zwischen Po, Alpen, Tessin und Adda von Mailand betriebene Hegemonialpolitik zu vernehmen. Am verzweifeltsten war die Stimme der Vertreter von Lodi: Im Jahr 1111 hatten die Mailänder nach einem langen Krieg Lodi bis auf die Grundmauern zerstört und seine Bewohner vertrieben; seit damals waren sie stets daran gehindert worden, sich in einer städtischen Gemeinde zu reorganisieren, sich selbständig zu regieren und einen freien Markt zu unterhalten. Die Gesandten aus Lodi – die allerdings keinen offiziellen Auftrag seitens ihrer Mitbürger gehabt haben dürften, weil diese von den

Mailändern zu sehr eingeschüchtert waren, um so offenkundig deren Mißfallen provozieren zu können – wiesen den König darauf hin, daß, falls der gewalttätigen Anmaßung Mailands nicht Einhalt geboten würde, seine Fahrt nach Rom nicht gefahrlos sein würde; aber vor allem klang ihr Appell wie ein zorniger Vorwurf gegen die Pflichtversäumnisse der Könige Italiens seit über einem halben Jahrhundert. Die Königsmacht auf der Halbinsel war seit den Tagen Heinrichs IV. unbesetzt; und da es Aufgabe der Könige war, *iustitia et pax,* Gerechtigkeit und Frieden (Werte, die als untrennbar und in dieser Ordnung vorrangig empfunden wurden), aufrechtzuerhalten, schuldete Friedrich den Bewohnern von Lodi eine Wiedergutmachung. Auch Pisa schloß sich der Forderung Lodis an. Der Schwabe konnte nicht zulassen, daß ihm eine solche Lektion noch einmal erteilt würde. Zweifellos dachte er sowohl an die Bedeutung, die diese Städte im Investiturstreit einige Jahrzehnte zuvor besessen hatten, als auch an die Geldmengen, die sie der königlichen Staatskasse dadurch unterschlugen, daß sie widerrechtlich die Regalien, d. h. die königlichen Hoheitsbefugnisse, ausübten. Was jedoch in dem italischen Drama, das sich zu entzünden drohte, betroffen macht, ist die nicht wiedergutzumachende Bipolarität zwischen Friedrichs Haltung und jener der italienischen Städte (auch jener nicht wenigen, die ihm lange ergeben waren). Es stimmt nicht, daß er grundsätzlich gegen die städtische Entwicklung gewesen sei und präjudiziell die adeligen Lehnsherren unterstützt habe. Es ist hinreichend bewiesen, daß er keineswegs immer und in jedem Fall unnachgiebig und streng war; mitunter konnte er sich als nachgiebig und possibilistisch bis hin zum Opportunismus erweisen. Entscheidend ist etwas anderes: nämlich daß seine Sicht des Problems dem Grundsatz entsprang, daß die Realität des Königreiches Italien objektiv an das Reich gebunden ist, während die der Städte aus einem Machtvakuum herrührte, das vor mehr als einem halben Jahrhundert infolge des Scheiterns der Politik Heinrichs IV. in Italien entstanden war. Das alles trifft unter der Bedingung zu, daß man sich bewußt macht, daß in Italien kein „Machtvakuum" im politischen Sinne des Wortes bestand. Es gab jenes Vakuum, das von den Königen Deutschlands insofern hinterlassen worden war, als ihnen in den letzten Jahrzehnten das Regieren der Halbinsel unmöglich gemacht worden war. Aber vor allem im Norden der Halbinsel bestand das genaue Gegenteil eines „Machtvakuums": ein unerbittlicher Wettlauf um die Vorherrschaft zwischen den verschiedenen Städten.

Zur italienischen Halbinsel hingezogen fühlte sich der König von Deutschland auch durch die Aussicht auf ein direktes Vorgehen gegen den normannischen König von Sizilien: Die aufständischen Barone Apuliens richteten Botschaften an ihn, in denen sie ihn aufforderten, die Schwäche der Stellung König Wilhelms I. auszunützen und zu ihren Gunsten einzugreifen. Nach Regelung der bayerischen Frage brach Friedrich im Oktober 1154 von Augsburg auf und zog über Tirol und den Brenner nach Italien. Es war eine große Heerfahrt. Ja, die bedeutendste und feierlichste: nach Rom zur Kaiserkrönung. Obgleich das

Geleit, das ihm folgte, ziemlich bescheiden war: 1800 Ritter, wie er in einem Brief an Otto von Freising schreibt, was ungefähr 4000 bis 5000 Bewaffnete insgesamt bedeutet. Offensichtlich war sein Aufruf an die Reichsfürsten, ihn zu begleiten, auf Gleichgültigkeit gestoßen, obwohl zu den Fragen der Kaiserkrönung und der Herstellung der Ordnung in der Lombardei jetzt auch noch die Hilfsersuchen der gegen ihren neuen König rebellierenden süditalienischen Barone gekommen waren. Sein Vetter Heinrich von Bayern und Sachsen zog jedoch mit ihm.

Am 5. Dezember eröffnete er in der Ebene von Roncaglia bei Piacenza einen großen Reichstag des Königreiches Italien. Dabei erließ der König eine Reihe von Gesetzen, die – dadurch, daß sie z. B. den Vasallen verwehrten, ohne Vollmacht ihres Herrn ein Lehen zu veräußern, und verfügten, daß die länger als ein Jahr und einen Tag vakanten Lehen an die jeweiligen ursprünglichen Herren zurückkehrten – scheinbar auf eine Rationalisierung des Feudalsystems zugunsten der Hocharistokratie abzielten; Friedrich schien, wenigstens vorläufig, die – nicht nur und nicht allein rechtlichen als vielmehr politischen – Probleme nicht zu kennen oder jedenfalls nicht zu verstehen, die von den Städten aufgeworfen wurden, in welchen die Kommunalbewegung schon reif war und von denen sich die wichtigsten bereits mit einem neuen charakteristischen öffentlichen Amt, dem Konsulat, ausgestattet hatten (Mailand hatte seit 1097 eigene Konsuln, Genua seit 1099, Bologna seit 1123, Verona seit 1136, Parma seit 1149). Friedrichs Haltung ist verständlich: Im Königreich Deutschland gab es natürlich – auch bedeutende – städtische Zentren, aber in ihrer Gesamtheit hatten die Städte dort nicht dieselbe Bedeutung wie in Italien; und was das Königreich Italien anging, so fand er in den Erfahrungen seiner Vorgänger keinerlei Hinweis auf eine derart große Bedeutung des Faktors Stadt. Das war nur logisch, waren doch die deutschen Könige – abgesehen von Lothars III. kurzem Aufenthalt auf der Halbinsel – seit dem Ende des vorigen Jahrhunderts praktisch von Italien abwesend geblieben, und gerade in diesen Jahrzehnten, im Laufe der ersten Hälfte des 12. Jahrhunderts, hatte die Entwicklung der Städte einen solchen Aufschwung genommen.

Doch in Roncaglia gelangten die Abgesandten der Städte auch in enge Berührung mit den Vertretern der Lehnsherren von diesseits der Alpen. Sie brachten Geschenke dar, machten Treueangebote, erhoben Protest gegen die Nachbarstädte. Die Abgesandten von Como, Lodi und Pavia erneuerten ihre Anschuldigungen gegen Mailand, das es auf die Unterwerfung der schwächeren Nachbarn abgesehen hatte und widerrechtlich von den königlichen Hoheitsbefugnissen Gebrauch machte. Auf der anderen Seite boten die Kuriere aus Mailand als Antwort Friedrich die stattliche Summe von 4000 Silbermark an, damit er ihrer Stadt die Herrschaft über Lodi und Como bestätigte, die für Mailand sehr wichtig waren – die eine als Zugang zur Wasserstraße des Po, die andere zu den Landwegen, die zu den Alpenpässen führten. Das Angebot wurde natürlich entrüstet zurückgewiesen. Friedrich hatte Geld nötig und war fest entschlossen, es aus dem Königreich Italien herauszuholen; aber nicht dadurch, daß er in einem kleinlichen, unvorteilhaften Manöver, das nach Verdingung schmeckte, die königlichen Befugnisse gegen ein bißchen Geld eintauschte. Andererseits war klar, daß Friedrich Verhandlungen grundsätzlich nicht abgeneigt war, was die Mailänder wohl verstanden hatten.

Inzwischen nahm die Landkarte der mailändischen Vorherrschaft, ihres Imperialismus im kleinen, konkrete Umrisse an. Außer daß Mailand Lodi unterdrückte, hemmte es durch Unterstützung des benachbarten Crema den Verkehr von Cremona; ebenso unterstützte es Brescia, das die Interessen von Bergamo beeinträchtigte. Zu seinen Feinden zählte auch Pavia, die alte Hauptstadt des Langobardenreiches, die die siegreiche Konkurrenz Mailands nur mit unverhohlenem Ärger ertrug und ihm Hindernisse in den Weg zu legen versuchte, indem sie sich an Genua, Novara (dessen Feindschaft gegen Mailand rührte vor allem daher, daß es mit den Grafen von Biandrate, engen Freunden der Mailänder, verfeindet war), ferner an Cremona, Mantua und Parma hielt. Parma war übrigens mit Piacenza verfeindet, was in das norditalienische „Schachbrett“ ein Element widerspruchsvoller Unordnung hineinbrachte, lag doch Piacenza genau zwischen Mailand und mit ihm verfeindeten Städten. Aber ausschlaggebend für Piacenzas Ausrichtung nach Mailand war schließlich die Gegnerschaft der benachbarten mächtigen Herren des Apennin, der Markgrafen Malaspina, die aus Haß gegen Piacenza die Städte Parma und Pavia als Verbündete betrachteten. Mailand bediente sich des ihm ergebenen Crema, um sowohl Pavia wie Cremona zu kontrollieren.

Kurz und gut, die Anwesenheit Mailands bildete den dynamischen Katalysator der gesamten politisch-territorialen Ordnung in der Lombardei. Seine Verbündeten waren eben diese Grafen von Biandrate, deren Besitzungen die Region zwischen Sesia und Tessin, also zwischen Mailand und Novara, kontrollierten und die zudem treue Anhänger des Königs waren; sie waren auch die einzigen wirklich großen Lehnsherren nahe von Mailand, das ja wahrscheinlich dem Umstand, daß in seiner Umgebung das Lehnswesen so spärlich vertreten war, wenigstens zum Teil seine Machtentfaltung verdankte. Die Einwohner von Lodi wiederum setzten ihr Vertrauen in den Markgrafen von Montferrat, damit er sich beim Kaiser für sie verwende. Und der Markgraf selbst führte Klage gegen die aufständischen Städte Asti und Chieri (Asti hatte ihn im September zuvor in aufsehenerregender Weise geschlagen); der aus der Stadt vertriebene Bischof von Asti, Anselm, machte die Sache noch schlimmer; Asti und Chieri stützten sich auf Mailand; ebenso Tortona, aus Haß gegen das benachbarte Pavia. Für die Mailänder war die Freundschaft Tortonas um so wichtiger, als ihnen diese Stadt als Hilfe für die Verbindung zu Genua und zum Meer diente.

Auch aus Genua kamen Gesandte nach Roncaglia. Einer von ihnen, der angesehene Chronist Caffaro – ein Veteran des Ersten Kreuzzuges –, vertraute die Erinnerung an die Begegnung mit dem deutschen König seiner Feder an. Auch Otto von Freising informiert uns – sichtlich und lebhaft beeindruckt – über die Ankunft der genuesischen Gesandten mit ihren glänzenden, aber in den Augen derer, die von jenseits der Alpen kamen, auch seltsamen Geschenken: Löwen, Strauße, Papageien. Friedrich hatte während des Kreuzzuges eine Kostprobe vom Orient erhalten, und mag sein, daß er sich auch eine Vorstellung von der Bedeutung der lateinischen Kolonien im Heiligen Land und in Konstantinopel gemacht hat. Jedenfalls mußten ihm die reichen Geschenke der Genuesen schmeicheln, freilich nicht so stark, daß er darüber das aus dem Auge verloren hätte, was er von ihnen erwartete: Caffaro berichtet nämlich – eher beunruhigt als erfreut über die ihm vorbehaltene Ehre –, der junge König habe mit den Gesandten aus Genua über seine „Geheimpläne" verhandelt. Es dürfte sich dabei zweifellos um das Vorhaben gehandelt haben, das sizilisch-normannische Königreich anzugreifen. Der deutsche König erwartete dafür die Unterstützung sowohl Pisas wie Genuas, wobei er von den gegenseitigen Rivalitäten zwischen den beiden Seestädten nichts wußte oder jedenfalls nichts zu wissen vorgab.

Um die Mitte des 12. Jahrhunderts hatte zunächst nördlich des Po der Aufschwung der Städte eingesetzt, und es war daher natürlich, daß es in jener Region zu besonders heftigen Feindseligkeiten und Kämpfen kam. Südlich des Stromes, also zwischen Po, Adria und Apennin, bildete Bologna das dynamische Element der Auseinandersetzungen zwischen den Städten; Bologna befand sich sowohl im Streit mit Modena – wegen des Besitzes des für den Handelsverkehr mit der Toskana wichtigen Gebietes von Frignano – als auch mit Ferrara – wegen der Kontrolle des Podeltas – und endlich mit Faenza – wegen der Herrschaft über die Stadt Imola. Aber das ganze nördliche Mittelitalien lag in Zweikämpfen: Pisa rang mit Genua um die Vorherrschaft über die beiden Inseln Korsika und Sardinien und um die Vorherrschaft im Tyrrhenischen Meer; Padua machte Verona die Kontrolle der Handelsstraßen in den Nordosten der Halbinsel und zu den Pässen in Tirol und Kärnten streitig; Venedig knüpfte die Fäden zu einer Liga der Marken gegen Ancona, dessen Hafen zu bedeutend zu werden drohte.

In diesem wirren Knäuel von Streitigkeiten, Feindschaften, verbissenem Groll mußte Friedrich im ersten Augenblick meinen, er könnte wie Alexander der Große angesichts des Gordischen Knotens handeln: fest entschlossen durchzuschneiden, was sich nur schwer entwirren lassen würde. Auf ihn warteten Rom und die Kaiserkrone, und er hatte eine stichhaltige Italienpolitik noch nicht einmal in den Grundzügen entworfen. Nachdem er die Zelte in Roncaglia abgebrochen hatte, wandte er sich zunächst gegen Mailand, wobei er die Kastelle und Stellungen in unmittelbarer Nähe der Stadt verwüstete und anzündete, an ihrer Spitze, außerhalb des Tessin, gegen Novara hin: Rosate, Galliate (am Weihnachtstag), Trecate, Torre di Momo. Doch Mailand selbst anzugreifen, das zu jenem Zeitpunkt finster verschlossen in Waffen wachte, wagte er nicht: Es war zu reich und mächtig, als daß Friedrich am Vorabend seiner Doppelkrönung zum König Italiens und zum Kaiser mit den geringen militärischen Kräften, über die er verfügte, sein Ansehen hätte aufs Spiel setzen können.

Anfang des Jahres 1155 verlagerte sich der König nach Novara und Vercelli und bezog auf dem Landbesitz des ihm ergebenen Markgrafen von Montferrat feste Stellung. Nach Durchquerung des Gebietes von Vercelli und Turin, griff er zwischen Januar und Februar Asti und Chieri an, zerstörte letzteres und gab das von einem Brand verwüstete Asti dem Markgrafen von Montferrat zurück; Mitte Februar schließlich lagerte er bedrohlich nahe vor Tortona, welcher Stadt er gebot, die Freundschaft mit Mailand aufzugeben und zu einem Einvernehmen mit Pavia zu gelangen. Auf die selbstbewußte Weigerung ihrer Bürger folgte eine harte Belagerung, welche selbstverständlich nicht so sehr von den spärlichen Truppen Friedrichs, sondern von denen des Markgrafen von Montferrat und vor allem von den dichten und zornigen pavesischen Verbänden durchgeführt wurde.

Und wegen jener Soldaten aus Pavia lehnte es das Volk von Tortona zwei Monate lang hartnäckig ab, sich zu ergeben. Schließlich zwangen sie Hunger und Durst, die Tore zu öffnen, und die Stadt wurde den Flammen überlassen; die aus ihrer Stadt vertriebenen Bürger von Tortona schleppten ihre Wut bis in das gastfreundliche Mailand. Unterdessen setzte sich Friedrich im Übermut angesichts eines Triumphes, der ihn in Wahrheit – zumindest was die Zeit betraf – einen allzu hohen Preis gekostet hatte, in der Kirche San Michele der alten langobardischen Hauptstadt Pavia am 24. April, dem vierten Sonntag nach Ostern, die eiserne Krone des Königs von Italien auf.

Der Empfang durch die Bewohner von Pavia – die der König von dem Alptraum Mailand befreit hatte – war begeistert, die Krönungszeremonie prunkvoll; doch die Bilanz der sechs in Italien zugebrachten Monate war – wenn man auf das Wesentliche schaute – alles in allem nicht sehr ermutigend.

Otto von Freising beschreibt mit viel Scharfsinn und auch mit einem gerüttelt Maß von Humor das Leben der italienischen Städte, wie er es persönlich an der Seite des Kaisers gesehen hatte. Er verurteilt weder, daß die „Langobarden" Leuten von niedriger Herkunft die Ritterwürde gewähren, noch daß ihre Städte sich das sie umgebende Landgebiet anzueignen versuchen. Das einzige, was ihm nicht gefällt, ist, daß sie die Abwesenheit der römisch-deutschen Kaiser von Italien ausgenutzt haben, um sich die kaiserlichen Hoheitsrechte anzueignen. Das von ihm gezeichnete Bild ist also ein im wesentlichen wohlwollendes, aus dem jedoch mit aller Klarheit der sensationelle Eindruck spricht, daß jedem dauerhaften Einvernehmen zwischen den Städten und dem König eine gewisse, aber nur sehr kurze Dauer bestimmt sein würde.

> Die Lateiner ahmen noch heute die Weisheit der alten Römer beim Aufbau der Stadt und in der Führung des Staates nach. Sie lieben so sehr die Frei-

heit, daß sie, um dem Mißbrauch der Macht zu entgehen, sich von Konsuln statt von Adelsherren regieren lassen ... und daß sie, um nicht ohne Mittel für die Bekämpfung ihrer Nachbarn zu bleiben, sich nicht scheuen, junge Männer niedriger Herkunft und sogar Handwerker, die wenig angesehene Berufe ausüben, welche die anderen Leute wie die Pest von den ehrenwerteren Ämtern fernhalten, in den Ritterstand und in die höchsten Ämter zu erheben ... In einem Punkt jedoch erweisen sie sich hinsichtlich der antiken Vortrefflichkeit als vergeßlich und lassen die Anzeichen barbarischer Rohheit erkennen, wenn sie nämlich während sie sich rühmen, nach den Gesetzen zu leben, den Gesetzen nicht gehorchen. Tatsächlich nehmen sie den Herrscher, dem sie freiwillig Gehorsam erweisen sollen ..., es sei denn, sie sähen sich durch die Anwesenheit eines starken Heeres zur Anerkennung seiner Autorität gezwungen, nie oder fast nie mit der gebotenen Achtung auf.[1]

Die Lage in Italien erwies sich schließlich als weitaus schwieriger als vorausgesehen: Die vom König in Roncaglia getroffenen und von den Reichstagsteilnehmern mit reumütigem Respekt angenommenen Beschlüsse mußten dann jedoch mit Gewalt durchgesetzt werden. Andererseits muß man erkennen, daß es nicht stimmt, daß Friedrichs Italienpolitik von vornherein von der Abneigung und dem Mißtrauen gegen die Städte geprägt gewesen sei noch daß er sich vorgenommen habe, immer und in jedem Fall die Lehnsherren gegen sie zu unterstützen. Seine Italienpolitik ist, wie wir bereits dargelegt haben, zu artikuliert und komplex – und viel possibilistischer, mitunter sogar nuanciert, als sich nach bestimmten Episoden von abschreckender Härte annehmen ließe –, um sie auf ein Schema zurückführen zu können. Grundsätzlich mißbilligte er auch nicht, daß sich die Städte eigene Gerichts- und Verwaltungsbehörden gegeben hatten oder daß sie bestrebt waren, ihre Amtsgewalt auf das umliegende Gebiet auszudehnen. Nicht zu dulden gewillt war er – und Otto von Freising verlieh seinen Vorstellungen historischen Ausdruck –, daß die Städte aus der langen Abwesenheit der Reichsmacht von Italien Nutzen gezogen und sich die Rechte angeeignet hatten, auf deren Beibehaltung sie nun bestanden. Schon bei seiner ersten Italienfahrt lieferte er bei einer Reihe von Gelegenheiten den Beweis, daß er bereit war, den Gemeinden den Genuß der Regalien oder königlichen Rechte, die sie sich tatsächlich seit langem zunutze machten, zu gewähren: allerdings unter der Bedingung, daß sie anerkannten, diese Rechte als ihnen von der staatlichen Autorität verliehen zu besitzen, wodurch das Gesetz zumindest formell wiederhergestellt würde.

Aber das heißt nicht, daß Friedrich bereit gewesen wäre, in der Tat jede Situation zu billigen, nur um die Form zu wahren. Im Gegenteil, es gab Dinge, die zu dulden er keinesfalls gewillt war; so war er zum Beispiel entschlossen, das Entstehen starker Machtkonzentrationen zu verhindern, die dadurch, daß sie das friedliche Zusammenleben von Lehnsherren und Städten behinderten, Mißverhältnisse und Unzufriedenheit herbeiführen würden. Kurz, sein Programm war alles andere als ein „Zurückversetzen“ der italienischen Situation um 50 oder 100 Jahre; es handelte sich einfach darum, die Reichsautorität wieder durchzusetzen, was dadurch geschehen konnte, daß manche durch die Entfaltung der städtischen Aktivitäten in Unordnung geratene Situationen wiederhergestellt wurden oder daß de facto ein neuer Zustand gebilligt wird, der aber durch eine offizielle Bestätigung, die ihn in den Bereich einer wieder instand gesetzten Rechtsordnung einordnet, legitimiert werden müßte.

Aber aus fast allen Teilen erreichten ihn alarmierende Nachrichten und Warnzeichen; in Tortona war bei der Übergabe der Stadt ein Grieche gefangengenommen worden, bei dem es sich vielleicht um einen Boten des *basileus,* vielleicht aber auch um einen Spion gehandelt haben könnte. Was hatte er in Norditalien zu suchen?

Inzwischen hatte die Christenheit mit dem aus England stammenden Nikolaus Breakspear, der den Namen Hadrian IV. annahm, einen neuen Papst erhalten; auch er hatte wahrscheinlich einst bei Abälard in Paris studiert und war Studienfreund von Roland Bandinelli und Johannes von Salisbury gewesen; dann war er Propst des regulierten Chorherrenstifts St. Rufus bei Avignon gewesen. Von Eugen III. zum Kardinal ernannt, hatte er eine bemerkenswerte Tätigkeit als Organisator der jungen Kirche in Norwegen entfaltet; dank seiner Initiative wurde 1152 die Diözese Drontheim errichtet, und in der Folge hatte er auch entscheidend zur Entwicklung der kirchlichen Einrichtungen in Schweden beigetragen. Nachdem er Ende 1154 zum Papst gewählt worden war, ließ Hadrian erkennen, daß er nicht gewillt war, die von Auflehnung bestimmte Situation in Rom hinzunehmen, deren eigentliche Seele Arnold von Brescia war, während immer die Gefahr bestand, daß sich von dem benachbarten Reich im Süden her die sizilischen Normannen in die komplizierte römische Frage einmischten. Im März 1155 – als die Situation in Rom, wie wir gleich sehen werden, für ihn unerträglich geworden war – hatte er daher in Schreiben an König Wilhelm I., der sich damals in Salerno aufhielt, seiner tiefen Beunruhigung Ausdruck gegeben. Der Wortlaut jener Dokumente, in welchen der Empfänger eine Beleidigung zu sehen vorgab, hatte diesem als Vorwand für eine Invasion gedient. Ceprano war in Flammen aufgegangen, Benevent angegriffen worden; der Papst hatte über Wilhelm den Bann verhängt und dringend an den deutschen König appelliert, er möge raschest eingreifen.

Anfang Mai überquerte Friedrich den Po; Mitte des Monats, zu Pfingsten, war er in Bologna. Der Ruf seiner Taten auf der anderen Seite des Flusses hatte sich in Norditalien verbreitet und Angst, aber auch Neugier ausgelöst. Angeführt von ihrem *rector* Guido da Sasso – einer der ersten Amtstitel, die in der italienischen Kommunalgeschichte angeführt werden, so etwas wie ein Bindeglied zwischen Konsular- und Bürgermeisterordnung –, bereiteten ihm die

Bologneser einen feierlichen Empfang; noch feierlicher aber gingen ihm die Professoren und Studenten der Universität von Bologna entgegen, an der man gerade damals die Grundlagen des römischen Rechts für das Abendland wiederentdeckte. Die Beziehungen zwischen der Stadt und der Studentenschaft, welche sich aus Fremden zusammensetzte, die eine beachtliche Anzahl von Häusern in der Stadt belegten, standen nicht zum besten; das laute Treiben der Studenten löste häufig Probleme mit der öffentlichen Ordnung aus und gab Anlaß dazu, daß sich Prozesse, Klagen, Beschuldigungen häuften. Den Gepflogenheiten jener Zeit entsprechend, waren zudem die Studenten als Fremde Repressalien ausgesetzt: Jeder Bolognese, der auf dem Territorium einer anderen Stadt beleidigt wurde oder zu Schaden kam, hatte das Recht, sich an den Studenten, die aus dieser Stadt stammten und in Bologna wohnten, zu rächen. Friedrich hat, so will es die Überlieferung, hier eingegriffen und verfügt, daß die Studenten künftig wohlwollender behandelt würden. Auf diese erste Begegnung zwischen dem König und der Universität soll das als *Authentica Habita* bekannte große Privileg zurückgehen, das er den Professoren und Studenten in Bologna gab und womit er sie unter den hohen Schutz des Reiches stellte: Die Konstitution wurde allerdings nicht im Jahr 1155, sondern erst während des folgenden Reichstages von Roncaglia 1158 verkündet. Jedenfalls mag aus diesem Kontakt Friedrichs mit der Universität von Bologna sein Interesse für das römische Recht aufgekeimt sein und ihm vielleicht den ersten Anstoß zu dem Gedanken gegeben haben, daß dieses Recht dazu dienen könnte, die Regalien, d. h. die königlichen Hoheitsbefugnisse, in Italien neu festzulegen.

Von Bologna zog Friedrich über den Apennin, wobei er entschlossen den Weg nach Rom einschlug; nachdem er Pistoia erreicht hatte, nahm er die *Via Francigena* (die alte „Frankenstraße"), die ihn über die Val d'Elsa in die Gegend von Siena führte. Dort traf er Anfang Juni in San Quirico d'Orcia auf eine erste, von einigen Kardinälen angeführte Gesandtschaft, die ihm der Papst entgegengeschickt hatte, sei es, um seine Stimmung und seine Absichten zu erkunden, sei es, um ihn dazu zu bewegen, gegen Arnold von Brescia vorzugehen, der aus Rom vertrieben worden war und auf dem Territorium der Grafen Aldobrandeschi in der Burg Tintinnano Zuflucht gefunden hatte. Friedrich wußte wohl, daß alles, worum er ersucht wurde, zum Buchstaben und Geist des Konstanzer Vertrags gehörte: Er mußte in der Tat dem Papst helfen, Friede und Ordnung in Rom aufrechtzuerhalten. Er hatte keine Schwierigkeit, sich den Gesuchten ausliefern zu lassen und ihn dem päpstlichen Präfekten zu übergeben.

Es war tatsächlich das geschehen, was vielleicht niemand je gedacht hätte. Papst Hadrian IV., der von Arnold und dem ihm vom Senat gewährten Schutz genug hatte und über die ständigen Unruhen entrüstet war, hatte gegen Rom das Interdikt verhängt, was bedeutete, daß innerhalb der Stadtmauern keine religiösen Handlungen vorgenommen, keine Gottesdienste gefeiert werden durften. Trostlosigkeit war über eine Stadt hereingebrochen, die an den Klang der

Glocken ihrer Dutzenden großen Kirchen gewöhnt war; die Sakramente wurden nicht mehr verwaltet; die Toten nicht in geweihter Erde bestattet. Zum geistlichen Schaden kam noch der materielle hinzu, weil Rom zu einem guten Teil von den Einkünften lebte, die ihr aus den Besuchen und Almosen der Pilger zuflossen. In der Osterzeit erreichte der wirtschaftliche zusammen mit dem religiösen Druck – was von den Anhängern des Papstes offensichtlich gut ausgenützt wurde – seinen Höhepunkt: um so mehr, als bei einem Aufruhr Kardinal Guido von Santa Pudenziana getötet worden war. Die Römer erhoben sich und zwangen am 23. März – Mittwoch der Karwoche – den Senat, Arnold und seine Anhänger aus der Stadt zu verjagen. Erst da verließ Hadrian die „Civitas Leonina" (die nach Papst Leo IV. benannte befestigte Vorstadt an St. Peter, Anm. d. Ü.), wo er sich verschanzt hatte, und zog in feierlicher Prozession nach San Giovanni im Lateran; das Interdikt war aufgehoben.

Sobald Friedrich den Unruhestifter Arnold gefangengenommen hatte, ließ der Präfekt von Rom, Petrus I. von Vico, ihn in Monterotondo heimlich töten; der Leichnam wurde verbrannt, die Asche in den Tiber gestreut, damit nicht seine Anhänger daraus Reliquien machten. Ein schändliches Ende, das jedoch die Gefahr in sich barg, aus ihm einen Märtyrer zu machen: Ein großer kirchlicher Denker jener Zeit, Gerhoh von Reichersberg, versäumte es denn auch nicht, dem Papsttum deswegen Vorwürfe zu machen, indem er daran erinnerte, daß Priester davon Abstand nehmen müßten, Blut zu vergießen.

Hadrian fühlte sich jedoch noch nicht sicher in Rom und konnte sich auch nicht anderswohin um Hilfe wenden; unterdessen lastete die normannische Bedrohung vom Süden her auf dem päpstlichen Territorium. Es blieb ihm also nichts übrig, als den deutschen König freundlich aufzunehmen, der als gewählter König der Römer und als *defensor Ecclesiae* kam, um aus seinen Händen die Kaiserkrone entgegenzunehmen, wie es den Gepflogenheiten und dem Konstanzer Vertrag entsprechend sein Recht war. Aber der junge Herr aus Schwaben rückte gleichsam im Eilmarsch heran, mit einem ganz und gar unprotokollarischen Gefolge: einem zwar kleinen, aber gut gerüsteten Heer. Kam er als Freund und Beschützer oder als Feind und Eroberer?

Die Vorstellung, ihn in Rom zu empfangen – und ihm so praktisch die Stadt zu übergeben –, gefiel dem Papst durchaus nicht. Er brach daher nach Viterbo auf, um ihn dort zu empfangen: formell eine Geste der Eilfertigkeit. Als er aber Civita Castellana erreichte, erfuhr er, daß eine königliche Gesandtschaft ihrerseits ihm entgegenritt, und beschloß, auf sie zu warten; auch er hatte übrigens Gesandte zum König geschickt. Die königlichen und die päpstlichen Boten trafen sich auf halbem Wege und begaben sich zu Friedrich, der inzwischen Acquapendente erreicht hatte, wo die *Francigena* die Südgrenze der Toskana hinter sich läßt. Es wurde vereinbart, daß Papst und König in Sutri, einem Ort, der schon traditionsgemäß für ähnliche Ereignisse berühmt war, zum ersten Mal zusammentreffen sollten.

Die sogenannte „Begegnung von Sutri“ fand am 8. oder 9. Juni nahe dem königlichen Heerlager statt, das unweit der mürrischen, hinter ihren Tuffsteinbastionen verschlossenen Stadt errichtet worden war. Und wie es bei Gelegenheiten, wo formale diplomatische Etikette und politische Spannung aufeinanderprallen, häufig geschieht, war diese Begegnung so dramatisch, daß es beinahe schon ans Lächerliche grenzte.

Friedrich wartete in der Tat unbeweglich, daß der Papst vom Pferd stieg und sich auf den für ihn vorbereiteten Thron setzte; danach schickte er sich als guter Christ und gläubiger Sohn der Kirche an, ihm den Fuß zu küssen. Die vorgeschriebene Abfolge des Rituals sah vor, daß der Papst ihm in diesem Augenblick unverzüglich die Hände auf die Schultern legen, ihn aufrichten und ihm das *osculum pacis*, den Friedenskuß, geben würde. Aber der Papst verweigerte ihm diesen Kuß, weil der König ihm nicht zuvor den Dienst des *strator*, also den Zügel- und Bügeldienst des Marschalls *(strator)*, erwiesen hatte.

In der Tat war es nach einer Tradition, die in die Mitte des 9. Jahrhunderts, also auf die Krönung Ludwigs II., zurückzugehen scheint und sich allemal auf die „Konstantinische Schenkung“ stützte, Brauch, daß der deutsche König beim Zusammentreffen mit dem Papst dessen Pferd am Zügel nahm, es eine Steinwurf lange Strecke führte, dann anhielt und, indem er mit der Linken den Steigbügel festhielt, dem Papst beim Absteigen half. Das war genau der Dienst, den ein Reitknecht oder Marschall gewöhnlich seinem Herrn leistete; und Friedrich hatte ihn deshalb verweigert, weil er darin eine extreme Geste vasallenhafter Unterwürfigkeit gesehen hatte, deren Ausführung gleichbedeutend damit gewesen sein könnte, daß er sich als *fidelis*, Untertan, des Papstes bekannte und in diesem seinen *senior* anerkannte.

Die ganze Frage war äußerst zweideutig. Der Papst erklärte, das Verhalten des Königs beweise dessen geringe Ehrfurcht vor dem Stellvertreter Petri, weil er zugab, daß er dem Zügel- und Bügeldienst keinen substantiell rechtlichen Inhalt beimaß: Das mag im 9. Jahrhundert, als feudale Einrichtungen und die dazugehörigen Verhaltensweisen und Gebärden erst im Entstehen waren, glaubhaft gewesen sein, aber auf der Höhe des 12. Jahrhunderts war es nicht mehr annehmbar, vor allem nach den Erklärungen des *Dictatus Papae* und dem berühmten vatikanischen Fresko, auf dem Lothar III. in einer von einer unzweideutigen Inschrift erläuterten unterwürfigen Haltung dargestellt war.

Als sich Friedrich auf die Begegnung vorbereitete, hatte er sich die nötige Zeit und alle erforderlichen Mittel genommen, um sich über die Etikette und ihre Bedeutung zu informieren. Seine Weigerung war daher keineswegs improvisiert; sie lief absichtlich darauf hinaus, den Papst zu veranlassen, auf eine Zeremonie zu verzichten, die ihm einen objektiven formalen Vorteil verschaffte, oder aber ausdrücklich zu erklären, daß diese Zeremonie jedes Gehalts vasallenartiger Unterwürfigkeit entbehrte, so daß diese Erklärung ihn hindern würde, einen solchen Anspruch in Zukunft geltend zu machen. Und tatsächlich wird er ja den Marschalldienst später leisten, aber erst nachdem er eines dieser beiden Ergebnisse erreicht hatte.

Fanden in diesem Verhalten die ersten Kontakte des Königs mit den Rechtsgelehrten von Bologna ihr Echo? Es läßt sich kaum denken, daß bei jener kurzen Begegnung nicht über den eigentlichen Anlaß für Friedrichs Italienzug gesprochen worden ist: nämlich von der Würde der Kaiserkrone und davon, daß das Imperium – das römische, d. h. das der Rechtsgelehrten – historisch gesprochen dem Priestertum vorausging und ihm nicht untergeordnet werden konnte.

Hier kommt nun zu der Begegnung von Sutri eine etwas obskure, aber wichtige und bedeutsame Episode hinzu. Wie aus einem Brief Friedrichs an seinen Oheim Otto zu entnehmen ist, den dieser als Einleitung in die *Gesta* aufgenommen hat, seien einige Abgesandte der Stadt Rom an Friedrich herangetreten, um ihm im Namen des römischen Volkes – des berechtigten, direkten Verwahrers der Krone – die Kaiserkrone anzubieten. Das wäre, so sagten sie, gleichbedeutend mit der Wiederherstellung der alten Gepflogenheiten und mit der neuerlichen Übertragung des Zentrums der Welt nach Rom. Friedrich antwortete – unserer Quelle nach – mit einer langen, flüssigen, auf ihre Weise sogar eleganten Ansprache, die natürlich bestenfalls von seiner Kanzlei aufgesetzt gewesen sein wird; mit seinem bei den Mönchen von Lorch erlernten holprigen Latein war er dazu nicht imstande.

Der Inhalt von Friedrichs Antwort, die dann, auch in ideologischer Hinsicht, mit großer Gewissenhaftigkeit ausgefeilt worden war, war jedenfalls ganz klar. Er könne nicht von den Untertanen eine Krone annehmen; und wenn er als deutscher König ein Recht auf das Imperium habe, so deshalb, weil dieses Imperium schon längst von den Römern auf die Deutschen übergegangen sei. „Nicht um sich nach der vergänglichen Gunst eines aufrührerischen Volkes zu richten“, sei er nach Italien gezogen, sondern „als Fürst, der entschlossen war – wenn nötig auch mit den Waffen –, seinen Anspruch auf das ererbte Erbe geltend zu machen“. Das ist bereits in klaren Begriffen die Ideologie der *translatio imperii*: das römische-deutsche Reich, das als „römisches“ Imperium nicht dem Papst gehörte – auch wenn der *Dictatus Papae* erklärte, daß es nur dem Papst oblag, über die kaiserlichen Insignien zu verfügen, es ihm allein zustand, die Kaiser abzusetzen –, als „deutsches“ Reich sich vom antiken Imperium unterschied und nicht mehr den Stadtrömern gehörte.

Arnold war jedenfalls noch nicht geschlagen, wenn man es vom Kapitol aus gewagt hatte, den Papst derartig herauszufordern. Zwischen Wetzels Brief an Konrad III. und diesem Angebot der Römer an Friedrich zieht sich ein feiner roter Faden, der Vorschlag, den Papst aus allem zu verdrängen, was das Reichsrecht betrifft. Aber die Bande zwischen Kirche und Reich waren zu stark und die politische Bedeutung des Experiments der Stadt und des römischen Senats zu schwach, als daß Friedrich auf einen solchen Plan hätte eingehen können.

Rom, *caput mundi, domina provinciarum,* Haupt der Welt und Gebieterin der Provinzen. Aber was waren Roms Bürger, die sich Hüter und Wahrer der Kaiserkrone nannten, anderes als rauflustige, in ihren dunklen Festungstürmen verschanzte Krieger oder Wirte, Handwerker, die im Schatten der Kirche ihr kümmerliches Leben fristeten, Ziegenhirten?

Fragen wir weiter: Was war Rom damals? Und wie konnte es Friedrich sich vorstellen, der noch den Glanz des „Neuen Rom", Konstantinopels, vor Augen hatte? Das Forum, die eindrucksvollen Säulen, die Statuen aus Marmor und vergoldetem Metall, alle diese Dinge hatte er schon an den Ufern des Bosporus bewundert – aber hatten sie ihm gefallen? Hatten sie Eindruck auf ihn gemacht? Für ihn wie für alle Pilger seiner Zeit war Rom vor allem das Grab des Apostels Petrus. Doch die Menschen sehen nicht so sehr das wirklich Vorhandene als vor allem das, was sie sehen wollen. Und so sahen vom Rom des 12. Jahrhunderts – einer Stadt, die unter Ruinen, Gestrüpp und Viehweiden versank – die Zeitgenossen das, was in einem ungewöhnlichen Text beschrieben war: die *Mirabilia Urbis,* die Sehenswürdigkeiten der Stadt.

Eine außergewöhnliche, komplexe Angelegenheit, diese *Mirabilia*: dem Anschein nach eine Sammlung seltsamer Legenden, in Wirklichkeit die Zusammenstellung einer „Galaxie" politischer Botschaften und Projekte von hoher Bedeutung. Seit dem 10./11. Jahrhundert hatte man immer wieder Schriften hinzugefügt, die sich über die Reichssymbole oder über die kaiserlichen Zeremonien verbreiteten und die Baudenkmäler der Stadt beschrieben, unter ganz besonderer Bezugnahme auf alles, was – wenn auch in verfallenem Zustand – vom kaiserlichen Rom noch übrig war: und diese übrigens eindrucksvollen Ruinen wurden in der Erinnerung – oder in der Phantasie – in zauberhafte Fülle gekleidet. Ein um die Jahrtausendwende geschriebener *Libellus de cerimoniis* (Zeremonienbuch) war – am Vorabend von Barbarossas Ankunft in Rom – mit den um 1140 von Benedikt, Domherr von St. Peter, verfaßten wahren und eigentlichen *Mirabilia Urbis Romae* zur *Graphia aureae Urbis Romae* zusammengestellt worden, einer großen Sammlung der Legenden, die die antiken Überreste der Stadt umwehten. Mittelpunkt dieser phantastischen Erzählungen war das Kapitol, auf dem gerade damals der Senat zusammentrat. In einer Geschichte konnte man lesen, nach der Sintflut habe Noah mit seinen Söhnen (unter ihnen Janus) dort angelegt, wo später Rom entstehen sollte. Denkmäler, Prozessionswege und Legenden waren in diesem Text vermischt, der zwischen dem 12. und 14. Jahrhundert zahlreiche Überarbeitungen erfahren und Generationen von Pilgern und Besuchern der Stadt begleitet hat. Ein klares Echo davon finden wir in einem chronikartigen Werk aus Bayern, das zwischen dem fünften und dem letzten Jahrzehnt des Jahrhunderts von einem Geistlichen aus Regensburg, der möglicherweise Friedrich auf seiner Romfahrt begleitet hatte, verfaßt worden ist: der sogenannten *Kaiserchronik.* Tatsächlich und trotz des Titels handelt es sich um ein Reimgedicht aus 17.283 Versen in bajuwarischem Dialekt, das manche dem „Pfaffen Konrad", Verfasser des *Rolandsliedes,* zuschreiben. Der Verfasser der *Kaiserchronik*, wer immer es sein mag, war vor allem vom Lateran beeindruckt, in dessen Nähe die Reiterstatue Mark Aurels, damals *Caballus Constantini* genannt, aufgestellt war; aber in der Chronik gibt es bereits Themen wie das von der *Salvatio Romae* (die sieben Automaten auf dem Kapitol, von denen jeder einem Wochentag entspricht und mit einer Glocke ausgestattet ist, die jeden etwaigen Aufstand einer Provinz des Reiches ankündigt). Andere Legenden erzählten von selbstbeweglichen Bronzestatuen, von Zauberspiegeln, von vergrabenen Schätzen; das hat wenige Jahrzehnte später auch der jüdische Reisende Benjamin aus Tudela aufgegriffen.

Man kann zweifellos annehmen, daß Friedrich viele dieser Legenden erzählt worden sind. Aber das Rom der vergoldeten Bronzestatuen und vergrabenen Schätze bekam er nicht zu sehen. In Wirklichkeit war die *domina provinciarum* auf eine Ortschaft zusammengeschrumpft, die zwar verglichen mit der mittleren Größe damaliger Städte noch verhältnismäßig ausgedehnt war, aber nur einen Teil der großen Fläche bedeckte, die vom aurelianischen Mauerring umschlossen wurde. Bewohnt waren vor allem die Viertel zwischen der Engelsbrücke und der Milvischen Brücke, das heißt das Gebiet des Quirinal, des Palatin und des Aventin und die Ebene, die die drei Hügel voneinander trennt und deren topographischer Mittelpunkt das Kapitol war (und noch heute ist). Eine Stadt mit einigen zehntausend Einwohnern, also groß für die Ausdehnung damaliger Städte, aber ein armseliger Schatten dessen, was sie gewesen war. Eine Stadt, übersät und umgeben von Gärten, Feldern innerhalb der Mauern und Weiden. Aus ihren ehrwürdigen alten Bauten wurden Stein- und kostbare Marmorblöcke herausgebrochen und für die vielen Kirchen und auch für einzelne (damals noch seltene) weltliche Bauten verwendet; sehr oft kam es vor, daß zerbrochene Statuen, Kapitelle, Fragmente von Architraven in den häufigen Kämpfen in der Stadt als Geschosse dienten oder daß man Kalk daraus machte. Des Marmors und der vergoldeten Bronzen entkleidet, glänzte Rom nicht mehr in der Sonne; es nahm nach und nach die Farbe des nackten Backsteins, des braunen Steins, der Ruine an. Im übrigen wurden jene Ruinen ausgebessert, umfunktioniert und wieder bewohnt: So entstanden in und über den antiken Tempeln Kirchen, Hütten, und winzige Läden drängten sich unter den ehrwürdigen Bogen und zwischen den Säulen. Die Säulenhalle „Porticus Octaviae" war schon zum städtischen Fischmarkt geworden; die Antoninus-Säule gehörte den nahen Mönchen von San Silvestro; das Forum, jetzt „Kuhfeld", war eine teilweise versumpfte Weide für Schafe und Büffelkühe.

Eine Stadt mit Kirchen und Feldern, war Rom – darin anderen italienischen Orten jener Zeit ähnlich – auch eine Stadt finsterer, hoher, schroffer Türme: den Festungen der großen Familien. Der Aventin, einst Residenz Kaiser Ottos III., wurde von den Savelli befestigt; die Colonna hatten das Gebiet zwischen Quirinal und Marsfeld fest in ihrer Hand; die Frangipani hatten die Zone zwischen Palatin und Kolosseum in eine Festung umgewandelt, der die Triumphbogen des Titus und Konstantin als große Eingangstore dienten; das Marcellustheater war von den Pierleoni zum Kastell umfunktioniert worden. Außer den Bauten der Adelsfamilien waren viele Kirchen errichtet oder vor kurzem restauriert worden: Santi Quattro Coronati, Santa Maria in Cosmedin, Santa Maria in Trastevere mit den herrlichen Meisterwerken der Kosmatenkunst.

Aber auch von all diesem Glanz und von dieser Zerstörung dürfte Friedrich kaum etwas gesehen haben. Nach der stolzen Antwort, die er den stadtrömischen Gesandten in Sutri erteilt hatte, hatten ihm die Römer die Tore vor der Nase zugemacht und hielten von ihren Befestigungen aus in Waffen Wache. Der „König der Römer" konnte die Stadt, zu deren König ihn eine Versammlung deutscher Adeliger gewählt hatte, nicht betreten: Er mußte sich mit der Civitas Leonina, der befestigten Vorstadt jenseits des Tibers zwischen St. Peter und Engelsburg, begnügen.

Das kaiserliche Heer erreichte Rom am 18. Juni, und an eben jenem Tag empfing Friedrich in der Petersbasilika die Kaiserkrone. Es war Samstag und nicht Sonntag, wie es der Brauch eigentlich wollte; auch das beweist, daß die Krönungszeremonie im Zeichen großer Eile stattfand, vielleicht auch in Sorge, was sich in der Zwischenzeit am anderen Tiberufer zusammenbrauen könnte. Am Abend vorher war Kardinal Oktavian Monticelli gleichsam geheim mit einer kleinen Schar von Soldaten in den leoninischen Mauerring eingedrungen und hatte die Basilika zum Schutz besetzt. Am frühen Morgen des folgenden Tages hatten auch der Papst und die Kardinäle das Gebiet innerhalb dieser Befestigungsmauern betreten. Dann traf Friedrich ein, stieg vom Pferd und, bevor er sich in die große Basilika begab, schwor er in dem kleinen Kirchlein Santa Maria in Turri – das zwölf Jahre später von seinen Truppen in Brand gesteckt werden würde –, daß er ein glaubenstreuer Verteidiger der Kirche Roms sein werde. Dann begaben sich der König und sein Gefolge in feierlichem Zug nach St. Peter, wo Friedrich die heilige Salbung und dann, während der Messe, aus den Händen des Papstes die Symbole der kaiserlichen Macht empfing: den Ring als *signaculum sanctae Fidei* (Symbol des heiligen Glauben), das Schwert, die Krone als *signum gloriae* (Zeichen der Ehre), das Zepter als *virga virtutis* (Tugendstab), den Reichsapfel.

Da wurden nun, wie es scheint, in bezug auf die – gemäß dem von Benzo, Bischof von Alba, 1085 zusammengestellten *Ordo* – geltende Tradition eine Reihe liturgischer Änderungen in die Zeremonie eingeführt; und manche schreiben die Verantwortung für die Initiative Hadrian selbst zu. Zusammenfassend gesagt, handelte es sich im Grunde um eine Einschränkung der Bedeutung der Salbung, was den päpstlichen Willen einschließen könnte, die im eigentlichen Sinn sakramentale Bedeutung der Zeremonie zu verringern. Friedrich wurde vor einem Seitenaltar, nicht vor dem Hauptaltar gesalbt; zwischen den Schultern und am rechten Arm, nicht am Kopf (es wurde also der Sitz seiner physischen Kraft geheiligt und damit seine Rolle als *defensor Ecclesiae* unterstrichen); er wurde mit dem Öl der Katechumenen statt mit dem Chrisma gesalbt, um den irdischen Charakter des Kaiseramtes anzudeuten und seine „sakrale“ Bedeutung einzuschränken. Alle diese Abänderungen wären zu zahlreich und zu schwerwiegend gewesen, wenn sie damals vom Papst – und einseitig – eingeführt worden wären: Ganz offensichtlich erwartete Friedrich sie oder war jedenfalls einverstanden. Die Salbung bei der Königsweihe war im 8. Jahrhundert eingeführt worden, um der widerrechtlichen Krönung der Pippiniden an Stelle der Merowinger zu fränkischen Königen eine charismatische Absicherung zu verleihen. Man muß sich fragen, ob bei dieser Einschränkung der Salbung 400 Jahre später eher das Vorhaben des Papstes, die kaiserliche Zeremonie – und damit das Amt – zu „entsakralisieren“, die entscheidende Rolle gespielt hat oder aber der neue Reichsbegriff, der im Denken des Schwaben nach seinem Zusammentreffen mit den Juristen von Bologna und das heißt mit dem römischen Recht, feste Gestalt anzunehmen begann.

Die antiken römischen Kaiser hatten den Ritus der Salbung nicht gekannt. Wichtig blieb sie jedenfalls und trotz allem: Ohne sie war der Herrscher kein *Christus Domini,* kein „Christus“ – das heißt, etymologisch, ein „Gesalbter“ – des Herrn. Notwendig waren außerdem die *laudes,* die Akklamationen des Volkes: Aber das Volk von Rom war nicht zugegen, es hatte sich argwöhnisch in seinen Mauern auf der anderen Seite des Flusses eingeschlossen. So sorgten die Männer des Gefolges für die Akklamationen, indem sie ihre dröhnenden Stimmen unter dem Gewölbe der Basilika erschallen ließen.

Die Krönungszeremonie, deren Grundlage eine in fränkischer Zeit ausgearbeitete und dann bis ins späte 9. Jahrhundert mehrmals überarbeitete Liturgie bildete, war voller Elemente, welche die Abhängigkeit des Kaisers vom Papst unterstrichen, was so weit ging, daß begriffsmäßig der erste zu einem Amtswalter des zweiten gemacht wurde. Die Übergabe des zunächst auf dem Altar des hl. Petrus niedergelegten Schwertes zum Beispiel wurde als die Übergabe der gesegneten Waffen an die *defensores* der kirchlichen Institute erklärt und war zum ersten Mal im Jahr 823 in das Zeremoniell eingeführt worden; aber auf der Höhe des 12. Jahrhunderts stand sie vielleicht auch unter dem Einfluß der Lehren des hl. Bernhard, darunter jener sogenannten „Zweischwerterlehre“, die, von einem Abschnitt des Lukasevangeliums inspiriert, erklärte, „die zwei Schwerter“, die geistliche und die irdische Macht, stünden rechtmäßig dem Papst zu, der von dem ersten direkt Gebrauch mache, während er das zweite anderen anvertraue. Noch durchsichtiger wurden die päpstlichen Absichten daran, daß das Ritual den vielleicht bedeutsamsten Akt der Königskrönungen, die Thronsetzung, nicht vorsah. Während der Zeremonie den Thron nicht zu besteigen, hieß, daß man über keinen Thron verfügte und damit kein Souverän, sondern ein beauftragter Amtswalter war. Und das wurde durch die besondere Verbindung mit der Stadt Rom unterstrichen, deren Kaiser – in einer bestimmten Phase des langen Zeremoniells – die Insignien des *Patricius* anlegte.

Es besteht kein Zweifel, daß Friedrich großen Wert auf das legte, was die damaligen Juristen und Theoretiker das *nomen imperii,* die imperiale Würde nannten; und als gläubiger Christ, aber vor allem als Mann seiner Zeit konnte er natürlich eine Krönungszeremonie nicht unterschätzen. Er hatte sich 1152 beeilt, in Aachen zum deutschen König gekrönt zu werden, weil er sehr wohl wußte, daß die Stellung des gewählten Königs schwach und schwierig war, solange seine Rolle nicht liturgisch bestätigt worden war. Warum also eine Zeremonie akzeptieren, die – nach dem, was die Quellen durchblicken lassen – im Grunde abrißhaft, oberflächlich, fast nachlässig war? Zunächst zweifellos deshalb, weil er möglichst schnell und auf alle Fälle die Kaiserkrone erhalten wollte, von der er sich mit Recht einen außerordentlichen Zuwachs an Ansehen erwartete. Und sodann, weil er sich darüber im klaren war, daß jede Intensivierung des feierlichen Gepränges der römischen Krönung indirekt zu einer weiteren Überspanntheit der Rolle des Papstes als Hüter und Verwalter der Reichsinsignien – nach der „Konstantinischen Schenkung" und dem *Dictatus Papae* – und damit des Imperiums selbst führen würde. Hingegen nahm bereits eine neue Haltung Gestalt an, die kurz darauf in Deutschland gerade von jenem Gerhoh von Reichersberg deutlich ausgesprochen werden sollte, der wahrlich kein extremer Anhänger der imperialen Macht war: „. . . der Segen der Priester bringt nicht die Könige und die Fürsten hervor; sondern . . . erst, wenn sie durch die Wahl dazu geworden sind, dann segnen die Priester sie."[2]

War das ein Schritt in Richtung der Verweltlichung der staatlichen Macht? Im nachhinein und in dem langen Zeitabstand könnte man es – von der Gefahr anachronistischer Etiketten einmal abgesehen – auch so interpretieren. Aber das darf uns nicht vergessen lassen, daß zur selben Zeit Friedrich durch seine Entscheidung eine in der Tat „weltliche" Alternative, die zudem von der Spiritualität Arnolds getragen wurde, verworfen hat: das Anerbieten, das ihm in Sutri von den Botschaftern der Stadt Rom gemacht worden war. Die etwas oberflächliche Zeremonie in St. Peter war vor allem gegen den Senat gerichtet, so sehr auch Friedrich diesen Aspekt der Frage vielleicht unterschätzt haben mag: Dadurch daß er sich für die am Grab des Apostels entgegengenommene statt für die ihm auf dem Kapitol angebotene Krone entschied, stand er auf der Seite der Tradition und der Gepflogenheiten, während er der aufstrebenden Stadt die kalte Schulter zeigte. Es kann sein, daß eben, um die Bindung zwischen dem Kaiser – der als solcher auch *Patricius Romanus* war – und dem Stellvertreter des Apostelfürsten sicherzustellen, mit Friedrich ein neuer Brauch eingeführt wurde, der mit seinem Sohn und Nachfolger auf dem Kaiserthron, Heinrich VI., sicher gefestigt werden würde: die Gepflogenheit, daß dem Kaiser auch die Würde eines Domherrn von St. Peter übertragen wurde. Mit der Dalmatik bekleidet und zum Domherrn gewählt, wurde der Kaiser nicht nur als *sacra persona,* sondern spezifischer gewissermaßen als Angehöriger des Klerikerstandes anerkannt. Die vom Senat vorgeschlagene Entscheidung wäre dagegen ausschließlich „weltlicher Art" gewesen. Im übrigen haßte die Stadt nicht so sehr Friedrich als Papst Hadrian IV., jenen Engländer, der nicht einmal die Sprache der Stadt verstand, deren Bischof er war, und der die Römer stets mit Verachtung und Härte behandelt hatte. Während Papst und Kaiser am Nachmittag des 18. Juni die Krönung mit einem Festmahl feierten, organisierten die Männer, die sich auf dem anderen Tiberufer verbarrikadiert hatten, einen blitzartigen Überfall: Sie rannten über die Engelsbrücke, drangen in die Stadt Leos ein, erschlugen einige kaiserliche Soldaten, griffen Prälaten an. Friedrich unterbrach das Festmahl und ging zu einem harten Gegenangriff über, in dessen Verlauf sich sein Vetter Heinrich der Löwe besonders auszeichnen konnte. Die Römer wurden zurückgetrieben, viele von ihnen stürzten niedergemetzelt in den Tiber, andere wurden gefangengenommen.

Aber das war ganz offensichtlich ein etwas armseliger Sieg – noch dazu über „sein" Volk – des Mannes, der wenige Stunden zuvor in St. Peter als „frommer" und „siegreicher" Herr der Welt akklamiert worden war. Der Papst gewährte den Kaiserlichen, die die Schafe seiner Diözese niedergemetzelt hatten, die Absolution; doch ein Gefühl der Bitterkeit, vielleicht auch der Verlegenheit hatte sich auf den Tag gesenkt.

Die kaiserlichen Quellen versuchen natürlich, die Militäraktion vom 18. Juni als einen Triumph hinzustellen, und beschuldigen die Römer, sie hätten sich, vom sizilianischen Geld korrumpiert, dazu treiben lassen. Tatsächlich war der normannische König von Sizilien über den Romzug Friedrichs beunruhigt und kannte wohl auch den Wortlaut der Verträge zwischen diesem und dem Papst: daß er Agenten und Helfer in Rom hatte, liegt außer jedem Zweifel. Aber man darf in der Erhebung der Römer vielleicht noch etwas mehr sehen, wahrscheinlich sogar einen Versuch, zugunsten Arnolds einzugreifen, der zu jenem Zeitpunkt noch nicht dem Präfekten übergeben worden war. Auch wenn die offiziellen Stimmen auf dem Sieg bestehen, steht jedenfalls fest, daß die Lage in der Stadt untragbar war. Friedrich hatte zwar vom Altar des hl. Petrus das Schwert des *defensor Ecclesiae* erhalten, aber seine begrenzten Kräfte hatten den Aufstand nur mühsam zurückschlagen können, und deshalb beeilten sich – schon am darauffolgenden Tag – sowohl der Papst wie der Kaiser, Rom zu verlassen. Wieder einmal heucheln unsere Quellen von Eintracht und Vertrauen, die zwischen den beiden geherrscht haben sollen; Hadrian und Friedrich hätten einmütig den Weg nach Norden ins Sabinerland eingeschlagen, wo sie nach einem kurzen Aufenthalt in der Abtei von Farfa nicht weit von dort, in Ponte Lucano am Aniene, miteinander das Fest der Apostel Petrus und Paulus gefeiert hätten. Jetzt wurde Arnold dem Henker ausgeliefert; und unter diesen Umständen nimmt sich seine Hinrichtung nicht wie ein Akt kaiserlicher Gerechtigkeit aus, sondern eher als wütende Vergeltung gegen eine Stadt, die er nicht zu bezwingen vermocht hatte. Es hieß dann – und darüber entstand eine Art Legende, eine der zahlreichen Barbarossa-Legenden –, Friedrich habe die Hinrichtung bedauert. Es könnte sein, daß sein Oheim, Bischof Otto von Freising, eine gewisse Sympathie für jenen strengen Mann hatte, der ihn vielleicht an seine Pariser Jahre erinnerte; oder an die glühenden Illusionen, denen er nachging, um dann vor Jahren selbst in den Zisterzienserorden einzutreten. Oder es könnte einfach sein, daß Friedrich nicht ausschloß, sich später einmal des Aufwieglers gegen jenen unnachgiebigen Papst bedienen zu können, der von ihm beharrlich verlangte, den Konstanzer Vertrag einzuhalten und sein kriegerisches Vorgehen gegen das normannische Königreich in Süditalien fortzuführen. Es läßt sich schwer sagen, ob der Kaiser zu diesem Zeitpunkt einen Vorschlag dieser Art gern oder ungern angenommen hätte: Tatsache ist, daß er die militärischen Kräfte dafür nicht hatte und daß obendrein die Adeligen seines Gefolges die Rückkehr in die Heimat forderten. Die Romfahrt war durchgeführt, die Kaiserkrone empfangen, ihr *servitium debitum,* ihre Pflicht und Schuldigkeit, erfüllt: Sie waren seit acht Monaten von ihren Burgen und von ihren Schollen abwesend, jetzt reichte es ihnen.

Noch andere Schatten trübten die Beziehungen zwischen Friedrich und Hadrian. Wie es häufig geschieht, verschwieg die nebensächliche Gereiztheit wegen des nicht gerade glänzenden Ausgangs des Romaufenthalts die Gründe einer tieferen Verstimmung, andere Schwierigkeiten, die langsam ans Licht kamen. Friedrich hatte den Lateran nicht besucht und daher nicht persönlich das Fresko gesehen, auf dem sein Vorgänger Lothar von Supplinburg im Akt der Huldigung zu Füßen des Papstes dargestellt ist. Aber seine Gesandten hatten es gesehen und waren darüber empört gewesen. Es ist vergebens und klingt wie ein Vorwand, wenn man diesbezüglich einwendet, daß jener Huldigungsakt die Mathildischen Güter und nicht die Gewährung der Kaiserkrone betraf. Die Unbewegtheit und Monumentalität des Bildes – wie auch immer sich diese rechtfertigen ließe – strahlte eine nicht etwa relative, sondern absolute Botschaft aus: Der Kaiser stand zu Füßen des Papstes. Friedrich hörte die Stimmen der Polemik, die in Sutri wegen des *ufficium stratoris,* des Zügel- und Bügeldienstes, entbrannt war, und verlangte die Tilgung dieses Freskos, was ihm, so scheint es, versprochen worden ist.

Er hielt sich noch in der Umgebung von Rom auf und führte zusammenhanglose und unergiebige Gespräche mit dem Papst. Erst Anfang Juli entschloß er sich – auch weil das Sommerfieber in seinem Heer die Opfer hinzuraffen begann –, vom treuen Tivoli aufzubrechen, und besuchte die große und mächtige Abtei Farfa. Ende des Monats erreichte er auf der alten Konsularstraße, der Via Flaminia, die zur Adriaküste führt, bald Spoleto; und hier ereignete sich neuerlich ein schwerer kriegerischer Zwischenfall.

Der Kaiser hatte sein Lager an den Quellen des Clitumno aufgeschlagen, einem anmutigen und durch das kühle Quellwasser gerade in der Sommerhitze erfrischenden Ort. Die Stelle war in Sichtweite von Spoleto, der schönen und reichen Hauptstadt eines Herzogtums, das als Schlüsselstellung für die Kontrolle Mittelitaliens galt. Friedrich verlangte, daß die Stadt ihm das *fodrum* entrichte, die ihm zustehende Gästesteuer für ihn und seine Truppen während ihres Aufenthalts auf jenem Territorium. Mit ihm zusammen betrachtete sein Oheim Welf von Memmingen – der seit 1152 mit dem Herzogtum Spoleto belehnt war – vom Tal aus „seine“ Stadt hoch oben, am Felsen zusammengedrängt um die Reste aus römischer Zeit und die Kirchen, eingeschlossen in den alten Mauern, die freilich vor dem kaiserlichen schon manch anderes Heer gesehen hatten. Auch innerhalb jener Mauern war eine städtische Entwicklung aufgebrochen, auch dort war, wie anderswo, das durch die jahrzehntelange Abwesenheit der deutschen Könige entstande Machtvakuum von den lokalen Kräften ausgefüllt worden. Spoleto machte den Eindruck einer starken, gut befestigten Stadt, während das ohnehin schon recht schwache kaiserliche Heer von dem langen Italienzug mitgenommen und durch das Fieber und die Sommerhitze erschöpft war.

Spoleto willigte in die Zahlung der Steuer ein, die auf 800 Silberpfund festgelegt wurde; aber dann erhoben sich Fragen wegen der Quantität bzw. Qualität der Zahlung, von der die deutschen Quellen behaupten, sie sei in „gefälschter“ Münze geleistet worden (d. h. schlecht gewogen oder aus minderwertiger Silberlegierung). Noch schwerer wog jedoch die Tatsache, daß die Spoletaner einen der wichtigsten Lehnsherren der Toskana gefangengenommen hatten und als Geisel festhielten: jenen Guido Guerra, der Friedrich bereits auf dem Kreuzzug begleitet hatte und sein treuer Gefolgsmann war.

Guido Guerra hatte, zusammen mit Anselm von Havelberg, wichtige diplomatische Ämter bekleidet; beide gehören auf kaiserlicher Seite zu den Unterzeichnern des Konstanzer Vertrages. Anselm war zu *basileus* Manuel entsandt worden, der offensichtlich unzufrieden mit den antigriechischen Klauseln war, die jener Vertrag enthielt; und Guido nach Apulien, um die Situation zu prüfen und eventuell den Aufstand gegen Wilhelm von Sizilien im Hinblick auf jene kaiserliche Unternehmung in Süditalien vorzubereiten, die jedoch, wie wir schon gesagt haben, vorläufig verschoben worden war. Bei der ganzen Episode der Gefangennahme des toskanischen Lehnsherrn lastet zu sehr der Schatten eines möglichen griechischen oder normannischen Eingreifens auf den Bürgern von Spoleto, als sie zu veranlassen, den Grafen festzuhalten; außer wenn die Hauptgegnerin Guido Guerras in der Toskana, Florenz, die Hand im Spiel gehabt hätte.

Die Spoletaner wollten jedenfalls mit dem Kaiser verhandeln. Sonst wären sie auf die, wenn auch etwas zweifelhafte Zahlung des *fodrum* gar nicht erst eingegangen. Aber offensichtlich hatten sie – trotz der Zwischenfälle in Tortona und vor allem in Rom, die ihnen nicht unbekannt gewesen sein dürften – nicht begriffen, was für eine Persönlichkeit vor ihnen stand. Sie hatten vielleicht geglaubt, mit Guido Guerra als Geisel hätten sie eine vorteilhafte Karte in der Hand; zu spät wurden sie sich des Gegenteils bewußt. Es heißt, sie hätten einen

Ausfallsversuch unternommen, was sie sofort ernsthaft in Nachteil gebracht hätte, denn ihre Stärke lag innerhalb der Mauern. Hingegen besteht der Verdacht, daß sie, als sie den Kaiser mit seinen kampfbereiten Truppen heranrükken sahen, zu spät erschrocken sind, ihm spontan die Tore geöffnet haben und ihm entgegengezogen sind, um ihn zu besänftigen; und daß die kaiserlichen Truppen diese Situation für sich genutzt haben, um in die Stadt zu strömen, wo sie sengend und mordend ein Blutbad anrichteten. Die Beute war allem Anschein nach enorm; der kaiserliche Kaplan Gottfried von Viterbo bemerkt: Wer von den Rittern des Kaisers Spoleto arm betreten hatte, verließ es mit Schätzen überladen. Der ehrwürdige Dom der Stadt stürzte brennend zusammen; ein Großteil der Einwohner fand im Kampf den Tod.

Als Friedrich später seinem bischöflichen Oheim Otto schrieb, hat er sich dieser Unternehmung gerühmt: So mußte man mit den Rebellen gegen das Reich verfahren. Doch bleibt zu bezweifeln, daß die in schlechter Münze bezahlte Steuer oder die Gefangennahme Guido Guerras wirklich ausreichende Gründe für eine derart harte Bestrafung waren; wir neigen eher zu der Annahme, daß die Adeligen des kaiserlichen Heeres, die gierig auf weitere Beute waren, um sich für die Ausgaben auf der schon zu lange dauernden Romfahrt schadlos zu halten, den Kaiser dazu gedrängt haben, ihnen eine der damals berühmtesten und wohlhabendsten Städte Mittelitaliens als Beute zu überlassen; und daß er mit von der Partie war, zum Teil, weil ihm nichts anderes übrigblieb, zum Teil in der Hoffnung, daß sie, einmal vollgefüllt und befriedigt, ihm nach Süditalien folgen würden. Denn er verstand, daß andernfalls der Papst ihn die Nichterfüllung des Konstanzer Vertrages teuer bezahlen lassen würde. Aber es gab kein Zurück: Sobald der Rausch des Plünderns vorüber, die Lagerfeuer gelöscht waren, mußte man weiter nach Norden ziehen.

So erreichte das Heer des Kaisers Ancona, das mittelitalienische Scharnier zwischen den beiden Kaiserreichen, zwischen Orient und Abendland. Und dort traf Friedrich mit den Gesandten von *basileus* Manuel zusammen, der noch zwei andere Karten im Spiel hatte: die Beziehungen zum Papst, dem er die Möglichkeit eines Endes des Schismas zwischen der lateinischen und der griechischen Kirche andeutete, und die Barone in Süditalien, die gegen König Wilhelm rebellierten und denen er nicht nur seine militärische, sondern auch seine Rechtshilfe anbot. Im Frühjahr hatte Friedrich seinen fähigen und treuen Anselm von Havelberg, als dieser von seiner diplomatischen Mission aus Byzanz zurückkehrte, damit belohnt, daß er ihm den Stuhl des Erzbischofs von Ravenna übertragen ließ, womit er unterstrich, daß die alte Hauptstadt der byzantinischen Pentapolis nunmehr endgültig eine Stadt des römisch-deutschen Kaiserreiches war. Das war kein Akt der Entspannung gegenüber Konstantinopel und auch nicht gegenüber dem Papst gewesen, weil er zwar das Programm von Konstanz erfüllte, das davon spricht, daß die Griechen daran zu hindern seien, ihren Fuß auf die italienische Halbinsel zu setzen, aber doch jene Politik der Vorherrschaft des Kaisers über die deutsche und auch die Kirche in Italien fortsetzte, die gegen den Geist des Wormser Konkordats verstieß. Die unausgesprochene Antwort des Manuel Komnenos war klar: Ancona mit seinem reichen Hafen war in der Tat dabei, immer mehr zu einem griechischen Stützpunkt in Italien zu werden. Aus Apulien trafen beunruhigende Nachrichten über Siege der vereinigten Streitkräfte der Byzantiner und der rebellierenden Barone ein. Da versuchte Friedrich wahrscheinlich noch einmal, seine Leute davon zu überzeugen, daß ihre Anwesenheit in Apulien genügen würde, um sowohl die diplomatischen Beziehungen mit Byzanz zu retten als auch zu verhindern, daß die eventuelle Vertreibung des normannischen Königs aus Süditalien einzig und allein auf das Konto des *basileus* ginge. Aber die Männer waren müde, und vielleicht erreichten sie auch beunruhigende Nachrichten aus Deutschland. Schweren Herzens mußte also Friedrich in Richtung Alpen weiterziehen, entsandte aber neuerlich eine Delegation nach Konstantinopel, an deren Spitze – bezeichnenderweise! – sein ältester und ehrwürdigster Ratgeber stand, der Mann, der für die Fortsetzung der Politik Konrads III. – gute Beziehungen sowohl zur päpstlichen Kurie wie zum byzantinischen Hof – eintrat: Wibald von Stablo. Er sollte unter anderem die Verhandlungen wegen einer griechischen Ehe des Kaisers weiterführen.

Der Rückmarsch ging in der sommerlichen Hitze der Poebene weiter. Anfang September wurde bei der „Veroneser Klause“ die Etsch überquert; der Kaiser hatte gegen Mailand den Reichsbann geschleudert, hatte der Stadt den Gebrauch der Regalien entzogen und die Nachbarstädte davor gewarnt, mit ihr Handel zu treiben. Maßnahmen, die für den Augenblick erfolglos bleiben mußten, die aber doch bekräftigten, daß er auf seinem Plan bestehe, Italien ernsthaft zu regieren. Die Mailand entzogenen königlichen Befugnisse (Regalien) wurden keiner anderen Stadt übertragen, mit Ausnahme des Cremona gewährten Rechtes, Münzen zu prägen (eine ähnliche Genehmigung wurde auch Pisa erteilt). Aber an der Klause machten die Veroneser einen neuen, allerdings ungeschickten Versuch, das kaiserliche Heer aufzuhalten. Wieder eine unklare Angelegenheit, der vielleicht eine unkluge Initiative eines einzelnen zugrunde liegt: Für den Kaiser jedenfalls ein weiterer Grund, mit Feindseligkeit und Härte auf jenes Land südlich der Alpen, auf seine reichen und überheblichen Städte, auf seine treulosen Lehnsherren zu blicken.

In der ersten Septemberhälfte war Friedrich bereits auf deutschem Boden. Dort erwarteten ihn viele Probleme, als erstes von allen der Streit zwischen Heinrich dem Löwen und Heinrich Jasomirgott, den er auf brillante Weise dadurch löste, daß er – wie wir bereits gesehen haben – dem ersten das Herzogtum Bayern zuerkannte und für den zweiten das Herzogtum Österreich schuf. Überdies wissen wir schon, daß er die diplomatische Karte der Vermählung mit einer griechischen Prinzessin aufgab und dagegen die burgundisch-deutsche Karte spielte, indem er die Gräfin Beatrix heiratete.

Als Wibald von Stablo im Sommer 1156 aus Byzanz zurückkehrte, fand er also eine völlig veränderte Situation gegenüber jener vor, die er im vorausgegangenen Jahr hinterlassen hatte. Friedrichs burgundische Ehe bildete einen objektiven Grund für das diplomatische Abrücken vom *basileus,* und der Kaiser gab in der Tat – auch wenn er die Verhandlungen mit dem Hof von Konstantinopel nicht abbrach – klar zu erkennen, daß er sich von einem Bündnis befreien wollte, das ihm keinerlei Vorteil in Süditalien bot und das ihm den Papst immer mehr entfremdete.

Dieser hatte nun seinerseits eine Wahl getroffen, die sich auf lange Sicht als entscheidend herausstellen würde, über die man sich aber von Anfang an keine Illusionen zu machen brauchte. Bereits im November 1155 ließ Hadrian IV. erkennen, daß er entschlossen sei, auf das offenkundige Unvermögen Friedrichs, ihn gegen die Normannen zu unterstützen, auf die immer unverhohleneren griechischen Einmischungen in Süditalien und auf die diplomatischen Zweizüngigkeiten des deutschen Kaisers den Byzantinern gegenüber zu reagieren. Und indem er endgültig mit dem Sinn und Geist des Konstanzer Vertrages brach – was Friedrich trotz seiner Bedenken nie zu tun beabsichtigt hatte –, schloß er im Juni darauf in Benevent einen Vertrag mit Wilhelm von Altavilla, den er vom Kirchenbann lossprach und dem er die rechtmäßige Herrschaft über das Königreich Sizilien unter der Lehnsoberhoheit des Heiligen Stuhls bestätigte, womit er den beiden Kaiserreichen jedes Recht auf jene Länder absprach. Wilhelm brachte Hadrian als seinem Lehnsherrn seine Huldigung dar, und dieser nahm mit der Übergabe des Banners als dem Symbol seiner Macht über die Gebiete im Süden seine feierliche Einsetzung vor.

Der Zeitpunkt war gut gewählt, und zwar mehr für den König von Sizilien als für den Papst. In der Tat hatte der Normanne den ersten Schritt zu dem neuen Bündnis getan – und das gewiß nicht als Sieger. Er sah sich von den Byzantinern und von den aufständischen Baronen in Süditalien in die Enge getrieben; und was er dem Papst anbot – die formale Rückgabe der Gebiete und der Macht, die er sich widerrechtlich angeeignet hatte, also die Rückkehr zu seinem Stand eines Vasallen für das Königreich Sizilien –, war ja viel mehr als er im Augenblick überhaupt zu geben vermochte. Aber es war – ob sich Wilhelm dessen bewußt war oder nicht – genau das, was der Papst brauchte, um vom deutschen Kaiser abzurücken. Mit dem Vertrag von Benevent kehrte Wilhelm seine frühere Situation völlig um, erhielt er doch eine Legitimation, die ihn im Angesicht seiner noch immer widerspenstigen Aristokratie stärkte; und gleichzeitig bot er dem Papst das an, was der Kaiser ihm nicht garantieren konnte, nämlich eine ständige Verteidigung und sichere Unterstützung gegen die Stadt Rom.

Friedrich war inzwischen voll des Ruhmes wegen der beiden Kronen, die er in Italien erhalten hatte, nach Deutschland zurückgekehrt. Aber hinter sich gelassen hatte er die rauchenden Ruinen von Asti, Chieri, Tortona und Spoleto;

hinter sich gelassen hatte er den Haß der Römer und Veroneser. In Roncaglia hatten die Lehnsherren und Städte Italiens ihn zu fürchten gelernt, und mancher von ihnen hatte bereits angefangen, ihn zu hassen; aber bis er sich dort Gehorsam verschaffen konnte, war noch ein sehr weiter Weg. Adelige und städtische Siedlungen, die sich als Anhänger des Kaisers zu erkennen gegeben hatten, standen nun allein vor dem „Koloß" Mailand, das zwar vom Reichsbann getroffen, aber stark und entschlossen war, sich weder einschüchtern noch sich seine Vorherrschaft über die Poebene entreißen zu lassen: sie fest in ihrer Hand zu behalten, waren die Mailänder unerbittlich entschlossen. Und wer sich zu sehr mit dem deutschen Kaiser kompromittiert hatte, fragte sich jetzt, wie ihn denn dieser konkret verteidigen könnte. Aber Friedrich kehrte ja auch dem Bündnis mit dem Papst den Rücken, als er jenes Italien verließ, in das er – das wußte er – schon bald zurückkehren mußte, wollte er nicht das wenige Positive, das er von der Romfahrt 1154/55 mitgebracht hatte, in Brüche gehen sehen. Es lag nunmehr auf der Hand, daß die Phase des in Konstanz eingeleiteten immerhin schwierigen Gleichgewichts zwischen Papsttum und Imperium der Prüfung nicht standgehalten hatte: Beweis dafür war der zwischen Hadrian IV. und Wilhelm I. geschlossene Vertrag von Benevent. Inzwischen stand Friedrich auch unmittelbar vor dem Bruch mit dem byzantinischen Kaiser, der aus seinen „neojustinianischen" Plänen eines Vordringens seiner Macht ins Abendland kein Geheimnis mehr machte.

Was würde geschehen, wenn ein enges Bündnis zwischen dem Papst, dem König von Sizilien, dem *basileus* von Konstantinopel und italienischen und deutschen Feinden des Kaisers zustande käme?

VII.
„Quod principi placuit, legis habet vigorem"

Heinrich II. Plantagenet war der Sohn Gottfrieds, Grafen von Anjou und Herzogs der Normandie, und Mathildes, einer Tochter König Heinrichs I. von England. 1133 in Le Mans geboren, war er 1150 von seinem Vater mit dem Herzogtum Normandie belehnt worden; ein Jahr darauf hatte er, nach Gottfrieds Tod, die Grafschaften Anjou, Touraine und Maine geerbt; 1152 hatte er sich mit Eleonora vermählt, die zwölf Jahre älter als er und seit einigen Wochen von König Ludwig VII. von Frankreich geschieden war; sie hatte Aquitanien und Poitou als Mitgift in die Ehe mitgebracht.

Durch die Übernahme aller dieser Landgebiete, die ihn zum größten und mächtigsten Herrn Frankreichs machten, gestärkt, war Heinrich entschlossen, seine Rechte als Enkel eines Königs von England und als Nachkomme Wilhelms des Eroberers geltend zu machen: 1153 war er in das Königreich jenseits des Ärmelkanals eingefallen und hatte den damaligen schwachen Herrscher, Stephan von Blois, gezwungen, ihn als seinen Nachfolger anzuerkennen. Im folgenden Jahr war er, knapp 21 Jahre alt, tatsächlich auch König von England.

Heinrich war ohne Zweifel der mächtigste Herr des Abendlandes. Zum Unterschied vom König von Frankreich herrschte er über ein riesiges Gebiet zwischen Nordsee und Mittelmeer; und zum Unterschied vom Kaiser war seine Macht nicht von einer Vielzahl von Lehnsherren abhängig – um nicht zu sagen bedroht –, mit denen man sich dauernd auseinandersetzen mußte. Trotzdem gab es für ihn manchen Grund zur Beunruhigung: zunächst waren die von ihm geltend gemachten Rechtsansprüche auf die Krone alles in allem zweifelhaft, und sodann wußte er gut, daß der König von Frankreich – dessen Vasall er für die Gebiete diesseits des Ärmelkanals war – es ihm niemals verzeihen würde, daß er im Herzen, im Bett und in den in Aquitanien und Poitou gelegenen Burgen der bezauberndsten Herrin der Christenheit seinen Platz eingenommen hatte.

Deshalb schaute sich Heinrich um auf der Suche nach einer absolut höheren und unanfechtbaren Autorität, an die er sich anlehnen und aus deren Freundschaft er eine höhere Legitimation gewinnen könnte. Und er erkannte sie in Friedrich I., der als Kaiser ein gewisses moralisches Ansehen, eine Art „Patronat" über die abendländischen Könige genoß, ohne daß ihm das natürlich eine tatsächliche politische Macht über sie eingebracht hätte. Jenes kaiserliche Ansehen war – nach dem Urteil Ottos von Freising – in der Tat „ein Ansehen, das die Prominenz auf der ganzen Welt angeht“. Der König von England schrieb im Juli 1157 an Friedrich, um ihm für die Delegationen und die Geschenke, die dieser ihm übersandt hatte, in Worten zu danken, die sich – wenigstens in der uns in den *Gesta* Ottos überlieferten Fassung – beinahe wie eine formale Ehrfurchtsbezeigung lesen: Friedrich stünde nämlich die *imperandi auctoritas,* die Befehlsgewalt, zu, den anderen Königen die *voluntas obsequendi,* die Bereitschaft zur Unterordnung.

Als der Brief des Königs von England den Adressaten erreichte, hatte dieser bereits deutlich erkennen lassen, daß er allen Ernstes jene universalistische Politik einschlagen wollte, für welche die Kaiserkrone ihn vorsah. Schon zu Frühjahrsbeginn, am Vorabend des Festes Mariä Verkündigung, hatte der Kaiser auf einem großen Reichstag in Fulda seine feste Absicht bekräftigt, Mailand gefügig zu machen; und in dieser Perspektive müssen seine Regierungshandlungen von da an bis ins späte Frühjahr des folgenden Jahres, als er neuerlich über die Alpen südwärts zog, gelesen werden. Es gab noch viele Probleme im Osten des Deutschen Reiches, in Burgund, in den Beziehungen zu den großen Lehnsherren und vor allem zu seinem welfischen Vetter, dem Herzog von Sachsen und Bayern: sie zu lösen, hieß zunächst, sich den Weg zu jenem reichen Königreich Italien ebnen, wo Friedrich seine Macht als Kaiser stärker als anderswo auszuüben gedachte und aus dessen Städten er die für seine Politik notwendigen Mittel zu schöpfen vorhatte. In einem Brief an seinen Oheim Otto von Freising gab er seinem hohen Bewußtsein Ausdruck, mit dem Beistand der göttlichen Gnade Inhaber der Herrschergewalt *Urbis et Orbis,* über Rom und die Welt, zu sein. In dieser Perspektive sind zwei seiner Handlungen zu verstehen: Während Friedrich die Widmung von Ottos *Historia de duabus civitatibus* annahm, die in augustianischem Stil von der Ablösung der irdischen Reiche und deren schicksalhaftem Niedergang bis unmittelbar vor seiner Machtergreifung handelte, brachte er dem gelehrten Verwandten seinen Wunsch nach einem weiteren Geschichtswerk zum Ausdruck, das diesmal die neue Epoche, die er, Friedrich, in der Geschichte der Christenheit und der Welt eröffnet hatte, zum Thema haben sollte. Otto machte sich an die Arbeit, und es entstanden jene *Gesta Friderici,* die nach dem Tod ihres Initiators von Rahewinus fortgesetzt wurden. Die *Gesta* sind in gewisser Hinsicht die Palinodie, der literarische Widerruf, der *Historia*: Nach dem irreversiblen Verfall erneuert sich mit Friedrich die Geschichte, ein *novum saeculum,* ein neues Zeitalter, steht vor der Tür.[1] Unterdessen wurden zwischen 1156 und 1158 eine Reihe seltsamer Verträge mit dem Herzog Ladislaus von Böhmen abgeschlossen, dem Friedrich an bestimmten Festtagen das Tragen der Königskrone gewährte. Erst zu Ende des Jahrhunderts würde Böhmen offiziell ein Königreich werden, aber sein Herzog bereitete sich schon damals auf den Aufstieg zu diesem Rang vor. Die Gewährung der Königskrone durch den Kaiser deutete in diesem Zusammenhang keineswegs eine mögliche Anerkennung einer Abtrennung Böhmens vom römisch-deutschen Gesamtreich an: Im Gegenteil, durch diese Geste wollte Friedrich die Funktion des Kaisers als *rex regum,* oberster Souverän, Herr und Gebieter über Königskronen, der Könige beruft, betonen. Im Jahrhundert zuvor hatten die Päpste Königskronen von England bis Spanien, Sizilien und ins Heilige Land verteilt bzw. für rechtmäßig erklärt. Das von Friedrich vertretene universalistische Programm zielte darauf ab, ein solches Vorrecht für den Kaiser zu beanspruchen; deshalb war im Augenblick der Brief Heinrichs von England für seine Politik sehr nützlich.

Und in demselben Geist wurde im Sommer 1157 eine große polnische Aktion durchgeführt, zu deren Finanzierung der Kaiser eine Reihe von Maßnahmen getroffen hatte, die von der Regelung des Zollsystems am Main bis zum Schutz der jüdisch-deutschen Gemeinden reichten, von denen man sich starke Geldausschüttungen erwartete, die aber zugleich ausdrücklich festsetzten, vor jeder Gefahr einer Zwangsbekehrung beschützt zu sein. Polen hatte versucht, sich von der deutschen Vorherrschaft zu befreien, die es unter anderem einen harten Jahrestribut in Silber kostete; aber die kaiserliche „Wende" der Politik Friedrichs machte diesen Versuch, der von deutscher Seite ohnehin kaum geduldet worden wäre, nur noch unannehmbarer. Am Ende des polnischen Angriffs im Sommer anerkannte Boleslaw IV. die kaiserliche Oberhoheit über sein Land. Im Zusammenhang mit dieser Neuorganisation der Ostgebiete wurde Schlesien, also das Gebiet am Ober- und Mittellauf der Oder, zum Herzogtum erhoben.

Hinter dieser entschiedenen, energischen kaiserlichen Politik kann man bereits das Profil von Friedrichs neuem energischen Kanzler, Rainald von Dassel, ausnehmen. Der gewissermaßen erklärende Akt der neuen Sichtweise der kaiserlichen Macht war der Reichstag zu Würzburg, der im September, am Vorabend des Festes des Erzengels Michael, nach der Rückkehr vom polnischen Unternehmen abgehalten wurde. Das dort veranstaltete Schauspiel war eines Kaisers, der das Recht auf die Weltherrschaft *(dominium mundi)* beanspruchte, würdig: Um ihm zu huldigen, war man nicht nur aus Deutschland, Italien und Burgund, sondern auch aus Dänemark, aus Ungarn, aus Byzanz und aus England gekommen. Und eben bei dieser Gelegenheit erhielt Friedrich den Brief des Heinrich Plantagenet zusammen mit einem großartigen Geschenk: einem riesigen, prächtigen Lagerzelt.

Eine besondere Bedeutung kommt im Rahmen des Würzburger Reichstages der Anwesenheit der griechischen Delegation zu. Die byzantinischen Gesandten sprachen und benahmen sich mit der gewohnten förmlichen Einhaltung der Etikette, was jedoch im Abendland gewöhnlich – und auch in jenem Fall – als Hochmut ausgelegt wurde. Rahewinus erzählt, daß es beinahe zu einem Zwischenfall gekommen wäre, der gerade noch beigelegt werden konnte; aber die Spannung blieb in der Luft, ja sie sollte erneut zum Sieden gelangen, als Manuels Gesandte verlangten, daß Friedrich, Herzog von Schwaben, der Sohn Konrads III., den der Kaiser immer in seiner Nähe hatte – weil er ihm sehr zugetan war, aber auch aus Furcht, er könnte in das Netz möglicher Machenschaften von Legitimisten geraten –, in ihrer Gegenwart das Ritterband erhalte. Sicher hegte Kaiserin Irene, geborene Bertha von Sulzbach, besondere Zuneigung für diesen Neffen; und der griechische Kaiser liebte die abendländischen Ritterzeremonien sehr: Aber verbarg sich hinter der byzantinischen Forderung in diesem Fall nicht eine Erpressung? Wollte man den Kaiser, indem man ihn an den jungen Vetter erinnerte, nicht auch daran erinnern, daß das schwäbische Schicksal – der politischen Linie Konrads III. entsprechend – auch auf der Unterstützung durch Byzanz beruhte und daß man im Falle eines diplomatischen Bruchs in Konstantinopel mit dem jungen Herzog die Karte des schwäbischen Legitimismus ausspielen könnte?

Obwohl wegen des aufdringlichen Verhaltens der griechischen Delegierten verärgert, wußte Friedrich, daß er die Beziehungen zum konstantinopolitanischen Reich nicht abbrechen konnte. Ebenso wußte er – obwohl er über den im Jahr zuvor zwischen Hadrian IV. und Wilhelm von Sizilien geschlossenen Vertrag von Benevent auf dem laufenden war –, daß er mit dem Papsttum nicht brechen konnte. Und der Papst war seinerseits derselben Ansicht. Im Januar jenes Jahres hatte er in einem Brief Wibald von Stablo ermutigt, von seinem Einfluß beim Kaiser Gebrauch zu machen, damit der sich abzeichnende Konflikt zumindest beschränkt bliebe. Und einige Monate später hatte auch Friedrich an Wibald geschrieben, um ihn seiner Zuneigung zu versichern und ihm mitzuteilen, daß augenblicklich keine mögliche griechisch-deutsche Aktion gegen Süditalien in Sicht sei (das nämlich war die Angst des Papstes nach dem Vertrag von Benevent, zu dessen Abschluß sich Hadrian auch wegen des Sieges von König Wilhelm über die von Byzanz unterstützten Rebellen gezwungen gesehen hatte). Im Grunde bereiteten ihm jedoch Briefe dieser Art – im August erhielt Wibald ein weiteres Schreiben vom Kaiser – keine große Freude: Die Aussicht auf ein vom Papst abgesegnetes griechisch-deutsches Bündnis war seit längerer Zeit der Antrieb der Diplomatie des Abtes von Corvey gewesen. Nun war Friedrich dabei, das Blatt zu wenden.

Der normannisch-päpstliche Vertrag von Benevent, der zweifellos den Geist – wenn auch nicht den Buchstaben – jenes deutsch-päpstlichen Vertrages von Konstanz verletzte, mußte Friedrich noch offiziell mitgeteilt werden. Hadrian beauftragte damit zwei Kardinäle, den Kanzler der Kirche, Roland Bandinelli, und Bernhard, Kardinalpriester von San Clemente. Sie brachen nach Besançon im Königreich Burgund auf, wo Friedrich – nahe seinen ererbten schwäbisch-elsässischen Besitzungen – für Oktober einen großen Reichstag ausgerufen hatte.

Die Bekanntmachung der Ereignisse von Benevent war nicht die einzige undankbare Aufgabe, die den beiden Kardinälen aufgetragen worden war. Sie sollten sich außerdem um das Schicksal eines Mannes kümmern, dem der Papst so gewogen war, wie die Sympathien des Kaisers für ihn gering waren. Es handelte sich um einen Prälaten der jungen skandinavischen Kirche, zu deren Organisation Papst Hadrian IV. kräftig beigetragen hatte: um Eskil, den Erzbischof von Lund. Der an umfassender Erfahrung in politischen und militärischen Angelegenheiten reiche Adelige, der an der Macht und dem Reichtum seines Hauses hing (und andererseits in Citeaux gewesen war, Bernhard von Clairvaux kennengelernt und die Niederlassung der Zisterzienser im Norden entschieden unterstützt hatte), war auf der Rückkehr von Rom während der Reise durch Burgund gefangengenommen worden. Einige Adelige hielten ihn in Erwartung eines Lösegeldes fest, was zweifellos der *pax regis,* dem Reichsfrieden, den zu gewährleisten Friedrich so eifersüchtig bedacht war, zuwider lief. Andererseits war die neuerrichtete Diözese Lund daran, die Pläne einer katholischen Ausbreitung im Norden unter Leitung der deutschen Kirche und in Anlehnung an die Diözese Hamburg-Bremen zu durchkreuzen. In Alternative zu dieser deutschen Diözese hatte Nikolaus Breakspear (noch bevor er Papst Hadrian IV. geworden war) im Jahr 1152 die schwedische und norwegische Kirche unter dem Primat des dänischen Metropolitansitzes Lund organisiert. Das aber hieß, daß die vom päpstlichen Gesandten Nikolaus in die Wege geleitete und vom Erzbischof von Lund durchgeführte Arbeit die Hegemonialpläne Friedrichs – der zudem Lehnsherr von Dänemark war – über Schweden behinderte. Außer der Freilassung des Prälaten verlangte Papst Hadrian durch seine Legaten in Besançon, daß den päpstlichen Legaten anstandslos der Besuch der deutschen Diözesen gestattet werde.

Was allem Anschein nach während der Zusammenkunft geschehen ist, könnte man als einen banalen diplomatischen Zwischenfall bezeichnen: so „banal", daß der Versuch, seine tatsächliche Bedeutung zu verstehen, in Wirklichkeit eine sehr komplizierte Angelegenheit ist. Die päpstlichen Beglaubigungsschreiben enthielten die Formulierung *beneficia conferre* und die Inaussichtstellung von *maiora beneficia*: der formal versöhnliche Rahmen hatte einen herausfordernden und verfügenden Inhalt. Der Papst erinnerte den Kaiser an die vielen *beneficia,* die er ihm bereits verliehen hatte, und stellte ihm noch weitere *(maiora)* in Aussicht, wenn dieser bereit wäre, auf seine Forderungen einzugehen.

Gewiß, auch den päpstlichen Kanzleien – jene Hadrians wurde von dem großen Rechtsgelehrten Roland Bandinelli, Legat in Besançon, geführt – und ebenso den kaiserlichen – wie jener Friedrichs, die von dem gebildeten Rainald von Dassel geleitet wurde – können Irrtümer unterlaufen. Aber der in Besançon aufgetauchte Betrug mit Begriffen ist zu derb, als daß man ihn für unfreiwillig halten könnte. Das lateinische Verbum *conferre* hat zwei Bedeutungen: die eine, weitere, heißt soviel wie „zuerkennen, zuteilen"; die zweite, engere und sachlich präzisere, bedeutet „verleihen" und gibt eine absteigende Beziehung vom Verleiher zu dem, dem etwas verliehen wird, an. Die Bedeutung des Wortes *beneficium* ist einerseits äußerst unklar (zu unklar, um in einem offiziellen Dokument aufzuscheinen): „wohlwollende Tat" oder „Akt", und es hat andererseits eine präzise Bedeutung im Lehnsrecht: „Lehen". Es heißt nun, der Zwischenfall sei ausgebrochen, als der kaiserliche Kanzler Rainald von Dassel – natürlich mit übelwollender Absicht – die Formulierung *conferre beneficia* als „verleihen von Lehen" übersetzte: daraus folgte, daß der Papst den Kaiser daran erinnerte, ihm Lehen zugeteilt zu haben, und somit seine hierarchische Übermacht über ihn bekräftigte. Was für Lehen? In der wohlwollendsten Auslegung die Mathildischen Güter, über die ein heikler Streit ausgebrochen war; wollte man aber boshaft reagieren, dann konnte nur die Kaiserkrone gemeint sein. Hatte der *Dictatus* Gregors VII. nicht erklärt, daß es allein dem Papst obliege, die kaiserlichen Insignien zu verwalten? Und besagte das Lateranfresko nicht in seiner Inschrift, daß der König Deutschlands *homo papae,* ein Mann von des Papstes Gnaden, war?

Keinem Befürworter der Bosheit Rainalds – sie nimmt in etwa die Geschichte des Fürsten Bismarck und der „Emser Depesche" vorweg – ist es je gelungen, überzeugend zu erklären, warum angesichts des Proteststurmes, der sich erhob, als die kaiserlichen Fürsten (weltliche, aber auch kirchliche) die einen harmlosen Text verzerrende tendenziöse Fassung vernahmen, der päpstliche Kanzler Roland nicht eingegriffen und das Mißverständnis zu klären versucht habe. Im Grunde war ja wohl er als Kanzler – und vor allem als Jurist – dafür verantwortlich: Ist es denn denkbar, daß dieser große Gelehrte aus Paris und Bologna bei der Abfassung des Textes eines so heiklen Dokumentes nicht bemerkt hat, welches Mißverständnis sich an dem Wort *beneficium* entzünden könnte? Und daß er nicht geahnt hat, welche wirksame Waffe er damit denen in die Hände geben würde, die Zwietracht säen wollen? Jedenfalls scheint die Antwort einer der beiden Legaten – vielleicht des Kardinalkanzlers selber – auf die Proteste der Versammlung eher Öl ins Feuer gegossen zu haben: „Und von wem sonst" – rief er in die aufgebrachte Menge – „als vom Papst hat der Kaiser das Reich erhalten?" Genau betrachtet handelte es sich dabei um einen an sich sehr zweideutigen Satz: Spielte er auf das Recht an, aufgrund dessen die Kaiserkrönung vorgenommen wurde, oder auf das bloße Faktum der Zeremonie? Aber der Zusammenhang, in dem der Satz hinausgerufen wurde, war endgültig; und alles in allem hatte seine Zweideutigkeit eher formalen und zufälligen als substantiellen Charakter. Ohne Zweifel beruhte er tatsächlich auf einer Auffassung von den Beziehungen zwischen *regnum* und *sacerdotium,* die sich am *Constitutum Constantini* und an den Thesen karolingischer Herkunft inspirierte, nach denen die Kirchenrechtswissenschaft der Zeit an das Reichsproblem heranging.

Friedrich mußte sich persönlich bemühen, um eine Lynchjustiz zu verhindern. Der Pfalzgraf von Bayern, Otto I. von Wittelsbach, hatte sich mit dem

Schwert in der Faust auf Roland gestürzt, der dem Angriff nur entging, weil der Kaiser ihn mit seinem eigenen Körper schützte; den beiden päpstlichen Legaten verhalf man dann heimlich zur Abreise. Und es bleibt ungewiß, ob Kardinal Roland mit seiner Ausarbeitung des Textes und dann mit seinem Ausruf die Teilnehmer am Reichstag hatte auf die Probe stellen wollen, um zu sehen, ob der Kaiser tatsächlich seine ganze Führungsklasse des Reiches einstimmig hinter sich hatte; oder ob Roland bloß die Absicht gehabt hatte, einen unheilbaren Zwischenfall zu inszenieren. Der einzige Vorbehalt des Zweifels, den man anbringen kann, betrifft Papst Hadrian: Hat tatsächlich auch er nicht die Gefährlichkeit des Ausdrucks *beneficium* bemerkt? Aber wenn das zutrifft, hätte er dann in der einen oder anderen Weise über seinen Kanzler verärgert sein müssen, was aber nicht der Fall gewesen zu sein scheint. Oder ging es ihm darum, die Stimmung Friedrichs und seiner Leute zu prüfen, um sich unmittelbar vor einem neuen Italienzug des Kaisers besser einrichten zu können? Aber das vielleicht beachtlichste Element der ganzen Frage ist, daß sowohl Roland wie – und vor allem – Hadrian zunächst die Haltung der großen Kirchenmänner des Reiches prüfen wollten. Würden sie eher dazu neigen, sich im Fall eines Konflikts auf die Seite des Kaisers oder auf die des Papstes zu stellen?

Roland hatte seine Karten gut gespielt. Das Verhalten der deutschen Kirche mochte tatsächlich als Unbekannte erscheinen: Aber worauf es ankam, war, daß Besançon kein Resultat würde erbringen müssen, das imstande wäre, Friedrichs Zug nach Italien zu erleichtern. An der Kurie gab es eine große Partei von Kardinälen, die – auch mit sizilianischem Geld – für die Sache Wilhelms I. gewonnen worden waren. Für sie war jede Annäherung zwischen Papst und Reich, besonders in dem Augenblick, wo der Kaiser sich wieder zur Überquerung der Alpen anschickte, unbedingt zu verhindern. Roland ging es nicht um einen Vertrag mit dem Reich, sondern um die *libertas Ecclesiae,* die Freiheit der Kirche: Er war sich darüber im klaren, daß diese Kirche im Bündnis mit dem König Siziliens wesentlich geringere Gefahren einging als in einem Abkommen mit dem Schwabenkaiser. Und mit dem Zwischenfall von Besançon hatte er den Kardinälen, die die „sizilianische" These nicht billigten, beweisen wollen, daß Friedrich eine effektive Gefahr für die Kirche darstelle.

Auf der anderen Seite war Rolands hauptsächlicher Gegenspieler, jener Reichskanzler Rainald, der in gewisser Hinsicht die genaue Kehrseite von ihm zu sein scheint, darin paradoxerweise mit ihm einig. Die universalistische Politik, zu der er seinem Herrn riet, ließ der *libertas Ecclesiae* keinen Platz: Die immer strengere Kontrolle, die Friedrich über die Männer, die Ämter und die Befugnisse der Kirche Deutschlands ausübte, beweist das zur Genüge.

Der Kaiser erkannte allerdings, daß es zwar gut war, sofort tätig zu werden, um eine für die Krone möglichst günstige Version der Vorfälle von Besançon zu erstellen, jedoch Schritte, die zum Bruch mit dem Papst hätten führen können, nicht angebracht waren. In einer Art Rundbrief, der am Tag nach dem Reichstag an alle Bischöfe und Fürsten des Deutschen Reiches gesandt wurde, erzählte er daher seine Version des Vorfalls, wobei er den Hauptakzent auf den Hochmut und das eigenmächtige Handeln der Legaten legte; er fügte hinzu, daß beim Durchsuchen des Gepäcks der Legaten leere, mit dem päpstlichen Siegel versehene Briefe gefunden worden seien. Der Kaiser ließ durchblicken, daß er annahm, diese Dokumente seien ohne Zustimmung, ja ohne Wissen des Papstes aus der Kurie hinausgegangen und sollten dazu dienen, die deutschen Kirchen mit Hilfe unrechtmäßiger Konzessionen ihrer Schätze zu berauben (tatsächlich handelte es sich wahrscheinlich um leere Bullen, die notwendig waren, um an Ort und Stelle verschiedene kleinere Fragen bezüglich der deutschen Diözesen zu regeln, wofür der Papst den Legaten Verfügungsvollmachten erteilt hatte). Aber noch wichtiger war die formelhafte, fast theoretische Erklärung, die Friedrich in bezug auf das Reich abgab und die leichter verständlich macht, daß er die Entgegennahme der Krone in einer verhältnismäßig schlichten liturgischen Zeremonie akzeptiert hatte. Die Krone – versicherte Friedrich – habe er direkt von Gott durch die Wahl der Fürsten erhalten. Dafür, erklärte er, wäre er eher bereit zu sterben als offensive Ansprüche gegenüber dem *honor imperii* zu dulden. Die „Zwei-Schwerter-Theorie" war in Friedrichs Brief gegenwärtig, wurde aber in dem Sinne ausgelegt, daß beide Schwerter Gott gehören und *Er* eines dem Papst und eines dem Kaiser übergibt. Es gibt nur einen Gott, es gibt nur eine Kirche: und nach der Bestimmung der Vorsehung ist das *imperium*, das Reich geschaffen worden, um in dieser Welt von der Kirche jedes Übel fernzuhalten.

Vor uns liegt also ein richtiges Manifest über den *honor imperii*:

> Die Allmacht Gottes, Ursprung jeder himmlischen und irdischen Macht, hat uns, uns, die wir Sein Christus (d. h. der in Seinem Namen Gesalbte) sind, das Königreich und das Kaiserreich zur Herrschaft und den Frieden der Kirche zur Verteidigung durch die Waffen des Reiches anvertraut (. . .). Durch die Wahl der Fürsten kommen uns allein von Gott das König- und das Kaiserreich zu; von Ihm, der mit dem Leiden und Sterben Christi, Seines Sohnes, die Herrschaft über die Welt den unerläßlichen Zwei Schwertern anvertraut hat – das ist die Lehre, die der Apostel Petrus die Welt gelehrt hat, als er verkündete: „Fürchtet Gott und ehrt den Kaiser!" -; deshalb verstößt jeder, der behauptet, wir haben die Kaiserkrone als *beneficium* vom Papst erhalten, gegen den von der Vorsehung bestimmten Plan Gottes und die Lehre des Petrus und macht sich der Lüge schuldig (. . .).

Auch der Papst schrieb an die deutschen Bischöfe und beklagte sich über die Beleidigung, die der Kirche durch den Kaiser, durch Kanzler Rainald und durch Pfalzgraf Otto widerfahren sei. Die Bischöfe antworteten mit einem langen, würdevollen Schreiben, das offensichtlich mit Friedrich abgestimmt worden war. Das Reich war, so wollte es die Vorsehung, zum Schutz der Kirche gegründet worden, hing aber von der Wahl der Fürsten ab; innerhalb der Kirche hatte die römische Kirche kein Recht, die deutsche zu unterdrücken (das war auch die Meinung eines Theoretikers mit gewöhnlich leidenschaftslosen Ansichten, Gerhoh von Reichersberg); was die Legaten betraf, so hatte Friedrich nichts unternommen, was sie beleidigen konnte, sondern hatte nur Maßnahmen zur Verteidigung der Rolle der Krone ergriffen.

Dieser Haltung gegenüber blieb Hadrian nichts übrig als nachzugeben – zumindest auf diplomatischer Ebene. Im Juni 1158 traf eine weitere päpstliche Gesandtschaft beim Kaiser ein, die beauftragt war, ihm offiziell zu erklären, daß *beneficium* im Dokument des Vorjahres schlichtweg „Wohltat", nicht aber „Lehen" bedeutete. *Beneficium: non feudum, sed bonum factum.* Der Papst hatte niemals behaupten wollen, daß es ihm obliege, direkt über die Krone des Reiches zu verfügen.

Unterdessen war jedoch im Frühling jenes Jahres der König von Sizilien nach seinem Frieden mit dem Papst daran gegangen, auch mit dem griechischen Kaiser Frieden zu schließen. Es begann sich eine „Umkehrung der Bündnisse" abzuzeichnen: Papst und *basileus* wurden sich, nachdem sie – dem gemeinsamen sizilianischen Gegner entsprechend – den gemeinsamen Bezug zum Reich aufgegeben hatten, jetzt bewußt, daß die Macht des deutschen Kaisers eingedämmt werden mußte, der entschlossen war, seine Herrschergewalt Italien – einschließlich des *Patrimonium sancti Petri* – aufzuerlegen und seine Herrscherwürde mit einer Macht und einem im Abendland bis dahin unbekannten Glanz geltend zu machen.

Friedrich, der nunmehr bereit war, entsprechend den mit noch größerer Entschlossenheit in Besançon bekanntgegebenen Plänen neuerlich nach Italien zu ziehen, ordnete die übrigen großen deutschen und burgundischen Fragen. Im November 1157 verlieh er mit einer feierlichen „goldenen Bulle" (d. h. einem mit einem Goldsiegel versehenen Dokument) dem Erzbischof und Primas von Gallien die Rechte und die Regalien der Stadt und der Diözese Lyon; im Januar des folgenden Jahres erhielt er von Heinrich XI. von Sachsen und Bayern und von dessen Gemahlin Clementia, einer Schwester Konrads von Zähringen, einige in Schwaben gelegene Mitgiftgüter dieser letzteren im Tausch gegen andere Güter im Harz. Einer von Friedrich konsequent verfolgten politischen Linie entsprechend, zielte die Maßnahme darauf ab, eine solide territoriale Machtbasis seiner Familie im schwäbisch-elsässisch-fränkischen Raum zu schaffen, das heißt in jenem Gebiet, das die Wiege der Macht der Staufer gewesen war und in dem sich die drei Königreiche Deutschland, Burgund und Italien sozusagen berührten. Heinrich der Löwe hatte kurz vorher München gegründet, zu dessen Gunsten er die Salzstraße – eine der wichtigsten süddeutschen Handelsstraßen – zwischen Reichenhall bei Salzburg und Augsburg zum Schaden der Stadt Freising umleiten würde.[2] Und Friedrich wachte darüber, daß der Vetter nicht eine zu weitgehende Kontrolle über die süddeutsche Welt erlangte.

Nachdem er Ende Juni die mit der Klärung des Vorfalls von Besançon beauftragte päpstliche Gesandtschaft – die jedoch nicht vermocht hatte, die dunklen Wolken vom Horizont zu vertreiben – empfangen hatte, brach Friedrich zu seinem zweiten Italienzug auf. Vorausgeschickt hatte er zwei Legaten, aber wahrlich nicht die geeignetsten, um die Entspannung mit dem Papst zu fördern: Rainald von Dassel und Otto von Wittelsbach. Die Auswahl war bezeichnend, ja man kann auch sagen: einschüchternd. Hauptaufgabe der beiden war es, die Gewinnung der verfügbaren italischen Kräfte gegen Mailand zu beschleunigen. Die Mailänder wußten nur zu gut, daß der Kaiser mit seinem Zug nach südlich der Alpen das Ziel verfolgte, sie endgültig gefügig zu machen. Sie hatten zum Wiederaufbau von Tortona beigetragen, sie hatten neuerlich Como und Lodi angegriffen, und sie hatten in der Zwischenzeit ein kolossales städtisches Befestigungswerk und den Bau von Kriegsmaschinen in Angriff genommen: Im Zusammenhang damit taucht bereits ein Name auf, dessen die Legende als des „technischen Genies" der Stadt des heiligen Ambrosius gedenkt: Meister Guitelmo. Die Kosten dieser Befestigungen sollen die astronomische Summe von 50.000 Silbermark erreicht haben.

Die beiden kaiserlichen Legaten nahmen, nachdem sie den Brenner passiert hatten, den Treueid der Städte Verona, Mantua, Cremona und Pavia entgegen; damit verpflichteten sich diese Städte, sich nicht die Regalien anzueignen. Danach reisten die beiden Legaten in die Emilia und Romagna und besuchten Bologna und Ravenna, wo es jedoch für sie – trotz der Anwesenheit des Erzbischofs Anselm von Havelberg – bereits Schwierigkeiten gab. Einige Prominente Ravennas, ausgestattet mit byzantinischem Gold, das sie sich im benachbarten Ancona besorgt hatten, stellten sich darauf ein, der Reichsmacht Widerstand zu leisten. Pesaro, Fano, Senigaglia, kurz, die Städte der Marken, die Rivalen Anconas waren, leisteten den beiden Boten des Kaisers gern Gehorsam; nicht jedoch Ancona selbst, das sich von den Byzantinern unterstützt wußte. Rainald und Otto gelang es immerhin, ein Gespräch mit dem Gesandten des *basileus* in der Stadt zu führen; und sie fanden ihn recht entgegenkommend. Der Kanzler des Kaisers meinte, daß das Spiel noch nicht zu Ende wäre und daß es – angesichts des bevorstehenden Italienzuges – jetzt vor allem darauf ankäme, ein Übereinkommen zwischen Manuel Komnenos und Wilhelm von Sizilien zu verhindern. Trotzdem unterließ es Rainald – wenigstens nach seinem eigenen, uns von Rahewinus überlieferten Bericht – nicht, den Griechen voll Erbitterung vorzuwerfen, daß sie sich der Einmischung in die Angelegenheiten jenes Exarchats, das seiner Meinung nach Teil des Reiches war, schuldig machten und daher der Majestätsbeleidigung angeklagt werden könnten. Absicht des Kanzlers war es im Grunde, von dem neuen Instrument politischer Legitimation der als universal verstandenen Macht Gebrauch zu machen: dem römischen Recht; und er warnte indessen Friedrich davor, in seiner Abwesenheit überstürzte Schritte zu einer Aussöhnung mit dem Papst zu unternehmen, der, wie wir wissen, eine Delegation zu ihm entsandt hatte, um den Zwischenfall von Besançon zu klären. Rainald fürchtete, daß die Partei der Versöhnung am Hof Oberhand gewinnen könnte; er war überzeugt, daß diesbezüglich eine strenge Linie verfolgt werden müßte, wußte aber, daß viele der kaiserlichen Berater – unter ihnen auch Otto von Freising – nicht diese Ansicht teilten.

Von der Romagna kamen Rainald und Otto in die Toskana, wo sie sich um die Beilegung der lokalen Rivalitäten kümmern wollten; Graf Guido Guerra war einige Monate zuvor gestorben, und so galt es auch hier wieder die Reichsautorität durchzusetzen. Dann setzten sie ihre Reise nach Norden fort. Piacenza verpflichtete sich, sich mit einem Truppenkontingent von 100 Reitern und 100 Bogenschützen und mit der Zahlung von 600 Silbermark am Krieg gegen Mailand zu beteiligen. Auch die Städte Lodi, Pavia, Cremona und Como versicherten, daß sie sich dem kaiserlichen Heer anschließen würden.

Der Zusammenzug der Truppen war für Pfingsten, das in jenem Jahr auf den 8. Juni fiel, in Augsburg festgelegt. Friedrich hatte einen großartigen Plan geschmiedet, der in Wirklichkeit weit über ein taktisch-strategisches Programm hinausging und die gesamte kaiserliche Politik der Kontrolle der Alpenpässe zur Debatte stellte. Die von Friedrich angeführte und aus tausend Reitern und einigen tausend Fußsoldaten bestehende Haupttruppe des Unternehmens sollte die Alpen am Brenner überqueren und über Trient und Verona zum Treffpunkt der verschiedenen Kolonnen marschieren, der für den 10. Juli am Mincio angesetzt war; andere würden vom Engadin und von Como kommen; burgundische und lothringische Einheiten (d. h. jene aus dem Westteil des Reiches) würden den Großen St. Bernhard passieren; diejenigen aus dem Osten des Reiches – also aus Österreich, Böhmen und Kärnten – würden den Weg über Friaul nehmen. Von den großen Verbündeten des Reiches hatte König Géza von Ungarn 500 Soldaten entsandt. Von den weltlichen deutschen Fürsten waren die Herzöge von Böhmen, Österreich, Kärnten, ferner Berthold von Zähringen, Herzog Friedrich IV. von Schwaben (der Sohn König Konrads III.) und Landgraf Ludwig II. von Thüringen dabei; von den kirchlichen Fürsten die Erzbischöfe von Trier und Köln. Eine strenge *lex castrensis,* geradezu der Prototyp einer Verordnung für militärische Ordnung und soldatische Disziplin, regelte das Verhalten der Truppen, indem es deren Befugnisse, Grenzen und Bestrafung festlegte. Der Zug des kaiserlichen Heeres nach Süden sollte mit unerbittlicher Entschlossenheit, aber geordnet vor sich gehen; von ihm sollte der Eindruck einer von Gerechtigkeit getragenen Stärke ausgehen. Wenn die Chronisten von all dem sprechen, denken sie unwillkürlich an Cäsar.

Nachdem am 10. Juli die Wiedervereinigung der Truppen stattgefunden hatte, begann die Belagerung der ersten festen Verbündeten Mailands, die Friedrichs Heerscharen auf ihrem Marsch angetroffen hatten: Brescia. Zur großen Freude der Bewohner von Bergamo, die der Kaiser aufgefordert hatte, sich gegen ihre Feindin mit ihm zu verbünden, wurde das von Brescia abhängige

Gebiet verwüstet. Nach zweiwöchigem Widerstand gab Brescia auf: Die Stadt verpflichtete sich, dem Kaiser ihren Treueid zu leisten und zur Gewähr Geiseln und auch eine Einheit Soldaten für die Belagerung des bis dahin mit ihnen befreundeten Mailand zu stellen.

Darauf ordnete Friedrich den Wiederaufbau seiner treuen Anhängerin Lodi an und überquerte – in einem kühnen Manöver, das durch die Hilfe der böhmischen Getreuen ermöglicht wurde – dann sofort die Adda; nach Besetzung der den Fluß beherrschenden Burg Trezzo schlug er am 5. August vor den Toren Mailands sein Lager auf. Von seinen Ratgebern hat ihn vor allem Anselm von Havelberg – der Erzbischof von Ravenna, für den Friedrich den alten justinianischen Exarchentitel wieder hervorgeholt hatte – gegen die lombardische Stadt aufgestachelt, und das mit solcher Härte, daß ein Chronist den Tod, der Anselm eine Woche später unter den Mauern der Stadt ereilte, gegen die er soviel Haß und Abscheu bekundet hatte, als eine Gottesstrafe für seine Verbissenheit hinstellte. Wie hatte Anselm, ein Prämonstratensermönch und sachlicher Gelehrter, soweit kommen können? War es vielleicht eine Folge seiner häufigen Besuche am Hof von Konstantinopel, die ihn am Ende für die These von der Zentralisierung der Reichsmacht gewonnen hatten, deren Haupthindernis in Italien Mailand darstellte? Oder wegen seiner Rolle als – zu seinem Bedauern „italienischer" – Politiker, die ihn in die erhitzte Atmosphäre der Rivalitäten zwischen den Städten hineingezogen, ja verwickelt hatte?

Nicht erst der Tod Anselms von Havelberg zeigte an, daß in der Gruppe der kaiserlichen Ratgeber Veränderungen im Gange waren. Im selben Jahr starben nämlich auch Wibald von Stablo und Otto von Freising; kurz, die gesamte „gemäßigte" Gruppe, die konsequent und beständig für eine Beibehaltung guter Beziehungen zum Papsttum und zu Byzanz eingetreten war und vor allem an die *Sancta Romana Res Publica,* im harmonischen Einklang von Papsttum und Reich, geglaubt hatte. Jetzt blieben nur die *homines novi,* die neuen Männer – von Kanzler Rainald an – an Friedrichs Seite. Und sie spornten ihn zur Konfrontation, ja zum Zusammenstoß an.

Anfang September kapitulierte Mailand vor dem kaiserlichen Heer, in dem sich starke Verbände der feindlichen lombardischen Städte, vor allem aus Pavia und Cremona, befanden (aber auch aus Pisa, Lucca, Florenz und Siena waren Soldaten dabei). Das Abkommen, das dank der Vermittlung des Erzbischofs Oberto und des Grafen Biandrate zustande kam, sah vor, daß die Mailänder dem Kaiser den Treueid leisteten, auf die Regalien, die sie sich bis dahin widerrechtlich angeeignet hatten, verzichteten, in ihrer Stadt für den Kaiser einen Palast errichteten, eine hohe Geldentschädigung (9000 Silbermark) zahlten, alle Gefangenen der lombardischen Städte, die sie noch bei sich festhielten, freiließen, Como und Lodi wiederaufbauten, dem Kaiser 300 Bürger als Geiseln stellten. Die Mailänder sollten weiterhin ihre Konsuln wählen dürfen, doch müßten diese den Eid in die Hände des Kaisers oder seiner Legaten leisten, denen –

ebenso wie ihm – das Recht zustünde, wenn sie in die Stadt kämen, in dem neuen Palast zu wohnen. Unter diesen Bedingungen war der Kaiser bereit, sowohl Mailand wie Crema vom Reichsbann zu befreien; der formale Akt der Aufhebung des Bannes kostete freilich zusätzlich 120 Silbermark.

Wir sagten: Abkommen; und das war es im wesentlichen, auch wenn kein Zweifel daran besteht, daß es ganz unvorteilhaft für die in die Knie gezwungene Stadt war. Aber der Form nach sollte es – dazu war Friedrich entschlossen – kein Abkommen, sondern die volle, absolute, bedingungslose Unterwerfung sein. Am 8. September, dem Fest Mariä Geburt, zogen die Mailänder in Prozession am Kaiser vorüber; zuerst ein Heer von hölzernen Bußkreuzen, dann der Erzbischof und der Klerus, auch sie im Bußgewand und mit nackten Füßen; dahinter die Konsuln und die prominenten Bürger, gleichfalls barfuß und in Säcke gehüllt, während sie ihre gezückten Schwerter mit einer Schnur um den Hals gehängt trugen.

Der Chronist, der Ottos Chronik fortsetzte, schildert uns den Kaiser, wie er mit belustigtem Blick das jämmerliche Schauspiel und mit wohlwollender Genugtuung die treulosen, nun wieder gehorsam gewordenen Untertanen betrachtet, die Schwerter, die sie ihm anbieten, entgegennimmt, sie mit dem Friedenskuß tröstet; in seiner Ansprache sagt Friedrich, daß er lieber über Leute herrsche, die sich freiwillig unterwerfen, als über solche, die dazu gezwungen werden; aber er erinnert daran, daß der Sieg dem Stärkeren gebührt und daß es Mailand zugefallen ist, sowohl die Gerechtigkeit wie – jetzt – das Wohlwollen des Reiches zu erfahren. Aber wenn es etwas gibt, an dessen Glaubwürdigkeit man bei den Chronisten zweifeln muß, dann sind es die Ansprachen. In sie verpackt der Autor gewöhnlich eine Fülle rhetorischer Farbigkeit und literarischen Aufputzes, die mehr dem Zeitgeschmack als der Wirklichkeit entsprechen. Unsere Quelle scheint jedoch auch formal eine endgültige Zuverlässigkeit zurückzugewinnen, als sie – nachdem sie Friedrich mit einem solchen Aufwand an rhetorischen Floskeln hatte zu Wort kommen lassen – die demütige, aber auch würdevolle und beinahe stolze Antwort der Mailänder wiedergibt: Nicht aus Haß gegen das Reich haben sie gekämpft, sondern um den Boden der Väter vor ihren Nachbarn zu schützen. Sollten diese stolzen Bürger dem deutschen Chronisten insgeheim sympathisch gewesen sein? Wenn der junge unerbittliche Schwabenkaiser bereits daran war, Einzug zu halten in den Mythos Italiens, dann ist sicher, daß nun auch Mailand von einem gewaltigen, furchtbaren Ahnen erfaßt wurde. Das schreckliche Unternehmen von 1158 war durchgeführt worden, um dieses Mailand gefügig zu machen: die ganze Stärke des Reiches gegen *eine* Stadt! Für Friedrich war sie der Hauptgegner gewesen: in gewissem Sinne konnte sie darauf stolz sein.

Und wie auch immer man die Frage anpacken mag, schließlich bleibt hauptsächlich ein territoriales Problem gültig: Friedrich konnte der lombardischen Hauptstadt alle Friedensverträge auferlegen, die er wollte, aber für die Außen-

und damit die Militärpolitik Mailands war ihre Wirtschaftspolitik – das heißt in erster Linie die Notwendigkeit des freien Handelsaustausches und daher freier Handelswege – entscheidend. Die Stadt brauchte den Weg frei nach Genua, das sie mit dem Meer verband; nach Piemont und damit nach Frankreich; nach Chiavenna und Coira, längs der Straße, die nach Deutschland führte und von Como überwacht wurde; nach Lucca und Pisa, also längs der *Via Francigena,* an der Piacenza die Schlüsselstellung einnahm; nach Verona, das den Zugang nach Venetien und zum Brenner ermöglichte. Daraus ergibt sich, daß die Mailänder die Wahrheit sagten, als sie beteuerten, daß sich ihr Zorn durchaus nicht gegen das Reich richtete. Der kritische Punkt für sie war die Unmöglichkeit, mit dem Markgrafen von Montferrat, der ihnen die Straße nach Piemont und weiter nach Frankreich versperrte, Frieden zu schließen; oder mit den Malaspina und mit Pavia, die sie am Zugang nach Genua und jenseits des Apennin nach Lucca und Pisa hinderten. Ferner mußten sie Como unter Kontrolle halten, um sich den Weg nach Chiavenna und Coira sicherzustellen; mußten sie Cassano und Ghiara d'Adda dazu bringen, den Zugang nach Verona und Venedig frei zu halten; und es war dringend notwendig, daß sich die Entscheidungen Mailands auf Genua auswirkten, während hingegen eine dem kaiserlichen Willen gegenüber zu unterwürfige Politik Genuas schwerwiegende Unannehmlichkeiten für die lombardische Stadt mit sich bringen würde. Alle diese Argumente schienen im September 1158 überholt zu sein, aber da waren genauso viele bereits entzündete und schwer zu löschende Brandherde, die unter der Asche des Vertrages schwelten.

Das Reichsbanner wehte auf dem Campanile des Mailänder Domes, als Friedrich der Stadt, die er – jedenfalls im Augenblick – mit Recht als endgültig unterworfen ansehen konnte, den Rücken kehrte; er hielt sich einige Zeit in Monza bei der den Königen Italiens für Feste heiligen Kirche auf, wo eine neue große Krönungszeremonie oder, richtiger, ein Fest stattfand, das unter dem besonderen Kennzeichen der feierlichen Zurschaustellung der Krone stand: Der Herrscher erschien in seiner ganzen königlichen Pracht vor dem Volk und setzte sich die Krone auf. Danach rückte er in den Raum zwischen Mantua, Verona und Cremona vor, bis er das zu den Mathildischen Gütern gehörende Gebiet erreichte und zum Fest des hl. Martin, am 11. November, in Roncaglia eintraf, wo ein großer Reichstag des ganzen Königreiches Italien stattfinden sollte. Einen Teil seines Heeres hatte er inzwischen nach Deutschland zurückgeschickt, wobei er allerdings darauf achtete, jene Lehnsherren bei sich zu behalten, die seine wertvollsten Mitarbeiter waren – und die ihrem Land in seiner Abwesenheit hätten gefährlich werden können.

Sechs Jahre zuvor hatte Friedrich seine Herrschaft in Deutschland mit einem allgemeinen Reichsfrieden eröffnet: Das hatte dort die Beilegung alter dynastischer und feudaler Kämpfe und die Gewähr von Freiheit und Sicherheit für den Handel bedeutet. Auch Italien hatte offenkundig einen allgemeinen Frieden dringend nötig: Ihn störten aber jene Städte, die das in politischer und wirtschaftlicher Hinsicht dynamische Element des Königreiches darstellten und die – um ihre Herrschaft zu behaupten und ihre Märkte auszuweiten – sich Gebiete und Rechte anzueignen trachteten, die in der alten Ordnung der Welt diesseits der Alpen nicht in ihre, sondern in die Kompetenz des Königs bzw. der mit der Vollmacht zur Ausübung der staatlichen Funktionen ausgestatteten Machtinhaber fielen. Tatsache war jedoch, daß die widerrechtliche Aneignung königlicher Rechte und Funktionen durch die Städte von zwei zusätzlichen Erscheinungen abhängig war: die erste war die Vakanz der Könige Italiens von der Ausübung ihrer Herrschaft und das – sofort, ob rechtmäßig oder unrechtmäßig, ausgefüllte – „Machtvakuum", das deshalb in den letzten Jahrzehnten entstanden war; das zweite Phänomen war das außerordentliche bevölkerungsmäßige, politische und wirtschaftliche Wachstum der nord- und mittelitalienischen Städte, das bestimmte alte rechtliche Fesseln völlig ungeeignet für eine neue Wirklichkeit machte, die sich selbst und als solche als „illegitim", „ungesetzlich" ausgab. Freilich: eine neue Wirklichkeit auf rechtlicher Ebene für ungesetzlich zu erklären, ist sehr einfach – ja, man kann sagen, in Ordnung –, aber auf der Ebene geschichtlicher Realisierbarkeit sehr schwierig. Man kann rückblickend weder vom Reichstag 1158 auf den Ronkalischen Feldern noch von Friedrich etwas verlangen, was keiner der beiden zum damaligen Zeitpunkt geben konnte: weder das unverzügliche Verständnis der neuen Zeit noch den Verzicht auf Rechtsgrundsätze, zu deren strenger Festlegung Friedrich ja eben nach Italien aufgebrochen war und in deren Wiederherstellung – davon war er fest überzeugt – sich seine Rechte und seine Interessen deckten.

In dem Abkommen zwischen Friedrich und der Stadt Mailand gibt es einen Punkt, der Gefahr läuft, von uns heute unterschätzt zu werden, wenn man dessen Auswirkungen nicht bedenkt: die Verpflichtung zur Errichtung des Kaiserpalastes – ein wahrhaftig zu Stein gewordenes Symbol unumschränkter Herrschergewalt. Paläste dieser Art hatte Friedrich in Deutschland viele erbauen lassen; in Italien dienten sie, zumindest in einem bestimmten Maß, als Modell für die öffentlichen städtischen Gebäude, für die verschiedenen Palazzi „della Ragione" (Palast „der Vernunft": noch heute heißen so in vielen italienischen Städten die Rathäuser, Anm. d. Ü.), „del Podestà" (Palast des Stadtvogtes, „Bürgermeisterei") oder, später, „del Popolo" (Palast des Volkes), die im 13. und 14. Jahrhundert in den Städten Italiens errichtet wurden. In Pavia erhob sich ein solches *palatium*: es war das Symbol der Macht der deutschen Könige Italiens und das Verwaltungszentrum des Königreiches, wo die Verwaltung und Einhebung der *regalia iura* vorgenommen wurden, das heißt der Rechte zum Prägen von Geld, zur Einfuhr und Ausfuhr von Lebensmitteln, zum Mahlen von Getreide, zur Benützung bestimmter Straßen und bestimmter Fluß- oder Seewege usw., Rechte, für die an die königliche Verwaltung Gebühren entrichtet werden mußten. Beim Tod Heinrichs II. im Jahr 1024 war das *palatium* von

Pavia während eines Aufruhrs angezündet worden; danach hatte die königliche Verwaltung in Italien nicht mehr wiedereingerichtet werden können; und jene im praktischen Sprachgebrauch als Regalien definierten Rechte – die sie ja auch tatsächlich waren – waren noch nicht abgeschafft, sondern wurden am Leben erhalten und ganz oder teilweise von denen einkassiert, die in den einzelnen Gebieten jeweils – im Namen oder nicht im Namen des Königs – die Macht tatsächlich in Händen hatten: Lehnsherren, Bischöfe, später auch Städte. Das übliche abgedroschene Gerede von dem Machtvakuum, das gar nicht vorhanden ist oder, richtiger, das, wenn vorhanden, sogleich ausgefüllt wird.

War das Verhalten Friedrichs auf dem Reichstag zu Roncaglia wirklich eine reine „reakationäre" Anordnung? Kann es ernsthaft als der harte und sture Wille eines Herrschers gedeutet werden, der imstande ist, nur seinen Rechten Gehör zu schenken, und dagegen nicht imstande ist zu begreifen, daß sich in den 134 Jahren seit der Zerstörung des *palatium* von Pavia die Dinge wesentlich geändert hatten und unmöglich in die Zeit Heinrichs II. zurückgeführt werden konnten?

Wie die Dinge wirklich liegen, hindern uns viele Elemente daran, Roncaglia als eine Restauration anzusehen. Indessen gab es für das mittelalterliche Italien ein neues Faktum, das aufs engste mit jenem großartigen Frühling der europäischen Kultur im 12. Jahrhundert zusammenhing, aber auch und noch zutreffender mit den häufigen schwäbischen Besuchen an jenem großen Zentrum des Rechts und der politischen Theorie, dem Kaiserhof von Byzanz (und, wer weiß, auch an jener Universität von Bologna, mit der man 1155 kurz in Kontakt gekommen war). Dieses neue Faktum war die Renaissance des justinianischen Rechts, das – in einer italischen Welt, die bis dahin gewohnt war, an das römisch-christliche Reich allein in der Dimension eines Konstantin zu denken, der sich aus Rom zurückgezogen und die Stadt und die Reichsinsignien dem Stellvertreter Petri übergeben hatte – einen neuen und ganz anderen Aspekt der imperialen Macht vorlegte. Neu, auch wenn man – der Denkweise der Zeit entsprechend, die in jeder *novitas* eine Gefahr erblickte – auf ein ehrwürdiges Alter dieses Gesichtspunktes hinwies, um ihm Legitimität zu verleihen. Neu waren die Universitäten; „neu" war in der abendländischen Welt die gleichwohl alte römische Rechtswissenschaft, die an ihnen gelehrt wurde und deren Bedeutung im übrigen parallel zu jener des Kirchenrechts zunahm; neu (ja, unerhört – im etymologischen Sinn dieses Adjektivums) war die Forderung, diese Wissenschaft auf das Gebiet der Politik anzuwenden.

Roncaglia war also der Ort für ein großes Angebot zur Neufestlegung der Beziehungen zwischen königlicher Macht und politischen Realitäten in Italien. Auf der einen Seite die Theorie von der Rechtmäßigkeit der Regalien, die sich anlehnte an die angesehene Meinung der – auf der ersten großen „weltlichen" politisch-kulturellen Versammlung, die das mittelalterliche Europa erlebt hat, um den Herrscher versammelten – Experten von den Universitäten und an das deutsch-böhmisch-burgundisch-italische Heer, von dem ein Teil (eben der italische), wohlgemerkt, direkt an der Neufestlegung der königlichen Hoheitsrechte interessiert war: Und es ist nicht gesagt, daß seine verschiedenen Mitglieder alle davon überzeugt gewesen wären, daß diese Neufestlegung unmittelbar zu ihren Gunsten ausfallen würde. Auf der anderen Seite die Kraft der Ereignisse: eine Kraft und eine an sie gebundene Logik, die sich wohl in die Knie zwingen lassen konnte, der es aber bestimmt war, sobald der militärische Druck nachgelassen hat, wieder aufzutauchen und sich wieder durchzusetzen. Es ging im Grunde um etwas viel Wichtigeres als um die, wenn auch riesigen finanziellen Erträge der Regalien.

Es muß ein außerordentlicher Anblick gewesen sein, den die Ronkalischen Felder an jenem Martinitag boten: ein Zusammenströmen kirchlicher und weltlicher Lehnsherren, jeder mit seinem Gefolge, eine Vielfalt von Leuten und Trachten, ein buntes Gewirr von Sprachen und Dialekten, ein farbenprächtiger Zulauf von Händlern, Zauberkünstlern und Abenteurern. Teils Fest, teils Markt – Roncaglia mußte zu einer Art fahrender Stadt geworden sein, in deren Zentrum sich das große Ehrenzelt erhob, das der König von England ein Jahr zuvor dem Kaiser geschenkt hatte. Rahewinus beschreibt meisterhaft die Szene; aber vielleicht reinigt er sie etwas von jenem so Farbigen, Chaotischen – „Mittelalterlichen"? – und schiebt statt dessen eine lange Interpolation des Josephus Flavius ein, deren Zweck und Wirkung es ist, das Lager Friedrichs möglichst ähnlich einem Feldlager der Legionen des antiken Rom erscheinen zu lassen. Unter den Großen Italiens, die sich in Roncaglia eingefunden hatten, ragten Erzbischof Oberto von Mailand, Markgraf Wilhelm von Montferrat, Graf Guido von Biandrate hervor; und es sollte gerade dem Mailänder Bischof zufallen, in der Antwort auf die Ansprache des Kaisers zur Eröffnung des Reichstages an den berühmten Grundsatz des justinianischen Rechtes zu erinnern: „Der Wille des Herrschers hat Gesetzeskraft, weil das Volk ihm sein Recht und seine Macht zum Herrschen übertragen hat."[3] Diese Formulierung des Herrscherwillens als Rechtsquelle lehnt sich an jene *Lex Regia* an, in deren Namen drei Jahre zuvor Friedrich vom römischen Senat die Krone angeboten worden war. Während er damals die Anwendung dieses Prinzips als Alternative zur Krönung durch den Papst – und vor allem, weil es ihm von Leuten vorgeschlagen worden war, die weder das Recht noch die Macht dazu hatten – abgelehnt hatte, hatte sich der Kaiser nunmehr vergewissert, daß er mit der Unterstützung der deutschen Fürsten sowie des Adels und der Städte Italiens (oder wenigstens einiger von ihnen) jetzt von diesem Recht Gebrauch machen konnte: Aber obwohl sich Friedrich zu diesem Zeitpunkt auf ganz andere Kräfte als auf die Stadt Rom stützen konnte, so wußte er auch um die Notwendigkeit, seine Cäsarenrolle im Lichte einer Theorie zu legitimieren, die im Wesentlichen wahrhaft antik und römisch und zugleich auf politischer Ebene völlig neu sein mußte. Diese Theorie sah – zum ersten Mal im mittelalterlichen Abendland! – von theologisch-religiösen Fragen ab, um sich an eine Wirklichkeit anzulehnen und zurückzubinden, deren Gründung weit in die Zeit vor der Kirche zurückreichte. Das rührte natürlich keinesfalls an die Vorstellung, daß das Reich in der Vorsehung von Gott gewollt war, um die Wiederkunft des Erlösers und sein Reich auf Erden vorzubereiten, und somit an das Prinzip der göttlichen Herkunft der kaiserlichen Macht; aber es erlaubte zum ersten Mal, von der These einer wie immer gearteten päpstlichen Vermittlung zwischen Gott und dem Kaiser abzusehen. Christus hatte jedem seiner Bevollmächtigten auf Erden das geistliche Schwert bzw. das Schwert der materiellen Gerechtigkeit zugeteilt; und jeder von ihnen war allein vor Gott dafür verantwortlich, wie er – in seinem Namen – von der ihm anvertrauten Waffe Gebrauch gemacht hatte. Aus dieser direkten Unterordnung unter Gott ging das Reich nicht etwa „entheiligt" hervor, sondern im Gegenteil, es war (wie es übrigens für das byzantinische Reich seit Jahrhunderten zutraf) mit einer höheren, unmittelbareren, direkteren Heiligkeit ausgestattet: parallel zu jener von ihr unabhängigen päpstlichen Heiligkeit war sie einbezogen in die kirchliche Ordnung, ja hatte im Rahmen der Krönungszeremonie selbst am Klerikerstand teil und stand dennoch Seite an Seite mit dem *sacerdotium* an der Spitze der Kirche, bis auf die Ehrerbietung, die der Kaiser persönlich als Gläubiger Christi dem Nachfolger seines geistlichen Stellvertreters schuldete. Die in dieser Weise in Roncaglia neu interpretierte *Lex Regia* ist eine entschlossene Antwort auf den *Dictatus Papae*. Wenn sich die Kanonistik, also die Wissenschaft des Kirchenrechts – wie wir bereits an einem berühmten Kirchenrechtler, Bandinelli, und seiner Einstellung in Besançon gesehen haben – an eine im wesentlichen karolingische Auffassung des *ius imperii* hielt, so stützten sich die Zivilrechtler ihrerseits auf die Wiederentdeckung des justinianischen Rechts, um eine Auffassung vom Reich zu bekräftigen, die das *Constitutum Constantini* (die Konstantinische Schenkung) und den *Dictatus Papae* dadurch für ungültig erklärte, daß sie sie ignorierte. Es handelte sich nicht um zwei „verschiedene" Betrachtungsweisen ein und desselben Problems: Man stand zwei einander gänzlich fremden Einstellungen gegenüber, die daher, hätte man sie zur Konfrontation gezwungen, gar nicht hätten in Konflikt geraten können.

In diesem 12. Jahrhundert, das, wie manche behaupten, die Liebe erfunden hat, so wie sie im Abendland verstanden wird, ist bekanntlich auch der Intellektuelle erfunden worden; und mit ihm ist seine Integration, seine Einheitlichkeit in bezug auf die Macht entdeckt worden. Die vier großen Schüler und Nachfolger des großen Rechtsgelehrten Irnerius, berühmte Professoren des römischen Rechts, stehen in Roncaglia dem jungen deutschen Kaiser zur Seite, in dem sie ihren neuen Cäsar, ihren wiedererstandenen Justinian erkannt haben. Es sind Martin Gosia, genannt *Copia legum* („Fülle an Gesetzen"), Bulgarus, genannt *Os aureum* („Goldmund"), Hugo von Porta Ravegnana, genannt *Mens legum* („Geist der Gesetze"), und Jacopus, von dem es heißt, Irnerius habe ihn *Id quod ego* („Mein zweites Selbst") genannt. Auf den Ronkalischen Feldern erleben wir ebenso wie im Paris Abälards auch die Geburtsstunde eines Phänomens, das ein treuer Begleiter des modernen Europa sein wird: das „Starwesen“ des Intellektuellen, seine Illusion, sich in dem Maße für einen Teilnehmer an der politischen Macht zu halten, in dem diese ihn manövriert und ihm hofiert; vielleicht sogar die Illusion, daß er es sei, der sie manövriert.

Angesichts der peremptorischen Forderungen Friedrichs nach Wiederherstellung der Regalien zögerten die Juristen aus Bologna jedoch, ja wichen gleichsam zurück. Gerade als hervorragende Kenner des antiken Reichsrechts – aber übrigens auch als Männer, die in Bologna selbst die kommunale Wirklichkeit erleben, das Neue daran schätzen und um deren Irreduzibilität auf ehrwürdige, aber für eine ganz andere gesellschaftliche Wirklichkeit erdachte Rechtsschemata wissen – sind sie sich der Tatsache bewußt, daß die Städte niemals ernsthaft etwas werden annehmen können, was tatsächlich nicht einmal die Wiederherstellung alter Gewohnheiten, sondern – für sie – eine absolute Neuerung ist. Die städtischen Siedlungen in Italien sind zum Teil auch während der Abwesenheit der königlichen Macht, ja aufgrund dieser Abwesenheit entstanden und haben sich entwickelt: Würde die – vollständige und bedingungslose – Annahme des Programms von Roncaglia ihrerseits nicht einer Art Selbstmord gleichkommen? Deshalb zögern die Gelehrten aus Bologna, ersuchen Vertreter der verschiedenen interessierten Städte um ihre Mitarbeit. Aber die Flammen von Tortona und Spoleto brennen noch; Brescia und Mailand haben noch das bedrohliche Schauspiel der kaiserlichen Feldlager unter ihren Stadtmauern vor Augen; allenfalls die Vertreter von Pavia, Lodi, Como und Cremona sind eher bereit, sich vor einem immerhin als rechtmäßig anerkannten Herrn, von dem sie auf jeden Fall hoffen, daß er häufig weit weg sein möge, und der im Grunde hauptsächlich Treue und Geld fordert, zu beugen als vor einem anmaßenden Nachbarn wie Mailand, der ihnen ihre Märkte abschneidet und immer und in allem seinen Willen aufzwingt. Was die anwesenden Lehnsherren betrifft, so anerkennen sie in dem deutschen Kaiser und *princeps militiae* gegenüber den immer aufdringlicheren Städten einen von sich; und im übrigen haben sie in vielen Fällen eben wegen der Städte die Nutznießung der Regalien bereits eingebüßt, weshalb sie in Roncaglia wenig zu verlieren haben. Das ist der Grund, warum sich auf den in ein Feldlager umgewandelten Ronkalischen Feldern Bischöfe, Fürsten und Städte – alle zusammen, aber aus verschiedenen Motiven – vor dem neuen Justinian beugen. Von dem Problem der *translatio imperii* von den Römern auf die Deutschen, das damals, 1155, der stolzen Antwort Friedrichs an den Senat von Rom den Stempel aufgedrückt hatte, bleibt der Reichstag von Roncaglia unberührt. Da ist das Reich so, wie es die Experten für Zivilrecht aus Bologna wollen: eine Fortsetzung der justinianischen Praxis ohne Unterbrechung der Kontinuität, so als hätte es weder einen Romulus Augustulus noch einen Karl den Großen gegeben.

Die Politik Friedrichs, sei es im allgemeinen, sei es in stärkerer Beziehung zu

Roncaglia, als „absolutistisch“ oder „feudal“ zu bezeichnen, ist Unsinn. Worum es ihm vor allem und zuerst ging, war der Anspruch auf das Machtmonopol für das Reich; diese Macht konnte gewiß weiterhin durch Vollmacht in die Hände einzelner Herren – oder einzelner Städte – übergehen, aber unter der Bedingung, daß unzweideutig und unverwechselbar ihr Ursprung im Kaiser gesehen und anerkannt wird. Eine relativ klare Forderung auf prinzipieller Ebene, die sich aber in der Praxis nicht leicht befolgen ließ: die ständige Unterscheidung zwischen tatsächlichem Besitz bzw. Kontrolle eines Territoriums und – innerhalb seiner Grenzen – Ausübung jener Jurisdiktion, die mit Öffentlichkeitscharakter ausgestattet war und blieb. So gesehen waren die Regalien alle jene Rechtsansprüche und jene Machtbefugnisse – auf bzw. über die Straßen, die Wasserwege, das Prägen von Geld, die unbesetzten Güter –, die von den verschiedensten Kräften verwaltet werden konnten, die aber vom König abhängig blieben und ursprünglich von ihm verliehen worden waren: also von seiner Seite jederzeit widerrufbar waren.

Mit Hilfe und Unterstützung der Experten aus verschiedenen Städten erarbeiteten die Juristen aus Bologna eine lange Liste von Regalien, die großenteils dem *Corpus Iuris* Justinians entnommen war, aber in gewisser Weise auch das Gewohnheitsrecht berücksichtigte. Der Kaiser stimmte ihrem Ersuchen, die Hilfe ausgewählter Experten in den einzelnen Städten in Anspruch nehmen zu dürfen, gerne zu: das würde unverzüglich die – „freiwillige“ – Zustimmung der Städte zur Arbeit der Kommission und damit ihre friedliche Fügsamkeit seinem Willen gegenüber herbeiführen.

Daß wir uns richtig verstehen: Friedrich hatte keineswegs die Absicht, die direkte Verwaltung der Regalien absolut zu beanspruchen: Selbst wenn er es gewollt hätte, hätte er dafür, bürokratisch gesprochen, weder die Kräfte noch die Mittel gehabt; aber darüber hinaus lagen zentralistische Perspektiven dieser Art außerhalb seiner und der Denkweise seiner Zeit. In Wirklichkeit bestätigte er ohne Schwierigkeiten die Nutznießung der Regalien jedem – Herren oder Städten –, der zu beweisen in der Lage war, daß er sie von einem Souverän zuerkannt erhalten habe; aber er verlangte die Rückerstattung jener Befugnisse, die bis dahin widerrechtlich verwaltet worden waren und die – schätzungsweise – ein Jahresaufkommen von ungefähr 30.000 Silbermark erbracht hatten, was etwa einer Tonne hochwertigen Metalls entspricht. Die Militärpolitik bewirkte allerdings bei der kaiserlichen Verwaltung einen derartigen Geldhunger, daß solche, immerhin hohe Summen weit davon entfernt waren, eine ausreichende Grundlage bilden zu können. Und in der juristischen und politischen Sicht Friedrichs wie seiner Zeit war es im übrigen logisch und legitim, daß die eigentlich deutschen Probleme auch mit Hilfe des Geldes der italienischen Städte gelöst werden sollten.

Aber jenseits des wirklich ungeheuren finanziellen Wertes der Regalien lag dem Kaiser am Herzen, daß das Rechtsprinzip gelten sollte. Und auf der Grundlage dieses Prinzips zerfällt seine politische Ansprache an den Reichstag zu Roncaglia in zwei Punkte. Erstens: jedes Recht, das die Reichsgesetze dem Kaiser zuerkennen, beanspruchen, um dann verschiedensten Gebrauch davon zu machen, indem er es Herren oder Städten überträgt, damit aber immer ein allemal direktes und unmittelbares Band zwischen jeder dieser Kräfte und dem Reich herstellt; zweitens: Bündnisse von Lehen oder von Städten oder zwischen Lehen und Städten verhindern, ja die einzelnen Kräfte voneinander getrennt halten, damit jede von ihnen im König ihren einzigen Gesprächspartner hat. Friedrich ist nicht nach Roncaglia gekommen, um etwas Geld zusammenzuschaufeln: gewiß, das braucht er auch und er stellt unaufhörlich Geldforderungen – wie er das auch in Zukunft tun wird. Aber doch interessiert ihn an erster Stelle nicht das Geld. In zwei anderen Konstitutionen, die auf demselben Reichstag verkündet wurden, der *Constitutio pacis* und der *Constitutio de feudis,* nimmt er für sich jegliche Jurisdiktionsgewalt in Anspruch, verbietet den Verkauf der Lehnsrechte öffentlicher Herkunft zusammen mit den Alloden (das heißt den privaten Gütern), bekräftigt sein Recht auf Ernennung der Repräsentanten der öffentlichen Macht – auch wenn das in der Praxis für die Stadtgemeinden nur die Verpflichtung bedeuten konnte, ihm die Namen der für die städtischen Ämter Neugewählten vorzulegen und ihrer Bestätigung durch ihn entgegenzusehen; er verbietet nicht nur die lokalen Kriege, sondern auch jede Form von *coniuratio* (Vereinbarung) bzw. *conventicula* (Zusammenschlüssen). Diese letzte Bestimmung bedeutete, daß damit selbst beeidigte Verträge, an die sich die Städte hielten, sowie verschiedene Formen von Adelssippschaften, Händler- und Handwerkervereinigungen, Bündnisse zwischen Städten, Abkommen zwischen Feudaladel und Städten für illegal erklärt wurden. Das war die Voraussetzung, damit sich der Herrscher zum einzigen Gewährsmann für den öffentlichen Frieden aufwerfen konnte. Und die Forderung, daß in allen Städten, in denen er es angeordnet hatte, Königspaläste – *palatia* – errichtet werden sollten, war das greifbare Symbol dieses Willens.

Mit anderen Worten: In Roncaglia wird die *plenitudo potestatis,* die Machtfülle des „Nachfolgers Justinians", sein begrifflich-ideelles Recht auf die Herrschaft über die Welt *(dominium mundi)* geltend gemacht. Von da an erkennt sich die Christenheit nicht mehr in der *Sancta Romana Res Publica,* sondern im *Sacrum Romanum Imperium,* wobei die Ersetzung des Adjektivums *sancta* durch *sacrum* nicht sprachlich-stilistisches Blendwerk ist, sondern einen präzisen Hinweis auf das *ius in sacris* enthält, kraft dessen zum Bereich der Befugnisse des Kaisers auch das Recht gehörte, in die kirchlichen Fragen einzugreifen. Das karolingische Erbe war natürlich alles andere als verleugnet oder beiseite gestellt worden: aber es wurde in einen kontinuierlichen Zusammenhang von der römischen Antike bis zur Gegenwart hineingestellt, den bis dahin niemand im Abendland zu vertreten gewagt hatte. Daß die Pisaner den Band der *Pandekten,* den sie Amalfi geraubt hatten, mit entblößtem Haupt und brennenden

Kerzen zur Schau stellten, ist nicht bloße Anekdote, sondern ein Zeichen für diese tiefe, uralte und neue, „Heiligkeit", die das *nomen imperii* umgab. Und mit ihr behauptete sich der prägnante, ganzheitliche Begriff *honor imperii*. Bei diesem handelte es sich ohne Zweifel um einen juristisch unklaren, vielleicht sogar oberflächlichen Begriff, der jedoch zur Bezeichnung der Gesamtheit der kaiserlichen Rechte und Befugnisse verwendet wurde: Rechte und Befugnisse, die entweder direkt vom Kaiser oder von Bevollmächtigten verwaltet, aber keinesfalls veräußert oder beiseite gelegt werden konnten. Wir sagten: ein unklarer juristischer Begriff. Doch ein politischer – und propagandistischer – Ausdruck von außerordentlicher Kraft und Wirksamkeit, der den Gedanken von Macht und Stärke eingab.

Man kann nicht sagen, Roncaglia sei ein Traum gewesen; man kann nicht Friedrich des mangelnden politischen Realismus bei der Abhaltung dieses Reichstages und seiner Entscheidungen anklagen. Es handelte sich allenfalls um einen Ausgangspunkt, den der Kaiser irrtümlich für einen Zielpunkt hielt. In jenem Spätsommer des Jahres 1158 mußte sich der junge Kaiser wahrhaftig als *lex in terris* fühlen: Mailand lag auf den Knien, und vor sich hatte er die geöffneten Bücher des heiligen, unverletzbaren römischen Gesetzes – auch der wiederkommende Christus auf den Giebelfeldern romanischer Abteien hält oft in der Rechten wie ein Zepter ein Buch –, die deutschen, böhmischen, burgundischen und italienischen Lehnsherren saßen ihm zu Füßen, und die Städte warteten auf das Wort der Gerechtigkeit aus seinem Munde. Was er nicht begriffen hat, war, daß sein Erfolg über Mailand auch dem Umstand zu verdanken war, daß er sich, indem er es unparteiisch ausnutzte, auf das Schachspiel der Rivalitäten auf italienischem Boden eingelassen hatte. Aber mit der Verkündigung eines für alle gleichen Gesetzes schuf er jetzt die Voraussetzungen für die Bereinigung jener Rivalitäten; dadurch, daß er allen Adeligen und allen Städten untereinander Bündnisse zu schließen verbot und sich ihnen als einziger Gesprächspartner aufnötigte, wies er sich – in weiterer Sicht – auch als ihr gemeinsamer Rivale aus. Gewiß, für diese Kursänderung der politischen Wirklichkeit in Italien wurde die Zeit nur langsam reif. In Roncaglia war etwas geschehen, was von seiten der Städte nicht leicht zu verstehen war; im übrigen wurden die Texte der verschiedenen dort verkündeten *Constitutiones* nicht sofort gesammelt und konnten daher nicht gleich in Umlauf gelangen; dazu kam die Zweideutigkeit mancher Rechtstexte, die ihrer Natur nach einer erklärenden Revision unterzogen werden müssen, die oft die ursprünglichen Formulierungen der von dem Text aufgegriffenen Probleme stark verändert.

Zumindest über ein Faktum waren sich die lombardischen Städte jedenfalls sofort im klaren: Friedrich hatte einen großen Bedarf an Geld und beabsichtigte, von ihnen viel zu kassieren, weil er begriffen hatte, daß sie ihm mühelos riesige Geldmengen zur Verfügung stellen konnten. Und sie waren zum Beispiel bereit, große Summen an ihn zu zahlen, um als Gegenleistung die Bestätigung der Konsuln zu erhalten, die weiterhin frei gewählt werden sollten; ebenso wie sie auch nicht von vornherein dagegen waren, ihm die Nutznießung der Regalien zurückzuerstatten. Alles in allem würde sich der vom Kaiser durchgesetzte allgemeine Friede sowieso in eine diskrete Wirtschaftsaktion verwandeln, wenn man an den ständigen finanziellen Aderlaß denkt, der bis dahin von den dauernden Kriegen zwischen den Städten verursacht worden war.

Aber nicht Friedrichs Wirtschafts- oder Steuerforderungen, sondern sein politisches Verhalten versetzte die Städte in Unruhe. Unmittelbar nach dem Reichstag auf den Ronkalischen Feldern bildete er eine Kommission, die auch wieder von den beiden Dioskuren seines neuen politischen Kurses, Rainald von Dassel und Otto von Wittelsbach, geleitet wurde und beauftragt war, die verschiedenen lombardischen Städte zu besuchen, um die jeweiligen Konsuln durch vom Kaiser ernannte *rectores,* genannt *potestates* (Stadtvögte), zu ersetzen. Solche Beamte konnten auch in den einzelnen Städten und im Einvernehmen mit den Bewohnern (das heißt, mit den oberen Schichten jeder Stadt) ausgewählt werden, stellten aber doch eine viel stärkere politische Einmischung des Kaisers dar als alles, was selbst das härteste Diktat von Roncaglia hätte befürchten lassen. Ein weiteres Element, das Angst und Verstimmung erzeugen konnte, war Friedrichs offenkundige – wenn damit auch nicht gesagt ist, völlig planmäßige – Abneigung gegen Mailand auch nach dem Abkommen vom September. Er lehnte es in der Praxis beharrlich ab, alle Städte gleich zu behandeln, und schenkte schließlich seine Gunst regelmäßig jenen Städten mit alter und bewährter anti-mailändischer Tradition, wie Cremona, Pavia, Lodi. In ihnen stießen die Arbeiten der Kommission in der Tat auf kein Hindernis. Ganz anders verliefen die Dinge aber zum Beispiel in Piacenza, wo bereits die Anordnung, die Wehrtürme, deren Höhe ein bestimmtes Maß überschritt, abzureißen, Beunruhigung ausgelöst hatte. Formell handelte es sich um eine konsequente Friedensmaßnahme: Wozu brauchte man jetzt, wo zu Roncaglia die Ordnung im ganzen Königreich Italien wiederhergestellt worden war, noch solche Befestigungsanlagen? Tatsache war aber, daß der deutsche Kaiser hinsichtlich der Höhe der Wehrtürme gewisser Städte ein Auge zuzudrücken bereit war, während er mit denen bestimmter anderer Städte unerbittlich war. Also, der *princeps pacis* (Friedensfürst) hatte zwar im Königreich einen für alle Städte gleichen Frieden beschlossen, aber ohne Zweifel gab es in seinen Augen Städte, die „gleicher" waren als die anderen.

Man darf im übrigen nicht glauben, daß sich gleich nach Roncaglia ganz klare Fronten gebildet hätten. Wenn wir davon sprechen, daß es Städte gab, die Friedrich „gewogener" waren bzw. die Mailand mehr oder weniger „freundschaftlich" oder „feindlich" gesonnen waren, beziehen wir uns im wesentlichen auf eine politische Haltung jenes Teiles der städtischen Konsulararistokratie, die in jeder von ihnen die Macht innehatte. Aber jede Stadt wurde im Inneren von gegensätzlichen politischen Fronten gespalten; so gab es in Cremona und

Pavia entschlossene Gegner der kaiserlichen Politik, während Friedrich in Mailand und Brescia auf sichere Befürworter zählen konnte. Der Kampf zwischen den Städten verlagerte sich abbildgetreu nach innerhalb jeder einzelnen Stadtmauer, während er in eine Vielzahl von Lokalsituationen zerfiel, die die Ratgeber des Kaisers nur unter großen Schwierigkeiten zu beherrschen vermochten. In diesem System von Anstößen und Gegenanstößen lag denn auch die Ursache dafür, daß der *princeps pacis* niemals wirklich objektiv und abstandsgleich würde sein können, selbst wenn er es gewollt hätte und man annähme, daß es Objektivität und Äquidistanz in der Politik wirklich geben könnte.

Dennoch hatte sich schon gleich nach Roncaglia unter den „Lombarden", wenn auch unter Doppelzüngigkeiten und Unschlüssigkeiten verschiedener Art, das Bewußtsein zu verbreiten begonnen, daß Friedrich zweifelsohne als Feind zu fürchten, aber auch als Verbündeter unbequem war. Auch diejenigen, die gehofft hatten, sich der Stärke und des Ansehens des Schwaben bedienen zu können, um den territorialen Imperialismus Mailands abzubauen, und sich weiterhin seine Gunst zunutze machten, um die eigene politische Stellung zu verbessern, erfaßten, daß dieser Kaiser – zum Unterschied sämtlicher deutscher Könige, die auf Heinrich II. folgten – wirklich entschlossen und willens war, Italien zu regieren und sich nicht nur von Zeit zu Zeit blicken zu lassen, um mit einem Papst zusammenzutreffen oder ihnen etwas Geld abzuknöpfen. In vielen – wir denken zunächst an Pavia und Cremona – war jedoch der Haß gegen den feindlichen Nachbarn so stark, daß sie gern auf manchen Vorteil ihrerseits verzichtet hätten, um zum Untergang Mailands beizutragen. Aber in den politisch weniger klaren Fällen verliefen die Dinge anders. Genua zum Beispiel ließ den Kaiser nüchtern wissen – indem es das Dekret von Roncaglia Wort für Wort gegen ihn umdrehte! –, daß es ihm gern alle von der Stadt ausgeübten Rechte zurückerstatten würde, von denen er beweisen könne, daß sie ihm gehörten; und unterdessen begann es, seine Befestigungen zu verstärken.

Inzwischen hatte die kaiserliche Kommission auch gegen die kleine Stadt Crema, Brückenkopf der Territorialpolitik Mailands gegenüber Cremona, die Verordnung erlassen, die Befestigungsanlagen niederzureißen. Für das Niederreißen der Mauern von Crema bot Cremona Friedrich 15.000 Silbermark an, das heißt ungefähr dieselbe Summe, die, wie man in Roncaglia errechnet hatte, die Ausübung der Regalien des Königreiches in sechs Monaten erbringen könnte. Sei es, daß der Kaiser jenes Geld brauchte, sei es, daß er sowieso beschlossen hatte, gegen Crema vorzugehen, er nahm das Anerbieten an; ohne sich wahrscheinlich bewußt zu machen, daß er dadurch in den Augen der Lombarden vom Podest des *princeps pacis* auf das Niveau des gedungenen Vollstrekkers einer Rache herabstieg. Aber im Augenblick konnte er es nicht einfach fertigbringen zu verstehen, daß die komplizierte italienische Situation dabei war, ihn derart hineinzuverwickeln, daß die politische Bedeutung, die er seinen Entscheidungen zu geben trachtete, verdreht wurde.

Nachdem Friedrich Weihnachten in Alba verbracht hatte, treffen wir ihn in den ersten Januartagen des Jahres 1159 in Turin an, wo ihm ein triumphaler Empfang durch den Bischof zuteil wurde, dem er eine lange Reihe von Regalien in der Stadt und im Umkreis von zehn Meilen außerhalb der Stadtmauern zuerkannte. Dank der kaiserlichen Gunst wurde der Bischof – gegen die Interessen der großen Lehnsherren des Turiner Raumes, der Savoyer – Herr der Stadt. Im Februar anerkannte der Kaiser dann – dank der guten Dienste von Markgraf Wilhelm von Montferrat – auch die Stadt Asti, die er unter der Leitung dreier von ihm zu Stadtvögten bestimmten Bürgern organisierte.

Unterdessen brach Rainald von Dassel, der gerade erst, im Januar 1159, zum Erzbischof von Köln ernannt worden war, zusammen mit Otto von Wittelsbach zu dem schwierigen Treffen mit den Mailändern auf; diese waren bereits verstimmt wegen der Einkreisungspolitik, die der Kaiser – trotz des Abkommens vom September zuvor – ihnen gegenüber unter dem Vorwand der Verwirklichung der Ronkalischen Beschlüsse in die Tat umzusetzen schien. In Mailand wollte das Volk direkt gewählte Konsuln für die Stadtregierung einsetzen, auch wenn es dann nichts dagegen hatte, daß diese dem Kaiser den Treueid leisteten; die Kommission hingegen bestand auf den von ihr direkt ernannten „Stadtvögten“. Die Frage über die Herkunft der Machtträger stand also absolut nicht zur Debatte, vielmehr die Frage der städtischen Autonomie bei den Wahlen. Und es scheint, daß nicht schon am Beginn des Aufstandes, zu dem es kam, Elemente der städtischen Führungsklasse, sondern Leute aus dem Volk standen. Wieder einmal waren es jene mittleren oder unteren Schichten Mailands, wie ein Jahrhundert zuvor die aufrührerischen Träger der religiösen Volksbewegung der Pataria: Sie versammelten sich im Dom und empfingen mit dem Ruf „Fora!“ und „Mora!“ („Hinaus!“, „An den Henker mit ihnen!“) das Diktat Rainalds und Ottos. Die kaiserlichen Kommissare und die Prominenten der Stadt mußten sich im Rathaus verbarrikadieren, von wo die kaiserlichen Boten dann nachts fortgebracht wurden.

Mag sein, daß die Führungsschicht der Stadt damals wirklich überrascht worden ist. Die Konsuln versuchten vergeblich, die Menge zu beruhigen, während sie die kaiserlichen Boten beschworen, ihnen zu glauben, daß sie nichts mit dem Aufruhr zu tun hatten, und ihnen sogar Geldsummen anboten, um sie bei Laune zu halten. Auch scheinen sich einige Ritter zu Rainald begeben zu haben, um ihm zu versichern, daß sich die Mailänder in der einen oder anderen Weise und früher oder später zu besseren Beschlüssen herablassen würden. Aber die kaiserliche Kommission erkannte jedenfalls, daß ein sehr schlechtes Klima aufzog, und verließ entrüstet in aller Eile die Stadt. Rainald entging nicht, daß der Aufruhr Zeichen einer Radikalisierung der kaiserfeindlichen Positionen in Mailand war, und das Geschehen von Crema würde die Lage noch weiter verschlimmern.

Auch wenn eine Rainald nahestehende Quelle das Gegenteil behauptete,

Friedrich hat keineswegs die Ruhe verloren, als ihm der Zwischenfall von Mailand mitgeteilt wurde. Ja, er wollte die Sache durchschauen. Mitte Februar empfing er in Marengo eine Delegation aus Mailand, die er mit aller Strenge an die Ronkalischen Beschlüsse erinnerte und die ihm als Antwort eine flexible Auslegung dieser Beschlüsse entgegenschleudern sollte. Dann durchzog er rasch die Lombardei, wobei er mit besonderer Sorgfalt den Wiederaufbau von Lodi verfolgte. Aber erst zu Ostern, am 12. April, wurde ihm, während er in Modena einem Fest beiwohnte, gemeldet, daß die Mailänder die „Schlüsselstellung der Adda“, das Kastell Trezzo, zurückerobert hatten.

Außer sich vor Wut erreichte er Bologna, wo damals sein Heer stand. In der gelehrten Universitätsstadt versammelte er die Professoren um sich und erklärte Mailand zur Aufrührerin gegen das Reich. Inzwischen trafen – in jenem Frühling, der im Mittelalter die Jahreszeit der Liebe und des Wiedererwachens der Natur, aber auch der Kriegsspiele war – die Verstärkungen ein, die er seit längerer Zeit aus Deutschland angefordert hatte. Sie wurden angeführt von Heinrich dem Löwen, Welf von Memmingen, Rainald von Dassel, der von seiner Diözese Köln, wo er rasch sein Amt angetreten hatte, zurückkam, und Kaiserin Beatrix. Mit diesen neuen Kräften und mit der Hilfe der verschiedenen Kontingente der ihm ergebenen Städte, vor allem Cremonas, konnte er im Juli mit der Belagerung Cremas beginnen. Aber die Bewohner des Städtchens, die sich seit längerem auf den Schlag vorbereitet hatten, reagierten mit außerordentlichem Mut und großer Tatkraft. Bei der Struktur der Streitkräfte und den technischen Mitteln der damaligen Zeit war eine Belagerung stets eine ernste Angelegenheit für die Belagerer: Gegenüber einer auch nur mittelmäßigen Verteidigung befand sich das schlagkräftigste Heer, dessen Kern die schwerbewaffnete Kavallerie war, in Schwierigkeiten; die Belagerungsmaschinen, die Mauerbrecher, die hölzernen Geschütztürme, die Maschinerien zum Auslösen der Geschütze waren gewöhnlich nicht allzu wirksam. Unter diesen Bedingungen konnte eine Belagerung Monate dauern. Die wirksamste Möglichkeit, die dem belagernden Heer zur Verfügung stand, war, die belagerte Burg oder Stadt einzukreisen, um für die Eingeschlossenen den Versorgungsnachschub von außen zu blockieren; die Belagerten wurden sehr selten durch Angriff geschlagen, häufiger waren sie gezwungen, aus Hunger, Wassermangel oder infolge einer innerhalb der Mauern ausgebrochenen Seuche zu kapitulieren. Es sei denn, daß es dem Feind gelang, die Mauern zu „untergraben“ (das heißt, unter ihnen Gänge zu graben und sie mit Holzbalken abzustützen, die dann mit Pech bestrichen und angezündet wurden und den Einsturz der drohend aufragenden, rauchenden Wand verursachten) oder einen Verräter zu kaufen, der ihm die Tore öffnete.

Belagerungen dauerten Monate. Die Belagerung von Crema dauerte sechs Monate und brachte den Ruf der Unbesiegbarkeit, den Friedrich seit Jahren sorgfältig um sich aufgebaut hatte, ernsthaft in Gefahr. Unterdessen reiften in der christlichen Welt, wie wir gleich sehen werden, bedeutende Neuigkeiten heran: Der Kaiser war zunehmend aufgebracht, soviel Zeit unter den Mauern einer lombardischen Kleinstadt verlieren zu müssen, während seine Anwesenheit und seine Kräfte woanders nötig gewesen wären. Er war sich bewußt, daß auf den Bastionen von Crema ebenso wie nicht weit weg von dort, in Mailand, der Feind sein Spiel mit dem Reich, mit seiner Oberhoheit *(honor)*, mit den so feierlich verkündeten Gesetzen trieb. Darüber erfaßte ihn, wie stets in ähnlichen Fällen, kaltblütige Wut. Er ging bekanntlich so weit, daß er die Gefangenen aus Crema an die Belagerungsmaschinen binden ließ und so die Belagerten vor die Alternative stellte, ob sie Angehörige ihres eigenen Blutes zum Tod verurteilen oder den Angreifern die Einnahme der Mauern gestatten sollten. Es wird überliefert, mit welchem Heroismus jene Unglücklichen ihre Verwandten und Freunde anflehten, unbeirrt, ohne an sie zu denken, weiterzuschießen, und mit welcher Bitterkeit und Wut das Volk von Crema jenen verzweifelten Aufforderungen nachkam. Wie es im Krieg oft vorkommt, waren Heroismus und Greuel, Hochherzigkeit und Grausamkeit ineinander verflochten: Die heroischen Kämpfer von Crema antworteten auf jene unmenschliche und des Trägers der Krone des christlichen Kaisers unwürdige Geste damit, daß sie ihrerseits auf den Mauern – in Sichtweite der kaiserlichen Truppen – die italienischen und deutschen Gefangenen aus Friedrichs Heer, die ihnen in die Hände gefallen waren, niedermetzelten. Eigentlich war es ja gar nicht so sehr der Kaiser, gegen den Crema Widerstand leistete, als gegen die verhaßten Cremonenser, die an vorderster Stelle im kaiserlichen Heer den Rivalen mit einer die Deutschen fast befremdenden Verbissenheit bekämpften. Man muß sich fragen, ob das Mittel der an die Kriegsmaschinen gebundenen Gefangenen nicht vielleicht auf ihr Anraten zurückging.

Ende Januar 1160 mußte Crema aufgeben: seine Kräfte waren erschöpft, die Bewohner waren ohne Wasser und Lebensmittel und wurden von Seuchen heimgesucht. Die Stadt wurde gnadenlos zerstört. Aber ihre allzu lange Belagerung hatte – so wie fünf Jahre zuvor die viel kürzere Belagerung von Tortona – bewiesen, daß die Stärke der kaiserlichen Truppen, so schlagkräftig diese auch sein mochten, an jedem gut befestigten Bollwerk zerbrechen konnte. Und die Lombardei war übersät von Städten, die dabei waren, sich in solche Festungen zu verwandeln. Die stärkste von allen, Mailand, störte Friedrich ebenso in seinem ruhigen Schlaf wie den Kanzler Rainald. Offensichtlich hatte sich der Kaiser im September 1158 nur darüber getäuscht, mit einer nicht einmal einmonatigen Belagerung, an deren Ende Verhandlungen standen, Mailand in die Knie zwingen zu können; aber jetzt erkannte er, daß die Stadt damals nicht ihre volle Stärke habe zeigen wollen oder – wegen interner politischer Spaltungen – nicht zeigen konnte.

Der Schlüssel zur Lage in Italien blieb also noch immer derselbe: Mailand mußte bezwungen werden. Die Dinge standen genauso wie eineinhalb Jahre zuvor, als der Kaiser nach Italien gekommen war. Er war sich bewußt, daß er seither keinen wirklichen Erfolg erzielt hatte und daß, sollte Mailand nicht bezwungen werden, er und der Name des Reiches der Lächerlichkeit anheimfallen würden.

Inzwischen ereignete sich etwas nicht weniger Schwerwiegendes auf einer Ebene, die immer dafür empfänglich war, vom Religiösen ins Politische überzugehen. Papst Hadrian bereitete die Anwesenheit und der lange Aufenthalt des Kaisers diesseits der Alpen immer größere Sorge, um so mehr, als in Roncaglia auch den Geistlichen die Regalien entzogen worden waren und somit neuerlich das Wormser Konkordat – oder das, was angesichts der dauernden Verstöße von Friedrichs Seite noch davon übrig war – bedroht zu sein schien. Die Ankunft Welfs von Memmingen in Italien im Frühjahr 1159 verschärfte die Situation: außer Herzog von Toskana und Spoleto war er in der Tat durch kaiserliche Vollmacht der Besitzer der Mathildischen Güter. Seine Anwesenheit entfachte aufs neue die verwickelten und nie wirklich gelösten territorialen Fragen zwischen Papst und Kaiser in Mittelitalien. Der Papst, der wegen der Ereignisse auf dem Reichstag zu Roncaglia verletzt und tief beunruhigt war, bekräftigte, daß in Rom und auf dem „Territorium des hl. Petrus" sämtliche Regalien der Kirche zustünden; er holte also das nie aufgehobene *Constitutum Constantini,* die „Konstantinische Schenkung", wieder hervor; und er bestritt die Gültigkeit der kaiserlichen Forderung der Huldigung von seiten der Bischöfe.

Jenseits jeder anderen Frage, ist – nach dem Eingreifen der Juristen von Bologna auf dem Reichstag zu Roncaglia – die Oberhoheit über die Stadt Rom zu einer vorrangigen Frage geworden. Und Friedrich versicherte dem Papst, daß er keine Einschränkung an seiner Oberhoheit über die Stadt akzeptieren könne. Wenn er einen derartigen Fehler begangen hätte, dann wäre er nicht bereits im Besitz der kaiserlichen Macht, sondern nur *species ... et inane nomen ac sine re,* ihres Anscheins, ihres nichtigen und inhaltsleeren Namens.

Dazu kam eine Reihe nebensächlicher Gründe für Spannungen, die dieses Bild noch komplizierter machten; ja, es tauchten, wie man vielleicht gerechterweise sagen sollte, ebenso viele Vorwände für eine Verschlechterung der Beziehungen auf, die durchaus vermeidbar schien. Nach dem Tod Anselms von Havelberg hatte zum Beispiel Friedrich Guido von Biandrate, den Sohn des gleichnamigen lombardischen Grafen, der ihm in dem heiklen Problem Mailand äußerst nützlich und zudem ein treuer und wertvoller Verbündeter in den lombardischen Angelegenheiten war, auf den Sitz des Erzbischofs von Ravenna erheben wollen. Aber der Papst war nicht gewillt, einem Parteigänger des Kaisers einen so angesehenen Bischofssitz wie den von Ravenna zu überlassen, mit welchem sich außerdem so viele für das christliche Imperium ehrwürdige justinianische Erinnerungen verbanden (und gerade das war einer der Gründe, weshalb sowohl Hadrian als auch Friedrich besonderen Wert darauf legten). Er brachte daher eine Reihe von Vorwänden vor, um nicht nachgeben zu müssen, und tatsächlich kam es nie zur dieser Bischofsweihe. Hadrian mischte sich auch in eine politische Frage in der Lombardei ein, in den Streit zwischen Bergamo und Brescia, indem er einen kaiserlichen Schiedsspruch zwischen den beiden Städten mit dem Vorwand verhinderte, daß das Urteil – da Bergamo die Gunst des Kaisers genieße, während sich Brescia seinen Zorn zugezogen habe – nicht gerecht sein könnte. Und er beeilte sich auch, die Beziehungen zu Wilhelm von Sizilien noch enger zu knüpfen, dem er durch die Übersendung des *vexillum Sancti Petri,* des Banners und Symbols des Papsttums, zeigte, daß er ihn als den eigentlichen Verteidiger der Kirche betrachte (obwohl das Amt des *defensor Ecclesiae* bekanntlich und traditionellerweise dem Kaiser oblag).

Es scheint, daß das päpstliche Banner vom Haupt der „sizilianischen" Front innerhalb des Kardinalskollegiums, Kanzler Roland Bandinelli, selbst nach Sizilien gebracht worden ist. Auch der König von Sizilien war wegen Friedrichs Aufenthalt in Italien mit Recht beunruhigt, denn die Nähe des Kaisers bildete einen Bezugspunkt für die aufständischen Barone in Süditalien; er verstärkte daher die Kontakte zum Papst, während er gleichzeitig versuchte, seine jüngsten, entspannteren Beziehungen zum *basileus* auszubauen, der damals allerdings wegen neu auftauchender Probleme in Kleinasien besorgt und – trotz seiner Sympathien – nicht allzu geneigt war, auf das Abendland zu achten. Der Papst setzte jedenfalls umsichtig seine Diplomatie ein, um den Kaiser von Byzanz zu überzeugen, daß der Normanne in Sizilien alles in allem nicht mehr jene große Gefahr darstellte, als die er bis dahin erschienen war; und Wilhelm seinerseits sandte große Geldsummen nach Rom, um die Wiederherstellung der Befestigung der Stadtmauern zu ermöglichen, was ganz offensichtlich eine antideutsche Funktion hatte.

Hadrian hatte sich jedoch noch nicht endgültig für die offene Auseinandersetzung mit dem Kaiser entschieden, um so mehr, als in der Kurie die „kaiserliche" Partei viele und einflußreiche Kardinäle zählte. Und vier von ihnen – Heinrich, Titelkardinal von SS. Nereus und Achilles, Wilhelm von Pavia, Oktavian Monticelli und Guido von Crema – wurden nach Bologna entsandt, wohin sich Friedrich nach Ostern 1159 begeben hatte, um ihm die Wiederaufnahme des 1153 in Konstanz begonnenen und dann abgebrochenen Gesprächs vorzuschlagen.

Zielte dieser Vorschlag zum Wiederaufgreifen des Konstanzer Vertrags seitens des Papstes darauf ab, eine „doppelgleisige" Taktik in die Beziehungen mit dem Kaiser und mit dem König von Sizilien einzuführen? Oder handelte es sich um reine Ablenkung, um Zeit zu gewinnen? Friedrich blieb jedenfalls unerschütterlich, vor allem war er nicht bereit, irgendeine Einschränkung an seiner Macht über die Stadt Rom zu akzeptieren; auf halbem Weg zwischen Konstanz und Bologna standen nunmehr Roncaglia und die Schüler des Irnerius. Nur dem Anschein nach gab er sich in der Frage der Huldigung der Bischöfe etwas geschmeidiger: er würde darauf verzichten, aber nur unter der Bedingung, daß jene auf die *Regalia* verzichteten; und das war genau – er wußte es nur zu gut – das, was sie niemals annehmen würden. Nur was die Gebietsansprüche des Heiligen Stuhls betraf, stellte er weitere Verhandlungen in Aussicht, auch wenn er erklärte, diese Ansprüche für unbegründet zu halten.

Der Zeitraum für einen tatsächlichen Dialog wurde schließlich immer knapper. Dieses schrittweise Scheitern der Beziehungen läßt sich sogar an bestimmten, uns Modernen als rein äußerlich erscheinenden Merkmalen feststellen. Zwischen 1158 und 1159 entfernte die kaiserliche Kanzlei in den an den Papst gerichteten Sendschreiben eine ganze Reihe von Formulierungen, die auf Ehrfurcht und Hochachtung hindeuteten. Es handelte sich dabei sicher nicht um Nachlässigkeiten, im Grunde auch nicht um Provokationen. Friedrich wollte lediglich deutlich machen, daß seine Auffassung von der kaiserlichen Würde es nicht zuließ, irgendeiner anderen Machtautorität unterstellt zu werden.

Nachdem Hadrian IV. vergebens die Karte der Mäßigung einzusetzen versucht hatte, verließ er im Juni 1159 das immer treulosere Rom und begab sich nach Anagnini, das näher an der Grenze zum normannischen Reich lag. Seit längerer Zeit spielte er ein „Viererspiel“ zwischen päpstlicher Kurie, dem Hof von Byzanz, dem Hof von Palermo und lombardischen Städten, vor allem Mailand. Und in Anagnini empfing er denn auch die Boten einer noch im Entstehen begriffenen Liga, die von Mailand, Brescia, Piacenza sowie dem belagerten Crema gebildet wurde. Die Lombarden verpflichteten sich, nicht ohne Zustimmung des Papstes mit dem Kaiser übereinzukommen; der Papst übernahm seinerseits keine klar abgesteckten Verpflichtungen, sondern war freigebig mit Versprechungen (wie es scheint, versprach er sogar, in Kürze über den deutschen Kaiser den Kirchenbann zu verhängen).

Im August 1159 hatte Friedrich mit Sicherheit Kenntnis vom Bestehen einer „Lombardischen Liga“, denn er schrieb davon an den neuen Bischof von Freising. Auf kaiserlicher Seite hatte man den Verdacht, daß das Geld aus Sizilien und aus Byzanz sowohl den päpstlichen wie den Widerstand seitens der Städte gegen den Herrscherwillen nährte. Der Kaiser empfing seinerseits wohlwollend die Delegationen, die die Stadt Rom zu ihm entsandte; und obgleich er sein Recht auf die Oberhoheit über die Stadt unterstrich und vielleicht an die Einsetzung eines „Präfekten“ dachte, der – genauso wie es durch die kaiserlichen Stadtvögte in den norditalienischen Städten geschah – die Macht des Senats zunichte machen würde, gab er den römischen Gesandten zu verstehen, daß eine Stadtpolitik der Unabhängigkeit vom Papsttum auf seine Unterstützung zählen könnte.

So standen die Dinge, als in den ersten Septembertagen – Friedrich befand sich bereits mehrere Wochen unter den Mauern des belagerten Crema – die Nachricht vom plötzlichen Tod des englischen Papstes eintraf.

VIII.
Der zerrissene Rock

Der sogenannte „ungenähte" – weil ohne Nähte gewebte *(tunica inconsutilis)* – Heilige Rock von Trier war zusammen mit der sogenannten Heiligen Lanze „des hl. Mauritius" eine der berühmtesten Reliquien des Reiches. Ohne Nähte, also aus einem einzigen Stück Stoff bestehend, war der Heilige Rock Sinnbild des Erlösers, der ihn getragen hatte: und wie sein Ebenbild war er Zeichen und Garant der heiligen und unantastbaren Einheit der Christenheit, des *corpus christianorum.*

Nach einer bereits von Gregor von Tours beglaubigten Legende wurde die Heilige Tunika ursprünglich in einer Krypta im kleinasiatischen Galatien verborgen; von dort war sie, wie ein anderer Chronist berichtet, am Ausgang des 6. Jahrhunderts in den Westen gelangt. Aber es müssen, wenn man sich an verschiedene Nachrichten hält, mehrere Heilige Leibröcke oder Tuniken im Umlauf gewesen sein: unweit von Trier, in Argenteuil, gab es einen anderen Heiligen Rock; noch einen weiteren in der Lateranbasilika. Es war, um den jüngeren Ursprung dieser oder jener Reliquie zu verheimlichen, üblich, Entwendungen und dann Neuauffindungen *(inventiones)* oder Übertragungen *(translationes)* in Szene zu setzen. Tatsache ist, daß es für den Heiligen Rock von Trier, den die Legende mit einem Geschenk der hl. Helena in Zusammenhang brachte, vor dem 11. Jahrhundert keine gesicherten Belege gibt.[1] Zur Zeit Friedrichs wurde die Reliquie jedoch sehr verehrt; und in der Kirche von Trier und bei ihrem Oberhirten, dem Fürsterzbischof, war das Bewußtsein lebendig, daß sie mit diesem Rock das greifbare Unterpfand der Einheit des Reiches und der christlichen Welt hütete. Ein Spielmannsepos, *Orendel,* erzählte die Abenteuer des gleichnamigen Helden, auch *Grauêr Roc* genannt, der die heilige Tuchreliquie zu Trier anzog. Orendel besiegt die Heiden, setzt sich die Krone Davids auf und vermählt sich mit der Königin von Konstantinopel, mit der er allerdings in Keuschheit lebt und gemeinsam mit ihr von Gott die Gnade eines heiligmäßigen und unbeschwerten Abschieds von diesem Tränental erhält.

Als selbstbewußter und hartnäckiger Verehrer dieser Symbole und der Wirklichkeiten, auf die sie hinwiesen, war der Kaiser von den römischen Ereignissen im September 1159, die ihn geradezu überrumpelten, zweifellos erschüttert.

Beim Tod Hadrians kam es zwischen den beiden gegensätzlichen Kardinalsparteien in der Kurie zum offenen Zusammenstoß. Auf der einen Seite standen alle jene, die den von Gregor VII. eröffneten Weg fortsetzen wollten: ein hierokratisches Papsttum, das entschlossen ist, als Herr über die Könige der Erde aufzutreten; Anführer dieser Partei war der Kanonist Roland Bandinelli. Auf der anderen Seite hingegen standen die Prälaten, die bereit waren, in der einen oder anderen Weise den kaiserlichen Schutz zu akzeptieren; sie wurden von Oktavian Monticelli angeführt, einem Adeligen aus dem Geschlecht der alten Grafen von Tusculum, der, wenn auch nur entfernt, mit dem Kaiser selbst, mit den Königen von Frankreich und England, mit den Markgrafen der Provence und mit den Grafen von Champagne verwandt war. Hinter der ersten Partei stand offensichtlich die diplomatische, politische und finanzielle Unterstützung seitens des Königs von Sizilien, während die zweite Partei eng mit dem Kaiser und dem römischen Hochadel verbunden war; und Otto von Wittelsbach hielt sich in Rom auf, um die Besteigung des päpstlichen Stuhles durch Oktavian vorzubereiten.

Roland Bandinelli hatte allerdings auf seiner Seite etwas mehr als nur die Führerschaft über die „kuriale“ Partei: Er konnte sich auch rühmen, die Kontinuität hinsichtlich der Politik Hadrians IV. zu vertreten, dessen Kanzler er gewesen war, den er aber auch und vor allem inspiriert hatte. Um die Wahrheit zu sagen, es scheint jetzt nicht mehr möglich, ihn mit dem Bologneser Kirchenrechtslehrer *magister Rolandus* zu identifizieren; was jedoch weder seiner Kompetenz in Fragen des Kirchenrechts noch der Tatsache Abbruch tut, daß sein praktisches Vorgehen und seine theoretischen Standpunkte in der Kirche ohne die wenige Jahre zuvor von dem Kanonisten Gratian durchgeführte Systematisierung des kanonischen Rechts undenkbar wären. Auch Rolands Thesen wären nicht denkbar ohne den Hintergrund von Werken wie *Summa gloria de Apostolico et Augusto,* das um 1125 von jenem mysteriösen Verfasser Honorius von Autun geschrieben wurde und in dem die Überlegenheit des Priestertums über das Königtum mit aller Deutlichkeit verkündet wird. Die Wiederannäherung an den Hof von Palermo, der Zwischenfall von Besançon, die Politik enger Zusammenarbeit mit Friedrich feindlich gesinnten lombardischen Städten waren ganz oder zum Großteil das Werk des Kardinals Bandinelli; er war sozusagen die Hauptfigur in der Szene der päpstlichen Diplomatie ab dem Abkommen von Benevent mit dem König von Sizilien.

Die Arbeiten des Konklaves waren äußerst mühsam und immer knapp daran, in offene Gewalt auszubrechen. Die Römer warteten voller Angst auf die Antwort und wußten im Grunde, daß diese, wie immer sie ausfallen mochte, zu einem Zusammenstoß führen würde. Zweifellos besaß Roland jedoch die ausschlaggebende Mehrheit: von den 31 Mitgliedern des Kardinalskollegiums standen mindestens 22 – also mehr als zwei Drittel – auf seiner Seite. Aber Oktavian hatte auf seiner Seite einen Großteil des Senats, und im Konklave herrschte eine Atmosphäre der Einschüchterung.

Der Bericht von der Ausrufung des neuen Papstes vom September 1159 entpuppt sich als Farce. Das Konklave war zwischen 3. und 4. September zusammengetreten; nach drei Tagen des Hinauszögerns verlangten die Anhänger Rolands – die sich zwar bemüht hatten, zur Einstimmigkeit mit der Gegenseite zu gelangen –, daß endlich der Papst ausgerufen würde. Bandinelli wurde von der Mehrheit zum neuen Papst bestimmt; man war gerade dabei, die *immantatio* vorzunehmen, das heißt, ihn mit dem Gewand zu bekleiden, das eineinhalb Jahrhunderte später Dante als „il gran manto“ (den großen Mantel) nennen würde, als sich Oktavian des Gewandes bemächtigte; ein römischer Senator – einer der wenigen Rolandanhänger in jener Versammlung – entriß es ihm; Oktavian hatte jedoch – vorausschauend vorbereitet – noch einen solchen Mantel in Vorrat und zog ihn rasch an (in der Eile, wie es scheint, verkehrt); es drangen Bewaffnete ein und riefen laut Kardinal Monticelli zum neuen Papst aus. Roland und seine Anhänger sahen sich zur Flucht gezwungen, während die Menge Oktavian zujubelte und dieser beim Gesang des *Te Deum* triumphierend den päpstlichen Thron bestieg. Es war Oddone Frangipani zu verdanken, daß Bandinelli, nachdem er zehn Tage lang einer Belagerung Widerstand geleistet hatte, die Stadt unversehrt verlassen und – nach einem Eilmarsch durch die Pontinischen Sümpfe – nach Cisterna und von dort nach Ninfa flüchten konnte, wo er am 20. September von drei ihm treu gebliebenen Prälaten zum Papst gekrönt wurde; er nahm den Namen Alexander III. an.

Nach der Krönung erreichte der neue Papst sehr bald das benachbarte, in größtmöglicher Nähe der Grenzen des Königreiches Sizilien gelegene Terracina; und schließlich schlug er seinen Sitz in Anagni auf. Auch Oktavian hatte seine Probleme, um in Rom zu bleiben, wo die Auseinandersetzung zwischen den Parteien tobte. Zudem stand außer Zweifel, daß die Mehrheit der Kirchenfürsten seine Wahl für unrechtmäßig hielt; er hatte tatsächlich Mühe, drei Prälaten zu finden, die bereit waren, seine Krönung vorzunehmen, die bis auf den 4. Oktober verschoben wurde, als er endlich in der Abtei von Farfa den Namen Viktor IV. annehmen konnte; daß es möglich war, hatte er – bezeichnendes Detail! – auch dem Bischof von Melfi zu verdanken, der als Gegner des Königs von Sizilien aus dessen Reich geflohen war und sich bereit zeigte, an der liturgischen Zeremonie teilzunehmen. Anschließend schlug Viktor feierlich seinen Sitz in Segni auf, nicht weit vom Sitz seines Gegners. Um ihn zu schützen, kamen Otto von Wittelsbach und Guido von Biandrate mit ihm.

Anagni und Segni sind nur wenige Kilometer voneinander entfernt; als ersten Akt ihrer Herrschaft beeilten sich beide Päpste, über den Gegner den Bann zu verhängen. Man wäre versucht, das eine Farce zu nennen. Eine feindselige Episode in dem Kampf zwischen den römischen Parteien, in den seit vielen Jahrhunderten der Heilige Stuhl mitverwickelt war. Aber tatsächlich trennt nur eine ganz feine Linie die Farce vom Drama, und in unserem Fall waren die Geschehnisse dazu angetan, diese Trennungslinie schon bald zu verwischen.

Von seinem Lagerzelt bei der Belagerung von Crema aus verfolgte Friedrich mit Bangen den Verlauf des ganzen Geschehens. Auch wenn kein Zweifel daran besteht, daß er dazu beigetragen hat, die Wahl Oktavians zu bewirken, so steht ebenso außer Frage, daß ihn das Schisma – denn um ein solches handelte es sich ja nun – überrascht, ja vielleicht erschüttert hat. Das geht mit eindrucksvoller Klarheit aus den Dokumenten der kaiserlichen Kanzlei jener Tage hervor. Und es ist oberflächlich, ihren Ton dahingehend auszulegen, daß er sich damit hinter der stilistisch-formalen Rechtfertigung verschanzt habe, ebenso wie es apriorisch ist, die Absichten Friedrichs zu verurteilen und anzunehmen, daß seine Entrüstung lediglich Berechnung gewesen sei. Er erweist sich als äußerst streng mit den Kardinälen, und zwar mit allen Kardinälen, die anläßlich der Wahl nicht versucht haben, den Willen Gottes zu erfüllen, sondern ihren eigenen. Es war jedoch eine Tatsache, daß, wohl oder übel, Oktavian zum Papst gewählt und ausgerufen worden war; deshalb stand die Krönung Roland Bandinellis in Ninfa – welche Gründe auch immer es dafür gegeben haben mag – objektiv als der Akt fest, der das Schisma ausgelöst hatte. Für den Kaiser gab es gewiß keinen Zweifel, welchem der beiden Gegenspieler er seine Gunst zuwenden sollte; aber selbst wenn er eine Wahl, die bloß Farce war, gutgeheißen hatte, hatte er sicher das Schisma weder vorhergesehen und noch viel weniger gewünscht. Deshalb schrieb er Mitte September – noch vor den beiden Krönungen – an Erzbischof Eberhard von Salzburg und versicherte ihm, daß seiner Meinung nach zu diesem Zeitpunkt ein Papst gebraucht würde, der die Verständigung mit dem Reich gewährleistete, ihm aber auch empfahl, keinem der beiden Gewählten voreilig seine Zustimmung zu geben. Das war kein einschüchterndes Sendschreiben, das war eine an echter Sorge inspirierte Botschaft. Die *unitas Ecclesiae* konnte ihm nicht weniger am Herzen liegen als der *honor imperii*.

Erst als sich gegen Ende Oktober das Schisma gefestigt hatte, entschloß sich Friedrich, an alle deutschen Bischöfe zu schreiben. In jenem Brief nahm er wieder das grundlegende Motiv der Einheit der Kirche und der „zwei Schwerter“ auf, die von Gott dem Papst und dem Kaiser anvertraut worden seien, damit sie die geistlichen bzw. die weltlichen Angelegenheiten lenkten. Aber nun, da die Kirche zerrissen war – fuhr Friedrich fort –, galt es, möglichst schnell ihre Einheit wiederherzustellen. Daher verbreitete er sich nicht über die von den beiden Päpsten jeweils vorgebrachten Beweisgründe: Es konnte gut sein, daß an Roland die Mehrheit – *maior pars* –, an Oktavian hingegen der heilere Teil – *sanior pars* – der Stimmen im Konklave gegangen ist, in dem Sinn, daß die Anhänger Oktavians nichts mit der Verschwörung zu tun hatten, die – der kaiserlichen Propaganda nach – von einigen Kardinälen gemeinsam mit dem König von Sizilien und den Mailändern angezettelt worden war, um einen Feind des Kaisers in den Besitz der päpstlichen Tiara zu bringen; und im Augenblick war es ziemlich nutzlos, eingehend den vorherrschenden Wert der Papstwahl, *electio,* zu erörtern, wie es die Partei Rolands tat, bzw. der *immantatio* und der Zustimmung – *consensus* – des Volkes, worauf die Anhänger Oktavians bestanden. Die Schwierigkeit bestand darin, daß das Kardinalskollegium bereits bevor es in die Papstwahl ging, derart gespalten gewesen war, daß eine vor Aufnahme der Arbeiten des Konklaves abgeschlossene Vereinbarung als unabdingbare Notwendigkeit festgelegt hatte, daß der künftige Papst aus einer einstimmigen Wahl hervorgehen sollte. Und wie wir wissen, hat eben die Unmöglichkeit, diese Einstimmigkeit zu erlangen, die beiden Seiten immer nervöser werden lassen und die Situation zum Überstürzen gebracht. Selbstverständlich gab Friedrich einem von den beiden Päpsten, jenem von Anagni und jenem von Segni, den Vorzug; vor allem verabscheute er Roland und wurde darin von seinem Kanzler Rainald von Dassel bestärkt und vielleicht sogar angespornt. Seine Einstellung hinsichtlich des Schismas war, so scheint es, jedoch ehrlich und korrekt: nicht einer der beiden, sondern beide Päpste hatten die Forderung der Einstimmigkeit (und damit der Einheit) nicht beachtet. Die Kirche war daher in ihrem Lebensgleichgewicht bedroht, und es oblag dem Kaiser, ihrem *defensor,* einzugreifen, um das Schlimmste abzuwehren. Zu diesem Zweck berief Friedrich in sein getreues Pavia ein Konzil ein, zu dem nicht nur die beiden Gegner am päpstlichen Stuhl und alle Prälaten der lateinischen Kirche, sondern darüber hinaus die wichtigsten politischen Führer des Abendlandes eingeladen wurden. Der Bischof von Pavia wurde zu Ludwig VII. von Frankreich und Heinrich II. von England entsandt, die damals auf Kriegsfuß miteinander standen, um sie über die römischen Ereignisse zu unterrichten und ihnen ein gemeinsames Vorgehen zur möglichst raschen Behebung des Schismas vorzuschlagen. Und es besteht kein Zweifel, daß sowohl der Druck, den der Kaiser ausübte, als auch die Nachricht von den römischen Ereignissen an und für sich eine Rolle spielten, als sich die beiden Könige veranlaßt sahen, im Dezember 1159 einen Waffenstillstand abzuschließen, der im darauffolgenden Mai in einen echten Frieden übergehen sollte.

Nachdem das Konzil einmal einberufen war, lag es auf der Hand, daß aus der Sicht des Kaisers alle, die seine Schiedsrichterrolle nicht akzeptieren würden, zu Befürwortern des Schismas wurden. Aber ebenso lag auf der Hand, daß – jenseits der taktischen Frage eines Konzils, das in eine Stadt, die eine Festung der Kaiserlichen war, und von einem Herrscher, der ganz klar der gegnerischen Seite zuneigte, einberufen worden war – gerade diese Rolle von Roland-Alexander nicht akzeptiert werden konnte, es sei denn, dieser würde auf seine massive hierokratische Auffassung verzichten und (endgültig!) vom Inhalt des *Dictatus Papae,* dem Thema der *libertas Ecclesiae* und ihrem Erbe abrücken. Er antwortete daher, der alleinige gemäß dem kanonischen Recht gewählte Papst zu sein und somit als einziger die Vollmacht zu besitzen, ein Konzil einzuberufen. Alexander wußte sehr wohl – und auch Friedrich wußte das –, daß dieses Schisma auch nicht im entferntesten mit jenem zwischen Innozenz II. und Anaklet II.

20 Jahre früher zu vergleichen war. Was jetzt auf dem Spiel stand, war die Rolle des Papsttums selbst und des *sacerdotium* innerhalb der Kirche und der Christenheit: Die Einberufung eines Konzils durch den Kaiser anzuerkennen, würde bedeuten, Friedrich die Würde eines „Bischofs derer von draußen", die Würde eines neuen Konstantin zuzubilligen; es würde bedeuten, die kaiserliche Lesart der „Zwei-Schwerter"-Theorie zu beglaubigen und den Reichsjuristen freie Hand zu lassen, die mit Hilfe des justinianischen Rechts den Papst zu einem Hofkaplan herabsetzen würden. Jenseits der Umstände hätte diese Lösung dem Aristokraten Viktor IV. vielleicht gar nicht mißfallen, während sie den Kanonisten Alexander III. mit Entsetzen erfüllte. Hier – und nicht bloß in dem taktischen Bewußtsein, daß ein von Friedrich geleitetes Konzil diesen begünstigen und jenem schaden würde – liegt der Schlüssel dafür, daß wir von allzu leichtfertigen Verkürzungen absehen und die Haltung beider richtig verstehen. Alles übrige – zum Beispiel, daß Friedrich in Briefen an Oktavian diesen als Papst anredete, während er Roland nur den einfachen Titel Kanzler zubilligte, was dessen zornigen Protest auslöste – gehört offenkundig in den Bereich der diplomatischen Zumutungen, nicht in den der ernstzunehmenden Beweggründe. Zum Beweis dafür bot Kardinal Bosone, einer der glänzendsten und intelligentesten Verfasser von Streitschriften unter Rolands Anhängern in seinem *Liber Pontificalis* eine Schau der Lage, die nicht etwa auf dem Konflikt zwischen Alexander III. und Viktor IV., sondern auf dem Konflikt zwischen Alexander III. und Friedrich beruht. Papst Alexander, so Bosone, verteidigte nur die Freiheit der Kirche; Friedrich wurde dadurch, daß er sie anfocht, zum Tyrannen, zum Verfolger; und Oktavian Monticelli war nur seine elende Kreatur, ein Idol, daß sich der Kaiser mit seinen Händen zurechtschmiedete, um dessen Verehrung durchzusetzen. In dieser Schau wird in der Tat die Beschuldigung des Cäsaropapismus angedeutet, des Willens des Kaisers, die kirchlichen Angelegenheiten direkt zu führen. Der politische Kern lag also in folgendem: Friedrich wollte seine Stellung als Schiedsrichter über den Parteien rechtfertigen, während es Roland darum ging, zu unterstreichen, daß der Kaiser ganz im Gegenteil eine der besagten Parteien, nämlich die Gegenpartei des rechtmäßigen Papstes und damit ein Feind der Freiheit der Kirche war. Aber diese Behauptung schloß von seiten Rolands nicht so sehr die Bekämpfung der Entscheidungen Friedrichs ein, als vielmehr einen Willen zur Revision der Beziehungen zwischen *regnum* und *sacerdotium* in ihrer Gesamtheit, einschließlich der Systematisierung, die ihnen 40 Jahre zuvor mit dem Wormser Konkordat zuteil geworden war. Aber nicht nur der Kaiser würde niemals zulassen, irgend etwas von alledem wieder zur Diskussion zu stellen: niemand, auch nicht innerhalb der Kirche, hatte je Forderungen dieser Art erhoben. Die Begründer des kanonischen Rechts, Gratian an ihrer Spitze, trachteten allenfalls danach, die Frage der Beschlüsse von Worms auf ein Mindestmaß herabzusetzen.

Im Lichte all dessen erklärt sich die rege diplomatische Tätigkeit, die zwischen Oktober 1159 und Januar 1160 sowohl vom Kaiser wie von dem in Anagni residierenden Papst entfaltet wurde: der eine trachtete, eine starke Anwesenheit von Prälaten und Fürsten auf dem Konzil sicherzustellen, der andere versuchte alles, damit diese Versammlung nicht besucht würde. Und diese Spannung erklärt zum Teil auch die verbissene Wut, mit der Friedrich das unglückliche Crema zu Fall brachte: Er wollte umgeben vom Nimbus eines siegreichen Kaisers und Friedensfürsten nach Pavia kommen; doch zur gleichen Zeit machten die Grausamkeiten seiner Truppen unter den Mauern der lombardischen Stadt das Bild vom Tyrannen glaubwürdig, das die Propaganda Rolands von ihm zeichnete, und veranlaßten die Unentschlossenen, sich zu fragen, was wohl geschehen könnte, wenn jener hartnäckige und unversöhnliche Mann, wenn auch nur indirekt, Herr über die päpstliche Tiara würde.

Das Konzil von Pavia wurde am 5. Februar 1160 eröffnet; seit kaum einer Woche war Crema ein rauchgeschwärzter Trümmerhaufen. Von den zwei Päpsten war nur Viktor der Einladung gefolgt; Alexander hatte es verächtlich abgelehnt, die Gültigkeit dieses Konzils anzuerkennen, zu dem nur 50 Bischöfe von kaisertreuen deutschen und italienischen Städten erschienen waren. Es fehlte Erzbischof Eberhard von Salzburg, der einen einfachen Domherrn als Vertreter entsandt hatte; es fehlten die Bischöfe von Trier, Lyon, Arles, Besançon; anwesend waren hingegen (oder hatten jedenfalls dem Konzil zugestimmt) die Bischöfe der Kirchenprovinzen Köln, Mainz, Bremen, Aquileia und die Bischöfe von Bergamo, Mantua, Ravenna, Faenza, Fermo, Ferentino, Lodi, Cremona, Vercelli und Pavia. Die Könige von Frankreich und England hatten vorsichtshalber nur Beobachter entsandt. So mußten die Dinge also notgedrungen ihren Lauf nehmen: durch friedliche Beilegung das Ende des Schismas zu erreichen, war wohl unvorstellbar. In Pavia und nur in Pavia gab Friedrich die gemäßigte Linie auf, die er bis dahin gegenüber Alexander eingehalten hatte. Viktor wurde natürlich als Papst bestätigt, während die Wahl Alexanders im wesentlichen aus politischen Gründen für ungültig erklärt wurde: das heißt, man setzte die These durch, diese Wahl sei das Ergebnis einer Verschwörung zwischen einigen Kardinälen, dem König von Sizilien und den Mailändern gewesen mit dem Ziel, einen Papst zu wählen, der den Kaiser exkommunizieren würde; das war nach der *Lex Iulia* Majestätsbeleidigung. Sicher hätten die römischen Kaiser von Konstantin bis Justinian legitim in derselben Weise gehandelt: Wie hätte ein ungetreuer Untertan Papst werden können? Aber die Zeiten hatten sich nunmehr geändert, und ein Papst, der die Maxime des *Dictatus* Gregors, daß der römische Papst von niemandem gerichtet und verurteilt werden könne, zu der seinen machte, konnte nur voller Empörung auf jenes Trugbild eines Konzils reagieren, das Johannes von Salisbury als ein „Theaterspektakel" bezeichnete, eine Posse.

Tatsächlich war Pavia trotz der schwäbischen Propagandatrommel ein halber Mißerfolg gewesen: geringe Anwesenheit, schwach und einseitig die These, die zu der Schlußentscheidung, zu dem erwarteten Ausgang führte, auf dessen Grundlage am 11. Februar Viktor als rechtmäßiger Papst anerkannt wurde. Das heißt allerdings nicht, daß Friedrich regelwidrig gehandelt hatte, als er selbständig das Konzil ausrief, weil er sich ja, wie es scheint, an die gewissenhafte Beachtung der kirchenrechtlichen Normen gehalten hat: Sicher jedoch trieb die ausgebliebene Zustimmung Alexanders III., auch wenn man sich einerseits in Pavia gezwungen sah, die Entwertung der ganzen Versammlung zu verurteilen, andererseits das Schisma in die Irreversibilität.

Alexander und seine Anhänger verloren daher keine Zeit. Bereits am 28. Februar verhängten in Mailand Kardinal Johannes von Santa Maria in Portico und der Mailänder Erzbischof Hubert sowohl über Viktor IV. wie über Friedrich den Kirchenbann; und einige Tage später traf der Bann desgleichen die Bischöfe und Konsuln der lombardischen Städte, die am Konzil von Pavia teilgenommen hatten, sowie den Markgrafen von Montferrat und den Grafen von Biandrate. Am 23. März endlich bannte Alexander selbst den Kaiser, den er den Hauptverfolger der Kirche Gottes nannte, der das Königsamt mit dem Priesteramt vermengt und sich Rechte angemaßt habe, die ihm nicht zustanden, und damit den ungenähten Leibrock Christi zerrissen habe. Deshalb und weil er den „schismatischen Oktavian" empfangen und unterstützt hatte, wurde der Kaiser mit dem Kirchenbann belegt, und seine Untertanen wurden von dem Treueid, den sie ihm geleistet hatten, entbunden. Doch – so sehr auch die Entbindung der Untertanen vom Treueid praktisch auf die Annullierung der Macht Friedrichs hinauslief – der Papst wollte nicht oder wagte es nicht, bis zur formellen Absetzung zu gehen; das heißt, er beschränkte sich darauf, den Kern der Beziehungen zwischen Herrscher und Untertanen zu treffen, zog es aber vor, nicht an den Kern des kaiserlichen Amtes an und für sich und der Macht des Papstes über dieses Amt zu rühren. Rechtliche Bedenken oder politische Klugheit?

Es besteht kein Zweifel, daß die Ereignisse im Zusammenhang mit dem Schisma die Herzen der Christenheit zutiefst erschütterten, und weder Alexander noch Friedrich scheinen sich tatsächlich leichten Herzens auf jenen Weg begeben zu haben. Die Entscheidung war nicht einfach; und es war jedenfalls eine Entscheidung, die den Riß bestätigte. Die drei großen deutschen Mystiker der Zeit – Elisabeth von Schönau, Ekbert von Schönau und Hildegard von Bingen – neigten alle in ihrer Stellungnahme mehr zu Viktor als zu Alexander hin. Im übrigen gab es lebhafte Forderungen, die – auch aufgrund klarer theoretischer Traktate wie jenes des Hugo von Sankt Viktor, der 20 Jahre vor Ausbruch dieses Schismas gestorben war – die Notwendigkeit einer Trennung des Geistlichen vom Weltlichen verkündeten, das heißt, in den Worten Hugos, „das, was das irdische Leben betrifft, soll den Mächten der Erde unterstehen"; und eben darin schien Alexander seinen Pflichten zuwiderzuhandeln. Männer wie Kardinal Wilhelm von Pavia, Erzbischof Eberhard von Salzburg, der Theologe Gerhoh von Reichersberg, die sich – der eine früher, der andere später –

am Ende allemal für das Lager Alexanders entscheiden würden, zeigten sich zuerst zögernd und bestürzt angesichts eines Ereignisses, das die abendländische Christenheit um ein Jahrhundert, in die Zeit Gregors VII. und Heinrichs IV., zurückzuwerfen schien. Besonders Gerhoh, ein treuer Reichsuntertan und Feind jeglicher Vermischung von geistlichen und irdischen Angelegenheiten, war nicht gleichgültig angesichts der Wahrscheinlichkeit, daß Alexander möglicherweise infolge einer zum Schaden des deutschen Kaisers angezettelten Verschwörung gewählt worden war; er sah den Geldfluß zwischen dem Hof von Palermo und den Kardinälen der „sizilianischen" Partei als Simoniepreis und die von Alexander verbreiteten Aufrufe, um sein Anliegen zu finanzieren, als simonistische Anträge an.

Unterdessen ging die reichsintern und aufgrund der Beziehungen zwischen dem Reich und dem Papsttum entstandene Frage über die Reichsgrenzen hinaus und enthüllte auf grobe Weise die Grenzen von Friedrichs Streben nach dem *dominium mundi,* nach der Weltherrschaft. „Wer hat den Deutschen je das Recht gewährt, über die anderen Nationen zu richten?", wollte Johannes von Salisbury wissen und deckte mit diesem bissigen Satz die geschichtliche und begriffliche Schwäche der Theorie von der *translatio imperii* auf. Und es wurde immer klarer sichtbar, daß das politische Problem – unabhängig von seinen eigentlichen kirchlichen Konturen – für die Herrscher und die Kirchen des Abendlandes darin bestand, einen ihnen vom Kaiser vorgeschlagenen Papst anzunehmen oder abzulehnen.

Die Könige Frankreichs und Englands hatten ihren schon chronischen Konflikt eingestellt, um die Frage des zu befolgenden Papstgehorsams zu lösen. Im Juli 1160 hatten sie ihren französischen Klerus nach Beauvais bzw. den normannischen nach Neufmarché einberufen, in geringer Entfernung voneinander auf der Grenzlinie zwischen dem Königreich Frankreich und dem Herzogtum Normandie; aber von den Beschlüssen dieser beiden Parallelversammlungen weiß man wenig. Gerhoh von Reichersberg spricht von einer Synode in Toulouse, die wahrscheinlich im Herbst 1160 oder im Frühjahr 1161 abgehalten wurde und auf der die Angelegenheit entschieden werden sollte; aber auch davon weiß man kaum etwas. Inzwischen hatten sich im Juli 1160 auch die englischen Bischöfe versammelt und in bezug auf den Papstgehorsam beschlossen, sich entsprechend den Entscheidungen ihres Königs zu verhalten. Man hat jedenfalls den Eindruck, daß beim Klerus eine Meinung zugunsten Alexanders vorherrschte, aber auf seiten der Herrscher viel Unentschlossenheit bzw. eine zögernde Entscheidung anzutreffen war. Zudem flammten im Herbst die Feindseligkeiten zwischen Heinrich II. und Ludwig VII. wieder auf und verwickelten auch die Gesandten des Papstes von Anagni hinein, die sich allzu voreilig bemüht hatten, in verschiedenen Fragen, mit denen das kanonische Recht und die päpstliche Macht zu tun hatten, beide Herrscher zufriedenzustellen; daraus erwuchs eine unangenehme Situation, aus welcher die Sache Alexanders zeitweise kompromittiert hervorging. Aber wenn die Diplomatie des Bandinelli-Papstes ränkevoll war, so war diejenige Friedrichs und seines Kanzlers Rainald umgekehrt hochmütig und arrogant; und weder der König von Frankreich noch jener von England waren gewillt, den Eindruck von – sei es auch leuchtenden – Edelsteinen zu machen, die in die Krone des Hohenstaufen-Kaisers eingefaßt sind.

Es heißt allgemein, daß die Geschichte des im Jahr 1160 ausgebrochenen Schismas recht seltsam sei. Am Ende des Jahres 1161 war das Spiel in ganz Europa entschieden: Am 18. September jenes Jahres gewährten Ludwig VII. und Heinrich II. dem zu Jahresbeginn nach Frankreich geflohenen Alexander III. Zuflucht in Coucy-sur-Loire; vergeblich schrieb Friedrich zwischen Ende 1161 und Anfang 1162 in drohendem Ton an den Kanzler Ludwigs VII. und warnte ihn davor, dem Rebellen Roland weitere Gastfreundschaft zu gewähren; im Mai und Juni zuvor hatten zwei italienisch-deutsche Synoden, die sich in Cremona bzw. in Lodi versammelt hatten, die Ergebnisse von Pavia und ihre Treue zu Viktor IV. bestätigt. Die Könige von Frankreich und England hatten sich also, wenn auch mit einiger Zurückhaltung und verschiedenen diplomatischen Überlegungen, schließlich auf die Seite Alexanders gestellt; und das gilt auch von den Herrschern und den Kirchen Ungarns, Kastiliens, Aragons und des Kreuzfahrerstaates im Heiligen Land. Zu Viktor IV. bekannte sich die Mehrheit der Prälaten der drei Königreiche, die direkt Friedrich unterstellt waren, sowie jene von Böhmen und Dänemark, die die feudale Oberhoheit des Kaisers anerkannten. Was aber Italien anging, so entschied sich der Gehorsam gegenüber einem der beiden Päpste logischerweise von Stadt zu Stadt und von Region zu Region, je nach den Beziehungen zu Friedrich. In der Lombardei zum Beispiel lag es auf der Hand, daß Mailand die große Anhängerin Alexanders war und daß das die gesamte Regionalgeographie der Unterstützung für Bandinelli und Monticelli betraf. In der Toskana berief Markgraf Welf für Palmsonntag, den 20. März, eine Regionalversammlung nach San Genesio ein, dort, wo, südlich des Arno, die *Via Francigena* begann. Es kamen die großen Lehnsherren der Region – vom jugendlichen Guido, dem Sohn des Guido Guerra, bis zu Gerhard aus der Familie Gherardesca und Hildebrand aus dem Geschlecht der Aldobrandeschi – und die Konsuln von Pisa, Florenz, Lucca, Pistoia, Siena. Die Versammlung wurde von einem Tumult, den Florentiner und Lucchesen gegen die Guidos entfesselten, gestört, aber symptomatisch für die herrschende Verwirrung ist jedenfalls die Tatsache, daß der deutsche Herzog, der die Toskaner von der Richtigkeit der Sache Viktors überzeugen sollte, der Meinung Erzbischofs Villano von Pisa den Vorzug gab, der gerade wegen seiner Entscheidung für Alexander mit seiner Stadt zerfallen war.

Aber aus der Nähe betrachtet sind die Dinge noch nuancierter und komplizierter. Es sind – was noch normal wäre – nicht nur Abtrünnigkeiten und Wechsel des Lagers festzustellen, sondern darüber hinaus ein verbreiteter und auch frühzeitiger „Überdruß am Schisma“. Wir wollen damit sagen, daß in vielen Fällen die Zustimmung dieses oder jenes Prälaten und dieser oder jener Diözese zu einem der Päpste von zufälligen Motiven diktiert gewesen zu sein scheint und daher schwach und reine Formsache ist; es fehlt auch nicht an Fällen des Zögerns und richtiggehender Doppelzüngigkeit. Um es kurz zu sagen, in der Mehrheit der Fälle hat der europäische Klerus das Schisma ertragen, er hat ihm jedoch nicht zugestimmt, hat nicht ausdrücklich Stellung bezogen. Alexander und Friedrich ihrerseits haben sich immer, auch in den Augenblicken größter Spannung, sozusagen direkt in die Augen geschaut: Als Hauptfiguren und Hauptverantwortliche des Schismas sind sie vielleicht nie dem Verlangen (und dem Bewußtsein der gemeinsamen Verpflichtung), es zu beseitigen, nachgekommen. Alexander hat Friedrich nie formell abgesetzt; und dieser hat oft mit aller Wucht eingegriffen, aber manchmal auch mit Verständnis und beinahe demütiger Sorgsamkeit gegenüber den Prälaten des Reiches, die sich – unter Wahrung ihrer Treue zum Kaiser – für den Gehorsam gegenüber Alexander entschieden hatten.

Das Schisma wird sich viele Jahre, bis 1177, hinziehen und den – tatsächlich immer mehr verblassenden – Hintergrund für den Kampf zwischen dem Kaiser auf der einen, dem Papst und den lombardischen Städten auf der anderen Seite abgeben.

Unterdessen blieb Friedrich 1160 in Italien und verstärkte die Aktionen in der lombardischen Ebene. Doch seine und die Kräfte der mit ihm verbündeten Städte und Lehnsherren waren alles in allem recht gering: Er hätte gern Mailand durch Belagerung niedergezwungen, aber sein Heer reichte nicht einmal aus, die Stadt ganz zu umschließen. Unter diesen Umständen konnte er nur das die Stadt umgebende Land plündern, um ihr die Versorgung abzuschneiden; aber diese Taktik schadete auf längere Sicht seinen eigenen Truppen, denen es nach Verwüstung der Umgebung nicht gelang, ausreichende Verpflegung zu finden. Und so wurde der *dominus mundi*, der sieben Monate gebraucht hatte, um die sicher nicht außergewöhnliche Stadt Crema zu erobern, im Juni von den Mailändern aus der Fassung gebracht, die ihm – während er die Felder zwischen Legnano und Rho verwüstete – ein Expeditionskorps entgegenschickten, an dessen Spitze sich an die hundert gepanzerte „Sichelwagen" (d. h. Wagen, die von unten bis oben mit Sicheln versehen waren) befanden; die Erfindung dieser Vorläufer der Panzer muß wohl dem schon sagenhaften Meister Guitelmo zugeschrieben werden. Am 9. August wurde der Kaiser von den Mailändern in der Schlacht um die Burg von Carcano geschlagen. Rein militärisch kam der Niederlage kaum Bedeutung zu, sie ließ aber eine allgemeine Schwäche erkennen, um die der Schwabe sehr wohl wußte. Um ihr abzuhelfen, hatte er seit längerer Zeit in Deutschland um Hilfe nachgesucht. Aber dort war sein wichtigster Fürst, Heinrich der Löwe, in jenen Monaten ganz damit beschäftigt, die Gebiete jenseits der Elbe zu unterwerfen und zu organisieren, wobei ihm gegen den noch bestehenden Widerstand der Wenden die Kenntnisse der Kriegstechnik und insbesondere der Belagerung von Städten, die er sich in Italien erworben hatte, sehr behilflich gewesen sein dürften. Auf einem Reichstag, der unter dem Vorsitz des Kanzlers Rainald von Dassel im Juli in Erfurt abgehalten wurde, entschloß er sich denn, in Italien mitzumachen; die geplante Hilfe blieb jedoch nur gute Absicht. Der Erzbischof von Salzburg, der mehrmals vom Kaiser selbst um Hilfe gebeten worden war, hatte sich endlich entschlossen, einen Geldbeitrag zu übersenden: Friedrich aber – mag er den Betrag für unangemessen erachtet haben oder über die alexanderfreundliche Haltung des Bischofs verärgert gewesen sein – wies ihn zurück. Im Frühjahr 1161 traf endlich der deutsche Nachschub zusammen mit weiterem aus Ungarn ein; und nun wurden mit Hilfe der Belagerungsmaschinen, die von den Bischöfen von Novara, Asti und Vercelli sowie von Graf Biandrate, von anderen lombardischen Adeligen und von den Städten Como, Lodi, Bergamo, Cremona, Pavia und anderen bereitgestellt worden waren, die Operationen gegen Mailand wiederaufgenommen. Zwischen Frühjahr und Sommer konnte die systematische Belagerung der von Meister Guitelmo erdachten außerordentlichen Mailänder Befestigungen beginnen.

Aber das war ein hartes Unternehmen und wurde obendrein durch allerlei politische Manöver kompliziert. Unter den deutschen Fürsten wollten einige ihre besondere Rolle gegenüber dem Kaiser herausstellen und geltend machen; vor allem aber haßten viele – vor allem im Kreis von Friedrichs Verwandten – den Kanzler Rainald und waren bereit, alles zu unternehmen, um ihn aus dem Sattel zu heben und das offenkundige Vertrauen zu untergraben, das der Kaiser in seine Entscheidungen und Ratschläge legte.

Die Bedeutung der Bezwingung Mailands gerade für die Beilegung des Schismas war eine These Rainalds. Im Gegensatz zu ihr versuchten einige Adelige – darunter Konrad, der Stiefbruder Friedrichs und rheinischer Pfalzgraf, Herzog Ladislaus von Böhmen und Landgraf Ludwig von Thüringen –, mit den Mailänder Konsuln in Kontakt zu treten und Verhandlungen aufzunehmen; es scheint jedoch, daß Rainald die mailändischen Boten trotz des Geleitbriefes jener Fürsten abgefangen hat; und beleidigt angesichts eines solchen Verstoßes schworen diese, ihn zu töten. Der Kaiser mußte große Mühe aufwenden, um diesen Streit beizulegen. Unterdessen ging die Belagerung weiter, und Friedrich versäumte nicht, den Belagerten Beweise seiner unbeugsamen Entschlossenheit zu liefern: so z. B. schickte er einige ihrer Bürger, die unter die Gefangenen gefallen waren, zurück, nachdem er zuvor alle hatte blenden lassen bis auf einen (dem jedoch die Nase abgeschnitten worden war), damit er sie führen konnte. Für Friedrich war der Fall der Stadt weit mehr als ein militärisches Ziel: Es hieß, er habe geschworen, die Krone nicht mehr zu tragen, bis er sein Ziel erreicht habe.

Anfang 1162 wollte sich die völlig erschöpfte Stadt ergeben. Friedrich war zwar hart, aber im allgemeinen wollte er die Dinge nicht überziehen. Daher erlegte er strenge, aber im Grunde vom Geist von Roncaglia geprägte Friedensbedingungen auf: Das geschah zweifellos mit Zustimmung des deutschen Adels und aller jener, die wie Guido von Biandrate zur Mäßigung rieten. Die Mailänder würden einen deutschen Stadtvogt oder einen Mitbürger, der aber vom Kaiser ausgewählt wird, annehmen müssen; Mauern und Türme der Stadt würden dem Erdboden gleichgemacht und dürften erst dann wiederaufgebaut werden, wenn der Kaiser die Erlaubnis dazu gegeben hat; aber die Stadt würde überleben, wenn auch infolge der Abwanderung vieler ihrer Einwohner in kleineren Ausmaßen. Unter den Beratern des Kaisers war nur Rainald gegen diesen Plan: Nach ihm sollte Mailand vollständig zerstört werden.

Aber auch in der belagerten Stadt gingen Haß und Rivalitäten um. Mailand, daß von gegensätzlichen politischen Parteien und von auseinanderlaufenden wirtschaftlichen Interessen innerlich tief gespalten war, war sich in diesem Kampf keineswegs einig: es gab viele Meinungen, viele Spannungen, viel Groll. Und das alles spiegelte sich auch im unmittelbaren Verhalten wider: da gab es die Befürworter der Kapitulation; die Anhänger des Widerstands bis zum äußersten; ja sogar die mehr oder weniger heimlichen Anhänger Friedrichs, wie die Mönche von Sankt Ambrosius oder die Angehörigen der Familie Scaccabarozzi, wahrscheinlich Lehnsmänner des Klosters Sankt Ambrosius und des Bischofs von Lodi. So waren die Verhandlungen nahzu abgeschlossen, als in der Stadt ein Aufruhr ausbrach, der wohl bedingt war durch den allgemeinen Überdruß, weil die Verhandlungen zu lange dauerten, und sie vielleicht beschleunigen oder aber – im Gegenteil – zu Fall bringen sollte. In diesem ganzen Geschehen ist nur eines wirklich klar: nämlich daß Friedrich die Angelegenheit Mailand, die ihm zuviel Zeit und zuviel Geld kostete, möglichst bald zum Abschluß bringen wollte; das auch deshalb, weil inzwischen – im Januar – Alexander III. in Genua eingetroffen war, von wo aus er nach Frankreich zu gelangen und sich unter den Schutz seines neuen Freundes Ludwig VII. zu begeben gedachte. Die Genuesen hatten ihn nicht nur triumphal empfangen, sondern sie hatten sich auch geweigert, dem Ersuchen des Kaisers Folge zu leisten, der ihnen einen Alternativvorschlag gemacht hatte: entweder Alexander an ihn auszuliefern oder aber ihn bei ihnen selbst in Gewahrsam zu nehmen. Es war eine für sie vorteilhafte Geste der Freundschaft und Treue, die ihnen der Papst schon im März mit einem Privileg, das ihre Interessen in Sardinien unterstützte, vergelten sollte; und darauf würde schon wenig später, im Juni, ein anderes Privileg – gleichsam als Konkurrenz – von seiten des Kaisers folgen. Denn Friedrich konnte, wie auch immer es mit seinem Humor bestellt gewesen sein mag, es sich nicht erlauben, die Freundschaft der Seestadt ganz zu verspielen: daher die Notwendigkeit, jedenfalls gute Miene zum bösen Spiel zu machen.

Unter diesen Umständen hätte der Kaiser ein Kapitulationsabkommen mit Mailand als nicht schlecht angesehen. Aber die Ereignisse vom Februar schienen jenen recht zu geben, die wie Rainald die Ansicht vertraten, daß es jetzt weder Raum für Verhandlungen noch für Vertrauen gäbe: Die verzweifelte Stadt befand sich vor dem Zusammenbruch, niemand hatte mehr die Herrschaft über sie, es gab also gar keinen anderen Weg, als die bedingungslose Kapitulation vorzuschlagen.

Mailand war tatsächlich am Ende. Die Kommunikation mit Brescia und Piacenza, von wo, solange es möglich gewesen war, Nachschub kam, war abgeschnitten, die Stadt wurde zur Beute des größten Eroberers der befestigten Städte des Mittelalters: des Hungers. Gewiß blieben Piacenza und seine Bewohner wenigstens ein sicherer Verbündeter: Sie verziehen es Friedrich nicht, daß er die Frage der Transitrechte über den Po zugunsten des Klosters Santa Giulia von Brescia statt zu ihren Gunsten entschieden hatte. Aber sie waren jetzt nicht in der Lage, irgendeine wirksame Hilfe zu leisten.

Und da gab es vielleicht noch etwas: die „fünfte Kolonne". Eine allerdings späte und sehr parteiische Quelle schreibt den Untergang Mailands einem „verräterischen" Bürger, Jordan Scaccabarozzi, zu, der sich – als das Abkommen über die bedingte Kapitulation bereits eine abgemachte Sache zu sein schien – heimlich des Nachts zum Kaiser begab, um ihm mitzuteilen, daß die Stadt aus Mangel an Nahrungsmitteln am Ende war, und ihm daher riet, die Verhandlungen zu unterbrechen. Scaccabarozzi war nur die Spitze eines ziemlich gefestigten kaiserfreundlichen Mailänder Eisberges. Man mußte daher nachgeben.

Am 1. März 1162 erschienen die Mailänder Konsuln in Lodi, zum Zeichen der Demütigung die blanken Schwerter um den Hals gehängt, und wie Männer, die des Hochverrats beschuldigt sind, warfen sie sich zu den Füßen des Kaisers nieder und flehten um Milde. Am 4. März, dem zweiten Fastensonntag, trafen 300 Ritter in Lodi ein: Sie baten um Mitleid mit ihrem unglücklichen Mailand, übergaben dem Kaiser ihre Fahnen und stellten Geiseln. Am 6. März traf schließlich der Carroccio ein, begleitet von 1000 Bewaffneten. Vor den bestürzten und in Tränen ausbrechenden Mailändern, die in Säcke gehüllt waren und Holzkreuze trugen, senkte sich die große Fahnenstange des Carroccio, und der Kaiser streckte seine Hand nach der Fahne des hl. Ambrosius aus. Sogar Guido von Biandrate, treuer Untergebener Friedrichs, aber auch ein Freund Mailands, bat um Erbarmen; die um den Thron versammelten deutschen Fürsten weinten erschüttert über die qualvolle Szene. Allein der Kaiser verharrte ungerührt im Schweigen; da erinnerte Rainald die um Milde Flehenden daran, daß das einzige, was sie tun könnten, war, bedingungslose Treue zu geloben; im übrigen würden sie am nächsten Tag ihr Schicksal erfahren. Die Demütigung der Mailänder war Rainalds größter politischer Sieg; sie bedeutete auch die Demütigung seiner Feinde am Hof, aller jener, die aus Haß gegen ihn und um ihn an der Erlangung eines neuen Erfolges zu hindern, gern mit der lombardischen Stadt verhandelt hätten.

Am nächsten Tag gab der Kaiser seine Zurückhaltung auf. Dem Gesetz nach waren die Mailänder – als Verräter – der Verurteilung zum Tod strafbar; doch die Konsuln würden eingekerkert werden, die Ritter würden Geiseln stellen müssen, die Mauern würden niedergerissen und die Festungsgräben zugeschüttet werden, um dem kaiserlichen Heer zu ermöglichen, in Schlachtordnung in die Stadt einzuziehen. Eine beißende Demütigung, die um so grausamer war, als die Verurteilung in jenem Lodi verkündet wurde, das die Mailänder mehrmals bezwungen hatten.

Es kann sein, daß gewisse Spuren von Milde in einem so harten Urteil auf den Rat der deutschen Adeligen zurückgehen, die über die Größe der Mailänder erstaunt waren; und vielleicht auch auf den Rat manches italienischen Feudalherrn wie des Grafen von Biandrate. Aber Rainald hatte auf seiner Seite die Mailand feindlichen lombardischen Städte, die nichts davon wissen wollten, die Stadt allzu schnell wiedererstehen zu sehen. Der Kaiser hatte den Vorsitz in ihrer Versammlung, die ab 13. März in Pavia abgehalten wurde; und dort wurde ihm bewußt, daß es besser war, sie zufriedenzustellen. Am 19. März befahl er den Mailändern, die Stadt zu verlassen; es wurden ihnen vier nahe Orte angewiesen, wo sie sich niederlassen konnten. Am Tag darauf begann die totale Zerstörung, die von den lombardischen Feinden Mailands ausgeführt wurde: und das mit derart überhitztem Eifer, mit solcher Wut, daß nicht einmal die Kirchen verschont wurden und Friedrich sich zum persönlichen Eingreifen gezwungen sah, um die Schändung einiger Reliquien zu verhindern. Die Zone des Osttores mit dem Borgo wurde von den Kriegern aus Lodi, die seit Jahrzehnten auf diesen Augenblick warteten, mit wilder Freude angegriffen; das Römische Tor wurde von den Cremonesern niedergerissen; auf die Porta Vercellina stürzten sich die Novarer; die Porta Comacina (also das Como-Tor) war, wie könnte es anders sein, für die Scharen aus Como bestimmt; und für das Tessiner Tor waren natürlich die Männer aus Pavia zuständig, während sich jene von Seprio und Martesana der Porta Nuova annahmen.

Am 1. April, Palmsonntag, war die Zerstörung abgeschlossen. Friedrich nahm in Sankt Ambrosius den Ölzweig: sicher als Friedenszeichen, aber auch als Zeichen des Sieges. Er begab sich dann nach Pavia, wo er das Osterfest feierte und glänzend Hof hielt im Beisein vieler deutscher Adeliger und Prälaten und der Konsuln der verbündeten lombardischen Städte. Diese waren wegen der Tragödie von Mailand wohl die Strahlendsten von allen. Bei seinen Bischöfen hatte Friedrich sehr – und am Ende mit Erfolg – darauf gedrängt, daß auch Eberhard von Salzburg nach Pavia komme, dem im März Alexander mit der Bitte geschrieben hatte, sich beim Kaiser um die Beseitigung des Schismas zu bemühen. Zusammen mit Eberhard reiste Gerhoh von Reichersberg, der kurz vorher das erste Buch seines Werkes *De investigatione Antichristi* vollendet hatte, in das kaiserliche Feldlager.

Nachdem Mailand gefallen und den Mailändern als erster kaiserlicher Podestà Heinrich, Bischof von Lüttich, aufgenötigt worden war, konnte niemand in der Lombardei vernünftigerweise an Widerstand gegen den Kaiser denken. Brescia und die wenigen anderen treuen Verbündeten der Stadt des hl. Ambrosius beeilten sich jetzt, sich gleichfalls zu beugen und eine Wiedergutmachung von 6000 Silbermark zu zahlen. Piacenza, das sich schuldig gemacht, dem Kaiser den Rücken gekehrt zu haben, mußte zusehen, wie seine Mauern niedergerissen und die Gräben zugeschüttet wurden, und sich in die Rückgabe der Regalien, die Zahlung einer Entschädigung von 6000 Mark und die Anerkennung eines vom Kaiser ernannten Stadtvogtes fügen. Und was die Frage der Vögte aufgrund kaiserlicher Ernennung – oder wenigstens Billigung – betraf, so gab Friedrich nicht nach: Sogar das treue Cremona, das mit Privilegien überhäuft wurde (für manche mußte es freilich einen Haufen Geld zahlen, um sie zu erhalten), mußte notgedrungen akzeptieren, daß seine Konsuln in Anwesenheit eines Vertreters des Kaisers gewählt wurden, der dann ihre Einsetzung vornahm.

Es zeigten sich also auch innerhalb des kaisertreuen Gefüges Bruchlinien. Die Mailand feindlichen lombardischen Städte hätten einfach in allem dessen Platz einnehmen, an die Stelle seiner Vorherrschaft treten und sie untereinander aufteilen wollen; dem Kaiser hingegen ging es um die Durchführung der Ronkalischen Gesetze. Die unterschiedliche Behandlung, die Brescia oder Piacenza einerseits, Cremona andererseits vorbehalten war, reichte zweifellos aus, um zahlreiche Feindseligkeiten und ernste Entrüstung zu erzeugen; es genügte jedoch nicht, jene Städte zu befriedigen, die angenommen hatten, der Sieg vom März gegen Mailand wäre auch ihr Sieg gewesen, und die sich erst jetzt der wahren Natur der kaiserlichen Politik bewußt wurden. Und diese Ernüchterung war ein schwerwiegendes, unwägbares, gefährliches Element, das nicht einmal der vorsichtige Rainald einzuschätzen wußte. Es war wirklich ein Risiko, sich auf die komplizierte Sache der italienischen Städte einzulassen.

Friedrich hingegen hatte vor, sich immer mehr darauf einzulassen, vielleicht weil er meinte, das meiste sei nunmehr getan. Nachdem Mailand gefallen war, hatte jeder ernsthafte Widerstand im Königreich aufgehört; von seinem Hof in Pavia, wo er bis Mitte Juni bleiben würde, richtete er jetzt seinen Blick auf Sizilien. Um aber das Königreich Wilhelms zu bezwingen, benötigte er die Hilfe der beiden Seestädte Genua und Pisa, die damals miteinander zerstritten waren. Wenn Friedrich schlau auf die gegenseitigen Rivalitäten setzte, wollte er sie gewiß nicht miteinander aussöhnen; ihm genügte, daß sich die beiden seinen Plänen anpaßten, ja im Gegenteil, unter dieser Voraussetzung hätte es ihm gar nicht mißfallen, wenn sie Gegner geblieben wären. Der Stadt Pisa gestand der Kaiser mit einem bedeutsamen Privileg zu, ihre Konsuln frei zu wählen, und gewährte ihr auch noch verschiedene andere Vorrechte, indem er ihre gräflichen Rechte erweiterte und die ganze Küste zwischen Portovenere und Civitavecchia, also die ganze toskanische Küste, als ihr Einflußgebiet anerkannte. Wie üblich verschenkte er in diesem Dokument auch Vorrechte, auf die er zwar ein gewisses juridisches Recht, über die er jedoch keine tatsächliche Macht besaß; er ging sogar so weit, den Pisanern die Hälfte von Palermo, Messina, Salerno, Neapel, ganz Gaeta, Mazzara und Trapani sowie eine Möglichkeit für die Errichtung eines Warenlagers in allen Städten des Königreiches Sizilien zuzusichern, außerdem die vollkommene Steuerfreiheit auf jenem Territorium und ein Drittel des Vermögens Wilhelms I. Das alles natürlich erst, wenn das sizilisch-normannische Königreich erobert sein würde; und zum Schutz vor eventuellen Ansprüchen des Markgrafen von Tuszien verpflichtete sich Friedrich, diesen hinzuhalten im Fall, daß er es wagen würde, den vielgeliebten Pisaner Untertanen etwas streitig zu machen.

Als der Kaiser so großartige Versprechungen formulierte, hatte er vielleicht wirklich die Absicht, im darauffolgenden Herbst den Feldzug gegen Sizilien zu beginnen. Was dieses Vorhaben betraf, mußte er sich aber schon bald anders besinnen und den Beginn der Unternehmung auf das folgende Jahr verschieben.

Die Pisaner setzten großes Vertrauen auf dieses enge Bündnis mit dem Reich, obwohl sie wußten, daß es ihnen sowohl in Süditalien wie in Byzanz Unannehmlichkeiten einbringen würde; was denn auch pünktlich eintrat. Um so größer war daher ihre Verärgerung, als sie erfuhren, daß der Kaiser ähnliche Privilegien wie ihnen auch Genua anbot, dem er – wie bereits erwähnt – im Juni unter anderem das Recht zuerkannte, die Küste zwischen Portovenere und Monaco als ihr Einflußgebiet zu behandeln. Damit, daß er Pisa im April ein ebenso umfassendes Vorrecht gewährte, war Friedrich die einkalkulierte (bis zu welchem Grad?) Gefahr eingegangen, sich Genua endgültig zum Feind zu machen, wobei er allerdings auf dessen Hang zum Wetteifer setzte: Und wie von ihm richtig vorausgesehen, hatten die Genuesen – die beunruhigt und verärgert sahen, wie die Rivalin von dem Mann begünstigt wurde, der damals als der absolute und endgültige Sieger galt – sofort ein diplomatisches Annäherungsmanöver versucht, dem sich Pisa gewissenhaft widersetzte.

Die Eifersucht der beiden Städte dadurch zu erregen, daß er beide – aber zu verschiedenen Zeiten und in verschiedenem Maße – begünstigte, hatte sich taktisch als Erfolg erwiesen. Aber strategisch war es ein Fehler, und tatsächlich zauderten sie nicht lange, um neuerlich zusammenzustoßen, und zwar gelegentlich eines Aufruhrs zwischen Pisanern und Genuesen in Konstantinopel.

Die unverkennbare Wende der Situation reizte Friedrich aufs höchste, so daß er es für notwendig hielt, sofort gegen Sizilien vorzugehen, um seinen Erfolg in der Lombardei zu festigen und bis zur Neige auszunützen. Seine Widersacher waren dabei, sich neu zu organisieren, und zwischen April und Mai hatte Alexander III. von Montpellier aus sowohl gegen ihn wie gegen Viktor IV. den Bann bestätigt.

Im Juni war Friedrich bereits in die Romagna aufgebrochen. Aber vielleicht waren es die Nachrichten über die Zusammenstöße zwischen Pisanern und Genuesen, vielleicht die Unerläßlichkeit, sich in Burgund blicken zu lassen, um auch dort verschiedene Probleme zu regeln und die Vorstöße Alexanders aus unmittelbarer Nähe zu verfolgen, die ihn zum Kehrtmachen veranlaßten und nach Nordwesten ziehen ließen. Um sich mit Sizilien zu beschäftigen, war die Zeit noch nicht reif.

Friedrichs Anwesenheit in Burgund hing sicher mit den lokalen Problemen zusammen, aber vielleicht auch mit dem Wunsch, Deutschland nahe zu sein, von dem er so lange abwesend war und wo sich mancherlei Dinge zutrugen. So hatten sich unter anderem im Februar die Obotriten (Abodriten) wieder gerührt und Mecklenburg angegriffen, und erst im Juli war es Heinrich dem Löwen gelungen, sie zu besiegen. Aber bereitete der neuerliche Erfolg des Vetters, der sich in Sachsen – und, vielleicht weniger, in Bayern – als absoluter Herr gebärdete, Friedrich wirklich Freude?

Was ihm am meisten Sorge bereitete, waren jedoch die Fortdauer des Schismas und die Tatsache, daß sich Alexander III. zunehmend durchsetzte: Jede neue Unterstützung für Bandinelli war – dessen war sich der Kaiser bewußt – ein harter Schlag gegen seine Person und gegen sein Ansehen, hatte er sich doch nach Pavia so entschieden zur Unterstützung Viktors IV. verpflichtet. Die größte Gefahr war, daß die Könige von Frankreich und England ihre gegenseitigen Feindseligkeiten im Zeichen des gemeinsamen Gehorsams gegenüber Alexander III. begruben; und genau das drohte einzutreten. Im September fand im burgundischen Dole eine weitere Synode der Anhänger Viktors IV. statt: Zu ihren Befürwortern gehörten natürlich der Kaiser sowie Graf Heinrich von Champagne, zugegen waren auch Heinrich der Löwe, Albrecht der Bär und Otto von Wittelsbach. In Anwesenheit einer kleinen Gruppe deutscher und burgundischer Prälaten wurde Alexander neuerlich gebannt, und die Beschlüsse einer im Mai/Juni 1161 in Cremona und Lodi abgehaltenen viktorinischen Synode wurden bestätigt. Aber das war kein großer Erfolg des Kaisers.

Dagegen hatte sich kurz vorher eine alarmierende Episode zugetragen. Friedrich hatte lange darauf gedrängt, eine Unterredung mit Ludwig VII. zu haben und mit ihm in Anwesenheit Alexanders III. selbst die Frage des Schismas zu erörtern. Wenn einmal der König von Frankreich von der Richtigkeit der Sache Viktors überzeugt wäre – so glaubte Friedrich –, würde sich auch Heinrich von England anpassen müssen. Der Schwabe konnte Ludwig VII. zumindest auf dem Papier eine eindrucksvolle Anhängerschaft Viktors präsentieren: die Könige von Dänemark, Norwegen und Ungarn; den (nunmehr für königliche Vorrechte und Insignien vorgesehenen) Herzog von Böhmen; die Mehrheit der cluniazensischen Abteien. Inzwischen war die kaiserliche Propaganda in Frankreich fieberhaft tätig, und es kursierte bereits das Gerücht, Ludwig habe sich für Viktor entschieden.

Aber gerade die Plumpheit dieser Pressionen stieß den Kapetinger ab, der es wie alle Schwachen und Unentschlossenen nicht leiden konnte, daß man ihm Forderungen auferlegte, und der in solchen Fällen eigensinnig und unbeweglich wurde.

Die Begegnung war für Ende August in Saint-Jean-de-Losne festgelegt worden, und zwar sollte sie auf der Brücke über die Saône stattfinden, über welche die Straße von Dole nach Dijon führte; man hatte diese Brücke – als „Niemandsland“ zwischen dem Königreich Frankreich und dem Königreich Burgund – zum Begegnungsort bestimmt. Jeder Souverän sollte seine Gründe darlegen, und dann sollte man zu einem Übereinkommen gelangen. Alexander III., der Ludwig beschworen hatte, nicht zu jenem Treffen zu gehen, lehnte es ab, ihn zu begleiten, und sandte statt dessen einige Kardinäle als Beobachter.

Die beiden Herrscher begaben sich freilich wider ihr besseres Wissen und widerstrebend zur Brücke von Saint-Jean. Ludwig fürchtete, daß ihm Verbindlichkeiten vorgeworfen würden, die er in der Vergangenheit übernommen hatte; Friedrich hatte Angst, daß der Franzose, nur um sich zu verteidigen, sich die Anschuldigungen Alexanders gegen Viktor zu eigen machen könnte.

Die Begegnung löste sich somit in eine lächerliche Komödie mißglückter Verabredung am Ufer der Saône auf. In Wirklichkeit hatten die Gereiztheit und das Mißtrauen, die den französischen König an ernsthaften Verhandlungen mit dem Kaiser hinderten, einen viel tieferen Grund: Er wußte nämlich, daß Friedrich alles daransetzte, den ostfranzösischen Adel, also an der Grenze mit Deutschland und Burgund – die Grafen von Champagne, Nevers, Flandern und den Herzog des jenseits der Saône gelegenen Burgund – in seinen Feudalbereich zu locken.

Die Begegnung wurde daher auf den 19. September verschoben, und in der Zwischenzeit waren beide Seiten rege tätig. Die viktorinische Kirche hielt, wie schon gesagt, die Synode von Dole ab; Alexander III. verstärkte nicht nur seinen Einfluß auf Ludwig, sondern hatte auch eine Unterredung mit Heinrich von England und traf wenige Tage später aufs neue – und diesmal gemeinsam – mit beiden Herrschern zusammen. Unterdessen war am 19. September die zweite Begegnung von Saint-Jean-de-Losne zwischen Ludwig VII. und Friedrich gescheitert; auch deshalb, weil dieser – offensichtlich verärgert über die Wende, die die Dinge im Zusammenhang mit dem Schisma genommen hatten – nicht geruhte, persönlich zu der Verabredung zu kommen und statt dessen Rainald schickte, der barsch mitteilte, der Kaiser habe nicht die Absicht, mit irgend jemandem seine Jurisdiktion über die Kirche Roms zu teilen.

Alexander III. machte sich also die Arroganz und Ungeduld Friedrichs und seines Kanzlers zunutze. Im Westen der lateinischen Christenheit war sein Triumph so gut wie sicher; das sollte sich im Frühjahr 1163 zeigen, als er in Tours ein Konzil abhielt, an dem Prälaten aus Frankreich, England und Italien teilnahmen: an die 150 Kardinäle und Bischöfe und mehr als 40 Äbte. Die Kirche Alexanders setzte sich unter anderem auch in Deutschland durch, wo viele Mitglieder des hohen Klerus ihre Vorbehalte und ihr Zögern aufgegeben und sich entschlossen auf die Seite Alexanders gestellt hatten – auch wenn sie allgemein unterstrichen, daß dies ihrer Treue zum Kaiser keinen Abbruch tat. Die angesehenste Persönlichkeit unter ihnen war Erzbischof Eberhard von Salzburg, den Alexander 1163 sogar mit dem Amt eines päpstlichen Legaten für Deutschland betraute und der trotzdem seine guten, ja herzlichen Beziehungen zu Friedrich aufrechterhielt. Es war zweifellos eine heikle Frage, und es fehlte auch nicht an Episoden brüsker Unfreundlichkeit; aber im allgemeinen bewiesen die deutschen Prälaten, die sich zu Alexander bekannten, daß sie dem Bann, den ihr Papst ihrem Kaiser angedroht hatte, keine Beachtung schenkten; ebenso wie sie den Eindruck erweckten, daß sie die Aufrechterhaltung des Schismas nicht eigentlich auf den Willen des Kaisers als vielmehr auf die Niederträchtigkeit seines üblen Ratgebers, Rainald von Köln, zurückführten. Und tatsächlich bestätigte das Konzil von Tours den Bann gegen Rainald und gegen Papst Viktor, nicht aber – und das ist bezeichnend – gegen Friedrich. Was Alexander betraf, so versäumte er nicht, Friedrich besonders durch den Legaten Eberhard Zeichen der Entspannung zukommen zu lassen. Aber unterdessen begannen Gesandte des *basileus* Manuel in Frankreich herumzureisen und nahmen mit Alexander und mit Ludwig VII. Kontakt auf. Ein eindrucksvolles Bündnis gegen den deutschen Kaiser beginnt sich abzuzeichnen.

Nach dem zweiten Fehlschlag von Saint-Jean-de-Losne war Friedrich nach Deutschland zurückgekehrt. Die Situation, die er dort vorfand, stand nicht zum Besten; er versuchte, wo er konnte, Abhilfe zu schaffen. Er begann mit der harten Bestrafung der Stadt Mainz, wo es 1160 zu einem unerhört ernsten Aufruhr gekommen war, in dessen Verlauf Erzbischof Arnold, Begleiter des Kaisers auf dem Italienzug von 1158, getötet worden war. Aber er mußte sich schon bald eingestehen, daß sich hinter den scheinbar von politischen oder ökonomischen Motiven ausgelösten Unruhen oft auch ein moralisches und religiöses Unbehagen regte, das das Schisma noch dramatischer machte. Und den vom Schisma hervorgerufenen Skandal nutzte zweifellos die ketzerische Propaganda aus. Im August 1163 wurden in Köln tatsächlich einige Häretiker aufgegriffen, die aus Flandern stammten und von einem Lehrer im Namen Arnolds von Brescia angeführt wurden: Auf dem Scheiterhaufen bewiesen sie unter tragischen Umständen große Seelenstärke. Ekbert von Schönau war davon so beeindruckt, daß er damals seine *Sermones* zu schreiben begann. Auch Hildegard von Bingen war von jener Episode tief betroffen; im übrigen hatte sie wohl als erste bereits Gelegenheit gehabt, dem Kaiser ihre Besorgnis über die Zukunft der Kirche vorzutragen, als sie im Frühling jenes Jahres mit ihm in Ingelheim zusammengetroffen war.

Andererseits hatte es Friedrich eilig, wieder nach Italien zu reisen, um dort seine Macht zu behaupten und den Plan eines Angriffs gegen Sizilien wieder aufzugreifen. Er griff im Norden ein, wo er bereits 1157 Schlesien zum Herzogtum erhoben hatte, um es einem Mitglied des Hauses der Babenberger zu übertragen, und wo bereits die Mark Brandenburg bestand, die Albrecht dem Bären, Graf von Ballenstedt, zugewiesen worden war. Auf diese Weise bildete sich im deutschen Norden eine Art Koalition von Gegnern Heinrichs des Löwen heraus, die sich aus Albrecht dem Bären, dem Landgrafen von Thüringen, dem Erzbischof von Bremen und den Bischöfen von Halberstadt und Hildesheim zusammensetzte. Friedrichs Unterstützung für diese Fürsten und Prälaten gegen den Sieger über die Obotriten war vor allem als Botschaft an den mächtigen Vetter gedacht, damit dieser nicht glaubte, die wiederholte Abwesenheit des Kaisers von Deutschland allzusehr zu seinen Gunsten ausnutzen zu können.

Zwischen August und September 1163 wurde in Nürnberg ein großer kaiserlicher Reichstag abgehalten. Natürlich wurde wieder über das Schisma gesprochen, aber vor allem über den bereits beschlossenen neuerlichen Italienfeldzug. Friedrich dachte sicher an Rom, von dem Alexander abwesend war; er dachte an Sizilien, gegen das vorzurücken er noch immer fest entschlossen war; was ihm aber vor allem Sorgen bereitete, waren Nachrichten über zunehmende Kontakte zwischen Alexander III. und dem *basileus*.

Unterdessen war Rainald von Dassel nach dem diplomatischen Desaster von Saint-Jean-de-Losne nach Italien zurückgekehrt. Ende März 1163 war er in Pisa, von wo aus er eine lange Reise durch die Toskana, Umbrien und die Marken unternahm; er wurde dabei von einem starken Gefolge aus viktorinischen Bischöfen, italienischen Adeligen und Juristen begleitet. Er besuchte viele Städte, forderte und erwirkte sowohl die Zahlung der Steuern als auch die Absetzung und Entfernung jener regierenden Laien und jener Bischöfe, die sich auf die Seite Papst Alexanders geschlagen hatten; und in zahlreichen Fällen setzte er als Stadtvögte in den Städten bzw. als Burgvögte auf dem Land deutsche Persönlichkeiten oder Männer seines Vertrauens ein. Das alles, als würde nicht an der Spitze der Herzogtümer Toskana und Spoleto ein deutscher Großfürst, Welf VI., Onkel des Kaisers, stehen.

Friedrich konnte nur staunen über die Geschicklichkeit seines Kanzlers und war, als er nach Italien zog, fest entschlossen, sich ein so geschickt vorbereitetes Land zunutze zu machen. Zunächst galt es, die treuen Lombarden zu ermutigen und umgekehrt die Widerspenstigen daran zu hindern, wieder Mut zu fassen. Deshalb ließ er im Oktober erneut die Mauern von Tortona zerstören, während er am 4. November der feierlichen Übertragung der Reliquien des hl. Bassianus vom alten in das neue Lodi persönlich beiwohnte. Dem getreuen Lodi und seinem Heiligen war er um so verbundener, als er dort im Jahr 1159 wunderbarerweise einem Attentat entgangen war.

Im März 1164 wurde in Parma ein großer Reichstag des Königreiches Italien abgehalten. Die „Dienstreise" Rainalds, dessen Rolle es war, dem Kaiser den Weg nach Rom freizumachen, war gelungen: Er konnte nun stolz von sich sagen, er sei bereit, Rom anzupeilen; von dort würde er dann den Sprung versuchen, um sich Siziliens zu bemächtigen; und die Pisaner drängten tatsächlich, daß dieses Unternehmen vorangetrieben werde, und hatten Friedrich sogar in ihre Stadt eingeladen. Sie bekamen ihn jedoch nicht zu sehen: An seiner Statt traf Rainald ein, der sich allerdings nur kurz bei ihnen aufhielt, um sich gleich nach San Genesio zu begeben, wohin für den 18. und 19. April neuerlich ein toskanischer Reichstag einberufen worden war. Welf VI. war praktisch als

Fürst dieser Region entmachtet, seine Proteste auf dem Reichstag zu Parma waren vom Kaiser scharf zurückgewiesen worden.

Es scheint, daß Friedrich, um die Reise von Parma nach Pisa zu vermeiden – die ihn im Grunde nicht weit vom Weg nach Rom abgebracht hätte –, sagen ließ, er sei krank. Vielleicht traf das sogar zu: ein Malaria-Anfall. Tatsache war aber, daß er gegenüber den treuen Pisanern, die, weil sie ihn unterstützt hatten, ihre Stützpunkte in Sizilien verloren und auch in Konstantinopel ernste Unannehmlichkeiten erlitten hatten, ein ziemlich unreines Gewissen hatte. Er hatte nämlich beschlossen – in Fortführung seiner auf das *dominium mundi* abzielenden Politik, die ihn dazu zwang, Könige als Vasallen zu haben –, Sardinien (auf dem seit dem zweiten Jahrhundert die Hypothek einer direkten päpstlichen Oberherrschaft lastete) als Königreich zu errichten und es einem obskuren Abenteurer, Barisone d'Arborea, zu übertragen, der auf der Insel das Werkzeug der Politik Genuas gegen Pietro von Cagliari war, der umgekehrt von Pisa unterstützt wurde. Wieder einmal ließ sich der Kaiser, wie schon im Fall der Privilegien von 1162, in die verwickelten Streitigkeiten der beiden Seestädte hineinziehen, in der Illusion, sich die Freundschaft beider erhalten und sich ihrer gegen das normannische Sizilien bedienen zu können.

Aber kehren wir zum Frühjahr 1164 zurück. Friedrich hatte in Pavia, der alten Hauptstadt des Königreiches, die ihm besonders treu ergeben war, seinen italienischen Wohnsitz aufgeschlagen, als ihn die Nachricht erreichte, daß Viktor IV. am 20. April in Lucca gestorben war; er war verschieden, ohne daß er in seinen letzten Tagen das Licht eines echten Trostes erfahren hätte. Der Adelige Oktavian Monticelli war zu intelligent, als daß er nicht gewußt hätte, daß seine Sache verloren war, daß die gesamte lateinische Christenheit inzwischen auf Alexander ausgerichtet war und daß auf seiner Seite nur ein paar Dickköpfe und Opportunisten standen. Er wurde fast heimlich bestattet, weil weder die Kanoniker des Domes noch jene von San Frediano seinen armen sündigen Leib aufnehmen wollten. Man erzählte sich, sein Ende sei nicht ruhig und friedlich gewesen; aber das war vielleicht ein Gerücht, das von seinen Gegnern in Umlauf gesetzt wurde, um die Mahnung glaubhaft zu machen, sein Hinscheiden sei die Strafe, die Gott für alle bereithält, die Zwietracht säen.

Der Tod Viktors hätte vielleicht das Schisma beilegen können; am Hof des Kaisers gab es genug Fürsten und Prälaten, die dazu bereit waren, und selbst Friedrich – wohl vor allem aufgerüttelt durch die Haltung von Männern wie Eberhard von Salzburg, den er liebte und schätzte, auch wenn er ihn einen alten starrköpfigen Narren nannte – dürfte nicht abgeneigt gewesen sein, ein Problem, das ihm sicherlich nichts einbrachte, fallen zu lassen. Aber Kanzler Rainald war ein leidenschaftlicher Verfechter des Schismas, und das aus zwei Gründen: erstens haßte er Alexander seit den Tagen von Besançon zutiefst; zweitens verlieh ihm das Schisma über den kaiserlichen Teil der Kirche eine offiziöse, beinahe päpstliche Macht, auf die er nicht zu verzichten bereit war. So hatte er in großer Eile – und gewiß in Furcht vor einem ausdrücklichen kaiserlichen Verbot, über das er sich nicht hätte hinwegsetzen können – am 22. April in Lucca einige Prälaten versammelt und de facto Kardinal Guido aus Crema direkt zum Papst ernannt, der nach seiner Krönung am 26. April den Namen Paschalis III. annahm. Nachdem er mühelos die Zustimmung der Stadtkonsuln und der toskanischen Lehnsherren zum neuen Papst erhalten hatte, reiste der Kanzler nach Pavia, wo er vom Kaiser die Billigung seines Vorgehens erhielt.

Friedrich wollte nicht als Schwächling dastehen, es gab schon zu viele ironische Stimmen, die ihn als Hörigen seines Kanzlers beschrieben: Hätte er jetzt auch nur Erstaunen erkennen lassen, hätte er ihnen Glauben geschenkt. Daher zeigte er sich lebhaft einverstanden. Was seine wirkliche Seelenverfassung betraf, so darf an diesem Einverständnis zumindest gezweifelt werden. Sicher ist, daß er das Spiel auch trieb, weil er keine andere Wahl hatte. Wahrscheinlich aus diesem Anlaß hat Hildegard von Bingen ihm einen harten Brief geschrieben, in dem sie ihn beschuldigte, sich *velut parvulum et velut insane viventem*, „wie ein Kind und wie ein Narr", zu benehmen.[2]

Im übrigen war Friedrich damals wegen ganz anderer Dinge beunruhigt. Im April hatten sich die drei venetischen Städte Verona, Padua und Vicenza gegen die ständigen unerträglichen Übergriffe der kaiserlich beamteten Podestà (Vögte) zu einem Bund – der sogenannten Liga von Verona – zusammengeschlossen. Auch Treviso hatte sich der Politik der Nachbarstädte angenähert. Venedig, das seit längerer Zeit mit Friedrich zerfallen war, unterstützte die Liga. Hier handelte es sich nicht allein um eine offenkundige Verletzung des in Roncaglia beschlossenen Verbotes, daß die Städte untereinander Bündnisse schließen, es galt auch zu berücksichtigen, daß die venetischen Städte die Zugangsstraßen zum Bischofssitz Trient und nach Friaul blockierten, das vom Patriarchen von Aquileia, Ulrich von Treffen, kontrolliert wurde, der als Schüler Eberhards von Salzburg zwar Anhänger Alexanders III., politisch aber Friedrich, also Deutschland treu war. Es waren klare Anzeichen dafür erkennbar, daß auch die zentral und westlich gelegenen norditalienischen Städte, die vorerst wegen der Anwesenheit des Kaisers in Pavia die Faust in der Tasche ballten, sich nur allzu gern den Rebellen anschließen würden, sobald sie dazu Gelegenheit hätten.

Die „Rebellen" beabsichtigten ihrerseits gar nicht, das zu sein. Was sie wollten, war, daß ihr Verhältnis zum Reich – das sie als solches nicht bekämpften – wieder zu jenen Gepflogenheiten zurückkehrte, die sich mit Friedrichs Vorgängern herausgebildet und gefestigt hatten. Es war ein Appell an die Tradition, nicht ein Signal zum Aufstand; und man griff nicht den Kaiser an, sondern seine räuberischen und korrupten Beamten, denen man androhte, sich an den Kaiser selbst wenden zu wollen, weil man annahm, daß er von den Übergriffen, die diese Männer in seinem Namen durchführten, gar nichts wußte. Und andererseits ist klar, daß es sich um eine legalistische Umschreibung handelte, um den Willen zu bekräftigen, das kaiserliche Joch nicht mehr *de iure*, sondern vielmehr *de facto* abzuschütteln: in Anbetracht dessen, daß es vor Barbarossa alles in allem nie zu spüren gewesen war. Daß dann in die Unzufriedenheit der norditalienischen Städte ein Element der Abneigung gegen die Deutschen Eingang gefunden hat – was natürlich nicht in dem von unseren Vätern des Risorgimento vertretenen Sinn verstanden werden soll –, ist sehr wahrscheinlich, und es gibt Spuren davon. Aber erstarken konnte die Liga vor allem durch die Hilfe von Alexander III. – Friedrich hätte das vermeiden können, wenn ihm die Beendigung des Schismas gelungen wäre (es hätte genügt, in Lucca keinen neuen kaiserlichen Papst zu wählen) – und, durch Venedig, vom *basileus* von Byzanz.

Der Schwabe war natürlich sehr beunruhigt. Er schrieb an den alten Bischof von Salzburg und befahl ihm, nach Italien zu kommen, um die Front der Liga zu durchbrechen; er übte auf die unsicherste der verbündeten Städte, Treviso, Druck aus, um sie zum Rücktritt vom Bündnis mit den Nachbarstädten zu bewegen; er versuchte, Pavia, Mantua und Ferrara zur Mobilisierung zu veranlassen, indem er ihnen umfassende Privilegien zugestand, deren einziger Zweck ganz offensichtlich war, sie dazu zu bringen, ihn zu unterstützen, und sie für ihre Treue zu belohnen, aber auch den Gemeinden zu zeigen, daß man durch kaiserliche Gunst mehr gewinnen konnte, als wenn man den Weg der Rebellion einschlug.

Im Juni drang der Kaiser mit seinen Kriegern in das Gebiet von Verona ein und ließ alles zerstören und niederbrennen. Er verfügte jedoch nur über spärliche und bunt zusammengewürfelte Truppen, die – vor allem was die Italiener betraf – eine sehr geringe Kampfmoral besaßen. Nicht einmal die traditionell treuesten Städte folgten ihm mit der einstigen Begeisterung: Die Tage des Frühlings vor zwei Jahren lagen weit zurück, weit zurück lag auch der wilde Triumph auf den Ruinen von Mailand. Eine gewisse Ausnahme kann vielleicht nur für Pavia gemacht werden, in dessen Mauern kurz darauf, im Juli, Beatrix ihm einen Sohn zur Welt bringen würde; aber auch dort mußte sich der Kaiser zwischen der Stadt und den Grafen von Lomello, die beide seine Freunde, aber untereinander verfeindet waren, auf die Gefahr hin durchlavieren, daß er schließlich beide Seiten unzufrieden machte. Er wußte jedenfalls gut, wie teuer in wirtschaftlicher und politischer Hinsicht seine Anwesenheit die italienischen Untertanen kam; er wußte im wesentlichen auch – selbst wenn er manche Details nicht wissen konnte oder nicht zu wissen vorgab –, daß das Treiben der von ihm in Italien eingesetzten Beamten eine räuberische Mißverwaltung war. Er unternahm alle Anstrengung, um die venetische Rebellion zu unterdrücken: dazu bediente er sich der Schmeicheleien, der Drohungen, der Finanzierung von Verschwörungen, der Ernennung neuer Beamter, die als energischer oder fähiger galten. Aber alles vergebens. Im September zog er sich – nachdem in Verona eine Verschwörung, die ihm die Stadt hätte ausliefern sollen, geplatzt war – nach Pavia zurück und bereitete seine Rückkehr nach Deutschland vor. Im

Oktober belohnte er, bereits auf dem Rückweg, mit einem gesiegelten Diplom Markgraf Wilhelm von Montferrat, der zusammen mit ihm das Joch des Bannspruches Alexanders ertrug (ohne natürlich dessen Gültigkeit anzuerkennen), für seine Treue. Und am Fest Allerheiligen sehen wir ihn bereits in Ulm.

Er war wegen einer Reihe ernster Probleme zur Rückkehr nach Deutschland gezwungen gewesen: Da war die Frage der Nachfolge in der Erzdiözese Salzburg nach dem Tod des schroffen und geliebten Eberhard; und es galt einen Streit unter den Adeligen zu schlichten, in den zwei seiner Verwandten, sein Onkel Herzog Welf und sein Vetter Friedrich von Rothenburg, verwickelt waren.

Die Situation, in der er Italien zurückließ, war – das wußte er – zum „Sieden". In Bologna war sein Vertreter Bosone getötet worden; die Bewohner von Piacenza hatten sich gegen den kaiserlichen Stadtvogt Arnold von Dorstadt, mit dem Spottnamen *Barbavaria* oder *Barbavara,* aufgelehnt: Nachdem er eine Stadt, die zu den reichsten der Poebene gehörte, in zwei Jahren heruntergewirtschaftet hatte, hatte er sich, nicht eben heldenhaft, aus dem Staub gemacht und so viele Schätze und Dokumente, wie er nur konnte, mitgenommen. Man ist freilich nicht einig darüber, inwieweit seine Regierung tatsächlich eine Mißwirtschaft gewesen ist; wahrscheinlich hat er die ihm erteilten Weisungen nicht – oder jedenfalls nicht mehr als andere – überschritten. Tatsache ist, daß Piacenza und seine Bürger die Machtbefugnis jenes Mannes als ungehörig und unerlaubt empfanden; und ihre Auflehnung wirkte als Beispiel.

Das alles wußte Friedrich; von seinem deutschen Beobachtungsstand aus sah er, wie ihm Rom und Sizilien entglitten, wie Papst Alexander III. über seinen Papst Paschalis triumphierte, der zunehmend in Mißkredit geriet; er sah, wie die gegnerischen Städte in der Poebene wieder Mut faßten und jene treuen Gemeinden immer mehr der Doppelzüngigkeit und Desorientheit erlagen.

So begann er denn einen neuen Zug nach dem Süden vorzubereiten, der eine Revanche sein sollte. Er gab sich freilich keinen Illusionen hin: Dieses Mal würde es sich um einen harten Kampf gegen einen Feind handeln, der immer mehr Anhänger gewann, und das in einem Land, das seine eiserne Ferse immer mehr haßte. Es war Barbarossa, „an den Mailand noch immer voll Betrübnis denkt",[3] wie Dante eineinhalb Jahrhunderte nach dem Geschehen von damals sagen wird. Und in jenen Tagen hatten die Mailänder – Bürger einer Stadt, die es nicht mehr gab – zweifellos Grund dazu, betrübt zu sein; und zu denken – aber an Rache.

IX.
„Salve mundi domine“

Es mußte ein seltsamer Zug gewesen sein, der sich, angeführt von Rainald von Dassel, am 11. Juni 1164 von Mailand nach Deutschland in Bewegung setzte. Der sehr alten Tradition des „frommen Raubes“ von Reliquien folgend, nahm der kaiserliche Kanzler heimlich die *translatio* (Übertragung) der aus der Kirche des hl. Eustorgius in Mailand entwendeten ehrwürdigen Überreste der königlichen Magier sowie der Märtyrer Nabor und Felix in sein Köln vor. In Schwäbischgmünd erinnert ein Gedenkstein an den Durchzug der Reliquien, und an der Straße von Burgund nach Deutschland werden viele Orte auf seltsame und legendäre Weise mit ihrem Vorüberzug in Zusammenhang gebracht. Am 23. Juli erreichten die Reliquien Köln und wurden in der Karolingerkirche zum hl. Petrus verwahrt, an der Stelle, wo sich später der berühmte gotische Dom erheben wird.

Welche Bedeutung hatte diese Übertragung? Über die Bedeutung und Intensität der Verehrung der Magier im Mailand des 11. und 12. Jahrhunderts sind wir nicht sehr gut unterrichtet, auch wenn eine alte Fassung der *Vita* des hl. Eustorgius von keinem Geringeren als Landulf d. Ä. stammt. Wenn dieser Kult wirklich bedeutsam und intensiv war, könnte man in dem Raub der Reliquien einen weiteren Akt der Bestrafung gegen die Mailänder sehen. Die drei „Könige“ (als solche wurden sie verehrt), die als erste dem *Rex regum et Dominus dominantium,* dem König der Könige und Herrn der Herren, gehuldigt hatten – dieses feudale Merkmal tritt in der gesamten Ikonographie zwischen dem 12. und 15. Jahrhundert stark hervor –, sie, die frommen und vollkommenen Vasallen, konnten nicht länger in einer Stadt gehütet und verehrt werden, die sich mit dem Verrat an ihrem Herrn befleckt hatte. Heute wird allerdings bezweifelt, daß der Kult der Magier damals in Mailand so weit entwickelt war, ehe ihn im 13. Jahrhundert die Dominikaner verbreiteten; man besteht vielmehr darauf, daß er sich allem Anschein nach eben am Ende des 12. Jahrhunderts von Köln aus verbreitet hat. Unter diesen Umständen kann es in der Tat sein, daß das Ganze ursprünglich das Ergebnis eines Einfalls von Erzbischof Rainald war. Die Gründe dafür lassen sich erahnen: einmal wollte er seine Kathedrale mit großartigen, wertvollen Reliquien ausstatten, die sie zum Ziel von Wallfahrten und zu einem feierlichen Kultzentrum machen würden; sodann sollte dadurch die Bedeutung eines Heiligenkultes unterstrichen werden, der eng mit den

Dimensionen des Königtums und des Feudalverhältnisses verbunden war. Denn mit Epiphanias, dem Fest der Magier, wird das Kind von Bethlehem als König anerkannt und angebetet. Und seit damals verbreitete sich die Verehrung der Magier als Reichsheilige rasch und mit Unterstützung des Kaisers.

Eine Nachricht – sie wird uns von Gilles d'Orval geliefert –, die wenig Widerhall gefunden hat, würde auf eine Bestätigung der zweiten These hindeuten. Danach wären die Reliquien der Magier im Jahr 1164 (nach anderen Quellen hingegen kann es auch 1158 gewesen sein) durch Zufall – das ist ein Gemeinplatz in den Erzählungen über die Auffindung von Reliquien – entdeckt worden; und der erste kaiserliche Podestà von Mailand, Bischof Heinrich von Lüttich, hätte sie vom Kaiser für seine Kathedrale erbeten. Aber sein plötzlicher Tod hätte ihn daran gehindert, die Übertragung vorzunehmen; und so hätte sich Rainald der ehrwürdigen Beute bemächtigt: er dürfte im übrigen kein großer Freund von Heinrich gewesen sein, nachdem dieser es zwei Jahre vorher abgelehnt hatte, sich für die alberne Aufrechterhaltung des Schismas zu verwenden und sich an Stelle Viktors IV. zum Papst krönen zu lassen.

Wir haben nicht die Absicht, hier den ganzen Fragenkomplex zu rekonstruieren, der mit den Gestalten der Magier, ihrer Verehrung und ihren Reliquien verbunden ist. Es soll der Hinweis genügen, daß nach der geläufigen und – mit vielen Varianten – von den Quellen beglaubigten Überlieferung ihre Körper in einem einzigen Grab in Jerusalem bestattet worden sein sollen, von wo sie von der Kaiserin Helena, der Mutter Konstantins, oder – eben nach einer Variante – von Kaiser Zenon am Ende des 5. Jahrhunderts nach Konstantinopel gebracht worden seien. Eustorgius habe die Reliquien dann von Konstans – oder einem anderen Kaiser – zum Geschenk erhalten und sie auf einer höchst abenteuerlichen Reise – über Dalmatien, sodann auf dem Seeweg in die Abruzzen (wo der Heilige vor den Wagen mit dem schweren Marmorsarkophag auf wunderbare Weise einen Wolf spannte, der einen der Ochsen, die den Wagen zogen, angefallen und getötet hatte) – schließlich nach Mailand gebracht, an einen Ort nahe dem Tessiner Tor, wo sich die der Taufe der ersten Bürger Mailands geweihte Quelle des hl. Barnabas befand.

Die christliche Exegese und dann die moderne Philologie haben das Geheimnis der Magier qualvollen Untersuchungen unterzogen. Die Exegese hat sie und die Gaben, die sie darbringen, zu Symbolen gemacht: zum Symbol der Lebensalter des Menschen und der Zeitdimensionen (Vergangenheit – Gegenwart – Zukunft), zum Symbol der Entwicklungsstadien der Welt (in einer Perspektive, die an die „funktionale Dreiteilung" erinnert, die von Georges Dumézil für die indoeuropäischen Kulturen untersucht und für das Mittelalter von Georges Duby wieder aufgegriffen wurde), zum Symbol der drei „Rassen" der Erde, nach der Bibel Nachkommen der drei Söhne Noes. Es ging dabei jedenfalls darum, der Szene der Gabendarbringung in der Grotte von Bethlehem kosmische Bedeutung zu verleihen. Die moderne Philologie hat die Magier mit einem ursprünglich in Medien angesiedelten Stammesnamen – ein Hinweis darauf findet sich schon bei Herodot – in Verbindung gebracht oder auf den alten persischen Ausdruck *magu,* „Geschenk", bezogen, womit eine Hindeutung auf die zoroastrische Religion gegeben ist: Man sieht in den Magiern *maghavan,* „die der Gabe teilhaftig sind", das heißt Anhänger des Zarathustra, die damit beschäftigt waren, in den Gestirnen nach den Zeichen für die Ankunft des *Saôshyans,* „des Helfers", auf Erden zu forschen. Er ist der dritte und entscheidende der zoroastrischen Erlöser, die jeweils am Ende eines Jahrtausends erscheinen sollen, um auf Erden das Reich des Guten wiederherzustellen.[1] Der *Saôshyans* wird geboren werden von „einem Mädchen, ohne daß sich ihr ein Mann genähert hat", und seine Geburt wird von einem leuchtenden Stern am Himmel angekündigt werden.

Die abendländischen Christen kannten die Magier durch den Text des Matthäus,[2] wo diese weder Könige noch drei sind, in dem es aber einen präzisen Hinweis auf ihre orientalische Herkunft und ihre astrologischen Kenntnisse gibt. Von Königen, die reiche Gaben bringen, ist jedoch in zwei alttestamentlichen Texten von grundlegender messianischer Bedeutung die Rede, nämlich im 71. Psalm und in einem Abschnitt aus Jesaja.[3] Und auch wenn Matthäus vielleicht nur auf die chaldäisch-mesopotamischen „magusei" seiner Zeit, bekannte Deuter des Sternenhimmels, anspielen wollte, so gehen viele syrische, armenische und arabische Texte – mit den jeweiligen monophysitischen bzw. nestorianischen Einflüssen – weit darüber hinaus, um schließlich mit den apokryphen *Thomasakten* des 3. Jahrhunderts n. Chr. zusammenzulaufen, die ursprünglich ebenfalls in syrisch abgefaßt waren, aber ins Griechische und Lateinische übersetzt wurden und zum Beispiel einem Tertullian wohlbekannt waren; in dieser „Apostelgeschichte des Thomas" wird von der Evangelisierung Indiens durch den Apostel und von seinen Kontakten zu König Gundaphar erzählt, einer historisch beglaubigten Herrscherpersönlichkeit, die möglicherweise hinter einem der überlieferten Magierkönige, Kaspar, steht.[4] Die mannigfaltigen mündlichen Überlieferungen, die über die Magier im Umlauf waren, hatten diesen Namen, Merkmale, Aussehen usw. gegeben; die Kirche blieb zwar dem knappen Bericht des Matthäus treu, doch geschnitzte und gemeißelte Kapitelle, Fresken, bemalte Glasfenster erzählten den Gläubigen eine uralte Geschichte, die sämtliche Echos und Reflexe eines noch immer geheimnisvollen und unbekannten Orients bewahrte. Wenn sich 100 Jahre nach Friedrich der Venezianer Marco Polo eben mit jenem Orient vertraut macht, wird er – und nicht zufällig – wieder auf die Magier und ihre Legende stoßen: Sie war seit damals vom Land der Mongolen bis nach Indien und Äthiopien immer wieder reflektiert und neu gesponnen worden in einem unablässigen Sich-Abtrennen und Wiederzusammenfinden von Mythen und Symbolen.

Aber die Magier – mögen sie nun persischer oder indischer (oder, später, mongolischer oder abessinischer) Herkunft gewesen sein – hatten Nachkommen. Ihr wohl berühmtester Sohn war zweifellos jener mysteriöse christliche Priesterkönig im Fernen Osten, der sogenannte „Priester Johannes", der dank eines Verwandten Kaiser Friedrichs, Otto von Freising, im Abendland auftauchte: Im Jahr 1145 hatte in Viterbo ein Bischof aus dem Fernen Osten Otto von diesem Priesterkönig und seinen Siegen über den Islam erzählt. Von Anfang an verbanden sich daher die charakteristischen Merkmale der Legende vom Priesterkönig Johannes mit dem Kreuzzug und mit der ihm untergespannten eschatologischen Dimension.

Wußte Rainald, als er die Translation der Reliquien vornahm und sogar Texte zur Begründung einer neuen Kulttradition verfassen ließ, um diesen damals kaum klar erkennbaren Zusammenhang, um diesen feinen Faden, der den Kreuzzugsgedanken, Innerasien, die christliche Wiedereroberung und die Reliquien der Magier miteinander verband? Wir wissen es nicht, aber man darf es berechtigterweise annehmen. 1165 – im Jahr des Würzburger Reichstags und der Kanonisierung Karls des Großen, also in dem Jahr, das für die Aufbereitung und Vorlegung des Begriffes des heiligen Königtums im Sinne Friedrichs entscheidend war – gelangte im Abendland ein Brief in Umlauf, den angeblich der Priesterkönig Johannes an die drei „universalen Herren" der Christenheit gerichtet hatte: an Kaiser Friedrich, Papst Alexander und *basileus* Manuel. Es handelte sich ganz offensichtlich um einen unechten Text, der zu propagandistischen Zwecken verfaßt worden war – als möglichen Verfasser nahm man sogar den Mainzer Erzbischof Christian von Buch an. Die Hypothese, der Brief sei direkt in der kaiserlichen Kanzlei entworfen worden, mag vielleicht gewagt sein, aber die Eigenart der politischen Utopie, die ihn kennzeichnet, fordert zu dieser Überlegung heraus. Und es scheint, daß man diesen Brief für authentisch gehalten hat: Der Papst antwortete tatsächlich mit einem Sendschreiben.

Der Priesterkönig Johannes, der sich den bescheidenen Titel *Presbyter* gibt (man weiß allerdings um den bedeutungsmäßigen Zusammenhang der Begriffe „Priester", „Ältester", „Herr"), um gleichsam die Formel *Servus Servorum Dei* nachzuahmen, ist gleichzeitig König und Priester; er regiert 72 Provinzen (das war die Zahl der ersten Jünger Christi) und herrscht somit über ebenso viele Könige. Seine Länder sind von wundersamen Arten von Ungeheuern bevölkert, dort fließt ein Fluß, der vom irdischen Paradies kommt und in dessen Bett sich kostbare Steine befinden. Vor seinem Palast, der nach dem Vorbild jenes Palastes erbaut wurde, den der Apostel Thomas für den indischen König Gundaphar errichtet hatte, steht ein Zauberspiegel, in dem er alles sehen kann, was in seinem Reich vor sich geht.

Die mythisch-legendären Merkmale dieses Textes – deren Echo sich noch lange in der Reiseliteratur, in der Hagiographie, in den magisch-hermeneutischen Texten, in den Rittererzählungen, in der Ikonographie, in der Folklore niederschlagen wird – sind recht gut erkennbar: Sie werden zu der mittelalterlichen Legende von Alexander dem Großen mit ihren hellenistisch-orientalischen

Elementen und zu den in den *Mirabilia Urbis Romae* gesammelten Legenden. Aber noch mehr als die mythisch-legendären interessieren uns hier die politischen Elemente: Während das Reich vom Kampf zwischen den zwei höchsten Mächten der Christenheit zerrissen wird, wird mit dem „Priesterkönig Johannes" das Bild eines vollkommenen Herrschers vorgestellt, der zugleich König und Priester ist und in freundlicher Bescheidenheit, aber auch mit voller Autorität ausschließlich zum Wohl seines Volkes regiert. Man könnte darin einerseits eine ausdrückliche Verurteilung der Welthaftigkeit der religiösen Macht, aber andererseits auch das Liebäugeln mit einer endlich im Zeichen des Christentums befriedeten Gesellschaft sehen. Die Rückwirkung des Schisma-Traumas und die Hoffnung auf den bevorstehenden Anbruch eines neuen Zeitalters – selbstverständlich verbunden mit einer tiefgehenden eschatologischen Dimension – sind in diesem Text, der eindringlichen und kraftvollen Darstellung einer idealen weltumfassenden heiligen Königsherrschaft, mächtig spürbar und greifbar.

Der Priester Johannes ist *rex regum,* König der Könige: 72 Könige anerkennen seine Obergewalt. Und den Kaiser als „König der Könige" meinte Rainald von Dassel mehrmals, als er 1162, dem Jahr der Synode von Dole, von den verschiedenen europäischen Königen als *reguli provinciarum,* „kleine Provinzkönige", sprach. Die Christenheit war eine einzige *respublica christianorum,* einer war der Kaiser, „kleine Könige" die anderen. Das Thema der obersten Macht des Kaisers stellt sich mit Nachdruck gerade in jenem Jahr 1162, in welchem Mailand fiel: Zu Trägern dieses Themas werden Männer wie der Notar Burckhard und der „Archipoeta" genannte anonyme Dichter, die beide nicht zufällig der Umgebung Rainalds von Dassel angehören.

Burckhard preist anläßlich der Unterwerfung Mailands die Macht und den Ruhm des Kaisers. Er spricht wiederholt von der Politik des Manuel Komnenos gegenüber Friedrich, und die Art und Weise, wie er dieses Thema behandelt, läßt uns begreifen, wie tief er davon überzeugt war, daß Friedrich das *dominium mundi,* die Weltherrschaft, zustehe. Burckhard erweist sich als gut unterrichtet über die Kontakte zwischen Manuel und König Géza von Ungarn – der sich Papst Alexander angenähert hatte – und über die Manöver des byzantinischen Kaisers gegenüber Bandinelli. Es zeichnete sich tatsächlich die Möglichkeit ab, daß Alexander sich zur Absetzung Friedrichs entschließen und die römisch-deutsche Kaiserkrone dem byzantinischen *basileus* anbieten könnte, der sein neujustinianisches politisches Trachten nach einer Rückkehr zur Einheit des Römischen Reiches nicht verhehlte. Zu diesem Zweck verfügte er über eine großartige Waffe, um den Papst zu überzeugen: das Angebot zur Beilegung des Schismas. Der gute kaiserliche Notar, der wahrscheinlich um diese Gefahren, jedenfalls aber darum wußte, daß die Ansprüche des *basileus* auf die Weltherrschaft jenen seines Herrn Schatten machten, erzählte herum, daß Manuel nicht gezögert hätte, die ungläubigen Fürsten, die „Könige der Türkei, Babylons (also Kairos) und Persiens", aufzufordern, sich gegen die Gefahr zusammenzuschließen, die der Schwabe darstellt. Wieviel an einer solchen Nachricht wahr sein könnte, läßt sich schwer beurteilen; sicher ist, daß die Kanzlei in Konstantinopel lebhafte und auch freundschaftliche Beziehungen zu den muslimischen Herrschern unterhielt, was an sich ganz normal war, was aber selbstverständlich im Westen, das heißt in einer Welt, die die Frage unter einem einzigen möglichen Aspekt, dem des Kreuzzugs, zu sehen gewohnt war, als Werkzeug benutzt werden konnte. Und es liegt auf der Hand, welche Wirkung Burckhard anzielte: Friedrich als den einzigen wahrhaft christlichen Herrscher hinzustellen, gegen den sich nur Feinde des Glaubens, also „Heiden" oder „falsche Christen", zusammenschließen konnten. Die Anklage war offiziell an Manuel und an die Sarazenen gerichtet, bezog aber alle Feinde Friedrichs, also auch Papst Alexander III. und die italienischen Städte, mit ein.

Aber Burckhards Absichten gingen wahrscheinlich noch darüber hinaus. Wenn es stimmte, daß Friedrichs Name alle seine Gegner von Konstantinopel bis Kairo und Bagdad erzittern ließ, dann war er auch mit Sicherheit der *dominus mundi,* der Herrscher, der dazu berufen war, die Feinde Christi endgültig zu schlagen und das Reich des Friedens zu errichten. Und von Friedrich als Friedensfürst *(princeps pacis)* reden in der Tat alle seine Schmeichler und Lobredner. Diese Auffassung, daß der Kaiser über den Gesetzen stehe *(legibus solutus)* und selber Quelle und Begründer des Rechts *(conditor legis)* sei, beruht eben auf der Annahme, daß er Universalherr, Herrscher der Welt, sei und niemand außer Gott über ihm stehen könne. Bei diesem Anspruch auf das *dominium mundi* muß natürlich die Bejahung des überhistorischen Charakters von der tatsächlichen Machtpolitik unterschieden werden, die jedoch in jenen Jahren zweifellos – gut zu erkennen an Friedrichs Beziehungen zu den Königen von Frankreich und England – zumindest den Anspruch auf so etwas wie Vorrang in der Würde durchsetzte. In diesem Sinne ist die – bereits am Ende des 11. Jahrhunderts von Benzo, Bischof von Alba, einem leidenschaftlichen Streiter für den Kaiser, verwendete – Bezeichnung *reguli provinciarum* zu verstehen, die gebraucht wurde, um die anderen christlichen Könige, alle Souveräne von „Provinzen" des Reiches, aber keinen obersten Herrn, keine Quelle des Rechts zu bezeichnen. Die tatsächliche Herrschaft über den Erdkreis stand gar nicht zur Diskussion, sondern das objektive Recht des römisch-deutschen Kaisers, über die Welt und daher, wenn auch in den Grenzen seiner Macht, als universaler Monarch, der als solcher bestätigt wurde, zu herrschen. Sein Universalprimat bestand in seiner Würde, in der Rolle als Garant von Frieden und Gerechtigkeit, in seinem ihm von der Vorsehung bestimmten Amt. Dieser Anspruch betraf zunächst die Gebiete des alten Römischen Reiches und erstreckte sich dem Begriff nach auch auf den Osten des Reiches. In einem Brief an den byzantinischen Kaiser konnte sich der römisch-deutsche Kaiser daher *Fridericus, divina fervente clementia, inclitus, triumphator a Deo coronatus, sublimis, in Christo fidelis, magnus, pacificus, gloriosus Caesar, Graecorum moderator, semper Augustus* (Friedrich, mit leidenschaftlicher göttlicher Milde ausgestattet, berühmt, von Gott gekrönter Siegesfürst, demütig, gläubiger Christ, großer, friedliebender, glorreicher Kaiser, Lenker der Griechen, auf immer Augustus) nennen.

Die Spannung zwischen den beiden Kaisern läßt sich also nicht in oberflächlicher Vereinfachung von der Politik Manuels gegenüber Alexander III. und den italienischen Städten oder von dem herleiten, was Friedrich gegen das Königreich Sizilien und über dieses gegen den ganzen Mittelmeerraum im Schilde führte. Sie entsprang aus dem – bei beiden vorhandenen – tiefen Bewußtsein einer konzeptionell universalistischen Rolle, auf die keiner von beiden als „römischer" Kaiser verzichten konnte. Bei Friedrich – wie übrigens auch bei seinem Rivalen – trübte das Festhalten an dieser übergeschichtlichen Wirklichkeit nicht das Bewußtsein für die politische Realität; aber diese wurde nicht von jener getrennt, und zu besonderen Zeiten hat man den Eindruck, daß es jene ist, die schließlich vorherrscht.

Keiner hat die Auffassung von dem sakralen Königtum Friedrichs besser zum Ausdruck gebracht, als es der sogenannte „Archipoeta", jener italienische oder vielleicht auch französische Dichter aus dem Kreis um Rainald von Dassel, unmittelbar nach dem Fall von Mailand mit Worten getan, die geradezu eine kaiserliche Theologie verkünden. Eine Ahnung davon vermittelt uns die Ode *Salve mundi domine*:

Sei gegrüßt, o Herr der Welt – unser Kaiser, sei gegrüßt,
dessen Joch süß ist – für alle Guten,
...
o Fürst der Fürsten der Erde – Kaiser Friedrich,
der, woran kein Weiser zweifelt, von Gott
zum König über alle Könige eingesetzt worden ist ...[5]

Diese kosmische und christliche Vision der kaiserlichen Macht konnte sich zwar auf das römische Recht stützen, aber sie stammt wohl eher aus dem Universalismus, wie er für das karolingische und ottonische Verständnis der quasisakralen Monarchie typisch war. Und der über die anderen Könige gestellte König, Schutz des christlichen Volkes, Trost der Guten und Schrecken der Bösen, Schwert der Rache Gottes und Schutzschild seines Volkes, nahm allerdings ausgesprochene apokalyptisch-eschatologische Züge an. Er war der Herrscher des Weltendes, der Endzeitkaiser, der vor der Ankunft des Antichrist und dem Endkampf zwischen den Söhnen des Lichts und den Söhnen der Finsternis auf der Erde erscheinen würde.

In der Atmosphäre des 12. Jahrhunderts lebte die Idee vom kosmischen Zweikampf wieder auf. Der Kampf zwischen Christentum und Islam wurde so gedeutet. In gleicher Weise nahmen Verfasser kirchlicher Streitschriften und Prediger der Katharer – die dualistische Theologie der Katharer war dafür am besten geeignet – den Widerstreit zwischen Kirche Gottes und Synagoge des

Satans vorweg, wobei sie sich natürlich gegenseitig beschuldigten, zur zweiten zu gehören. Es waren die Jahre um 1163, als Ekbert von Schönau seine *Sermones contra catharos* Rainald von Dassel widmete.

Der Antichrist war in einer vom Schisma zerrissenen Christenheit jetzt schon gegenwärtig. Bereits in der Mitte des 10. Jahrhunderts hatte Abt Adso von Montier-en-Der für Königin Gerberga von Frankreich, die Schwester Kaiser Ottos I., einen *Libellus de Antichristo* geschrieben, der weitgehend auf apokalyptisch-prophetischen Texten wie *Sibylla Tiburtina* und *Pseudo-Methodius* beruhte, wo in allegorischer Sprache vom Endkampf zwischen Gut und Böse die Rede war und machtvoll zwei Gestalten beschworen wurden, die zu mythischen Gestalten werden sollten: der Antichrist und der Endzeitkaiser. Adso verkündete, daß das Ende der Zeiten unmittelbar bevorstehe, wenn sich alle Reiche der Erde gegen die von Gott gewollte Ordnung auflehnen würden: Nun würde ein *rex Francorum,* ein Frankenkönig, Erbe des Römischen Reiches und Wiederhersteller der Ordnung, die feindlichen Kräfte bezwingen und sich als Pilger nach Jerusalem begeben, um Krone und Zepter auf dem Ölberg niederzulegen. Erst mit dieser Geste würde das römische und christliche Reich endgültig enden, und in diesem Augenblick würde der Antichrist erscheinen.

Die Erwartungen hatten sich in den Jahren des Schismas verdichtet. Zwischen 1160/61 und 1163 schrieb Gerhoh von Reichersberg seine Abhandlung *De Investigatione Antichristi,* während die Überzeugung am Reifen war, daß Alexander III. der rechtmäßige Papst sei. Zur selben Zeit verfaßte in der Zisterzienserabtei Tegernsee in Bayern ein ungenannt gebliebener Mönch ein umfassendes geistliches Schauspiel vom Kommen des Antichrist, den *Ludus de adventu Antichristi* oder, einfacher, *Ludus de Antichristo.* Tatsächlich kann man die Entstehung des *Ludus* unmittelbar vor Gerhohs *De Investigatione* ansetzen, und zwar aufgrund eines in letzterem enthaltenen Zeugnisses, wo die Kleriker, die zulassen, daß sich ihre Kirchen für die Aufführung des Spieles vom Kommen des Antichrist zu Theatern umwandeln, scharf gerügt werden.

Der *Ludus de Antichristo,* ein Schauspiel, das zwar nicht liturgischen Charakter besaß, fügte sich jedoch ein in die Sakralarchitektur Deutschlands jener Zeit mit ihren Kathedralen mit zwei großen Apsiden, der westlichen und der östlichen. Denn das Bühnengeschehen stützte sich auf die beiden Pole Rom – die Westapsis, wo der Kaiser saß – und Jerusalem – die Ostapsis, wo der Altar stand. Die Sprache des *Ludus* ist von hoher Qualität, die kulturellen Bezüge sind sehr anspruchsvoll: Man hat alles in allem den Eindruck, daß sich dieses Schauspiel an ein gebildetes und bedeutendes Publikum wendet.

Das Geschehen spielt in Jerusalem, vor der Omar-Moschee, die die Christen *Templum Domini* nannten. Die Personen sind zum Teil allegorisch – das Heidentum, die Kirche, die Synagoge, die Barmherzigkeit, die Gerechtigkeit, die Heuchelei, die Häresie –, zum Teil „geschichtlich", auch wenn sie ihrerseits natürlich nach Art von Symbolen behandelt werden: der Papst, der Kaiser, der

König von Babylon (in der abendländischen Vorstellung das Haupt der Muslime), der König der Griechen, der König der Franken, der König von Jerusalem. Der Kaiser verlangt, daß sich alle Könige ihm unterwerfen; nach der Weigerung des Königs der Franken, der jedoch gewaltsam zur Aufgabe seines Hochmuts gezwungen wird, akzeptieren der König der Griechen und der König von Jerusalem gern die Oberhoheit des Kaisers, der in diesem Augenblick Jerusalem vor dem Angriff des Königs von Babylon rettet und in den Tempel einzieht, um dort Zepter und Krone niederzulegen. Als er den Tempel verläßt, ist er nur König der Deutschen. Da tritt der Antichrist mit seinem Gefolge von Heuchlern und Häretikern auf. Er wird mit den königlichen Insignien bekleidet und läßt sich im Tempel nieder, aus dem die Kirche vertrieben wird; er verführt nun alle Könige der Erde, wobei er aber bezeichnenderweise unterschiedliche Methoden anwendet: Drohungen beim König der Griechen, Geschenke beim König der Franken, Wunder beim König der Deutschen. Der König von Babylon verleugnet seine Idole, um ihn anzubeten. Die Synagoge erkennt in ihm den Messias. Aber das Erscheinen und das Martyrium der Propheten Elias und Enoch zeigt den Beginn der Schlußszene an: Der Antichrist wird vom Wort Gottes gestürzt.

Man kann nicht umhin, in diesem Text alle großen Themen der Politik der Zeit in Transparenz zu erkennen: das Streben des römisch-deutschen Kaisers nach der Weltherrschaft *(dominium mundi)*, den Konflikt mit dem König von Frankreich, der die Oberhoheit des Kaisers nicht anerkennen will, die Sorge wegen des Schismas und des Umsichgreifens der Häresie, die Kreuzzugsidee. Besonders bezeichnend ist die Rede des Kaisers an den König der Franken, in der ein Begriff bekräftigt wird, der, wie wir wissen, Friedrich besonders teuer war, die *Translatio imperii*:

> Wie uns die Schriften der Geschichtsschreiber erzählen, war einst die ganze Welt im Besitz der Römer. Ihre Macht begründete die Bedeutung der Antike; die Lässigkeit ihrer Nachfahren hat sie zerstört; unter ihnen verschwand jene kaiserliche Macht, die jetzt der Majestät und Würde unserer Macht zukommt.[6]

Die treuen Untertanen, die sich nach und nach dem Willen des Kaisers beugen, singen:

> Wir erweisen dem Namen des Kaisers Ehre und rühmen uns, Kaiser Augustus zu dienen: seines Reiches Stärke ist zu fürchten, seines Reiches Ehre und Ruhm sind verehrungswürdig.[7]

Pläne zu Bestrafung und Rache, Erklärungen von Großherzigkeit und Gerechtigkeit: Der Kaiser des *Ludus de Antichristo* gleicht in allem Friedrich. Wir wollen damit nicht behaupten, dieser habe sozusagen als inspirierendes psychologisches Modell gedient; das sicher nicht: Doch der Verfasser hat über die Rolle des Kaisers in seiner Zeit tiefgründig nachgedacht und hatte beim Schreiben ein Modell vor Augen, das nur der Schwabe sein konnte.

Während Friedrich seinen Papst durchzusetzen versuchte und sich der Illusion hingab, den lombardischen Widerstand endgültig zerschlagen zu haben, projizierte ihn also eine trommelartige – großenteils von seinem Kanzler geplante und geleitete – Propaganda in den Mittelpunkt eines politisch-theologischen Vorhabens, von dem er verherrlicht wurde: Mit ihm zog das Kaiseramt wieder die sakralen Farben an, die es im römischen und im römisch-christlichen Reich angelegt hatte. Schon mit Karl dem Großen und Otto I. war diese Richtung eingeschlagen worden; doch mit Friedrich war sie auf einer höheren Ebene wiedergewonnen worden, dank des Zusammentreffens der Heiligkeit des christlichen Reiches mit dem Wiedererstehen des römischen Rechts, das zu seinen typischen Erfahrungen gehört.

Wir haben den Kaiser im Herbst 1164 nach Deutschland zurückkehren gesehen. Er dachte nicht daran, die italienischen Angelegenheiten aufzugeben, war aber tief erzürnt über Rainald, der ihn vor die vollendete Tatsache gestellt hatte, als er mit der Ernennung Paschalis' III. in Wirklichkeit auch ihm – ja ihm vor den anderen – die Fortsetzung der Kirchenspaltung auferlegte. Wir wissen mit Sicherheit, daß Friedrich ihn nicht desavouiert hatte: im Gegenteil, er hatte sich dessen Entscheidung nachdrücklich zu eigen gemacht. Das auch deshalb, weil er – wir haben schon darauf hingewiesen – nicht wollte, daß es hieße, er sei ganz seinem mächtigen Kanzler ausgeliefert, wie Gerüchte es tatsächlich in Umlauf setzten. Das war wohl auch der Grund, warum er Rainald seines Amtes als Reichskanzler enthob und es dem Propst von Merseburg Christian von Buch übertrug, dessen Verbindungen zum Kreis der Gegner Rainalds allgemein bekannt waren. Als Erzbischof von Köln blieb Rainald jedoch Erzkanzler des Königreiches Italien.

Ende des Jahres entsandte Friedrich Christian zusammen mit Papst Paschalis III., den er in Rom einsetzen wollte, auf die Halbinsel. Mit Hilfe deutscher und toskanischer Truppen versuchte Christian seine Aufgabe zu erfüllen, aber vergebens: Es gab kaum Zustimmung für den kaiserlichen Papst und wenn, dann waren diese Stimmen durch schwere Einschüchterungen erpreßt worden. Die Lage in Mittelitalien wurde für das Haus Schwaben immer schwieriger, und man wußte mit Sicherheit, daß Alexander III. von seiner bequemen französischen Zuflucht aus nur auf den günstigen Augenblick wartete, um in die Stadt, deren Bischof er war, zurückzukehren. Tatsächlich hatte er im April Sens, das zwei Jahre lang sein Sitz gewesen war, verlassen, um nach Italien zurückzukehren. Damals mochte er zwar noch Furcht und Sorgen haben, aber sein Zweikampf mit der kaiserlichen Kirche war, das durfte man sagen, mit dem Tod Viktors IV. gewonnen. Denn viele Prälaten, die sich für letzteren entschieden hatten, hatten dann nicht mehr die Bereitschaft oder den Mut, diesen Weg weiterzugehen; und das trotz des Druckes, den der Kaiser und sein unermüdlicher Kanzler ausübten. Der gesamte hohe Klerus von Burgund hatte Paschalis III. im Stich gelassen. Konrad von Babenberg, der Bischof von Passau, der auch Viktor begünstigt hatte, ging, sobald er als Nachfolger Eberhards Erzbischof von Salzburg geworden war, zu Alexander über. Erzbischof Konrad von Mainz, der der großen und Friedrich besonders treuen Familie der Wittelsbacher angehörte und zudem ein Bruder des Pfalzgrafen Otto war, hatte eine Wallfahrt nach Santiago de Compostela dazu benützt, um auf dem Weg dorthin in Frankreich Alexander zu besuchen. Nach und nach hatten sich auch die Erzbischöfe Hillin von Trier und Wichmann von Magdeburg von der schismatischen Kirche des Kaisers losgesagt.

Diesem einstimmigen Plebiszit hatte Friedrich nicht viel entgegenzusetzen; und man muß sich noch einmal fragen, ob wirklich er es war, der eine Kirchenpolitik durchsetzen wollte, die sich als verloren herausstellte, oder ob es – trotz der Ungnade, in die er gefallen war – noch immer Rainald war, der ihn auf jenem Weg weiterschleppte. In Ermangelung besserer Möglichkeiten blieb ihm nichts übrig, als auf die unvorhergesehenen Umstände und die Gegensätze zu setzen, die im gegnerischen Lager auftauchten. Und der schwerwiegendste Gegensatz war jener, der zwischen Papst Alexander und König Heinrich von England aufbrach.

Die enge Freundschaftsbeziehung zwischen Alexander und Ludwig VII. – dessen Bruder Heinrich, Erzbischof von Reims, war päpstlicher Legat in Frankreich – war sicher auch nicht dazu angetan, dem Papst die Sympathien des Plantagenet einzutragen. Dieser hatte im Januar 1164 mit der Einberufung des Hoftages von Clarendon versucht, sowohl die Wahl der Bischöfe in seinem Reich als auch die Durchführung der Appelle an die päpstliche Kurie der königlichen Kontrolle zu unterstellen. Der Primas des Königreiches England, jener Thomas Becket, der, ehe er Erzbischof von Canterbury wurde, Freund und Kanzler Heinrichs gewesen war, widersetzte sich den Beschlüssen von Clarendon und mußte aus dem Königreich fliehen; er flüchtete nach Frankreich, wo er von Alexander III. und Ludwig VII. freundschaftlich aufgenommen wurde.

Die Affäre um Thomas Becket brachte es mit sich, daß Kaiser Friedrich und König Heinrich sich nun objektiv auf derselben Seite gegen Alexander befanden. Im übrigen hatte auch ihre Politik zur Kontrolle der Kirche in den jeweiligen Ländern – eine Politik, deren großes Vorbild die normannisch-sizilianische war – viel gemeinsam, und zwischen dem deutschen und dem englischen Hof bestanden schon seit geraumer Zeit gute Beziehungen. Heinrich II. lieferte zwar nicht Waffen und Ausrüstung an den kaiserlichen Papst, um sich für die Unterstützung zu rächen, die Alexander dem Erzbischof von Canterbury gewährte; er wählte indessen den Weg der Erpressung, indem er ihn wissen ließ, daß er sehr wohl dem Gegenpapst helfen könnte.

Im April 1165 traf der König von England in Rouen mit Rainald von Dassel zusammen, dem der Kaiser weiterhin wichtige Aufträge erteilte: Es wurde ein

Übereinkommen geschlossen, kraft dessen Heinrich sich verpflichtete, Paschalis III. anzuerkennen und seine Tochter Mathilde Heinrich dem Löwen zur Gemahlin zu geben (diese Hochzeit wurde tatsächlich 1168 gefeiert). Der Ausgang der Begegnung von Rouen wurde im folgenden Mai von Rainald dem Reichstag von Würzburg in Anwesenheit fast aller weltlichen Fürsten Deutschlands und mehrerer Dutzend Bischöfe triumphierend überbracht.

Man darf wohl sagen, daß die Regie dieses Reichstages sorgfältig durchdacht war. Zunächst wurden die Gesandten Heinrichs II. angehört, welche die Unterstützung Englands für Paschalis III. mitbrachten. Dann schwor der Kaiser persönlich, daß er niemals weder Roland Bandinelli noch irgendeinen seiner Nachfolger als Papst anerkennen würde, und alle Anwesenden wurden aufgefordert, einen gleichartigen Eid zu leisten. Damit verzichtete Friedrich klar darauf, in der Frage der Kirchenspaltung von der harten Linie Rainalds abzugehen. Es besteht freilich der nicht unbegründete Zweifel, daß dieser in Wirklichkeit die ganze Versammlung und vor allen anderen den Kaiser überrascht, ja überrumpelt hat. Die triumphale, ungestüme Bekanntgabe der Seitenwahl des Königs von England hatte den Anschein einer von Rainald zu dem Zweck inszenierten List, um verlorengegangenes politisches Terrain zurückzugewinnen und den Kaiser noch einmal zu zwingen, wenigstens was die Kirchenpolitik betraf, die von ihm Rainald vorgeschlagenen Thesen anzunehmen.

Über die Vorgänge auf dem Würzburger Reichstag sind wir durch zwei verschiedene Quellen unterrichtet: durch den von der kaiserlichen Kanzlei abgefaßten offiziellen Bericht und durch einen Bericht, der allerdings geheim Alexander III. zugeleitet wurde. Nach dem ersten Bericht haben sich alle Anwesenden dem Willen des Kaisers angeschlossen; nach Aussage des zweiten Berichts hingegen haben sich trotz des Einschüchterungsklimas, das in der Versammlung herrschte, mehrere Zwischenfälle ereignet. Wir folgen dieser zweiten Quelle, die ohne Zweifel auch parteiisch ist, aber im vorliegenden Fall doch vertrauenswürdiger erscheint. Danach dürften nur fünf Bischöfe den Eid vorbehaltlos geleistet haben; die anderen verweigerten entweder den Eid oder waren nur mit verschiedenen Einschränkungen zur Eidesleistung bereit. Viele Stimmen erhoben sich sodann gegen Rainald von Dassel, der sich zudem in einer äußerst heiklen Situation befand: Er war nur ernannter, aber nicht geweihter Bischof von Köln. Ja, er war nur Diakon. Der Sache wurde allerdings schnellstens abgeholfen: Am 29. Mai wurde er zum Priester geweiht und am 2. Oktober empfing er die Bischofsweihe.

In Würzburg und in den Monaten unmittelbar danach bewies Friedrich, daß alle seine Reserven an Geduld bezüglich der kirchlichen Frage aufgebraucht waren. Er war sicher verärgert über Rainald, der ihn auf diesen Weg gedrängt hatte; und er haderte vielleicht auch mit sich selber, daß er sich von seinem listigen und energischen Ratgeber habe derart blockieren lassen. Aber gerade um zu vermeiden, daß allen bekannt werde, daß Rainald ihn neuerlich gewissermaßen zum Hörigen gemacht hatte, beschloß der Kaiser, der Situation mit äußerster Härte zu begegnen: wenigstens für den Augenblick. Die Zisterzienser, die Alexander III. unterstützten, wurden aus Deutschland vertrieben. Die Bischöfe, die nicht ausdrücklich und vor allen Papst Alexander verleugneten, wurden, auch wenn sie an ihrer Treue zum Kaiser keinen Zweifel ließen, mitleidlos verfolgt: Dieses Los traf Bischof Ulrich von Halberstadt, Erzbischof Konrad von Mainz – einen Wittelsbacher! –, der durch Christian von Buch ersetzt wurde, und schließlich den Salzburger Erzbischof Konrad von Babenberg, der als Bruder des Jasomirgott sogar ein Onkel des Kaisers war. Der Babenberger wurde aufgefordert, auf einem für Februar 1166 nach Nürnberg einberufenen Reichstag zu erscheinen; er ließ sich aber nicht blicken, und der Kaiser verweigerte ihm als Antwort die Verleihung der Regalien; später würde er ihn sogar zur Flucht aus seiner Diözese nötigen. Friedrich hatte nun jede Zurückhaltung aufgegeben und legte – vielleicht in der Hoffnung, daß seine unnachgiebige Haltung die Unentschlossenen einschüchtern würde – seinen Willen an den Tag, eine absolute Kontrolle über die deutsche Kirche auszuüben. Er gab unterdessen die Hoffnung nicht auf, wenn schon nicht mehr, so wenigstens die Neutralität Ludwigs VII. zu gewinnen, mit dem er zusammentraf, um das Problem der Söldner aus Brabant zu erörtern, die für verschiedene gewaltsame Übergriffe verantwortlich gemacht wurden.

Inzwischen hatte sich Alexander in Maguelonne nach Italien eingeschifft und ging, nach einer durch die Bedrohungen seitens der Pisaner und durch Stürme bewegten Überfahrt, in Messina an Land, von wo er unter dem Schutz König Wilhelms Rom erreichte, um sich am 23. November in triumphaler Weise im Lateran niederzulassen. Er war müde und voller Schulden, doch jene Rückkehr war für ihn ein Sieg. In Viterbo begann Paschalis III. zu verzweifeln und sandte dringende Hilferufe an seinen Herrn.

Friedrich hatte jedoch im Augenblick andere und außergewöhnlichere Ziele. Da er sich nun höchstpersönlich in den Kampf, der die Kirche erschütterte, eingelassen hatte, wollte er den ideologisch-propagandistischen Trumpf des sakralen Königtums bis zum Äußersten ausspielen. Darum ergriff er eine überraschende Initiative: Am Weihnachtstag 1165 ließ er von seinem Papst Karl den Großen als heilig verkünden und am folgenden 29. Dezember, dem Fest Davids, wohnte er in der Pfalzkapelle in Aachen der feierlichen Heiligsprechungszeremonie bei.

Zwei Beweggründe hatten ihn zu einer Entscheidung angeregt, die im übrigen gar kein Befremden hervorrief in Anbetracht der Popularität Karls des Großen und seiner Anhängerschaft auf epischem Gebiet und Ehrfurcht, von der die Erinnerung an den alten Kaiser auch in der Kirche umgeben war. Die epischen Legenden um Karl hatten seit kurzem, um 1140, eine verfeinerte, fast hagiographische Entfaltung erfahren: durch einen, wie es scheint, aus Südwestfrankreich stammenden Kleriker, der eine *Historia Karoli Magni* verfaßt hatte.

In ihr erreichte die Entwicklung der karolingischen Legende die Grenzen der hagiographischen Verehrung. Mit der Heiligsprechung des Gründers des römisch-deutschen Reiches heiligte Friedrich die Reichsidee selbst; aber gleichzeitig wollte er das kaiserliche Deutschland auf eine Konkurrenzebene gegenüber Frankreich und England stellen, die bereits ihre königlichen Heiligtümer besaßen. Im besonderen wurde das Deutschtum Karls des Großen geltend gemacht, den sich die Dynastie der Kapetinger, auch mit Hilfe der *Chansons de geste* – angeeignet hatten. In der großartigen Abteikirche von Saint-Denis, die der Cluniazenserabt Suger erbaut und mit Schätzen ausgestattet hatte, um sie in ein prachtvolles, reiches Reliquiar zu verwandeln, wurden das Banner Karls des Großen – die „Oriflamme" – sowie sein Schwert und seine Lanze aufbewahrt. Das enge Netz von Reliquien und epischen Legenden, mit dem die Kapetinger-Dynastie Karl den Großen umgab, hätte sogar zum Anspruch auf die Kaiserwürde seitens der französischen Könige führen können. Es fehlte darum auch nicht an der üblichen Ausstattung mit Kaisermythen: Prophezeiungen eschatologischen Charakters. So hieß es, am Vorabend vor dem Aufbruch zum Zweiten Kreuzzug habe Ludwig VII. vom Himmel ein geheimnisvolles Schreiben erhalten, in dem ihm außerordentliche Eroberungen, die unmittelbar bevorstünden, prophezeit wurden; er würde daraufhin den Anfangsbuchstaben seines Namens in „C" umändern und zum neuen Konstantin, zum Endzeitkaiser werden.

War die Kanonisierung Karls des Großen eine deutsche Antwort allein an den König von Frankreich? Höchstwahrscheinlich nicht: sie stellte in gewisser Weise auch eine Antwort an die ökumenischen Ansprüche des *basileus* dar. Nach den historischen Erkenntnissen – und noch mehr in der epischen Erinnerung der Zeit – hatte es Karl der Große verstanden, die byzantinischen Ansprüche zu dämpfen, und war im Triumph nach Konstantinopel und Jerusalem geritten. Und sie war auch eine Antwort an die päpstliche Politik der Heiligsprechung von Königen: Vor kurzem hatten die Kanonisierungen Eduards des Bekenners, Königs von England, und des Königs Knut von Dänemark stattgefunden, womit Alexander III. jene beiden Königreiche einerseits ehren, andererseits ermahnen wollte. Alexander betrieb eine – für jene Zeit neue – Politik, die darauf abzielte, das Vorrecht der Heiligsprechung allein dem Papst vorzubehalten: Bis dahin waren es allenfalls die Metropolitanbischöfe jeder Kirchenprovinz, die jene, die Ziel einer lokalen Verehrung waren, zur Ehre der Altäre erhoben. Auch was das betrifft, war sich der deutsche Kaiser im klaren, daß er und sein Papst hier nicht nachstehen durften.

Das Programm Friedrichs, daß einem Sakralbereich des Kaiserreiches Gestalt verleihen sollte, spiegelt sich in dem Interesse wider, das Friedrich wiederholt auch für bestimmte Reliquien oder bestimmte Kulte bewiesen hat: zum Beispiel für den hl. Heinrich, also für den Sachsenkaiser Heinrich II., oder für den hl. Sigismund, dessen Verehrung an Burgund gebunden war. Friedrich verehrte außerdem den Apostel Jakobus, einen der damals meistverehrten Heiligen der Christenheit, in dessen Namen er auch die Wallfahrt nach Santiago de Compostela unternahm. Im übrigen war auch die Verehrung des hl. Jakobus nicht ohne Beziehung zu Karl dem Großen: Die *Chansons de geste* waren auf der „Pilgerstraße nach Santiago", in der Nähe des Roncesvalles-Passes, entstanden, und nahe dem Grab Kaiser Karls in Aachen wurden Reliquien des Apostels aufbewahrt.

Die Heiligsprechung Karls des Großen war im übrigen gewissermaßen das logische Ergebnis einer Politik und mehr noch einer Gesamtauffassung der unumschränkten Macht des Herrschers. Seit einiger Zeit verwendete die kaiserliche Kanzlei, dem byzantinischen Vorbild folgend, in den offiziellen Dokumenten eine Adjektivierung, die den sakralen Charakter jener Macht unterstrich: das Reich war *sacratissimum imperium* (heiligstes Reich), die unumschränkte Befehlsgewalt des Herrschers hieß *sacra iussio,* und alles, was sich auf den Hof bezog, wurde mit Adjektiven wie *augustalis* versehen. Auf diese Weise nahm gegenüber einem Papsttum, das entschlossen war, wieder den vom *Dictatus Papae* vorgezeichneten hierokratischen Weg einzuschlagen, ein mit seiner eigenständigen Heiligkeit ausgestattetes Reich Gestalt an, an dessen Spitze eine geheiligte Persönlichkeit stand, die an den Gnadengaben der Kirche teilhatte und dazu berufen war, die Christenheit vor Häretikern und Ungläubigen zu schützen.

Die Zeremonie der Heiligsprechung Karls des Großen ist uns in einem kaiserlichen Dokument vom Januar 1166 überliefert, das sie beschreibt. Am 29. Dezember, dem Fest König Davids, hatte der Kaiser persönlich den Vorsitz bei dem Ritus in der Pfalzkapelle von Aachen; es zelebrierten der Diözesanordinarius, Bischof Alexander von Lüttich, und der Metropolit der Kirchenprovinz, zu welcher die Diözese gehörte, also der Kölner Erzbischof Rainald. Die Reliquien Kaiser Karls wurden vorher feierlich vom Sarkophag, in dem sie bis dahin geruht hatten, in ein Reliquiar übertragen, das in der Mitte der achteckigen Kapelle aufgestellt war. Dann wurde die eigentliche Kanonisierung vorgenommen, das heißt die Verkündigung der Heiligkeit Karls des Großen. Eine spätere Quelle spricht von einer päpstlichen Bulle Paschalis' III., die an dieser Stelle verlesen worden sei; aber diese Nachricht ist nicht gesichert. Unmittelbar nach der Kanonisierung wurde ein hagiographischer Text, die *Vita Sancti Karoli,* verfaßt, in dem es von Friedrich heißt, daß er „wie ein zweiter Karl der Große die Welt erleuchtet".

Papst Alexander vermied sorgfältig, gegen diesen neuen Kult Stellung zu nehmen, der sich tatsächlich in den Ländern des Reiches ganz beachtlich ausbreiten sollte und dessen Spuren im Bereich lokaler Verehrung sogar bis in unsere Tage reichen.

Um die Verehrung des hl. Karls des Großen entstand ein ganzer symbolischer architektonisch-liturgischer Komplex, der Aachen und die Schaustellungen kaiserlicher Macht, die dort gefeiert wurden, zum sakralen Zentrum des christlichen Abendlandes machen sollte. Die achteckige Gestalt der Pfalzkapelle folgt tatsächlich berühmten Vorbildern wie San Vitale in Ravenna und greift die symbolistischen Merkmale der Architektur der Baptisterien auf, knüpft aber vor allem an das Thema Achteck und Heiligkeit der der Schriftexegese der Kirchenväter so teuren und mit der pythagoreischen Philosophie verbundenen Zahl acht an. Als Zahl des „achten Tages" Symbol der Auferstehung Christi und der Zusage des Reiches Gottes nach dem Ende der Zeiten, wird die Acht bisweilen auch in der Ikonographie des in achteckiger Form dargestellten himmlischen Jerusalem verwendet, weil man mit dieser Gestalt das Quadrat (die menschliche, endliche Vollkommenheit) und den Kreis (die göttliche, unendliche Vollkommenheit) zusammenfassen wollte. Im 4. Jahrhundert sagt der hl. Gregor von Nyssa, daß jede Errichtung einer Kirche der Schöpfung eines neuen Kosmos gleichkomme, und beschreibt den von ihm durchgeführten Bau eines Heiligtums als die Ausführung eines architektonischen Grundplanes, den er dadurch erhielt, daß er alle Punkte miteinander verband, an denen das Zeichen eines in einen Kreis eingeschriebenen Kreuzes die Kreislinie berührt. Wie die Pfalzkapelle, so ist auch die jetzt in der Wiener Schatzkammer aufbewahrte Kaiserkrone Ottos I. achteckig; sie wird von einem Metallbogen überwölbt, der die rückwärtige Platte mit dem Kreuz an der Stirnseite verbindet und wahrscheinlich eine Anspielung auf die Rolle des Kaisers als Vermittler zwischen Gott und seinem Volk darstellt. Auch die Kaiserkrone symbolisiert, wie die Pfalzkapelle, das himmlische Jerusalem. Für die Qualifizierung des nach dem Vorbild des Melchisedek verstandenen kaiserlichen Amtes als das eines *Rex et Sacerdos* ist die Stirnplatte, die – wie der vom Hohenpriester Israels getragene Brustschild – mit zwölf kostbaren Edelsteinen geschmückt ist: Die Zahl zwölf verweist auf die zwölf Stämme des auserwählten Volkes und auf die zwölf Apostel. Auch diese kostbaren Steine sind eine Anspielung auf das himmlische Jerusalem, das nach der *Geheimen Offenbarung* auf Edelsteinen errichtet ist. Einer dieser die Krone zierenden Steine, der wegen seines herrlichen Glanzes „der Waise" genannt wird, scheint auf Christus als Eckstein hinzuweisen und hat vielleicht selbst die mittelalterliche deutsche Literatur beeinflußt: Er ist nämlich wiederzuerkennen in dem Stein, der in dem um die Mitte des 12. Jahrhunderts von dem Priester Lamprecht geschriebenen *Alexanderlied* vor den Mauern des irdischen Paradieses Alexander geschenkt wird, und sogar in dem Edelstein des Gral in Wolfram von Eschenbachs Epos *Parsival*. Als ein christologisches Symbol, als vom Himmel herabgekommenes göttliches Unterpfand scheint er den Kaiser selber als Quelle des Rechts zu symbolisieren.

Dieser symbolische Rahmen mußte Friedrich bewußt gewesen sein, wenn er nicht lange nach der Heiligsprechungszeremonie für Karl den Großen, also zwischen 1165 und 1170, die Pfalzkapelle mit einem großen, aus acht krummlinigen Teilen bestehenden kupfernen Kronleuchter in Gestalt eines Mauerwerks – wahrhaftig ein himmlisches Jerusalem (Synthese von Kreis und Achteck) – ausstattete, der mit seinem Glanz an den Festtagen das Gewölbe des sakralen Baues erleuchten sollte. Das gesamte System jener Zeichen und Symbole der Macht, von dem Friedrich Gebrauch machte, läßt sich nicht im Detail rekonstruieren: Man müßte dazu uns unbekannte Einzelheiten von den Zeremonien und vom Leben am Hof wissen und eine genaue Vorstellung von den verwendeten Gegenständen haben, ihre Form und ihre Merkmale kennen, mit Sicherheit wissen, ob sie direkt von ihm in Auftrag gegeben oder nur geerbt worden waren. Äußerst wichtig war sicherlich die Krone, „Synonym für monarchische Herrschaft, Metapher des Königs, Symbol und Sitz der königlichen Macht";[8] aber von größter Bedeutung waren außerdem auch der vom Kreuz überragte goldene Reichsapfel, der wohl im 11. Jahrhundert in Gebrauch kam, das Zepter, das Schwert, die sogenannte Heilige Lanze, die angeblich einen Nagel vom Kreuz Christi enthielt, die feierlichen Paramente, der Thron.

Das Jahr 1165 bedeutet den Höhepunkt der ideologisch-propagandistischen „sakralen" Spannung Friedrichs I.; aber es bedeutet mit der Rückkehr Alexanders III. nach Rom ebenso den Beginn einer Zeit ernster Schwierigkeiten. Die Entscheidung des Reichstags von Würzburg mit der Verpflichtung der Reichsfürsten und Bischöfe zum Treueid für Paschalis III. hatte Widersprüche, ablehnende Zurückhaltung und Zweideutigkeiten durchsickern lassen, die als solche zu belassen, vielleicht politisch klug gewesen wäre: nun aber kam das, was früher nur angedeutet wurde oder überhaupt unausgesprochen geblieben war, durch die Wucht der Ereignisse selbst auf dramatische Weise ans Licht. Die im Reich um sich greifende Mißstimmung gegen den Kaiser und seinen Kanzler verbanden sich mit den dramatischen Bürgerkriegsgerüchten, die in Deutschland kursierten. Die Anstrengungen, die der Vetter des Kaisers, Heinrich der Löwe, in Sachsen unternahm, um den Frieden in der Region durchzusetzen und ein Herzogtum aufzubauen, das mit einer wirksamen Regierung und einer geordneten, zentralisierten Verwaltung ausgestattet war, verletzten auf fatale Weise die Interessen, die besonderen Freiheiten *(libertates)*, die alten Vorrechte des Adels und der Städte; Rainald von Dassel selbst war ein Gegner des mächtigen Welfen-Herzogs, der sich in Sachsen bereits wie ein König gebärdete; es ist kein Zufall, daß der herrliche bronzene Löwe von Braunschweig, ein Meisterwerk der romanischen Bildhauerkunst, gerade aus jenem Jahr 1166 stammt. Er hält noch heute Wache vor dem Dom, in dem die Gebeine des Herzogs ruhen. Aber es begann sich eine starke Koalition gegen Heinrich herauszubilden: Daran beteiligten sich der rheinische Pfalzgraf Konrad, Herzog Friedrich von Schwaben (dessen Vetter der Kaiser war), Herzog Ladislaus II. von Böhmen. Aber noch ernster – wenn auch weniger gesichert – wog die am Beginn des Jahres 1166 verbreitete Nachricht von einer Verschwörung gegen den Kaiser selbst, die angeblich von Männern wie den Erzbischöfen von Trier, Magdeburg und Salzburg, dem Herzog von Schwaben, den Herzögen Welf VI. und Berthold von Zähringen angezettelt worden sei.

Ubi rex, ibi regnum (Wo der König ist, ist das Reich). Friedrich verändert sich ständig. Er leitet Reichstage, spricht Recht, schlichtet Streitfälle. Er hat es eilig, denn er weiß, daß er wieder nach Italien ziehen muß. Dort hat Alexander III. im März/April mit Sorgfalt einen ihm treu ergebenen Prälaten, Galdinus, zum neuen Erzbischof für eine Stadt bestimmt, die es eigentlich gar nicht mehr gab: Mailand. Ende Mai starb Wilhelm I. von Sizilien, auf ihn folgte ordnungsgemäß sein Sohn Wilhelm II., mit dem *basileus* Manuel Verbindung aufnahm, um eine Vereinbarung zustande zu bringen, deren Vermittler Alexander III. war. Der byzantinische Kaiser hatte diese Gelegenheit ausgenützt, um seine Italienpolitik festzulegen: Er hatte bereits in Ancona einen festen, soliden mitteladriatischen Brückenkopf eingerichtet und bot nun seine Tochter dem König von Sizilien zur Gemahlin an. Friedrich entsandte eine aus Heinrich von Babenberg – der, wie wir wissen, mit einer byzantinischen Prinzessin vermählt war – und Otto von Wittelsbach gebildete Delegation zum *basileus* mit dem Vorschlag, sich nicht mehr um die ungarischen Angelegenheiten (ein weiteres umstrittenes Gebiet zwischen den beiden Reichen) kümmern zu wollen, wenn sich umgekehrt Byzanz nicht mehr in die Angelegenheiten der italienischen Halbinsel einmische. Doch die Mission scheint nicht erfolgreich gewesen zu sein. Und so zeichnet sich immer klarer die Gefahr ab, daß Manuel nicht nur die aufständischen norditalienischen Städte unterstützt, sich nicht nur mit Wilhelm von Sizilien verbündet, sondern sogar dem Papst nahelegt, ihn als einzigen christlichen Kaiser anzuerkennen. Da tat Eile not. Es galt, die kaiserliche Autorität in der Lombardei wiederherzustellen, das byzantinische Einsickern an der Adriaküste zu beseitigen und Alexander aus dem Lateran zu vertreiben.

Mitte Oktober brach Friedrich von Augsburg auf. Heinrich der Löwe konnte ihn nicht begleiten, da er in Sachsen in einem Bürgerkrieg gegen ein Bündnis stand, dessen prominentester Vertreter Albrecht der Bär war und das der Kaiser nicht hatte verhindern können. Der Schwabenkaiser überquerte in Eilmärschen die Alpen, zog durch die Val Camonica, um die vom aufständischen und bestens ausgerüsteten Verona überwachten Klausen des Etschtales zu meiden. Ende Oktober ist er in Trient. Im November schlägt er für einige Tage seine Residenz in Lodi auf.

X.
„Barbarossa mit Lanze und Schwert auf dem Schlachtfeld“

Wann sie anfingen, ihn Barbarossa zu nennen, weiß man nicht genau. Der Beiname *Rubeus* scheint für ihn schon ziemlich früh gebraucht worden zu sein; er war übrigens gar nicht selten für die mittelalterlichen Führer und Könige: Erich der Wikinger, der 985 Grönland erreichte, wurde „der Rote“ genannt; und Rufus war der Beiname König Wilhelms II. von England, des Sohnes Wilhelms des Eroberers. Wir haben bereits davon gesprochen, daß es eine weitverbreitete ungeschriebene Regel war, Leuten „mit roten Haaren“ zu mißtrauen; und zu Friedrichs Zeit wiederholte der größte Chronist des Kreuzritterreiches im Heiligen Land, Erzbischof Wilhelm von Tyrus, im Hinblick auf Fulko von Anjou, König von Jerusalem, rothaarige Männer seien im allgemeinen unzuverlässig.

Der Beiname „Barbarossa“ scheint sicher nicht vor dem 13. Jahrhundert verwendet worden zu sein, er ging aber auf das vorhergehende Jahrhundert zurück und war natürlich italienischen, ja lombardischen Ursprungs. Unwillkürlich liegt der Vergleich mit dem (verunglimpfenden) Beinamen „Barbavaria“ nahe, den die Bewohner von Piacenza dem Arnold von Dorstadt anhängten. Doch Beinamen wie *Barbarubra* oder *Enobarbus* sind nicht „stumm“ und sie sind auch nicht bloß ironisch oder sarkastisch. Sie können eine harte Verurteilung einschließen: „Kupferbart“ war Nero, der Typus des *rex iniustus,* der Tyrann schlechthin, der Feind der Christen. Und es kann gut sein, daß Friedrich, als er im Herbst 1166 nach Italien zog, für die Mailänder, für die Leute in Piacenza und Verona und auch die anderen bereits der Barbarossa war. Es besteht daher kaum die Gefahr eines Anachronismus, wenn auch wir ihn von jetzt an so nennen.

Es war im November in Lodi, seinem geliebten Lodi, seinem Schützling. Dem Kaiser wurden nachdrücklich die Beschwerden und Klagen der Städte vorgelegt, die der – manchmal harten, häufiger räuberischen und bestechlichen – Herrschaft seiner *Podestàs* ausgesetzt waren.[1] Doch er hatte es eilig und duldete keine Opposition. Er war nach Italien gekommen, um Paschalis III. in Rom einzusetzen, die Gefahr eines byzantinischen Brückenkopfes in Ancona – wo Manuel bereits eine Garnison in Stellung gebracht hatte – zu beseitigen und den schon längst herbeigesehnten Feldzug gegen Sizilien zu unternehmen: Er hörte kaum auf die Vorhaltungen der lombardischen Gemeinden und gewährte ihnen keinerlei Befriedigung. Das einzige, was er klar erfaßte, war, daß nunmehr der Großteil der Städte entweder seine Feinde oder treulose Verbündete waren, und er beschloß, sich dementsprechend zu verhalten. Etwas nachgiebiger zeigte er sich gegenüber Genua und Pisa, die wieder einmal gegeneinander Krieg führten; zu ihnen hatte er Rainald bzw. Christian entsandt: Aber im Gegensatz zu seinen Hoffnungen gelang es ihm nicht, zu einer Vereinbarung zu kommen, um endlich das Abenteuer gegen das normannische Sizilien in Gang bringen zu können.

Friedrich hatte wenigstens zwei Zielpunkte. Dazu teilte er seine Truppen in drei Teile: ein Kontingent sollte unter seinem eigenen Oberbefehl über die Emilia und Romagna nach Ancona vorstoßen; die beiden anderen Kolonnen sollten unter dem Kommando Rainalds bzw. Christians nach Rom vorstoßen, Alexander vertreiben und Paschalis einsetzen.

Als Friedrich im Februar nach längerem Aufenthalt im Raum von Brescia und Bergamo – wo er sich mehr als Eroberer denn als Souverän gab – in Bologna eintraf, verlangte er von der Stadt die Bereitstellung von Geiseln als Garantie für ihr loyales Verhalten; von dort zog er durch Romagna und traf im Mai unter den Mauern von Ancona ein. Die Belagerung dauerte drei Wochen und wurde nach den einen mit der Kapitulation der Stadt, nach den anderen mit einem Kompromiß beendet.

Glänzender waren die von Rainald – der entschlossen nach Rom zog – und von Christian errungenen Erfolge: Er folgte Rainald mit toskanisch-lombardischen Truppen, mit Söldnern aus Brabant (den sogenannten Brabanzonen) und mit den sizilisch-normannischen Verbannten, die wie die Grafen Robert von Bassavilla und Andreas von Rupecanina auf eine Rückkehr in die Heimat im Gefolge des Schwaben hofften. In der Nähe von Rom, in Monteporzio, kam es am 29. Mai zu einem denkwürdigen Zusammenstoß zwischen den kaiserlichen Truppen und den Römern, die ihre Stadt verlassen hatten, um das Paschalis ergebene Tusculum zu bezwingen. Es gab einen außergewöhnlichen kaiserlichen Sieg, waren doch die Römer, was das Verhältnis der Streitkräfte betraf, mit mindestens zehn zu eins im Vorteil.

Während sich die Römer unter rhetorischer Beschwörung der Erinnerung an *Hannibal ante portas* in ihren Mauern verbarrikadierten und auf den Angriff warteten, machte Friedrich, der rechtzeitig benachrichtigt worden war, auf seinem Marsch nach Apulien, wohin er gleich nach dem Fall von Ancona aufgebrochen war, kehrt und stürmte auf die Stadt zu.

Inzwischen hatten sich jedoch viele andere Dinge ereignet. Der Kaiser hatte die Lombardei kaum verlassen, als der Aufstand ausbrach. Die von seinen *Podestàs* geschundenen Städte hatten ihn, seine Steuereintreibungen, den Durchzug seiner Truppen satt. Und auch wenn manche dieser Städte ihn einst freudig aufgenommen hatten – sei es wegen des Ansehens und der Verehrung, die dem gebührte, der sich damals als das *nomen imperii* bezeichnete, sei es, weil jede von ihnen hoffte, sich seiner bedienen zu können, um sich von der Gewalt und Konkurrenz der Nachbarstädte zu befreien –, waren sich jetzt alle einhellig im klaren darüber, daß ihre alte gegenseitige Feindschaft alles in allem noch immer bequemer und vorteilhafter war als die „Freundschaft“ des Kaisers. Ja, selbst jenes Cremona, zusammen mit Lodi und Pavia sein ausgesuchter Lieblingsort – Cremona, das Friedrich mit Wohlwollen und Privilegien überhäuft hatte –, lehnte sich jetzt gegen ihn auf. Und mit Cremona als Zentrum nahm ein Bund Gestalt an, dem sich, mit einem Schwur am 8. März, auch Mantua, Bergamo und Brescia anschlossen. Die vier Städte, die sich von den ihnen vom Kaiser aufgezwungenen Beamten befreit hatten und zu ihrer traditionellen Konsularverwaltung zurückgekehrt waren, schworen, einander zu verteidigen, die ihnen in den letzten zehn Jahren zugefügten Schäden gegenseitig wiedergutzumachen, miteinander gegen die gemeinsamen Feinde zu kämpfen, alle jene Rechte zu verteidigen und zu schützen, die sie in der Zeit Konrads III. und ein Jahrhundert vorher erworben hatten. Dieser Pakt sollte 50 Jahre lang gültig sein. Auch Mailand wurde aufgefordert, sein Siegel darunter zu setzen.

Für diese Lombardische Liga, die als solche unter die in Roncaglia verbotenen Vereinigungen fiel, gab es zwei Präzedenzfälle: einerseits der 1159 während der Belagerung von Crema von Mailand, Piacenza und Brescia gemeinsam geleistete Schwur, ohne die Zustimmung Papst Hadrians mit Friedrich nicht Frieden zu schließen; andererseits natürlich die Liga von Verona von 1164. In dem Vertrag gab es nichts, was nach Auflehnung gegen das Reich geklungen hätte, der Bezug auf das Königtum Konrads sollte jedoch klarmachen, daß man auf die von Friedrich eingeführten Neuerungen *(novitates)* zu reagieren gedachte, für die es in keinem Anspruch der früheren Kaiser eine Entsprechung gab. Die Verbündeten verweigerten dem Kaiser nicht die *fidelitas*, ja sie unterwarfen ihre Übereinkunft der Vorentscheidung *salva fidelitate imperatoris* (bei unverletzter Treue zum Kaiser): aber sie weigerten sich, ihm Leistungen zu erbringen, die dem Reich zur Zeit Heinrichs V., Lothars III. und Konrads III. nicht gebührt hätten.

Der Überlieferung nach fand die feierliche Bestätigung des Bündnisses der lombardischen Städte bei einer Begegnung ihrer Vertreter am 7. April im Kloster Pontida, zwischen Bergamo und Lecco, statt. Die Episode ist wahrscheinlich Legende oder, besser, es ist spätere Legende, daß das Treffen eben an jenem Ort stattfand. Bei dieser Gelegenheit sei unter anderem – als Beweis der erneuerten Eintracht – beschlossen worden, die Mauern Mailands wiederaufzubauen, die 1162 zwar auf Befehl des Kaisers, aber unter enthusiastischer Mitwirkung vieler Nachbarstädte zerstört worden waren. Der Wiedererrichtung der Mauern Mailands war daher ein symbolischer Akt der wiedergewonnenen Eintracht; aber es konnte wohl niemandem entgehen, das sie zugleich auch eine Herausforderung an die Adresse Friedrichs war. Am 27. April zogen die Mailänder – mit wehenden Fahnen, wie es auf den Reliefs an der Porta Romana dargestellt ist – in ihre gegen den Willen des Kaisers wiedererstandene Stadt ein. Kurz vorher waren dem Städtebund neue Mitglieder beigetreten. Im Fall von Lodi war es freilich weniger freiwilliges Angebot als Erpressung. Denn auch wenn Cremona – nun da Crema zerstört war – der Meinung war, mit einem Mailand, das von einer Rückgewinnung seiner alten Hegemonialrolle freilich noch weit entfernt schien, ruhig Frieden schließen zu können, so wollte Lodi nicht allzu rasch die Dankesschuld vergessen, die es mit Friedrich verband. Andererseits wäre Lodi in der Lage, die Verbindungen zwischen Mailand einerseits und Cremona und Pisa andererseits zu unterbrechen, darum wollten es die Verbündeten auf ihrer Seite haben. Und so leistete das zum Teil verängstigte und erpreßte, zum Teil durch Versprechungen verlockte Lodi den Schwur – allerdings immer *salva fidelitate imperatoris.* Auch Piacenza schwor sich auf den Bund ein und nützte die Gelegenheit, die Liga um eine Wiedergutmachung für die durch das kaiserliche Heer auf seinem Territorium erlittenen Schäden zu ersuchen. Später leistete auch Parma den Schwur, das als Gegner von Piacenza fürchten mußte, jetzt, da sich der Rivale dem Bund angeschlossen hatte, isoliert zu bleiben. Der Vertreter des Kaisers in der Lombardei, Heinrich von Diez, konnte nichts zur Verhinderung dieses Geschehens unternehmen; es standen ihm nicht genügend Truppen zur Verfügung. Der Kaiser seinerseits, der sich an der adriatischen Küste befand, als er von den Vorfällen erfuhr, sollte im Augenblick die Lösung der Fragen Ancona und Rom für dringender erachten und die Regelung der Probleme in der Lombardei auf den Rückweg verschieben.

Die Nachrichten aus Norditalien, die dem Papst wahrscheinlich zwischen Juni und Juli zu Ohren kamen, waren erfreulich, aber er befand sich nicht in der besten Verfassung, um sie aufzunehmen. Der Kaiser näherte sich mit Riesenschritten; inzwischen blockierte ein Pisaner Schiffsgeschwader die gesamte tyrrhenische Küste zwischen Terracina und Civitavecchia. Die verzweifelten Appelle an den König von Sizilien, den einzigen, der ihm hätte zu Hilfe kommen können, waren vergeblich. Am 24. Juli gelangte „Caesar" – der Kaiser – in Sicht jener Stadt, die nach kaiserlicher Propaganda seine Braut war; oder, wie es in der päpstlichen Propaganda lautete: Der Barbar näherte sich den heiligen Mauern der Stadt des hl. Petrus. Die Leostadt wurde erstürmt, und während des Angriffs ging das an Sankt Peter angrenzende Kirchlein Santa Maria *in Turri* in Flammen auf; das Feuer umzüngelte auch die ehrwürdige Basilika. Papst Alexander konnte sich mit knapper Mühe und Not retten, um in der mächtigen Festung der Frangipani im Kolosseum Zuflucht zu suchen. Nun wurden Verhandlungen aufgenommen. Der siegreiche Friedrich wußte wohl, daß sein Sieg sinnlos bliebe, wenn auf ihn nicht die Beilegung des Schismas folgte. Er spielte daher die Rolle des hochherzigen Triumphators und schlug eine Wiederholung des Konzils von Pavia von 1160 vor: eine neue Kirchenversammlung, der sich sowohl Alexander wie Paschalis unterwerfen sollten und die frei den rechtmäßigen Papst wählen sollte. Friedrich hatte zwar in der Stadt einen Machtvorteil, doch besaß Alexander in der christlichen Welt die Unterstützung eines Großteils der Kirche. Und er wußte nur zu gut, daß – würde er, einmal abgesehen von seinem persönlichen Schicksal, die Bedingungen Friedrichs annehmen – seine Stärke gerade als Geschlagener und Gehetzter darin bestand, sich neuerlich als einzigen und rechtmäßigen Papst zu erklären. Hätte er das nicht getan, wären im selben Augenblick acht Jahre Kampf sinnlos geworden. Auf päpstlicher Seite führte die Verhandlungen ein hoher Adeliger, jener Konrad von Wittelsbach, früherer Erzbischof von Mainz, den der Kaiser vom erzbischöflichen Stuhl verjagt hatte, um ihn für seine Treue zu Bandinelli zu bestrafen, und den dieser dafür zum Kardinal erhoben hatte. An Friedrichs Seite war der Bruder Konrads, der tapfere und treue Otto. Erhoffte man tatsächlich eine Lösung? Handelte der Kaiser in ehrlicher Absicht, als er sie vorschlug? Auf die klare Ablehnung Alexanders hin konnte die kaiserliche Propaganda jedenfalls den Römern – den wankelmütigen Römern – mit bitterem Triumph verkünden, daß kein Friede zustande kam, nur weil es dem hochmütigen Roland mehr um seine Tiara als um die Einheit der Kirche ging. Und Roland blieb nichts übrig, denn als Pilger verkleidet nach Terracina zu flüchten; von dort würde er sich dann nach Benevent im Königreich Sizilien unter den Schutz Wilhelms II. begeben.

Am 29. Juli sangen die Sieger in der nach der Schlacht wiedergeweihten Sankt-Peters-Basilika das *Te Deum*. Friedrich konnte seinen triumphalen Sieg über die Stadt und die Welt als römischer Patrizier – dessen Insignien, das goldene Diadem und den grünen Mantel, er trug – und als Kaiser feiern. Am 30. Juli wurde sein Papst Paschalis in St. Peter inthronisiert. Am 1. August konnte er dann feierlich die Krönungszeremonie für Friedrich erneuern, und im Unterschied zu 1155 wurde diesmal an seiner Seite die schöne und treue Beatrix zur Kaiserin gekrönt. Es war ein Triumph.

Mutatio dexterae Excelsi (Verhängnisvolle Wende [läßt] die Hand Gottes [erkennen]): Ein Sommergewitter – eines jener römischen Gewitter, die die Stadt in einen reißenden Strom verwandeln – entlud sich am 2. August, einen Tag nach der Krönung, über Friedrich und seinem Lager. Es folgte eine unerträgliche Hitze, die Schwüle, die von den trägen Strudeln des Tiber aufstieg, der Gestank der Sümpfe, von denen die Stadt umgeben war. Und das alte Sumpffieber, das ohne sichtbaren Grund tödlich zuschlägt, das alte Übel, das sich in den Stechmücken einnistet und das die Menschen mit dem fauligen Wasser trinken. Es sterben die Reichsbischöfe, die hohen Fürsten, die mutigen Krieger.

Unwetter und Seuche sind seit jeher Zeichen für Gottes Zorn. Und der Herr, der Gott der Heerscharen, der Jahwe des Alten Testaments, hat die Hand erhoben und hat den neuen Sennacherib, den neuen Nero geschlagen. Frohlocke, Jerusalem, da Gott dich befreit hat! So spricht man triumphierend in der Umgebung des flüchtigen und gehetzten Alexander. Wehe dem Gebannten, der es gewagt hat, sich von einem falschen Papst, der exkommuniziert war wie er, krönen zu lassen! Wehe dem, der den Tempel des hl. Petrus entweiht hat!

Auch in Friedrichs Umgebung herrschten jetzt Trostlosigkeit und Schrecken. Was sollte Gottes Schlag anderes bedeuten als seine Empörung? Eine militärische Niederlage wäre ertragen und männlich getragen worden. Aber das! Das Öffnen der Schleusen des Himmels und der massenweise Tod am Tag nach dem Sieg, das war zuviel! Mehr noch: es war ein Zeichen.

Friedrich verliert nicht den Mut: Auch wenn er zweifelt, wenn er Angst hat, hält er das in seinem Herzen verschlossen. Er ernennt – womit er sich ein päpstliches Vorrecht anmaßt – Johannes von Vico zum Präfekten von Rom; und er schließt eine Vereinbarung mit den Römern, die sie zum Treueschwur gegenüber dem Kaiser verpflichtet und das Recht des Kaisers zur Einsetzung und Bestätigung der Senatoren und die Gewährung umfassender Steuerbefreiungen enthält. Wenige Tage herrscht er über „seine“ Stadt.

Aber schon der 6. August sollte seinem Aufenthalt in Rom ein Ende machen. Er mußte der Seuche und der Hoffnungslosigkeit, die sie mit dem Tod im Lager verbreitete, entfliehen. Und außerdem nahmen die Geschehnisse in der Lombardei immer beunruhigendere Formen an. Am Tag nach dem Fest der Madonna vom Schnee, dem Hauptfest der Basilika Santa Maria Maggiore, brach das kaiserliche Heer die Zelte ab und nahm Papst Paschalis mit sich mit, denn man wußte nur zu gut, daß er nicht allein hätte in Rom bleiben können. Er wurde wiederum in Viterbo zurückgelassen, und Friedrich zog nach Norden weiter. Man schleppte einen ganzen Trupp Kranker mit, unter denen der Tod unaufhörlich seine Opfer hinwegraffte; so starb der aus Lodi stammende Chronist Acerbus Morena, der ihn auf der römischen Expedition begleitet, ihm gedient und ihn in seiner Chronik gerühmt hatte; es starb Welf VII., Sohn Welfs VI.; es starb Friedrich von Rothenburg, Herzog von Schwaben und Vetter des Kaisers; und am 14. August starb Rainald von Dassel, der ein – trotz der Behauptungen seiner Gegner – wohl nicht ausschweifendes, aber gewiß nicht besonders frommes Leben mit einem gläubig ergebenen, vorbildlichen Tod beschloß.

Die Kunde von den römischen Ereignissen hatte mit den Flügeln der päpstlichen Boten die Halbinsel durcheilt. Friedrich zog wie ein Geschlagener nach Norden zurück; und es war nicht Menschenhand, die ihn niedergezwungen hatte. Der Gebannte, der Gottesfeind mußte geschlagen werden. Im übrigen besaß er praktisch kein Heer mehr: Es war ein Rückzug, der aber immer mehr einer Flucht glich. Als die Bewohner von Pontremoli den Cisa-Paß blockierten, wo die *Via Francigena* die Toskana verließ, um in die Emilia einzumünden, blieb ihm nichts übrig, als den Berg zu umgehen, um mühsam und mit Hilfe des Herrn dieses Gebietes, des Markgrafen Malaspina, am 12. September Pavia zu erreichen.

In dieser Stadt, die ihm noch immer treu ergeben war, wurde er genauer über die Rebellion der lombardischen Städte und über ihre Liga informiert. So erfuhr er, daß viele Städte der „Lombardei“ (dieser Ausdruck bezeichnet gewöhnlich ganz Norditalien) die kaiserlichen Podestàs verjagt und sich geweigert hatten, ihre Lehnsverpflichtungen zu erfüllen, und die Bischöfe, die Alexander III. unterstützten, zurückgerufen hatten. Die Frage der kommunalen Freiheiten und das Problem der Rechtmäßigkeit Bandinellis als Papst hatten an und für sich nichts miteinander zu tun, sie betrafen zwei verschiedene begriffliche Ebenen; aber nun wurden sie miteinander verbunden, wenn sie auch nicht eigentlich miteinander verwuchsen, und diese Verbindung sollte von langer Dauer sein.

Friedrich nahm die Konfrontation an: Die Städte, die er gegen sich hatte, waren für ihn im doppelten Sinn Feinde – als Rebellen und als Schismatiker. Am 21. September verhängte er über die lombardischen Städte – allerdings mit Ausnahme von Lodi und Cremona – die Reichsacht und schleuderte mit einer theatralischen ritterlichen Geste als Fehdezeichen seinen Handschuh zu Boden. Unterdessen hatte er seine Getreuen zusammengerufen: Pavia, Novara, Vercelli, Obizzo Malaspina, den Markgrafen von Montferrat, den Grafen von Biandrate. Mit dem auf diese Weise verstärkten Heer begann er sogleich Streif- und Plünderungszüge durch die Gegend um Mailand, wo sich ihm unvermittelt und wirksam Einheiten aus Lodi, Brescia, Bergamo, Cremona und Parma entgegenstellten. Die Chroniken berichten, er habe in der Nähe von Pavia zwei Bissen zu sich genommen, ohne auch nur vom Pferd zu steigen, und dann den Po überquert, um das Gebiet von Piacenza zu verwüsten, von wo er aber sofort ausquartiert worden sei. Am 11. November, dem Fest des hl. Martin, zwangen ihn die Mailänder, sich in Pavia zu verschanzen, und begannen mit der Belagerung der kaisertreuen Stadt.

Zu diesem Zeitpunkt dürften die Mailänder wohl angenommen haben, daß sie ihn jetzt in ihrer Gewalt hätten und ein letzter Druck genügen würde. Aber dazu reichte es nicht aus, jetzt die Kräfte zu koordinieren: Man mußte ihm zeigen, ja beweisen, daß er endgültig verloren hatte, daß die Ronkalischen Gesetze ein abgeschlossenes Kapitel waren, daß seine einzige Alternative, um sich treue Untertanen zu bewahren – und solche wollten sie ja trotz allem bleiben –, darin bestand, zu akzeptieren, daß die Beziehungen zwischen Reich und Städten wieder so wurden, wie sie zur Zeit Heinrichs V. gewesen waren. Hier standen zwei Rechtsprinzipien, die im Grunde beide legitim waren, zueinander im Gegensatz: auf der einen Seite stützte sich Friedrich auf das römische Recht und die alten königlichen Vorrechte, die zwar außer Gebrauch geraten, aber niemals formell abgeschafft worden waren; auf der anderen Seite beriefen sich die Städte auf jene traditionelle Rechtsquelle, die die Gewohnheit darstellt.

Am 1. Dezember 1167 trafen sich die Vertreter von 16 Städten, darunter alle Mitglieder der Veroneser Liga von 1164 und der späteren Liga von Cremona, und beschlossen, sich zu einer einzigen *Societas Lombardiae* zusammenzuschließen: uns bekannt unter dem Namen Lombardischer Städtebund oder Lombardische Liga. Es waren die Städte Venedig, Verona, Padua, Vicenza, Treviso, Cremona, Brescia, Bergamo, Mailand, Lodi, Parma, Piacenza, Mantua, Ferrara, Bologna und Modena.

Gegen so starke Kräfte war kein Widerstand möglich. Friedrich verließ heimlich Pavia, auf dessen Treue er – angesichts dessen, was mit Lodi und Cremona geschehen war, und angesichts der zunehmenden Isolierung, der sich Pavia ausgesetzt sah – nicht mehr allzu viel gab; und er begab sich in das Territorium von Montferrat und der Grafen von Biandrate, wo er den Winter verbrachte, um gleich nach Ende der schlechten Jahreszeit den Rückweg über die Alpen anzutreten.

Die Lombardische Liga wurde immer stärker und gab sich, ab Dezember 1167, eigene institutionelle Grundlagen, die sich von denen jeder einzelnen Mitgliedsgemeinde klar unterschieden: Jede Stadt wählte für eine Amtsdauer von einem Jahr ihren Führer für die Liga; dieses Führerkollegium trat in einer Stadt (der Liga) seiner Wahl, im allgemeinen immer in einer anderen, zusammen; diese Versammlungen fanden unregelmäßig oder jedenfalls nicht in genau festgelegten Zeitabständen statt; die Führer legten die militärischen und diplomatischen Maßnahmen, die ergriffen werden sollten, fest, diskutierten über die Aufnahme neuer Mitglieder und hielten Gericht, um zwischen den Mitgliedern der Liga aufgetretene Streitigkeiten beizulegen.

Als der Winter zu Ende ging, entschloß sich Friedrich, den Rückzug über die Alpen anzutreten; inzwischen hatte Philipp von Heinsberg, der Nachfolger Rainalds von Dassel als Erzbischof von Köln, Paschalis III. die Rückkehr nach Rom ermöglicht; Mittelitalien und die Toskana waren, wie es schien, im großen und ganzen noch immer Friedrich treu ergeben. Aber in Benevent empfing Alexander ständig Boten und schmiedete Pläne gemeinsam mit den lombardischen Städten, dem König von Sizilien, mit Venedig und mit *basileus* Manuel. Friedrich hatte einen vorsichtigen Schritt auf Alexander zu getan, da er einen Ausweg suchte, dem von ihm selbst 1165 in Würzburg geleisteten Schwur auszuweichen: aber vergebens. So blieb ihm nichts übrig, als nach Deutschland zu gehen und dort seine Stellung zu festigen und sich neu zu organisieren. Auch das schien freilich nicht ganz einfach zu sein. Graf Humbert III. von Savoyen, der sich durch die Privilegien, die der Kaiser den Bischöfen seiner Grafschaft gewährt hatte, in seinen Interessen verletzt fühlte, verwehrte Friedrich den Weg über den Paß Susa; als er ihm dank der Vermittlung des Markgrafen von Montferrat den Durchzug letzten Endes gewährte, befand sich Friedrich in einer noch peinlicheren, demütigenderen Situation. Seine Entscheidung, als ebenso schreckliche wie nutzlose Repressalie einen Adeligen aus Brescia aufhängen zu lassen, löste einen Aufstand in der Stadt aus; er mußte die Geiseln befreien und Hals über Kopf, als Diener verkleidet, fliehen, während er die Kaiserin in den Händen des Volkes von Susa zurückließ; in ritterlicher Hochherzigkeit gestatteten sie ihr jedoch, gleichfalls abzureisen. Nachdem er den Mont Cenis überquert hatte, gelangte er über Burgund, das er fast ganz auf der Seite Alexanders III. antraf,

Mitte März nach Basel an der Grenze zwischen dem Königreich Burgund und dem Herzogtum Schwaben.

Von März 1168 bis September 1174 setzte Friedrich seinen Fuß nicht mehr auf den Boden Italiens. Nicht, daß ihn die italienischen – und päpstlichen – Fragen nicht mehr interessiert hätten, im Gegenteil! Er verfolgte aufmerksam die für ihn äußerst alarmierende Entwicklung der Freundschaft zwischen Papst Alexander, den Städten, dem König von Sizilien und dem *basileus*: Wie wir sehen werden, wird er verschiedentlich einzugreifen versuchen. Gleichzeitig wird er versuchen, seine Verwaltung des Königreiches Italien neu zu organisieren und das Personal zu erneuern, indem er zum Beispiel seinen in italienischen Angelegenheiten sehr erfahrenen Mitarbeiter, Konrad von Lützelhard (den die Italiener jedoch für einen etwas wunderlichen Typ gehalten haben müssen, denn sie gaben ihm den Spitznamen „Moscaincervello", „Fliegenhirn"!), mit der Mark Ancona belehnte und sich von Welf VI. (der nach dem Tod seines Sohnes Welf VII. keine dynastischen Aussichten mehr hatte) seine Vorrechte über die Mathildischen Güter abtreten ließ. Doch auch die deutschen Fragen waren wichtig, und er hatte sie eben zugunsten der italienischen allzu lange hinausgeschoben. Sie mußten jetzt gelöst werden – insbesondere mußte das Verhältnis zum Herzog von Sachsen geklärt und die Vorherrschaft über die deutsche Kirche wieder geltend gemacht werden, um Entscheidungen für die Seite Alexanders III. zu vermeiden oder doch einzuschränken –, ehe er nach Italien zurückkehrte, um mit der Lombardischen Liga abzurechnen: Denn dazu war Friedrich fest entschlossen.

Er begann daher mit der Einberufung einer Reihe von Reichstagen, die im Mai und Juni zwischen Bamberg und Würzburg abgehalten wurden und wo er einige grundlegende Fragen regelte. Zunächst galt es, den Frieden zwischen Heinrich dem Löwen und der Koalition der sächsischen Adeligen und Prälaten wiederherzustellen, mit denen er sich seit 1166 im Kriegszustand befand; das war um so wichtiger, als der Herzog von Sachsen vor kurzem seine junge Gemahlin Mathilde von England, die Tochter von König Heinrich II. Plantagenet, heimgeführt hatte, von dem Friedrich noch immer eine Unterstützung in der Sache des Schismas erwartete. Es kam auch wirklich zum Frieden, es kostete den Kaiser freilich einige Mühe, die sächsischen Adeligen dazu zu bringen, daß sie Heinrich seine Abenteuerlust verziehen; diese Vermittlung ließ sich der Kaiser im übrigen teuer bezahlen, indem er Goslar – sächsischer Vorposten gegen das Harzgebirge und Brandenburg – wieder in Besitz nahm, das er selbst dem Vetter zu Beginn seiner Herrschaft abgetreten hatte und das auch wegen der Silberminen von Bedeutung war. Die Wiederaneignung von Goslar durch den Kaiser verletzte die territoriale Integrität des Herzogtums Sachsen; außerdem enthielt die Pfalzkapelle in Goslar das Herz Heinrichs II., des heiligen Kaisers Heinrich, dessen Andenken Friedrich als seinem Nachfolger auf dem Kaiserthron ebenso heilig war wie seinem Erben im Herzogtum Sachsen, Heinrich dem Löwen. Man darf wohl sagen, daß sich seit dem Geschehen um Goslar die Beziehungen zwischen Heinrich und Friedrich zunehmend verschlechterten. Und das alles, während der Löwe zu erkennen gab, auch Dänemark, einem Königreich, das formell Vasall des Reiches war, seine Vorherrschaft auferlegen zu wollen. Eine weitere Entscheidung Friedrichs, die die Macht des Königs in Deutschland stärken sollte, war seine Zuwendung zur Krone des Herzogtums Schwaben, das nach dem Tod Friedrichs von Rothenburg in Italien ohne Erben geblieben war und seither von kaiserlichen Beamten *(ministeriales)* verwaltet wurde; das eigentliche Lehen Rothenburg im östlichen Franken kam an die Krone, die sich auf diese Weise eine noch solidere territoriale Grundlage im Südwesten des Reiches schuf. Die Witwe Friedrichs von Rothenburg vermählte sich in zweiter Ehe mit Knut, dem Sohn von König Sven von Dänemark, was das wiedergewonnene Einvernehmen zwischen jenem Königreich und dem Reich stärkte.

Durch diese Neuorganisation eines Reiches, das vorläufig befriedet schien, gestärkt, ließ Friedrich am 24. Juni 1169 seinen zweitgeborenen vierjährigen Sohn Heinrich vom Reichstag zum römischen König ernennen und am darauffolgenden 5. August in Aachen krönen: Die Krönung des designierten Erben war in Byzanz übliche Praxis, im Abendland jedoch lag der letzte derartige Fall zwei Jahrhunderte zurück, im Jahr 967.[2] Die Gründe, warum der erstgeborene Sohn Friedrich übergangen wurde, kennen wir nicht – möglicherweise hing es mit dessen schlechtem Gesundheitszustand zusammen. Es kann aber auch sein, daß Friedrich den Zweitgeborenen auswählte, um den Eindruck zu erwecken, er wollte eben jenem dynastischen Prinzip bei der Wahl der deutschen Könige eine Schranke vorschieben, einem Prinzip, das er natürlich einführen wollte, das sich aber nicht der Sympathien des deutschen Adels erfreute. Außerdem war Heinrich nicht an den Schwur von Würzburg gebunden, den er selbstverständlich nicht geleistet hatte. Seine Wahl konnte ein weiteres Entspannungssignal an den Bandinelli-Papst und an die ihm ergebenen Bischöfe Deutschlands sein, deren Zahl ständig zunahm: Paschalis III. war im September 1168 gestorben, und die Position des neuen kaiserlichen Gegenpapstes, Abt Johannes von Strumi, der den Namen Calixtus III. angenommen hatte, schien nicht sehr stark zu sein. Die Bischöfe, die sich für Alexander III. aussprachen, nahmen an Zahl und Ansehen von Tag zu Tag zu. Exemplarisch unter anderem das Verhalten eines von ihnen: Adalbert, Sohn des Herzogs von Böhmen und neuer Erzbischof von Salzburg. Dieser hatte es nicht nur abgelehnt, seine Einsetzung durch den schismatischen Erzbischof von Mainz anzunehmen, um sie von Ulrich, dem Patriarchen von Aquileia, der sich zu Alexander bekannte, entgegenzunehmen; sondern als der Kaiser in das Gebiet der Erzdiözese Salzburg eindrang, antwortete er ihm gegenüber mit dem Verzicht auf jegliches *regale ius* (königliches Hoheitsrecht) und auf jeden Feudalbesitz und machte nur seinen Anspruch auf die geistliche Leitung der Erzdiözese geltend. Das war eine unter dem Gesichtspunkt der

Würde äußerst vornehme, aber auch alarmierende Lektion für Friedrich, der nur über irdische Güter und Macht zum Verschenken verfügte, um die kirchlichen für sich zu gewinnen und seine Macht über die Kirche aufrechtzuerhalten.

Doch die Aufmerksamkeit des Kaisers richtete sich immer mehr auf Heinrich den Löwen, der sich – so sehr ihn auch die Affäre um Goslar gedemütigt haben mochte – weiterhin wie ein praktisch unabhängiger Souverän seiner Herzogtümer gab, in denen er sich um so sicherer fühlte, seitdem sein Rivale, Albrecht der Bär, Markgraf von Brandenburg, 1170 gestorben war.

Heinrich trug die Macht, den Glanz und die Erhabenheit eines Königs zur Schau. Die Entdeckung der Silberminen von Freiberg um das Jahr 1170 hatte ihn hoch entschädigt für die erzwungene Abtretung der Silberminen von Goslar an den Vetter. Und königlich war auch seine Außenpolitik: sicher im Einklang mit der des Kaisers, aber doch von einer ganz persönlichen Prägung. Der Umstand, daß er der Schwiegersohn Heinrichs von England war, verlieh ihm ein derart hohes Ansehen, daß er ihn auf jeden Fall als wertvollen Verbündeten ansehen konnte; auch sein Einfluß auf Dänemark vermehrte sein Ansehen. Aber auch seine Beziehungen zu Alexander III., den er zwar nicht als Papst anerkannte, der aber für die Kreuzzugspolitik in Nordosteuropa großes Interesse zeigte, waren nicht schlecht.

Anfang des Jahres 1172 brach Heinrich zu einer Wallfahrt in das Heilige Land auf. Das war ein Zeichen dafür, daß er sich in seinem Herrschaftsgebiet so sicher fühlte, daß er sich eine lange Abwesenheit gestatten konnte, es war aber auch ein Hinweis auf einen politischen Willen, den Friedrich vielleicht unterstützte, ja zu dem er ihn vielleicht in manchen Fällen sogar drängte, den er aber über jeden berechtigten Zweifel hinaus fürchtete.

Der Pilgerzug, der am 13. Januar 1172 von Deutschland in Richtung Heiliges Land aufbrach, war, das ist sicher, auch ein großartiges politisch-diplomatisches Unternehmen. Auf dem Weg durch Österreich machte der Löwe Herzog Heinrich von Österreich, aber wohl vor allem der Herzogin Theodora Komnena seine Aufwartung. Denn eine der bevorzugtesten Etappen seiner Reise war Konstantinopel, wo er am Karsamstag, dem 15. April, eintraf. Der Kaiser und die Kaiserin von Byzanz überhäuften ihn mit Geschenken, und man darf wohl mit Sicherheit annehmen, daß auch über die Spannung zwischen den beiden Reichen gesprochen wurde, besonders was die gegensätzlichen Interessen im adriatischen Italien und im Balkan-Donau-Raum betraf. Außer dem Königreich Jerusalem besuchte Heinrich auch das Reich des türkischen Sultans von Ikonium, Kilidji Arslan, der Herrscher über den Großteil der anatolischen Halbinsel war und auch Beziehungen zu Friedrich unterhielt.

Im Dezember empfing der Kaiser in Augsburg den von dieser bedeutenden Reise heimkehrenden Heinrich; wir wissen, daß die Begegnung freundlich war, aber wir wissen nicht, was sich die beiden Vettern zu sagen hatten. Wenn man von der ein Jahr später erfolgten kaiserlichen Expedition gegen Ancona her urteilt, würde man freilich sagen, daß Heinrichs Mission zur Entspannung zwischen den beiden Herrschern nicht erfolgreich gewesen ist. Aber da bewegen wir uns auf dem Feld der Vermutungen.

Jedenfalls dachte Friedrich an einen neuen Italienzug. Er hatte ihn im März 1172 auf dem Reichstag zu Worms feierlich angekündigt und bemühte sich von da an mit allem Nachdruck um die Lösung der noch offenen deutschen Probleme. 1173 gründete er im deutschen Königreich vier neue Jahrmärkte, davon zwei in Aachen. Inzwischen versuchte er Verbindungen mit Ungarn zu knüpfen, wo der neue König Bela III. eine sehr unabhängige Politik trieb; und er gestattete die Verleihung des Herzogtums Böhmen (praktisch war es bereits ein Königreich) an den Sohn von Sobeslaus, des Rivalen des Herzogs Ladislaus, der im Alter versucht hatte, zugunsten des eigenen Sohnes abzudanken, dem aber Friedrich seine Anhängerschaft für Alexander III. nicht verziehen hat. Nachdem die deutschen und östlichen Probleme geordnet waren, schickte sich der Kaiser an, nach Süden aufzubrechen. Im Mai 1174 hatte er in Regensburg nochmals ein Gespräch mit Heinrich dem Löwen: Er wußte, daß der neuerliche Feldzug schwierig sein würde, und hätte es deshalb gern gesehen, daß ihn der Vetter unterstützte; vielleicht hätte er ihn auch lieber vor Augen gehabt als ihn, wiederum unkontrollierbar, in Deutschland zu wissen. Aber Heinrich nahm an dem neuen Unternehmen nicht teil.

Als Friedrich im Herbst 1174 zum fünften Mal nach Italien zog, sollte er im Vergleich zur Zeit vor sechs Jahren vieles verändert vorfinden. Was war geschehen?

Zusammenfassend könnte man sagen, daß sich drei Dinge ereignet haben. Erstens: Mailand war nicht nur aus seinen Ruinen wiedererstanden, sondern hatte erneut seine hegemoniale Rolle in ganz Norditalien übernommen, indem es sich die, wenn auch nicht ganz unangefochtene Führerschaft einer Lombardischen Liga aneignete, die inzwischen zu einem kolossalen, wenn auch weder einheitlichen noch sehr beweglichen Organismus geworden war. Zweitens: Das Ansehen Papst Alexanders III. war so universal geworden, daß die Aufrechterhaltung des Schismas nunmehr lächerlich anmutete. Drittens: Der Einfluß des Königs von Sizilien und des Kaisers von Konstantinopel war gewachsen, und die Beziehungen beider zum Papst und zu den lombardischen Städten hatten sich weiter verstärkt.

Friedrichs Flucht aus Italien im März 1168 hatte seine Feinde in einem Zustand großer Euphorie und in der Überzeugung zurückgelassen, daß das Eisen geschmiedet wurde, solange es heiß war.

Im April 1168 wurde am Zusammenfluß von Tanaro und Bormida, in einer strategisch beneidenswerten Lage, eingezwängt zwischen dem Territorium von Pavia, den Gebieten des Landgrafen von Montferrat und der Grafen von Biandrate, und mit der Möglichkeit, den Zugang des lombardischen Hinterlandes zum Meer von Genua zu kontrollieren, eine neue, kleine Stadt gegründet: Holzhäuser, mit Stroh gedeckt. Die in der Liga zusammengeschlossenen Städte haben sie gegründet als Herausforderung an den Herrn von Montferrat und an Pavia. Die Gründung einer Stadt war jedoch ein königliches Vorrecht: deshalb galt die Herausforderung eigentlich Friedrich. Nicht zufällig hatten sie die neue Stadt zu Ehren des Bandinelli-Papstes Alessandria genannt. Viele Menschen, vor allem aus Montferrat, übersiedelten in die Neugründung, um dort zu wohnen. Und schon wenige Monate nach jenem April hatte Alessandria, wie es scheint, zwar noch immer Strohdächer, aber feste Mauern.[3]

Die Gründung von Alessandria erfolgte kurz vor der Versammlung von Lodi im Mai, auf welcher mit einigen Abänderungen der Schwur vom Dezember 1167 wiederholt und verschiedene Entscheidungen getroffen wurden, so unter anderem die Einrichtung einer Art Schiedsgericht innerhalb der Liga, welches das Berufungsrecht an den Kaiser ersetzen sollte: Mit anderen Worten, die Liga maßte sich öffentliche Funktionen an im selben Augenblick, wo sie dadurch, daß sie die Berufungen an den Kaiser für ungültig erklärte, die Ausübung jener juridisch gesprochen legitimen Funktionen verhinderte. Jetzt war es offenkundig, daß die Lombarden nicht mehr daran dachten, auf ihre Entscheidungen zu verzichten. Daß sich die Liga ein eigenes Siegel zulegte, auf dem ein Adler, ähnlich dem Reichsadler, aber den Kopf nach links statt nach rechts gewandt, dargestellt war, und vielleicht auch ein eigenes Banner, ist ein Beweis für ihren nunmehr offenkundigen Willen, als öffentliche Autorität das Reich zu ersetzen oder sich jedenfalls ihm gegenüber als überkommunale Einrichtung durchzusetzen. Die Verträge der Liga wurden periodisch neu beeidigt, so daß die Neubeitritte allmählich das Gesamtgefüge festigten. In ihrer Politik lassen sich Züge einer territorialen Organisation, einer gemeinsamen Verkehrs- und Handelspolitik und eines Zollsystems erkennen.

Die Zahl der Mitglieder der Liga hatte langsam zugenommen, bis diese alle wichtigen Zentren der heutigen Regionen Piemont, Ligurien, Venetien, Emilia-Romagna umfaßte, einschließlich jener Städte, die wie Como (das Ende 1168 beitrat) oder Pavia (das 1170 beitrat) zwar die feste Reichstradition im Rücken hatten, aber verleitet oder sogar genötigt wurden, sich der *Societas* anzuschließen, um nicht der Isolierung und dem militärischen Druck der anderen ausgesetzt zu sein. Nach und nach erreichte die Zahl der in dem Bund zusammengeschlossenen Städte 35, auch wenn die jeweiligen Vertreter nie alle gleichzeitig bei den verschiedenen Tagungen der Liga anwesend waren.

Wohl oder übel mußten sich ihr auch die Lehnsherren anschließen: Obizzo Malaspina gehörte durch sein Bündnis mit Vercelli seit 1168 dazu, als festes Mitglied aber erst ab 1170 (1169 hatte er sich auch mit Genua verbündet und sorgte für die Offenhaltung der Straßen in die Lombardei); der Markgraf von Montferrat trat 1172 bei; besonders demütigend war der Anschluß an die Liga für den Grafen von Biandrate; andere folgten noch später.

Die Liga hatte jedoch drei Schwachstellen, die sich in der Folge bemerkbar machen würden: zunächst einmal war sie für den Krieg und nicht für den Frieden konzipiert worden und brauchte daher, um richtig zu funktionieren, einen gemeinsamen Feind – ohne einen solchen würde sie bald erlahmen; sodann war sie das Ergebnis eines Zusammenschlusses ganz unterschiedlicher Interessen und ungleicher Kräfte, weshalb sie auf fatale Weise geradezu prädestiniert für das Auftreten interner Rivalitäten und für das Entstehen von Hegemonien war, die nicht von allen Mitgliedern gern gesehen wurden; drittens bestand eine gewisse Verwirrung zwischen den Machtansprüchen der Leiter der Liga und den Vorrechten der Führer der einzelnen Gemeinden.

Doch die Liga schien zumindest in den ersten Monaten vollkommen zu funktionieren; sie spann vorzüglich ihre Idylle mit Alexander III., der sich für immer stärker hielt, wenngleich sein neuer Gegenpapst, Johannes von Strumi, seinen Sitz in Rom aufgeschlagen hatte. Der Vallombrosaner Johannes war ein guter Mönch, und das gefiel dem Kaiser, der die Kirchenspaltung ja nicht nur aus politischen Motiven oder aus Herrscherstolz weiterführte, sondern wohl tief davon überzeugt sein mußte, daß seine Sache gerecht war. Zugleich wurde sich Friedrich jedoch immer deutlicher bewußt, daß seine Rolle in dem Schisma jetzt unhaltbar wurde, und suchte einen Vorwand, um aus der Angelegenheit ehrenvoll herauszusteigen. Deshalb erleben wir zwischen 1168 und 1170 eine durchdachte und umfassende diplomatische Tätigkeit, die verschiedene christliche Mächte einbezog und die letzten Endes zweifellos den Ausweg aus der Pattsituation zum Ziel hatte, in die das Fortbestehen zweier Päpste die Kirche gebracht hatte. Im Herbst 1168 kam es zwischen Heinrich von England und Ludwig von Frankreich zu den Verhandlungen, die im Januar 1169 zum Frieden von Montmirail führten. Friedrich entsandte Heinrich den Löwen, Christian von Mainz und Philipp, den neuen Erzbischof von Köln, als Beobachter zu der Begegnung. Im besonderen sprach man dabei über die Veranstaltung eines neuen Kreuzzugs – möglicherweise hatte sowohl die Entsendung Christians von Mainz nach Konstantinopel im Jahr darauf als auch die Wallfahrt Heinrichs drei Jahre später gleichfalls diesen Zweck – und über das Schisma; und man dachte daran, daß vielleicht die beiden Äbte von Cîteaux und Clairvaux, angesehene Persönlichkeiten der zu Alexander stehenden Christenheit, sich für eine Versöhnung zwischen Friedrich und Alexander verwenden könnten. Tatsächlich wurden die beiden Äbte im März zusammen mit Eberhard von Bamberg nach Veroli entsandt, wo – unweit von Rom und auch recht nahe von den Grenzen des Königreiches Sizilien – Alexander die Begegnung festgesetzt hatte. Es hieß, daß für Friedrich das eigentliche Ziel der Gesandtschaft darin bestand, Alexander dazu zu bewegen, seinen Sohn Heinrich zum Kaiser zu krönen. Als Gegenleistung würde dieser ihn als wahren Papst anerkennen, und das Schisma wäre beendet, ohne daß Friedrich den Schwur von Würzburg widerrufen müßte.

Die päpstliche Anerkennung würde Gewißheit in der Nachfolge auf dem

Kaiserthron bedeuten, dessen Inhaber das Haus Schwaben bliebe. Für Alexander seinerseits war seine Sache aufs engste mit jener der Lombarden verknüpft, und so empfing er denn die kaiserlichen Gesandten in Anwesenheit lombardischer Boten: Das verstieß aber gegen den offenkundigen Plan des Kaisers, dessen Friedensangebot an den Papst ja gerade zum Ziel hatte, die von diesem und der Liga gebildete Einheitsfront zu spalten. Friedrich konnte die von Alexander eingesetzten Bischöfe anerkennen, war aber keinesfalls bereit, jene Bischöfe, die sich auf seine Seite und die seiner Päpste gestellt hatten, jetzt ihrem Schicksal zu überlassen. Das war denn auch der Grund für das Scheitern der Verhandlungen; Friedrich meldete das offiziell im Juni 1170 auf dem Reichstag zu Fulda.

War Veroli für ihn eine Niederlage gewesen? Ja, wenn man annimmt – und das muß man wohl –, daß Friedrichs Absichten ehrlich gewesen waren; nein jedoch, wenn man bedenkt, daß die Ablehnung seines Friedensangebotes durch den Papst vom Kaiser dazu benutzt werden konnte, den deutschen Fürsten zu beweisen, daß kein vernünftiger Vorschlag die vorgefaßte Feindseligkeit des Papstes zu überwinden vermochte, und das vor allem wegen seiner engen Verbindung zur Lombardischen Liga. Die einzige Möglichkeit, die Frage der Kirchenspaltung wirklich zu lösen, war daher die Bekämpfung der Liga.

Das war nicht falsch gedacht. Nach dem Scheitern der Verhandlungen von Veroli im März 1170 hatte Papst Alexander den Lombarden die Bulle *Non est dubium* gewährt, in der er erklärte: „Durch göttliche Eingebung habt ihr einen Bund des Friedens und der Eintracht geschlossen für die Kirche Gottes und zur Verteidigung eures Friedens und eurer Freiheit gegen Friedrich, den sogenannten Kaiser.“ Die Bulle ordnete die Sperrung der Handelswege zwischen der Toskana und der Lombardei an, falls sich die – nach wie vor kaisertreuen – Toskaner nicht der Liga anschließen sollten, und drohte jenen Städten, die Verschwörungen zum Schaden der Liga angezettelt hätten, Bann und Interdikt an. Die Städte der Liga antworteten ihrerseits mit der Bekräftigung und Präzisierung ihres Eides von 1167, und das in einer Form, aus der unzweideutig ihre Entschlossenheit hervorging, gegen den Kaiser und seine Verbündeten Krieg zu führen.

Trotz alledem wollte Alexander offensichtlich nicht ganz mit Friedrich brechen. Er bestätigte zwar den Bann gegen ihn, weigerte sich aber, ihn abzusetzen; andererseits stimmte er dem Bündnis mit Manuel zu – gerade 1170 traute er seinen getreuen Otto Frangipani und eine griechische Prinzessin –, gab aber den drängenden Bitten des *basileus*, ihn mit der abendländischen Kaiserkrone zu versehen, nicht nach. Im übrigen versäumte Friedrich nicht, auch mit Byzanz zu verhandeln: So scheint der Hauptzweck der Entsendung des Mainzer Erzbischofs Christian nach Konstantinopel 1170 ein Plan zur Vermählung Heinrichs – der bereits römischer König war – mit einer griechischen Prinzessin gewesen zu sein. Kurz darauf wurde Friedrichs Tochter Sophia dem König von Frankreich als Braut angeboten: Papst Alexander III. hat sofort an Ludwig geschrieben, um diese geplante Verbindung zu verhindern; ihr Zweck wäre es gewesen, nicht allein und nicht nur den Papst, sondern vor allem die Lombardische Liga zu isolieren.

Die Antwort des Hofes von Byzanz war jedoch nicht sehr klar. Ancona war inzwischen zu einer richtigen griechischen Festung geworden, während 1171 der gleichfalls vom *basileus* finanzierte Wiederaufbau der Wehrtürme von Mailand begonnen hatte. Da beschloß nun Friedrich, jedes Zögern aufzugeben, und entsandte Christian von Mainz in die Toskana, um den Italienzug des Kaisers vorzubereiten und neue Erfolge der Liga in jener Region, wie sie auch nach dem Wunsch des Papstes gewesen wären, zu verhindern.

Der Reichskanzler war Ende 1171 in Italien. Dort stieß er auf etwas Neues: Eine der traditionell dem Reich ergebenen Städte, Pisa, unterhielt enge freundschaftliche Beziehungen zum *basileus*, und zwar vor allem, um seine Handelsinteressen in Byzanz zu schützen und zu erweitern, indem es eine äußerst günstige Gelegenheit sozusagen beim Schopf packte, die sich bot, als Manuel einige Monate zuvor die Venezianer aus seinem Reich vertrieben hatte. Pisa und Florenz führten im übrigen Krieg gegen ein bedrohliches toskanisches Bündnis unter der Führung von Lucca und mit massiver Unterstützung von seiten Genuas. Christian war ein großer, hochherziger, edler Fürst, und die Söldner aus Brabant, die er mit sich führte, hatten ihm auch einen durchaus zu fürchtenden militärischen Ruf eingebracht; aber er war kein Diplomat. Mit der Einberufung des gewohnten Hoftages 1172 nach San Genesio hat er die Lage nur noch zusätzlich verworren: Er versuchte die Dinge dadurch zu lösen, daß er Pisa die Reichsacht androhte, ohne weder auf dessen traditionell kaiserfreundliche Einstellung noch auf die stete Politik Friedrichs Rücksicht zu nehmen, die gerade darin bestand, keine der mächtigen Seestädte unbefriedigt zu lassen; und so holte sich Christian letzten Endes die zumindest mündliche Strafandrohung seines Herrn ein. Er ging dann nach Tusculum, wo er Alexander III. gleichsam zu überrumpeln hoffte, aber auch dieser Schlag ist ihm nicht gelungen. Er begab sich nun nach Foligno, wo der kaiserliche Papst damals residierte, und – da er sich der Unterstützung Venedigs sicher war, das den *basileus* für die Ausweisung der Venezianer von den byzantinischen Märkten teuer zahlen lassen wollte, und das, ohne deshalb mit der Lombardischen Liga zu brechen, welche die Unterstützung, die es Christian gewährte, natürlich nicht schätzte – rückte nach Ancona vor, das er Anfang April 1173 belagerte. Rimini und andere Städte der Romagna und der Marken standen auf seiner Seite, dazu kamen noch weitere Verbündete aus der Toskana und aus dem Herzogtum Spoleto; mit einer starken, aus 40 Galeeren bestehenden Flotte, das heißt einer Mobilmachung von ungefähr 9000 Mann an Ruderern und Armbrustschützen, nahmen die Venezianer die Schiffsblockade der Stadt vor. Aber Ancona leistete Widerstand und wurde dabei tatkräftig unterstützt von der romantischen Gestalt einer Kriegerin, Aldruda Frangipani, Gräfin von Bertinoro, und von Guglielmo Marchesella, einem der wichtigsten Männer der Führungsgruppe von Ferrara. Die Überlieferung berichtet uns mit geradezu phantastisch anmutenden Worten, wie die goldgewirkten Fahnen des byzantinischen Kaiserreichs in den Händen von Aldruda und Marchesella glitzerten. Die Frangipani wurde ein Jahr später von Eustathios, Metropolit von Thessalonike und berühmter Lehrer der Rhetorik und Verfasser von Homerkommentaren, in einem griechischen Panegyrikus in Bildern gepriesen, die sie zu einer zweiten Penthesilea machen.

Nach sechseinhalb Monaten harter Opfer, heroischer Episoden und kühner Konfrontation sah sich Christian Mitte Oktober schließlich gezwungen, die nutzlose Belagerung abzubrechen.

Im Jahr darauf, das heißt im September 1174, zog Friedrich nach Italien. Er hatte den Weg über Schwaben, Burgund und den Mont Cenis genommen: Wie in einem wilden, magischen Racheritual zog er dieselbe Straße zurück, auf der er vor sechs Jahren, im März 1168, verkleidet und gehetzt aus Italien geflüchtet war. Wie ein Sommergewitter kam er vom Mont Cenis herab; vielleicht war ihm ein *vaticinium* vorausgegangen, die sogenannte Prophezeiung „vom Onager und vom Löwen", die der Welt die bevorstehende Wiederherstellung der Gerechtigkeit, das Ende des Schismas, die Schmach des angeberischen, gemeinen Wildesels („Onager"), also des *basileus,* und die triumphierende Glanzzeit des Löwen, Friedrichs, ankündigte.

Und Rache war sein erster Gedanke. Susa, die Stadt, die ihn als gedemütigten Flüchtling gesehen hatte, wurde zerstört. Asti ergab sich ihm sofort, und – eingeschüchtert, Verzeihung verlangend oder rachsüchtig gegen die Liga, die sie jahrelang dazu gezwungen hatte, sich ihrem Bund zu unterwerfen – liefen seine traditionellen piemontesischen und lombardischen Verbündeten zu ihm über: der Markgraf von Montferrat, Graf Hubert von Biandrate und die Städte Alba, Acqui, Pavia und Como.

Panik erfaßte die Lombardische Liga, die in diesem Augenblick einen ihrer Schwachpunkte verriet: die Schwierigkeit und Langsamkeit beim Annehmen von Beschlüssen, was im übrigen ihrem Mangel an Zusammenhalt entsprach. Die Mitglieder des Bundes wußten schon seit längerem, daß Friedrich einen Rachefeldzug vorbereitete; und sie wußten auch, daß manchem verspäteten und erzwungenen Beitritt zu ihrem Bund nicht zu trauen war. Doch es hatte den Anschein, als wollten sie sich in jenem Herbst überraschen lassen. Es stimmt freilich, daß sie auf die siegreiche Karte setzten, indem sie ihre ganze Verteidigungskraft auf Alessandria konzentrierten. Dorthin sollte Barbarossa kommen.

Und er kam tatsächlich. Wie er den Mont Cenis nicht nur deshalb gewählt hatte, um die von der Liga zu gut überwachten Pässe der Ostalpen zu vermeiden, sondern auch um sich für 1168 zu rächen, so belagerte er Ende Oktober Alessandria nicht nur, weil er jene Stadt mit den Strohdächern (aber sehr starken, wenn auch noch unvollendeten Mauern) für ein wichtiges militärisches Ziel hielt oder weil er nicht feindliche Festungen im Rücken haben wollte, sondern vor allem deshalb, weil sie ein Symbol des Widerstandes gegen ihn, der Rebellion, des unsauberen Bündnisses zwischen den widerspenstigen lombardischen Städten und dem falschen, schismatischen Papst Alexander war. Das *nomen imperii* verlangte, daß jene Stadt, deren Namen eine Herausforderung war, von der Erdoberfläche hinweggefegt würde.

Jener November scheint in der Lombardei und in Piemont sehr regnerisch gewesen zu sein. Der Markgraf von Montferrat versicherte, daß jener elende Haufen aus Holz und Stroh, der von Taugenichtsen, Banditen, flüchtigen Sklaven bewohnt wurde, nicht standhalten würde. Doch stellten sich die Herbstgewitter gegen Friedrich; dann entfesselten die kaiserlichen Truppen einen ungeschickten Angriff, bei dem sie alle ihre Belagerungsmaschinen verloren. In der Situation blieb nichts anderes übrig, als vor der Stadt mit den Strohdächern das Winterlager aufzuschlagen und sich auf die übliche lange Blockade einzulassen, in der Erwartung, daß die Belagerten vom Hunger zur Aufgabe gezwungen würden. Aber wie es in solchen Fällen immer geschah, begannen sich die Reihen der belagernden Truppen allmählich zu lichten: Die Söldner brachen die Zelte ab, und auch in den Reihen derer, die unter der königlichen Fahne oder aus Lehnsverpflichtungen einberufen worden waren, machten sich viele mit der einen oder anderen Entschuldigung davon. Der Winter in jenem Jahr war sehr hart, und auch hinter jener Unbarmherzigkeit des Wetters wollten natürlich manche die Hand Gottes sehen.

Auf seiten der Alessandriner hat die Überlieferung den Widerstand mit epischem Schmelz überzogen, wobei es nicht an dem einen oder anderen komisch-burlesken Zug fehlte: wie z. B. in der Legende von dem Bauer Gagliaudo und der Kuh Rosina, die den Kindern von Alessandria noch heute erzählt wird. Kurz der Inhalt: Die Belagerten sind am Ende, sie können nicht mehr; da kommt der schlaue Bauer Gagliaudo zum Führer der Stadt und bittet ihn, alles verfügbare Getreide beschlagnahmen zu lassen und es der Kuh Rosina zu fressen zu geben. Man kann sich vorstellen, daß sich das arme Tier nach monatelangen Entbehrungen nicht lange wird haben bitten lassen. Dann brachte Gagliaudo die Kuh vor die Tore der Stadt, um sie dort weiden zu lassen; und im Nu wurden der Bauer und das Tier gefangen und dem Kaiser vorgeführt. Aber welche Überraschung, als die Kuh geschlachtet war! Aus ihrem Bauch kam wie aus dem Pappmachéleib des Karnevalskönigs jene ganze Verschwendung Gottes zutage: scheffelweise Getreide. Brechen wir die Zelte ab, erklärt Friedrich betrübt, eine Stadt, die mitten im Winter ihre Kühe mit Getreide füttert, werde ich nie einnehmen. Nur seltsam, daß keiner den Gegensatz zwischen dem vollen Bauch und dem abgemagerten Aussehen bemerkt hat, das Rosina nach dem langen Fasten, das ihrem großen Auftritt vorausging, gehabt haben mußte. Aber so ist das nun einmal mit Legenden ...

Aber beunruhigender als die Episode mit der Kuh Rosina war für Friedrich, daß sich, während er hier mit der vergeblichen Belagerung Zeit verlor, die

Mitglieder der Liga zusammenschlossen, auch wenn es nicht an Unsicherheiten und Zögern fehlte (so versuchten zum Beispiel die Cremoneser Zeit zu gewinnen). Unter den Kaiserlichen gingen die Meinungen auseinander: War es angeraten, die Gefahr einer Konfrontation auf offenem Feld mit Truppen einzugehen, die den eigenen ziemlich überlegen waren? Friedrich, der keine Unvorsichtigkeiten begehen wollte, sandte Christian von Mainz mit einem bescheidenen Kontingent nach Bologna und in die Romagna, um Truppenteile der Liga teilweise abzulenken. Aber dieses Notmittel verringerte gleichzeitig noch weiter die ihm selbst zur Verfügung stehenden Truppen.

Nach einem Winter der vergeblichen Belagerung und nicht weniger vergeblicher Kriegslisten brach Friedrich die Belagerung von Alessandria ab; das auch deshalb, weil er erfahren hatte, daß sich zwei einige tausend Mann starke feindliche Kontingente näherten, die von Ezzelino da Romano und Anselm von Dovara angeführt wurden. Es war Karsamstag, der 12. April.

Das war eine seltsame Osternacht. Auf den Marengischen Feldern, etwas außerhalb von Alessandria, sah man Friedrich, umgeben von den Truppen der Lombardischen Liga, die ihn jedoch nicht anzugreifen wagten. Vielleicht ließ es das bevorstehende Fest der Auferstehung des Herrn geraten sein, nicht durch ein blutiges Ereignis die Freude eines geheiligten Tages zu stören; vielleicht – so hieß es – war es die Furcht vor Friedrich, aber vor allem die Ehrfurcht vor dem *nomen imperii*, das ja trotz allem von den Lombarden nie verleugnet worden war, die ihren Kampfgeist hemmten. Tortona ergab sich dem Kaiser, ja stellte sich – aus Eifersucht gegen Alessandria – auf seine Seite. Wenige Tage später standen sich die beiden Heere noch immer gegenüber: nun in einer anderen, für die bewaffnete Auseinandersetzung geeigneteren Ebene zwischen Voghera und Casteggio. Friedrich steuerte offensichtlich auf Pavia zu, um dort eine feste Stellung zu beziehen; und ebenso offensichtlich waren die in der Liga Verbündeten nicht gewillt, ihn dorthin gelangen zu lassen. Doch obwohl sie zahlenmäßig klar überlegen waren, zögerten sie, eine Schlacht zu beginnen. So gelangte man – auch dank der Vermittlung der Konsuln von Cremona, die wohl begierig darauf waren, daß ihnen der Kaiser ihre Kehrtwendung von 1167 verzieh, aber nicht gewillt, mit der Liga zu brechen – zu dem sogenannten „Frieden" (eigentlich müßte man sagen „Vorfrieden") von Montebello – so der Name des Ortes, in dem er unterzeichnet wurde. Die Verhandlungen wurden von einer Kommission geführt, die aus drei Mitgliedern von jeder Seite bestand, wobei man übereingekommen war, daß eventuelle Meinungsverschiedenheiten von den Konsuln von Cremona geschlichtet werden sollten, die auf diese Weise ein weiteres Mal ihre grundsätzliche Neutralität unterstrichen. Auf der Seite des Kaisers waren zwei der drei Bevollmächtigten Italiener (einer aus Turin und einer aus Pavia); für die Liga führten die Verhandlungen Ezzelino da Romano, Anselm von Dovara und der Mailänder Richter Gerhard Pesta. Auch die päpstlichen Gesandten wurden zu den Arbeiten eingeladen, sie scheinen aber keinen tatkräftigen Beitrag geliefert zu haben. Die Forderungen der Liga lauteten unter anderem: das Schisma müsse beendet werden; der Kaiser müsse sich mit den Leistungen zufrieden geben, die die Städte dem Reich vor ihm erbracht haben, über die im einzelnen man sich jedoch gesonderte Verhandlungen vorbehielt; jede Stadt müsse ihre Konsuln frei wählen können; die Liga selbst müsse anerkannt werden. Die Mitglieder der Liga erklärten sich bereit, an das Reich bestimmte Steuern zu zahlen, wollten aber von ihm das Verfügungsrecht über die Regalien erhalten. Der Schiedsspruch der Konsuln von Cremona hielt im wesentlichen an diesen Forderungen fest, jedoch unter Anbringung von zwei Modifizierungen: erstens war nicht mehr die Rede vom Ende des Schismas; zweitens sollte Alessandria zerstört werden, nachdem selbstverständlich Leben und Gut der Bewohner in Sicherheit gebracht wurden. Der Kaiser war bereit, in vielen, für die Städte ganz wesentlichen Punkten nachzugeben, doch da es ihm nicht gelungen war, sie von Alexander zu trennen, ließ er in der Kirchenfrage und in allem, was dem Ansehen des Reiches Schaden zufügen konnte, nicht locker. Und die Existenz von Alessandria war für ihn ein unerträglicher Affront.

Andererseits waren das Bündnis mit dem Papst und das Fortbestehen von Alessandria gerade die beiden Elemente, die die Liga moralisch kennzeichneten. Sie focht daher den Schiedsspruch der Konsuln von Cremona an und brach die Verhandlungen ab; der Kaiser verbarrikadierte sich mit den wenigen ihm verbliebenen Soldaten in Pavia und begann durch Boten Deutschland zu bestürmen, ihm Waffenhilfe zukommen zu lassen; inzwischen gewährte er der Stadt Como, die eine Schlüsselstellung am Weg von den Alpenpässen in die Rheinebene einnahm, verschiedene Privilegien, erließ Anordnungen in der Toskana und eröffnete Verhandlungen mit König Wilhelm II. von Sizilien – der aus Verärgerung über seine gescheiterte Vermählung mit einer griechischen Prinzessin ein gegen Byzanz gerichtetes Abkommen mit Venedig geschlossen hatte –, um ihm seine Tochter Sophia zur Frau zu geben: Papst Alexander gelang es, das Zustandekommen dieser Ehe zu verhindern, und der normannische Monarch von Sizilien vermählte sich schließlich mit Johanna, der Tochter König Heinrichs II. von England.

Und wieder wurde es Winter, eine Jahreszeit, in der man üblicherweise nicht Krieg führte. Aber Friedrich war tief beunruhigt, weil er die allgemeine Lage gut kannte und wußte, wie schwach er selbst war. In dieser Bedrängnis gab es nur einen Mann, an den er sich jetzt um Hilfe wenden konnte.

In jenem Winter 1175/76 dürfte Herzog Heinrich von Sachsen und Bayern schon das mit Miniaturen geschmückte Evangelium in Händen gehalten und mit großer Bewunderung durchgeblättert haben, das er drei Jahre zuvor dem Benediktinermönch Herimann von der Abtei Helmarshausen in Auftrag gegeben hatte. Im Jahr 1983 ist der kostbare Kodex, dessen Gold und Farben noch so frisch waren, als wären sie soeben aus der Schreibstube, dem *scriptorium*, gekommen, wo der tüchtige und geduldige Herimann seine Arbeitstage verbrachte, bei einer Versteigerung von Sotheby's in London für über acht Millionen Pfund Sterling verkauft worden: Um diesen Preis hat die Regierung Niedersachsens den wertvollen Schatz zurückgewinnen können.

Dieser herrliche Kodex verkörpert sehr gut die Neigungen Heinrichs des Löwen, der damals in der Vollkraft seiner Jahre und am Höhepunkt seiner Macht war. Er liebte die Bücher und liebte es auch, mit ihrer Hilfe eine geschickte Propaganda zu betreiben. Bereits um das Jahr 1170 hatte er dem bayerischen Priester Konrad, einem Kleriker aus Regensburg, einem der großen Kulturzentren jener Zeit, den Auftrag erteilt, die Taten der christlichen Ritterschaft mit einem *Rolandslied* zu verherrlichen, das heißt mit einer deutschen Fassung in Paarreimen des *Chanson de Roland;* Konrad bediente sich dazu eines französischen Originals des *Chanson,* das ihm wahrscheinlich durch die Herzogin Mathilde zugegangen ist, die am Hof Heinrichs II. Plantagenet keine Schwierigkeiten hatte, sich wertvolle Buchexemplare zu besorgen. Einige Jahre später ließ sich ein anonymer Schüler Konrads von Heinrich dem Löwen und seiner Wallfahrt von 1172 dazu inspirieren, in dem Epos *Reinfried von Braunschweig* den Ruhm der sächsischen Ritter und die Wunder des Orients zu erzählen.

Trotz seiner pompösen und völlig unabhängigen Politik und seinen offenen königlichen Ambitionen konnte der Herzog jedoch nicht dem Kaiser ein Gespräch verweigern. Die beiden Vettern trafen sich im Januar 1176 in Chiavenna, einem Städtchen wenige Meilen von Como an der Straße von Deutschland nach Italien gelegen; es gehörte seit gut 20 Jahren zum schwäbischen Herzogtum. Die Überlieferung hat diese Begegnung in dramatische Farben getaucht: Friedrich sei so weit gegangen, vor dem stolzen Herzog das Knie zu beugen, als er ihn um Hilfe anflehte. Aber auf den Vorschlag des Löwen hin – Hilfe seinerseits im Tausch gegen die Grafschaft Goslar – habe sich Barbarossa auf die Weigerung versteift. Diese Treue zu Prinzipien, die die kaiserliche Autorität nicht aufgeben kann, ist eine feststehende Konstante im Leben des Schwaben: Seine Flexibilität, die bei vielen Gelegenheiten auch nicht vor dem Opportunismus zurückweicht, kommt vor dieser Schranke immer zum Stillstand. So hätte es in Montebello vielleicht genügt, wenn er grundsätzlich zugestimmt hätte, daß Alessandria weiterleben kann; und jetzt geschah dasselbe hinsichtlich der Abtretung von Goslar. Aber außer der edlen Gesinnung, was ihn selber und die Kaiserkrone betraf, gab es in seinem Reden auch das politische Gespür. In Montebello hatte er erfaßt, daß – hätte er die Klausel über Alessandria angenommen – sein Ansehen in Italien endgültig zusammengebrochen wäre; jetzt in Chiavenna war er sich bewußt, daß im Fall, hätte er in der Frage Goslar nachgegeben, Macht und Erfolg des Vetters in Deutschland keine Grenzen mehr kennen würden.

Nachdem er die Hilfe des Löwen zurückgewiesen hatte, blieb ihm nichts übrig, als auf die Kräfte zu setzen, die von der Kaiserin und von den getreuen

Vasallen zusammengebracht werden konnten, und die Beziehungen zu den italienischen Verbündeten zu festigen. Auch die Lombardische Liga traf Vorbereitungen, und noch in diesem Januar erneuerten in Piacenza die Führer den Bündniseid.

Im Frühjahr schmilzt der Schnee, man kann also wieder die Alpenpässe überqueren. Das Gras wächst, und die Pferde können nach der winterlichen Stumpfheit wieder zu Kräften kommen. Wenn der Mai kommt, schwingt sich der Reiter in den Sattel, wie es auf den romanischen Skulpturen dargestellt ist.

Im Mai waren endlich die Verstärkungen aus Deutschland eingetroffen; sie wurden von Reichskanzler Philipp, Erzbischof von Köln, angeführt. Es waren nicht allzu viele: Mit ihnen und mit den ihm treu ergebenen Italienern kam Friedrich insgesamt auf etwa 4000 Reiter. Als Heerführer mitgekommen waren außer dem Erzbischof von Köln noch jener von Magdeburg, der Landgraf von Thüringen, der Herzog von Zähringen, der Graf von Flandern und andere Edle und hohe Herren. Sie kamen über den Lucomagno-Paß und die Straße von Bellinzona und quartierten sich mit dem Kaiser in Como ein. Von dort brachen sie dann auf, um zu den Truppen des Markgrafen von Montferrat und von Pavia zu gelangen, die sich in der Nähe jener Stadt gesammelt hatten und jetzt in Richtung Norden zogen.

Die Truppen der Liga – die mailändischen Fußsoldaten mit dem Carroccio und die Reitertruppen aus Mailand, Vercelli, Novara, Lodi, Brescia und der venetischen Städte – hatten sich ungefähr auf halbem Weg zwischen Como und Mailand, etwa bei San Martino unweit von Legnano, konzentriert, um sowohl die vom Norden kommende Straße als auch den Übergang über den Fluß Olona zu kontrollieren.

Man kann bezweifeln, daß eine der beiden Seiten die Schlacht gesucht hat. Friedrich wußte zu gut, daß er sich im Zustand zahlenmäßiger, aber angesichts der günstigen Ausgangsposition der Feindes auch taktischer Unterlegenheit befand; ihm war vor allem daran gelegen, zu seinen Verbündeten zu gelangen. Was die Truppen der Liga betraf, so war der Umstand, daß sie eine feste Stellung bezogen, Anzeichen für einen klaren Verteidigungswillen. Außerdem überwogen im Heer des Städtebundes die Fußsoldaten, die bei der damaligen Kriegskunst und Denkweise für die Verteidigung von Festungen und Städten, jedoch nicht für die Schlachten auf offenem Feld zu brauchen waren. Es handelte sich um Truppen, die in den Städten, Stadtviertel für Stadtviertel, ausgehoben worden waren und die, mit Lanze und Schild bewaffnet, die Aufgabe hatten, im Karree rund um den Carroccio Stellung zu beziehen und einen Wall gegen die Angriffe der Kavallerie zu bilden und auf diese Weise ihren Reitern die Möglichkeit zu geben, sich nach dem ersten Zusammenstoß neu zu organisieren.

Am 29. Mai 1176 begegneten sich zwischen Tessin und Olona, auf der Straße nach Pavia, die Reiter der Vorhut der beiden Heere, und die Kaiserlichen, obwohl zahlenmäßig absolut unterlegen – 300 zu 700 scheint das Verhältnis gewesen zu sein –, warfen die Feinde nieder und schlugen sie in die Flucht. War es tatsächlich Flucht – oder Kriegslist? Es steht jedenfalls fest, daß Friedrich seine gesamte Kavallerie in diese Schlacht geworfen hatte. Die Verfolgungsjagd der Flüchtenden kam jedoch an dem dichten Wall der Lanzen der Fußsoldaten zum Stillstand; die Reiter der Liga hatten so die Möglichkeit zum Gegenangriff, wobei sie rechtzeitig von den Verstärkungen unterstützt wurden, die soeben eingetroffen waren und von der Flanke her gegen die feindlichen Reihen vorstießen, was bei diesen große Verwirrung auslöste. Die Liga war zweifellos stärker als Friedrich: Die berittenen Kräfte hielten sich zahlenmäßig ungefähr die Waage, aber die lombardischen Städte konnten auch auf ungefähr 4000 Fußsoldaten zählen. Der Widerstand der Infanterie und der erneute Angriff der lombardischen Kavallerie hob denn auch die kaiserliche Mannschaft aus den Angeln. Friedrich selbst, der inmitten des Getümmels an der Seite seines Banners kämpfte, verschwand, vom Schlachtgewoge verschlungen, und wurde als tot ausgegeben. Daraufhin ergriffen die kaiserlichen Truppen in wildem Durcheinander die Flucht: Viele wurden getötet oder ertranken in den Fluten des Tessin; nur einigen gelang es, sich in den Mauern von Pavia in Sicherheit zu bringen und die unglaubliche Nachricht zu verbreiten: Friedrich, der Herr der Welt, ist nicht mehr, er liegt auf dem Schlachtfeld zwischen Olona und Tessin; alles ist verloren. Es gab viele, auch hochrangige Gefangene; reich war die Kriegsbeute, deren besonderen Ruhm – wie die Mailänder triumphierend an die Verbündeten in Bologna schrieben – der Schild, das Banner, das Kreuz und die Lanze des Kaisers ausmachten. Ehrwürdige Erinnerungsstücke, der Denkweise der Zeit entsprechend heilig wie Reliquien, aber in jenem Augenblick auch glänzende Kriegstrophäen, stolze Siegespfande. Jene „Lanze des Kaisers“ war freilich nicht die Reliquie der Lanze des hl. Mauritius, eine der kostbarsten Reichskleinodien, welche die römisch-deutschen Kaiser manchmal auch in der Schlacht trugen.

Friedrich hatte sich mit wenigen Gefährten vor den Siegern verborgen. Wieder einmal sehen wir ihn nahezu allein, gehetzt, vielleicht verkleidet. Als er auf abgelegenen Nebenstraßen Pavia erreichte, hatte die Kaiserin bereits das Trauerkleid angelegt.

Er war ein besiegter Mann, müde, ohne Heer. Aber er lebte. Und es genügte, daß sich diese Nachricht verbreitete, um die Liga teilweise um die Früchte ihres Sieges zu bringen. Die Niederlage ließ dem Angriff den Vortritt: Die Aufständischen, die es gewagt hatten, ihn – den Gesalbten, den Gesalbten („Christus“) des Herrn, den Auserwählten, das auf Erden fleischgewordene göttliche Gesetz – anzugreifen und niederzuwerfen, haben sich der Majestätsbeleidigung schuldig gemacht. Friedrich wollte Rache; und er nannte sie, wie üblich, Gerechtigkeit. Und das römische Recht gab ihm darin recht.

XI.
„In virga ferrea“

Die Verhandlungen von Montebello 1175 waren auch deshalb gescheitert, weil die lombardischen Gemeinden den Vorschlag des Kaisers, der darauf abzielte, sie von dem Bündnis mit dem Papst zu trennen, nicht angenommen hatten. Nun machte sich Friedrich jedoch bewußt, daß es – zum Unterschied von allem, was während der Verhandlungen von Veroli 1170 geschehen war – nicht unmöglich sein müßte, jetzt das Gegenteil zu erreichen, nämlich daß der Papst die Gemeinden aufgibt.

Dafür gab es gewisse Annahmen: Alexander hatte den Wunsch, auch wenn er sich klar im Vorteil befand, das Schisma möglichst bald zu beenden, und wußte, daß das nur möglich sein würde, wenn er zu einem Übereinkommen mit dem Kaiser gelangt. Zudem begannen unter den Mitgliedern der Liga Spannungen und Ressentiments umzugehen, die unschwer eine bevorstehende Krise vorausahnen ließen.[1] Ferner schwanden die Aussichten auf einen antikaiserlichen Dreierbund zwischen Papst, Städten und dem König von Sizilien. Und schließlich konnte man offensichtlich nicht mehr mit der Unterstützung durch *basileus* Manuel rechnen, der am 17. September in den phrygischen Bergen bei Myriokephalon (am Nordufer des Egridir-Sees, unweit des heutigen Akshedir in der Türkei) durch die Truppen des Seldschuken-Sultans von Ikonium, Kilidji Arslan, eine vernichtende Niederlage erlitten hatte. Friedrich hatte seit längerem auf das Bündnis mit dem mächtigen muslimischen Herrscher Anatoliens gesetzt, indem er ihn ermutigte, den Byzantinern Widerstand zu leisten: Nun erntete er die Früchte seiner Nahostpolitik, die den griechischen Einfluß auf dem Balkan und im adriatischen Italien ausgleichen sollte. Man darf sagen, Myriokephalon hat Barbarossa sowohl für die Niederlage von 1173 vor Ancona als auch für den Schlag von Legnano entschädigt.

Die Nachricht von der Niederlage des *basileus* erreichte schon bald Westeuropa – zur großen Befriedigung Barbarossas und der Venezianer. Und tatsächlich, Ende Oktober sprach eine feierliche deutsche Gesandtschaft, der Christian von Mainz und Erzbischof Wichmann von Magdeburg angehörten, in Anagni, wo der Papst damals residierte, vor, um Verhandlungen in die Wege zu leiten. Es scheint, daß der Papst und die Kardinäle seiner Umgebung sogleich die Vorbedingung erhoben, daß die Gesandten der lombardischen Städte, des Königs von Sizilien und des Kaisers von Konstantinopel an den Verhandlungen beteiligt werden müßten; aber angesichts der Beharrlichkeit der Deutschen haben sie schnell und gern nachgegeben und sich nur das Recht vorbehalten, die Verbündeten über die Situation am laufenden zu halten. Es gab andere Sorgen, die dem Papst – der schon müde und an der Schwelle des Alters war – zu vorsichtiger Klugheit gegenüber dem Kaiser rieten. Frankreich und England standen neuerlich auf Kriegsfuß, und aus dem Heiligen Land trafen keine ermutigenden Nachrichten ein. Unterdessen wurden der Süden Frankreichs, die Poebene und die Toskana wieder von neuen ketzerischen Wanderpredigern heimgesucht: Wie gewohnt warben sie für die Rückkehr der Kirche zur Reinheit des Ursprungs, aber unter ihnen zogen auch strenge schwarzgekleidete „Propheten", streng vegetarische Asketen umher, die von der Balkanhalbinsel kamen und eine neue Glaubenslehre auf der Grundlage der Koexistenz zweier göttlicher Prinzipien, eines guten und eines bösen, eines Prinzips des Lichts und eines der Finsternis, verbreiteten. Es waren die Katharer, die bereits in den ersten Jahrzehnten des 12. Jahrhunderts gleichsam eine alternative Kirche, eine Gegenkirche errichtet hatten und zu deren Bekämpfung ein Kreuzzug notwendig sein würde. Die Ketzer faßten auch in den Städten der Lombardischen Liga Wurzel: selbst in Mailand. Unter diesen Umständen machte sich Alexander klar, daß es dringend der Normalisierung der Beziehungen zum Reich bedurfte. Zudem machte sich in der Umgebung des Papstes ebenso wie in Deutschland ein Überdruß am Schisma breit. Um 1171 hatte sich ein anonymer Verfasser aus dem römischen Milieu mit dem Traktat *De vera pace contra schisma sedis apostolicae* (Über den wahren Frieden gegen das Schisma des Apostolischen Stuhls) an den Papst gewandt, um ihn feierlich daran zu erinnern, daß er ungeachtet seiner erhabenen Rolle immer noch Glied der Kirche und als solcher mitverantwortlich für die traurigen Geschehnisse war. Alexander war sich im klaren darüber, daß nunmehr der Zeitpunkt des Friedens gekommen war.

Die Vorvereinbarungen von Anagni vertagten den endgültigen Friedensvertrag auf eine baldige feierliche Gelegenheit. Unterdessen verpflichtete sich Friedrich, Alexander III. als einzigen rechtmäßigen Papst anzuerkennen, indem er den elf Jahre zuvor geleisteten Unversöhnlichkeitsschwur von Würzburg widerrief. Außerdem wollte er dem rechtmäßigen Papst sämtliche Regalien und die Besitzungen des sogenannten Patrimonium von Sankt Peter, die die Kirche seit der Zeit Innozenz' II. besaß, ebenso zurückerstatten wie die Präfektur Roms (was den Verzicht auf die direkte Regierung der Stadt von seiten des Reiches bedeutete). Der Kaiser verpflichtete sich auch zur Rückgabe der Mathildischen Güter an den Papst, wodurch er in dieser Frage den Zustand, wie er zur Zeit seines Vorgängers Konrad herrschte, wiederherstellte. Darüber hinaus versicherte er – das war eine Klausel, auf deren Hineinnahme in das „Verhandlungspaket" der Papst bestanden hatte –, daß er so bald wie möglich auch mit den Städten in der Poebene, mit dem König von Sizilien und mit dem Kaiser von Konstantinopel Frieden schließen werde. Was die Lage der Kirche betraf, so war Friedrich gewillt, den alexandertreuen Bischöfen ihre Sitze wieder zurückzugeben oder sie in Stellungen, über die noch verhandelt werden sollte, einzusetzen; er war aber selbstverständlich nicht bereit, alle, die bis zuletzt aus Treue ihm gegenüber den kaiserlichen Papst – wenn auch widerstrebend – unterstützt hatten, fallenzulassen. Man verblieb daher so, daß dem Prälaten, den die Kaiserlichen bis dahin unter dem Namen Calixtus als Papst anerkannt hatten, eine Abtei übertragen werde; seine Kardinäle sollten den Purpur erhalten; der Kanzler Christian sollte natürlich den erzbischöflichen Stuhl von Mainz behalten, Konrad von Wittelsbach aber – der ihn wegen seiner Treue zu Alexander verloren hatte – sollte das erste deutsche Bistum, das frei war, zugesprochen erhalten. Alexander verpflichtete sich seinerseits, Beatrix (die 1167 vom Gegenpapst die Krone erhalten hatte) und Heinrich von Schwaben zu krönen und möglichst bald ein neues Konzil einzuberufen. Man kam auch überein, den solcherart entworfenen Friedensvertrag bei einer späteren Zusammenkunft in Ravenna oder Venedig feierlich zu ratifizieren. Aber eine Geheimklausel des Abkommens legte fest, daß für den Fall, daß es dem Kaiser nicht gelingen sollte, mit der Liga zu einer Verständigung zu gelangen, Papst und Kaiser alle noch anhängigen Fragen einseitig durch die Ernennung eines Schiedsgerichts entscheiden würden.

Während Alexander III. in seiner Taktik einer – wenn auch bedingten – Loslösung von den Städten der Liga fortfuhr, arbeitete Friedrich an der Zersplitterung ihres ohnehin nicht mehr festen Gefüges, indem er im Dezember Sonderabkommen mit Cremona und Tortona schloß. Es scheint, als hätten viele Städte nur auf diesen Augenblick gewartet: Besonders die kleineren Gemeinden, die offensichtlich die Vorherrschaft, die jene großen Städte – vor allem Mailand – über sie ausübten, satt hatten, beeilten sich jetzt, die Beziehungen zum Kaiser wiederaufzunehmen. Aber auch einige große Protagonisten (Genua, Turin, Pavia) handelten ebenso, während die alten Verbündeten wie der Graf von Biandrate gern in die Arme des Schwabenkaisers zurückkehrten. Friedrich wurde nicht müde, seine Angel auszuwerfen: in Richtung tyrrhenische Küste und Piemont und andererseits nach den Städten der Emilia-Romagna.

Legnano war also in Gefahr, vereitelt zu werden. Das auf politischer und militärischer Ebene siegreiche Abkommen zwischen der Liga und dem Papst erwies sich auf diplomatischer Ebene als anfällig, weil es sich auf ein Mißverständnis stützte: Sowohl die Liga wie der Papst kämpften für die „Freiheit", die *libertas,* aber die kommunale Freiheit (das heißt die Aufrechterhaltung der vom Gewohnheitsrecht garantierten Autonomien und Privilegien) war durchaus nicht die *libertas Ecclesiae,* die Freiheit der Kirche (deren Identität in der Unabhängigkeit des *sacerdotium* gegenüber dem *regnum,* ja in der Überlegenheit jenes über dieses bestand). Doch auch das Bündnis der Städte der Liga untereinander ruhte auf tönernen Füßen: Die verschiedenen von internen Machtkämpfen zerrissenen Bündnisstädte der *Societas Lombardiae* hatten einander entgegengesetzte Interessen; einzig und allein der gemeinsame Feind hatte sie zusammengehalten. Sie hatten zwar den Krieg gewonnen, liefen aber jetzt Gefahr, den Frieden zu verlieren: Der Entwurf eines Zusammenschlusses auf föderalistischer Basis, der in den Jahren 1167/68 und 1174 unter der Voraussetzung des Kampfes gegen Barbarossa entstanden war, zerschmolz nun, wo der Kampf nachließ, wie der Reif in der Poebene unter den Strahlen der Morgensonne. Die Tatsache, daß einige Städte des Bundes den Sonderfrieden angenommen hatten, war sehr bezeichnend; ganz offensichtlich begann jede jetzt wieder an sich selbst zu denken. Das alles wußte der Kaiser und war scharfsinnig und unablässig tätig, um die Risse im Gefüge des Gegners zu vertiefen. So hat er offensichtlich dafür gesorgt, daß manche Einzelheiten über die Vereinbarungen von Anagni in den lombardischen Städten verbreitet wurden. Es lag in seinem Interesse, daß die Städte davon Kenntnis erhielten, wie der Papst ihnen ihre Treue aus den Tagen von Montebello jetzt vergolten hat.

In dieses Manöver gehört auch der Vorschlag, den er Ende Januar 1177 unterbreitete: Einberufung eines neuen Konzils, das zwischen Alexander III. und Calixtus III. entscheiden sollte. Die Vereinbarungen von Anagni hatten ihn nicht völlig befriedigt, und so versuchte er nun, einerseits Alexander einzuschüchtern, andererseits die Unstimmigkeit zwischen ihm und den lombardischen Städten zu vertiefen. Die Idee wurde aber fallengelassen, weil die Berater des Kaisers und selbst die dem Thron nahestehenden Bischöfe – angefangen von Kanzler Christian von Mainz und dem Patriarchen Ulrich von Aquileia – gegen eine weitere Verschleppung einer Vereinbarung mit dem Papst, die unter anderem die Konsolidierung der Reichsautorität in Italien auf diplomatischem statt auf militärischem Weg ermöglichen würde, Einspruch erhoben.

Es gab daher keinen anderen Weg, als möglichst rasch einen endgültigen Frieden mit dem Papst zu erreichen. Aber die Verhandlungen drohten schwierig zu werden, was die Wahl der für die Begegnung vorgesehenen Stadt betraf. Friedrich und seine Leute schlugen das befreundete Ravenna vor; aber eben weil es kaiserfreundlich war, lehnte es die Gegenseite ab. Im ersten Augenblick schien es, als würde der Kaiser als Gegenvorschlag Bologna akzeptieren, und aufgrund dessen schiffte sich Alexander auf einem Schiff, das ihm vom König von Sizilien bereitgestellt worden war, nach Venedig ein. Von Venedig hätte er gleichfalls auf dem Wasserweg nach Bologna gelangen können. Aber in Venedig informierten ihn die kaiserlichen Gesandten, daß sich ihr Herr weigere, in Bologna, einer ihm traditionell feindlich gesonnenen Stadt, mit ihm zusammenzutreffen. Er unterbreitete noch einmal den Vorschlag von Ravenna und nannte als Alternativen Pavia oder Venedig selbst als mögliche Orte für die Begegnung.

Der Papst wollte sich nun mit den Lombarden beraten: Er begab sich nach Ferrara und empfing dort ihre Delegation; wie nicht anders zu erwarten, mußte er ihre Vorhaltungen wegen der Verhandlungen von Anagni, die er ohne Rücksicht auf sie geführt hatte, über sich ergehen lassen. Dann trafen in Ferrara auch die kaiserlichen Gesandten ein, und nach mühsamen Verhandlungen entschied man, daß die Begegnung zwischen den beiden *luminaria* (Leuchten) der lateinischen Welt in Venedig stattfinden sollte, ungeachtet der Unzufriedenheit der Vertreter der Liga, die seit der Belagerung von Ancona der Stadt des hl. Markus nicht mehr trauten. Alexander ging also nach Venedig zurück, um dort auf den Kaiser zu warten, der sich nur mit großen Verzögerungen näherte. Nachdem er sich fast den ganzen Mai in Ravenna aufgehalten hatte, wechselte er im Juni in die Abtei Pomposa und dann im Juli nach Cesena.

Der Sommer im Podelta ist heiß. Nachdem Friedrich das Pfingstfest in der schattigen Stille der Kreuzgänge von Pomposa verbracht hatte, zögerte er seine Weiterreise noch einmal hinaus. Er wollte offensichtlich nicht mit dem Papst ein Abkommen schließen, das auch die lombardischen Städte einbezog, und provozierte die Liga mit Drohungen und Forderungen, die die Situation in die Zeit von Roncaglia zurückzuwerfen trachteten. Aber Alexander verstand den Wink und machte kurzen Prozeß: Auch ihm war daran gelegen, mit dem Kaiser Frieden zu schließen und mit seiner Hilfe nach Rom zurückzukehren; er schlug daher vor, daß sowohl der König von Sizilien wie die lombardischen Städte für den Augenblick einen Waffenstillstand mit dem Reich annehmen und die umfassenderen Probleme auf einen späteren Zeitpunkt verschieben sollten. Der sizilisch-normannische Gesandte, der Chronist und Erzbischof von Salerno, Romuald, nahm den Vorschlag an; die Städte der Liga, die sich neuerlich isoliert sahen, konnten keinen Widerstand entgegensetzen. Friedrich ersuchte den Papst heimlich, wenigstens die Frage der Mathildischen Güter zu revidieren. Vielleicht ein weiteres Ablenkungsmanöver, um zu prüfen, ob Alexander wirklich entschlossen war, Frieden zu schließen. Natürlich war es eine weitere Handlung von ihm persönlich, wobei nicht klar ist, ob ohne Wissen oder gegen den Rat des Kanzlers Christian.

Der Kaiser reiste also von Ravenna ab und schlug am 20. Juli seine Residenz in Chioggia auf, ganz nahe von dem Sitz, den man für die Zusammenkunft gewählt hatte. Doch er zögerte noch immer, einen Frieden zu schließen, der ihn – zumindest weil er ihn vom Bann befreien würde, was eine für ihn demütigende Zeremonie erforderte – objektiv in den Zustand der Unterlegenheit versetzen würde. Er scheint im letzten Augenblick sogar noch einmal die Karte der Einschüchterung gespielt zu haben: Androhung eines Aufstandes der venezianischen Popolani, der den Dogen Sebastian Ziani nötigen und den Papst in Schrecken versetzen sollte. Aber die feste Haltung Alexanders und die Unterstützung, die ihm die sizilisch-normannische Delegation beim Dogen gewährte, vereitelten auch diese Intrige, die im übrigen vom Reichskanzler standhaft mißbilligt wurde: Dieser sah sich immer wieder übergangen und gezwungen, die – wie man im Fall des Vorschlags eines neuen Konzils gesehen hat, nicht immer glücklichen – diplomatischen Kurzschlußhandlungen seines Herrn zu bewältigen.

Nachdem alle Ablenkungsmanöver gescheitert waren, schickte sich der

Kaiser also an, in Chioggia am 21. Juli einen fünfzehnjährigen Waffenstillstand mit Wilhelm II. – den er endlich als König von Sizilien anerkannte – und einen von sechs Jahren mit den lombardischen Städten abzuschließen. Zwischen diesem und dem folgenden Tag wurde auch der Friedensvertrag zwischen Papst und Kaiser aufgesetzt, der in Venedig ratifiziert werden sollte und der im wesentlichen den Vertrag von Anagni übernahm. Also: Friedrich stimmte zu, Alexander als wahren Papst anzuerkennen, und wurde seinerseits vom Kirchenbann gelöst; Calixtus III., der natürlich abgesetzt wurde, sollte das Recht zur Leitung einer Abtei zuerkannt werden; den ehemaligen schismatischen Bischöfen sowohl in Italien wie in Deutschland sollte eine jeweils angemessene Behandlung zuteil werden, und die meisten von ihnen würden nach vorausgegangenem Eingeständnis des begangenen Irrtums im Amt belassen werden. Schließlich wurde ein ökumenisches Konzil angekündigt, auf dem das Leben der Kirche geregelt werden sollte.

Am 24. Juli, dem Vorabend des Festes des Apostels Jakobus, stieg Friedrich an der St.-Nikolaus-Kirche am Lido an Land, wo drei Kardinäle an ihm den feierlichen Ritus der Lösung vom Kirchenbann vornahmen; dann erreichte er in Begleitung des Dogen die Markuskirche, wo ihn in der Vorhalle der Basilika Papst Alexander erwartete. Die Zeremonie, die sich nun abspielte, sollte sich in das Geschichtsgedächtnis des Abendlandes für lange einprägen. Die zwei alten Gegenspieler waren beide zu Tränen gerührt. Der Kaiser warf sich auf die Knie, und der greise Papst fühlte sich gedrängt, ihn aufzuheben und zu umarmen, und während er ihm den Friedenskuß gab, erhob sich um sie herum der festliche Gesang des *Te Deum*. Weit, weit zurück schienen die Tage von Würzburg zu liegen, wo Friedrich geschworen hatte, daß er niemals in seinem Leben Roland als rechtmäßiges geistliches Oberhaupt der Christenheit anerkennen würde. Um die Begegnung rankte sich die folgende Anekdote: Friedrich habe, als er die Proskynesis vollzog, gemurmelt: *Non tibi, sed Petro*, „Nicht vor dir beuge ich mein Knie, sondern vor dem Apostelfürsten", worauf der Papst geantwortet habe: *Et ego sum Petrus*, „Aber ich bin ja Petrus." Nicht gesicherte Überlieferungen, die vielleicht den eigentlichen Geist dieser Begegnung verfälschen, ohne etwas Gültiges hinzuzufügen. Was wir allenfalls gern wissen würden, ist vielmehr, welchen Eindruck Friedrich von Venedig erhalten hat. Er, der als junger Mann den Glanz Konstantinopels bewundert hatte, der sich aber nun seit 30 Jahren zwischen den Städten und Burgen Italiens und Deutschlands bewegte, begriff vielleicht damals, was im Vergleich zu seiner noch rückständigen und düsteren Welt die Stärke der Politik, des Handels und der Diplomatie der italienischen Städte ausmachen könnte. Sicher war Venedig noch nicht die prächtige Stadt aus Marmor und vergoldeter Bronze, die es nach der Plünderung Konstantinopels im Jahr 1204 werden sollte, als es sich mit dem Beutegut aus dem Neuen Rom schmückt. Der Chronist Gottfried von Viterbo sagt, daß der Kaiser jedoch von den Venezianern beeindruckt war – von den Adeligen, die den

Dogen umgaben, den Kaufleuten, den Reedern, vielleicht sogar von den Popolani, also dem Volk, in ihren Festgewändern –, so groß war die Pracht ihrer Gewänder und die Eleganz ihrer Haltung. Venedig war das Tor zum Orient; und dem Orient begann Friedrich – nun, da ihm der Waffenstillstand mit dem König von Sizilien erlaubte, wieder an eine Mittelmeerpolitik zu denken, freilich auf anderer Grundlage als jener, die die Eroberung der Insel zur Voraussetzung hatte – nun wieder seinen Blick zuzuwenden.[2]

Am 25. Juli, dem Fest des in Compostela verehrten Apostels, feierte der Papst den Friedensschluß mit einer Messe und einer langen lateinischen Predigt, die sich Friedrich genau übersetzen ließ. Am Ende der Zeremonie konnte der Papst den Kaiser nur mit Mühe davon zurückhalten, ihm den Ehrendienst des Steigbügelhalters zu erweisen. 22 Jahre früher hatte die Weigerung, diese Geste zu vollbringen, Papsttum und Reich an den Rand des Bruches gebracht, aber jetzt hatte sich der Schwabe geändert. Und geändert hatten sich vor allem die Zeiten.

Mit seiner glänzenden Fähigkeit, gute Miene zum bösen Spiel zu machen, mit seiner lebhaften Intelligenz, die ihm – auch wenn sie ihn mitunter verleitete, einen falschen Schritt zu tun – immer erlaubte, die Unklugheit und oft auch die Oberflächlichkeit mancher seiner Entscheidungen durch eine bereitwillige Unterstützung der Realität der Dinge wiedergutzumachen, verstand es Friedrich in Venedig, vom Zauber und vom Ansehen seiner Krone gründlich Gebrauch zu machen. Bei der feierlichen Ratifizierung des Friedensvertrages mit dem Papst und des Waffenstillstandes mit dem König von Sizilien und mit den lombardischen Städten hielt er eine sehr geschickte Ansprache in deutscher Sprache, die den christlichen Begriff der Demut als königlichen Weg zur Verherrlichung auf die Verhältnisse des sakralen Königtums übertrug: Auch er, der mit der Macht und dem Ruhm des Römischen Reiches ausgestattet ist, kann aus Unwissenheit irren, weil nicht einmal die Kaiserwürde vor der Schwachheit des menschlichen Daseins bewahrt; das hindert freilich nicht, daß diese Würde oberhalb aller Zufälligkeiten unantastbar bleibt. Man wird sich fragen, welche Reaktionen eine solche Rede in dem Kanzler Christian hervorrief, der sie ins Lateinische übersetzte und der sich seit Monaten auf jede nur denkbare Weise zu verhindern bemüht hatte, daß die approximative Diplomatie des Schwaben die Friedensaussichten zunichte machte, während er jetzt aus dem Munde seines Herrn erfuhr, daß dieser, wenn er einmal einen Fehltritt begangen hatte, aus Unwissenheit, das heißt, als einer, der schlecht beraten war, gehandelt hat!

Doch seine „schlechten Ratgeber" hatten ihm sehr gut gedient, und das wußte er. Der oft ungestüme und stolze Christian von Mainz, der in der Vergangenheit bei den Verhandlungen mit den lombardischen Städten nicht frei von Irrtümern war, hatte seit der Niederlage von Legnano beharrlich darauf hingearbeitet, ihn zu überzeugen, daß unbedingt das Bündnis zwischen dem Papst und den Lombardenstädten zerschlagen werden mußte und daß das nur dadurch geschehen könnte, daß er sich – es koste, was es wolle – unverzüglich und unmißverständlich mit dem Papst versöhnte. Spielte dabei auch die Sorge des Kirchenmannes eine Rolle, der nicht den Verlust des mächtigen erzbischöflichen Stuhls von Mainz riskieren wollte? Vielleicht. Aber die von ihm vorgeschlagene Linie war zweifellos siegreich: Die Unzufriedenheit Barbarossas, seine zwischen Januar und Juli 1177 versuchten Kurzschlußhandlungen sind der beste Beweis dafür, daß der Kaiser nur zu gut wußte, daß sein Kanzler recht hatte, daß ihn aber der Stolz daran hinderte, einer Entscheidung zuzustimmen, die die Demütigung mit sich bringen würde, eine bereits zur Zeit Rainalds von Dassel entschlossen übernommene politische Linie aufgeben zu müssen.

Romuald von Salerno, der uns den Text der Ansprache wiedergibt, die er am 1. August als Bevollmächtigter des Königs von Sizilien gehalten hat, bietet uns einen weiteren Schlüsselpunkt für eine Erklärung. Sein König hatte nie gegen einen Souverän zu kämpfen beabsichtigt, der sein Bruder in Christus war, ja der, wie der Kaiser, der wertvollste Verteidiger der Kirche war. Die Sendung der christlichen Könige ist es nicht, sich gegenseitig zu bekämpfen, sondern gegen die Ungläubigen Krieg zu führen; und auch gegen jene falschen Christen, die die Ungläubigen unterstützen, wie es der *basileus* Manuel in Anatolien und auch in Nordafrika tat, wo die byzantinische Diplomatie den sizilianischen König auf jede Weise daran zu hindern trachtete, eine tatsächliche Vorherrschaft über die muslimischen Potentaten zu erlangen. Es war eine geschickte Rede, die dem Umstand Rechnung trug, daß Alexander III. mehrmals den Wunsch geäußert hatte, einen neuen Kreuzzug zu veranstalten, und daß die Venezianer den *basileus* Manuel haßten, seitdem er sie im Jahr 1171 aus seinem Reich vertrieben hatte. Das Einvernehmen zu viert zwischen Kaiser, Papst, König von Sizilien und Venedig trug zu einer weiteren Isolierung der Lombardischen Liga bei und machte die geduldige Arbeit der byzantinischen Durchsetzung Italiens zunichte, während es den orientalischen – und das heißt nicht nur den muslimischen – Kriegsschauplatz wieder als Bühne der künftigen lateinischen Expansion vorschlug. Im Frieden von Venedig zeichneten sich bereits keimhaft die geistlichen und politischen Voraussetzungen ab, die den Dritten und den Vierten Kreuzzug entscheidend bestimmen würden.

Friedrich hielt sich bis über Mitte September in Venedig auf; es waren Wochen intensiver diplomatischer Beziehungen, deren Spuren wir in der Dokumentation der kaiserlichen Kanzlei genau verfolgen können. Schließlich brach er zu einer Erkundungsreise durch die beiden Königreiche Italien und Burgund auf, die ihn ein ganzes Jahr lang in Anspruch nehmen würde: er durchreiste – wobei er fast überall triumphal empfangen wurde – die Romagna, die Marken, Umbrien, die Toskana, auf deren Gebiet er sich den ganzen Januar 1178 aufhielt, um dann Genua zu besuchen, von März bis Mai in Pavia zu verweilen, das Territorium des Markgrafen von Montferrat und Piemont zu besuchen; von dort begab er sich nach Burgund, wo er am 30. Juli in der altehrwürdigen römischen Stadt Arles, der Hauptstadt des Königreiches Burgund – die dem epischen Andenken an die *chansons* geweiht ist –, sich aufs neue die Krone des Königs von Burgund aufzusetzen.

Was als Triumphfahrt erscheinen könnte, hatte selbstverständlich eine klare politische Funktion. Der Kaiser wußte, daß seine lange, gleichwohl notwendige Abwesenheit von Deutschland – seit dem Sommer 1174! – ihn, wie das meist geschah, in politischer Hinsicht sehr teuer zu stehen kommen würde: Als er sich zur Rückkehr anschickte, wollte er daher seine volle Autorität in Italien und Burgund wieder voll durchsetzen, um endgültig Rückendeckung zu haben, denn er wußte, daß ein neuerlicher Aufenthalt seinerseits in jenen Ländern in allzu naher Zukunft nicht möglich sein würde. Es war sicher kein Zufall, daß Ende September 1177, also kurz nach dem Frieden von Venedig, auch Ludwig VII. von Frankreich und Heinrich II. von England in Nonancourt miteinander Frieden schlossen. Es war das übliche, für das 12. Jahrhundert typische Alibi: Die Schwierigkeiten, die das Königreich Jerusalem durchmachte, ließen es dringend geboten erscheinen, daß die christlichen Könige des Abendlandes dem von den Muslimen belagerten Heiligen Land zu Hilfe kämen. In Wirklichkeit kann man hinter diesem Frieden unschwer, gleichsam in Filigranarbeit, die Sorge vor einem Wiedererstehen der Universalpolitik Friedrichs erkennen, nun da sich der Papst auf seine Seite gestellt hat; diese Vermutung wird auch durch die Intensivierung diplomatischer Verhandlungen zwischen Frankreich und Byzanz in jenem Zeitraum bestätigt. So gesehen, wirkt die Krönung von Arles wie eine ernste Mahnung an den König von Frankreich: Er solle nicht glauben, daß der Kaiser, weil er tief in den deutschen und italienischen Problemen steckt, deshalb bereit wäre, einen Fußbreit von seinem abendländischen Reich zu weichen noch seine bis an die Rhône reichende Macht lediglich als formal zu betrachten!

Inzwischen ging man daran, im Lichte der endlich zustande gekommenen Versöhnung das wichtigste Ergebnis des Friedens von Venedig zu vollenden: die Beseitigung der Kirchenspaltung und die Wiedereinsetzung Alexanders III. auf seinem römischen Stuhl, der noch vom Gegenpapst besetzt war. Diesen Auftrag hatte Friedrich, als er im Herbst 1177 von Venedig abreiste, seinem Kanzler Christian hinterlassen. Und so begleitete der Erzbischof von Mainz, der zum treuen Geleit des Papstes geworden war, diesen zwischen Winter 1177 und Frühjahr 1178 nach Rom, wo Alexander im März – freilich erst, nachdem er gelobt hatte, die freie Gemeinde aufrechtzuerhalten – von den Senatoren und dem römischen Volk in einem wahren Heer von Fahnen, Kreuzen, Trompeten und Ölzweigen ein triumphaler Empfang bereitet wurde. Der arme Calixtus III., der sich nicht zu Unrecht verraten fühlte, lehnte es ab, sich zu unterwerfen, und bezeichnete sich weiterhin – von Viterbo aus – als den einzigen und wahren Papst. Christian besetzte dann Viterbo trotz des Widerstandes der Edlen der Stadt, die sich auf den Stadtpräfekten Johannes von Vico stützen konnten und den schon legendären Sohn Wilhelms von Montferrat, Konrad, um Hilfe baten, während sie ihm zugleich die Signoria, die Stadtherrschaft, anboten. Der Kampf um die Macht zwischen dem Adel und den Popolani von Viterbo kam also zu den Folgen des Kampfes zwischen dem Papst und dem Kaiser hinzu und machte dessen Schlichtung noch komplizierter. Es war jedoch alles vergeblich: Das begriff Calixtus und begab sich Ende August nach Tusculum, wo Alexander residierte, um sich ihm zu unterwerfen und wieder zum Johannes von Strumi zu werden. Er war im Grunde ein heiligmäßiger Mann, und die Vermutung, er habe nicht guten Glaubens gehandelt, scheint nicht fair zu sein: Seine angeborene Hartnäckigkeit spricht alles in allem eher die Sprache der Aufrichtigkeit als die der blinden Ehrsucht. Alexander III. hat Milde gegen ihn walten lassen, und das war recht so.

Unterdessen bereitete der Papst den Schlußakt seines Triumphes und der Rückkehr der Kirche zur Einheit vor: ein neues ökumenisches, d. h. allgemeines, Konzil, das dann tatsächlich von Januar bis März 1179 im Lateran abgehalten wurde. Anwesend waren Hunderte von Prälaten aus verschiedensten Ländern: unter ihnen der Philosoph Johannes von Salisbury, der Kanzler von Thomas Becket gewesen war, der Chronist Wilhelm, jetzt Bischof von Tyrus, der Kanonist und Theologe Petrus Mangiatore, der damals noch nicht berühmte Schriftsteller Walter Map. Geregelt wurden die für Papstwahlen geltenden Bestimmungen; die verschiedenen Probleme, die aus dem jetzt beendeten Schisma entstanden waren, wurden endgültig beigelegt; der Eignungscharakter für das Bischofs- und Priesteramt wurde definiert; eine Reihe von Dekreten wurde zur Frage der Verfügbarkeit der zeitlichen Güter der Kirchen verkündet; man beschloß Maßnahmen gegen die Käuflichkeit kirchlicher Ernennungen, gegen das Konkubinat der Kleriker und gegen die Sodomie; der Wucherkauf und Export von Waffen und Kriegsmaterial in die muslimischen Länder wurde verboten. Vor allem aber setzte man den Kampf gegen die häretischen Gemeinschaften in Gang, die inzwischen besonders in der Provence und in der Lombardei sehr stark geworden waren. Insbesondere die Katharer hatten so viele Anhänger gefunden, daß Jahre zuvor der Graf von Toulouse hatte schreiben können, in seinem Land seien die Kirchen leer. Die Gläubigen wurden nicht nur von dem mythisch-theologischen Gesamtcharakter der Botschaft dieser Sekte angezogen – ihrem manichäischen Ursprung getreu machte diese Lehre zwei göttliche Prinzipien, ein Prinzip des Guten oder des Lichts und ein Prinzip des Bösen oder der Finsternis, als dem Kosmos zugrundeliegend geltend –, sondern vor allem vom Lebensstil der Katharer-Asketen, der „Vollkommenen“, und von ihrer Verkündigung einer neuen, Christus ähnlichen, schlichten und armen Kirche. Das Laterankonzil antwortete mit einer Reihe sehr strenger Maßnahmen, die auf der Gleichsetzung der Häresie mit dem *crimen lesae maiestatis* (Verbrechen der Majestätsbeleidigung) beruhten. Dieses Prinzip konnte sich im übrigen auf die objektive Gegebenheit stützen, nach welcher auf diesem selben Konzil das Papsttum für sich die *plenitudo potestatis,* die Fülle der Macht, geltend machte, das heißt die Vorherrschaft bezüglich der *auctoritas* über jede irdische Macht. Auf diese Weise führte Alexander III. die über ein Jahrhundert vorher von Gregor VII. eingeführte hierokratische Linie feierlich zu Ende; 20 Jahre später wird sie von Innozenz III. mit äußerster Kraft wiederaufgenommen werden.

Doch wieder einmal war da der alte Gegensatz: Auch wenn er sich Herr der Welt nannte und berechtigte Gründe hatte, sich so zu nennen, und über Mittel verfügte, um diese seine Herrschaft über das lateinische Abendland tatsächlich auszuüben, gab es für den Papst doch immer eine Schwachstelle: seine Stadt Rom. Im Juni mußte der Papst, der zwei Jahre zuvor über Barbarossa gesiegt und den erst vor wenigen Monaten ein großes Konzil als *dominus mundi* akklamiert hatte, neuerlich aus Rom flüchten, nachdem kurz vorher, wenn auch nur für wenige Monate, ein Gegenpapst, Lando von Sezze, ernannt worden war, der den Namen Innozenz III. annahm (denselben Namen also, den dann 1198 Lothar von Segni, der große Papst des Vierten Laterankonzils, annehmen wird) und den päpstlichen Stuhl besetzte, bis er Anfang 1180 in das Kloster La Cava verbannt wurde.

Christian von Mainz versuchte verzweifelt, gemäß den vom Kaiser erhaltenen Weisungen die päpstliche Autorität innerhalb des „Patrimoniums von St. Peter“ wiederherzustellen. Aber er sah sich dem stolzen und kühnen Sohn des Markgrafen von Montferrat, Konrad, gegenüber. Dieser haßte ihn, denn er machte Christian – nicht zu Unrecht – den Vorwurf, mit seinen Ratschlägen der hauptsächliche Baumeister des Waffenstillstands von 1177 zwischen den Städten und dem Kaiser gewesen zu sein, eines Waffenstillstands, der den Interessen der italienischen Lehnsherren, die bis dahin treu auf Friedrichs Seite gestanden waren, gewiß nicht gewogen war. Vor allem dank seiner Beziehungen zu den Grafen Guidi hatte Konrad außerdem beachtliches Interesse an Italien und eben an dem „Patrimonium von St. Peter“, auf das er – wie wir gesehen haben – ohne Zögern mit einem hohen Spieleinsatz, zum Beispiel der Signoria von Viterbo, abzielte. Er konnte sich an die Spitze eines gegen Christian geschlossenen Bundes stellen, der die Städte Florenz, Pisa, Pistoia und Lucca vereinte; Ende September gelang es ihm sogar, Christian gefangenzunehmen und auf das unter seiner Aufsicht stehende Gebiet des Patrimoniums zu verschleppen. Während Christian im Kerker von Montefiascone schmachtete, eilte Konrads Bruder Bonifatius nach Konstantinopel, um wegen einer Verlegung des berühmten Gefangenen auf byzantinisches Territorium zu verhandeln.

Der *basileus* war nämlich weit davon entfernt, sich an der italienischen Front als geschlagen anzusehen. Wenn der Papst, die Städte und der König von Sizilien seine Unterstützung nicht beachtet hatten, um sich wieder an Friedrich anzulehnen, dann lag es auf der Hand, daß alle, die mit dem Frieden von 1177 unzufrieden waren, zu potentiellen Verbündeten Manuels wurden. Und damit beginnt das außergewöhnliche orientalische Abenteuer der Grafen von Montferrat, das sie auf den Thron von Jerusalem und später von Thessalonike führen wird. Wenige Monate nach der Einkerkerung Christians, nämlich im Februar 1180, hatte sich der jüngste Sohn des Markgrafen Wilhelm, der achtzehnjährige Rainer, in Konstantinopel mit der erstgeborenen Tochter Manuels, Prinzessin Maria, vermählt, die ungefähr dreizehn Jahre älter als er war. Nach byzantinischem Brauch nahm Rainer einen neuen Namen an, Johannes, und erhielt den Titel „Caesar". Außer dieser Vermählung wurde im Februar 1180 auch jene zwischen Alexios (Sohn Manuels und bereits zum Mitkaiser gekrönt) und Agnes, der Tochter Ludwigs VII. von Frankreich, begangen. Die Bestimmungen für die Thronfolge legten fest, daß – sollte die Ehe zwischen Alexios und Agnes kinderlos bleiben – die Krone auf die Erstgeborene, Maria, und ihre Nachkommen übergehen würde. Auf diese Weise sah der junge Rainer-Johannes, daß sich ihm unter seinen möglichen Aussichten sogar der Thron am Bosporus bieten könnte (ein Märchentraum für einen piemontesischen Ritter). Friedrich verfolgte tief bestürzt und besorgt, aber aus der Ferne, diese Ereignisse. Sein Reich, der ungenähte Leibrock Christi, zerriß an allen Seiten; und er beeilte sich unablässig, mit eisernem Willen und mit einem erhabenden Bewußtsein seiner Würde und seiner Sendung die Risse zu reparieren. Wenn er 1177, wenn auch widerwillig, zugestimmt hatte, das Schisma zurückzunehmen, mit Alexander Frieden und mit den Städten Waffenstillstand zu schließen, womit er dem Rat des nie besonders geliebten Christian von Mainz folgte und sich sogar die Sympathien mancher seiner getreuen Lehnsherren verwirkte, hat er tatsächlich nicht nur an Italien und an die Kirche gedacht. Alarmierende Nachrichten hatten ihn aus Deutschland erreicht, von wo er schon lange abwesend war und wo die Politik Heinrichs des Löwen nun dabei war, die Grundlagen jener zivilen Lebensordnung aus den Angeln zu heben, für deren Aufbau Barbarossa ein Vierteljahrhundert gebraucht hatte. Er gab sich in seinen beiden Herzogtümern Sachsen und Bayern gleichsam als absoluter Herrscher und verhinderte mit seiner Regierungstätigkeit jene Integration zwischen den territorialen und feudalen Dimensionen der Macht, die nunmehr zu einem der Ziele Friedrichs geworden war.

Außerdem verzieh der Kaiser dem Vetter nicht dessen Verhalten beim Gespräch von Chiavenna 1176, dem er wahrscheinlich – zu Recht oder Unrecht – die Hauptursache für den demütigendsten und schmerzvollsten Mißerfolg seines Lebens zuschrieb: Legnano.

Im Herbst 1178 war Friedrich – nach der Krönung in Arles und nach einer frommen Wallfahrt zum Heiligtum Saint-Gilles-du-Gard – nach Deutschland zurückgekehrt. Am 11. November, dem Fest des hl. Martin, wurde in Speyer ein großer Reichstag eröffnet, auf dem von seiten einiger Adeliger und vor allem zahlreicher Bischöfe wie Ulrich von Halberstadt und Philipp von Köln Beschwerden gegen Heinrich vorgebracht wurden. Der Herzog von Sachsen und Bayern hatte sich in der Tat immer dem kaiserlichen Schisma angeschlossen, und das hätte ihm Friedrich natürlich nicht zur Last legen können. Er hatte sich jedoch auch des Schismas bedient, um riesige kirchliche Einflußgebiete an sich zu bringen und in den seiner Macht unterstehenden Diözesen eine weitaus härtere Aufsicht auszuüben, als es dem Kaiser selbst auch nur im Traum eingefallen wäre.

Deswegen hatte sogar eine ganze Reihe deutscher Bischöfe das Laterankonzil verlassen müssen. Im übrigen war es nur natürlich, daß die Vereinbarungen von Venedig, soweit sie die kirchliche Situation betrafen, Heinrich und manchen seiner Helfershelfer, die er begünstigt hatte, Schaden zufügten, weshalb der Herzog keine Absicht hatte, diesem Friedensschluß beizutreten. Aber das alles nahm vor dem Kaiser leicht die Gestalt des Verrats an.

Die Tatsachen, die während des Reichstags zu Speyer ans Licht kamen, lieferten Friedrich den Vorwand, eine Macht, die das deutsche Königreich in eine Art Zweimännerregierung umgewandelt hatte, ein für allemal zu beseitigen und das 1152 begonnene Werk der Beseitigung der Stammesherzogtümer und der Verwirklichung der Lehnsbande zu Ende zu führen. Heinrich wurde auf zwei verschiedenen Ebenen und nach zwei verschiedenen Gerichtsverfahren verurteilt. Zwischen Januar und August 1179 richtete man über ihn nacheinander auf den Reichstagen von Worms, Magdeburg und Kayna – natürlich in Abwesenheit, da er sich nicht herabließ, persönlich zu erscheinen – nach dem Landrecht: Die sächsischen Adeligen klagten ihn an, und der Prozeß schloß mit der Verhängung der Verbannung gegen ihn durch den König. Danach, zwischen Januar und April 1180, richtete man über ihn nach dem Lehnsrecht, zuerst auf dem Reichstag zu Würzburg und dann auf dem von Gelnhausen – und in dieser Instanz wurde er zum Verräter und Aufrührer gegen seinen Herrn erklärt. Das alles brachte sowohl die Aberkennung seiner Feudalrechte als auch die Beschlagnahme der Freigüter (Alloden) mit sich: Angesichts der ungeheuren Ausdehnung der einen wie der anderen fiel die Verurteilung mit einer generellen Neuorganisation des deutschen Königreiches zusammen. Im April 1180 war das Herzogtum Sachsen endgültig zerstückelt: sein östlicher Teil ging – unter Beibehaltung des Namens Sachsen – an Bernhard III. von Anhalt über, während der westliche Teil – uns besser als Westfalen bekannt – Philipp, dem Erzbischof von Köln, zugeschrieben wurde. Im Juni hingegen befaßte man sich auf dem Reichstag zu Regensburg mit Bayern, das Otto von Wittelsbach zugesprochen erhielt; zuvor war davon jedoch die Steiermark abgetrennt und zu einem selbständigen Herzogtum erhoben worden. Diese feudal-territoriale Neufestlegung wird in den Jahren 1182–1187 ihre Vollendung finden, wenn Friedrich vom Herzogtum Böhmen (das bereits zu einem Königreich geworden war) Mähren, das zu einem unabhängigen Herzogtum erhoben wird, und das Fürstbistum Prag abtrennen und beide direkt an die Krone binden wird. Damit waren endgültig sämtliche Reste der alten „Stammesherzogtümer" ausgelöscht und die Organisation des deutschen Königreiches nach Art einer strengen Feudalpyramide vollzogen: An der Spitze dieser Pyramide standen unmittelbar unter dem Kaiser die Reichsfürsten, das heißt jene Herzöge, Markgrafen oder Prälaten, die direkt vom Kaiser abhingen und eine relativ weitreichende territoriale Unabhängigkeit genossen.

Die verschiedenen Reichstage hatten die neue Wirklichkeit auf juridischer Ebene festgelegt. Jetzt ging es darum, sie in die Praxis umzusetzen, weil Heinrich allem Anschein nach nicht die Absicht hatte, sich geordnet zurückzuziehen. Friedrich eröffnete am 25. Juli 1180 den Feldzug gegen den Vetter, und 20 Tage später konnte er am Fest Mariä Verkündigung in Werla, dem alten Zentrum der sächsischen Dynastie, feierlich die Verfügung verkünden, daß er alle Vasallen des „Ex-Herzogs" Heinrich vom Treueid entbinde: Das war implizit das Verbannungsurteil für alle, die trotzdem an diesem Eid festhalten würden.

Es trat ein, was vorauszusehen war, so sehr Heinrich vielleicht gegenteilige Illusionen gehegt haben mag. Sein Temperament hatte ihn so viele Verstöße zum Schaden seiner Getreuen begehen lassen, daß diese ihn wohl fürchteten, aber nicht liebten – und in dem für sie günstigen Augenblick verließen ihn fast alle, bis auf einige wenige, mit denen er im Norden, in Schleswig, bis zum äußersten Widerstand leisten wollte. Aber die Diplomatie Friedrichs hatte darauf hingearbeitet, ihn jeder Hilfe zu berauben: sei es die des Königs von Dänemark, sei es die der Stadt Lübeck, die der Kaiser als direkt und ausschließlich von ihm abhängige freie Stadt anzuerkennen bereit war. Nachdem Heinrich in Thüringen den einen oder anderen vorübergehenden Erfolg errungen hatte, verbarrikadierte er sich in Stade, mußte aber schon bald erkennen, daß seine Sache verloren war: Als Geschlagener, im Gewand des Büßers und Bittstellers, erschien er im November 1181 vor Friedrich und den auf dem Reichstag zu Erfurt versammelten deutschen Adeligen. Seit Jahren hatten sich die zwei Vettern nicht mehr gesehen; und hier zeigte Friedrich wieder einmal gleichzeitig zwei Aspekte seiner Persönlichkeit, die zwar nicht entgegengesetzt sind, aber doch auch nur schwer zugleich oder nebeneinander bestehend anzutreffen sind: das heißt, die Neigung zu hochherziger Ergriffenheit im persönlichen Bereich und die unbeugsame Härte im Hinblick auf alles, was den *honor imperii* betraf. Er beugte sich zum Vetter, der sich ihm zu Füßen geworfen hatte, hinab, hob ihn gerührt auf, umarmte ihn, weinte mit ihm; aber als Kaiser konnte er ihm nicht vergeben. Er verzichtete gern auf Heinrichs Freigüter (Alloden), die er nach dem Beschlagnahmungsrecht zu seinen eigenen hinzugefügt hatte, und gab sie ihm zurück; aber er sprach ihm die Lehen ab und verurteilte ihn zu drei Jahren Verbannung. Dem Löwen blieb nichts übrig, als sich zerknirscht in die Normandie an den Hof seines Schwiegervaters Heinrich II. zu begeben.

Was uns an dem seltsamen, faszinierenden und „widerstandsbereiten" Aufstieg Heinrichs des Löwen, aus großer zeitlicher Entfernung betrachtet, heute am meisten ergreift, ist – zusammen mit dem bronzenen Löwen und dem Grabmal des Herzogs in seinem geliebten Braunschweig – ein literarisches Erinnerungsstück; wir haben ja schon gesehen, wie sehr er schöne Bücher und Gedichte liebte, die seine Taten verherrlichten. *Herzog Ernst* ist ein Spielmannsgedicht, das von einem unbekannten bayerischen Dichter verfaßt wurde, als der Konflikt zwischen Barbarossa und dem Löwen gerade am heftigsten tobte. Es erzählt von einem heimtückischen Kaiser, der aufgrund schändlicher Verleumdungen seinem Stiefsohn, dem treuen und guten Herzog Ernst, Bayern zu entreißen trachtet. Dieser geht nach nutzlosem Widerstand in die Verbannung: ins Heilige Land und in den Orient. Dort erwarten ihn die merkwürdigsten Abenteuer, die durchwegs der Überlieferung der sagenhaften Reisen Alexanders des Großen und der teratologischen Literatur der griechischen Antike entnommen sind: Begegnungen und kämpferische Auseinandersetzungen mit den Völkern der Pygmäen, der einäugigen Arimaspen, der Panoten mit den großen Ohren, der Kranich-Menschen mit dem langen Schnabel. Ein Gegenstück zu der phantastischen Anthropologie bildet die phantastische Geographie, die Plinius mit den Reisen des arabischen Dichters Sindbad verbindet: der Juwelenberg, der Berg des Magneten, der leimige, klebrige Berg. Nach der Rückkehr von diesen Abenteuern wird Herzog Ernst seinem Kaiser während der Messe in der Weihnachtsnacht im Kaiserdom zu Bamberg zum Zeichen des Friedens den wunderbaren, einzigartigen – daher „der Waise" genannte – Edelstein schenken, dem geheime Kräfte innewohnen: er hat ihn vom Berg der Juwelen mitgebracht, und dieser kostbare Stein soll fortan die Kaiserkrone zieren. Herzog Heinrich glich vielleicht, was die Treue betraf, dem Herzog Ernst nicht allzu sehr: Doch man ist versucht sich vorzustellen, daß er in den traurigen Tagen der Verbannung sich damit identifiziert und an die glorreiche Zeit seiner „Pilgerfahrt" nach Jerusalem von 1172 zurückdachte, als es tatsächlich den Anschein hatte, daß er, wenn auch nicht gerade den leuchtenden *Waisen*, so doch mindestens das Schicksal des Deutschen Reiches in Händen hielt.

Die Machtenthebung des Löwen mußte auf jeden Fall Rückwirkungen haben: Das diesbezüglich spektakulärste Ereignis war, daß sich Dänemark von der Lehnsabhängigkeit gegenüber dem Reich lossagte. König Waldemar hatte sie aufrechterhalten, jedoch vor allem unter dem Einfluß des Herzogs von Sachsen; aber Knut VI., der ihm im Mai 1182 nachfolgte, zögerte nicht, sie zu widerrufen. Das war ein schwerer Mißerfolg für Friedrich: Wenn der Kaiser weiterhin als *dominus mundi* und damit als *rex regum* (König der Könige) auftreten wollte, brauchte er einen *regulus*, der seine Souveränität anerkannte. Doch verglichen mit dem Sieg über Heinrich den Löwen war das eine Kleinigkeit.

Die Jahre des Kampfes gegen Heinrich den Löwen weisen in der Tat auf eine Kursänderung in der Politik Friedrichs in Deutschland hin. Selbstverständlich ist er weiterhin auf den Ausbau seiner Hausmacht bedacht: Er beharrt deshalb nicht nur auf allen jenen Entscheidungen, die getroffen worden waren, um die Kaiserkrone sowie die deutsche, die italienische und die burgundische Königskrone endgültig an das Haus Schwaben zu binden, sondern auch auf dem Plan, seine und die Autorität seiner Familie durch die Errichtung eines immer ausgedehnteren und gefestigteren Patrimoniums oder Erbgutes zu stärken, indem er bedeutende Gebiete in Schwaben, Sachsen, Thüringen und sogar in der Lausitz in Anspruch nahm, um auf diese Weise auch den nordöstlichen Kriegsschauplatz des Deutschen Reiches überwachen zu können. In all diesen Gebieten setzte er zuverlässige Beamte *(ministeriales)* ein und errichtete Wehrburgen.

Aber um zu verstehen, inwiefern von 1180 an ein neues Deutschland entstand, muß man die feudal-territoriale Ordnung des deutschen Königreiches beachten. Die Reichsfürsten, die direkt vom Kaiser abhängig und jeder in genau begrenzten Territorien verwurzelt und mit umfassenden, aber auch genau festgelegten Vorrechten ausgestattet sind, bilden nun die solide Grundstruktur dieses Reiches, und damit ist jener „feudale" Charakter angedeutet, der von da an ein typisches Merkmal der deutschen Geschichte sein wird (und der außer dem Fortbestehen der einen oder anderen Bestimmung nur geringen und oberflächlichen Zusammenhang mit dem vorausgegangenen „Stammes"-Charakter hat). Die Reichsfürsten huldigen direkt und allein dem Kaiser; sie sind ausschließlich seine Vasallen. Unter ihnen bildet sich eine Feudalhierarchie heraus, die zunächst in drei Stände, drei *Ordines* (kirchliche Fürsten, weltliche Fürsten, Edle) zerfällt und später noch weiter unterteilt wird, bis sie im 13. Jahrhundert die Zahl von sechs oder sieben hierarchisch untergeordneten Ständen erreicht. Die Stabilität dieses Systems, das die späteren deutschen Juristen den *Clipeus militaris,* das heißt *Heerschild,* nannten, wird von der Einrichtung des *Lehnszwanges* gewährleistet: Kraft dieser Verfügung konnte kein Lehen unbesetzt bleiben und die Bestimmungen für die Zuerkennung jedes Lehens waren genau festgelegt. Die Bezeichnung *Clipeus militaris* hängt damit zusammen, daß die Einrichtung aus dem innerhalb des Feudalsystems jedem Lehen zustehenden Recht entspringt, von seinen Vasallen Kriegsdienstleistungen zu verlangen; aber seine Bedeutung sollte von ganz anderem Gewicht sein.

Das vom *Heerschild* skizzierte pyramidenartige System ist sehr einfach. An der Spitze steht der König. Es folgen die Reichsfürsten, dann die verschiedenen von ihnen abhängigen kirchlichen bzw. weltlichen Adeligen, schließlich die Freiherren (im Französischen wird dieser Begriff gewöhnlich mit *baron* übersetzt). Aber in manchen Gegenden wurden sehr bald auch die *ministeriales* zur Ritterwürde zugelassen: Obwohl sie nicht frei, sondern von Geburt aus mit dem Sklavenstand belastet waren, bildeten sie trotzdem, sobald sie mit dem Rittergürtel ausgezeichnet und damit zu Rittern geworden waren, einen niederen „Dienstadel", der Lehen erhalten, wenn auch nicht weitergeben konnte (er konnte also von niemandem den Treueid entgegennehmen; er konnte keine Vasallen haben). Unterdessen begannen sich die Reihen der Ritterschaft in Deutschland „zu schließen", wie es schon in England und im sizilisch-normannischen Königreich geschehen war. Das geschah nun entgegen der anfänglichen Bestimmung der freien Zuwahl von seiten einer Kriegergruppe, da die Ritterwürde eine Stufe einer institutionalisierten Feudalleiter wurde und der Zutritt zu ihr auf jene eingeschränkt wurde, die aus einem Geschlecht stammten, deren Mitglieder bereits mit dieser Würde ausgezeichnet waren. Friedrich hat mit einer Verordnung 1186 den Söhnen von Bauern und Klerikern den Zugang zur Ritterwürde endgültig verschlossen.

Nachdem nun die Dinge in Deutschland geordnet waren, rückte das Königreich Italien wieder in den Vordergrund. Der 1177 mit der Lombardischen Liga geschlossene Waffenstillstand lief aus, und auch die Beziehungen zu Sizilien – Voraussetzung für die Wiederaufnahme der Mittelmeerpolitik – warteten auf eine weniger vorläufige Systematisierung, als sie ihnen in Venedig zugestanden worden war.

Die Lombardische Liga war bereits im September 1178 in Verona zu einer Versammlung zusammengetreten, sowohl um die im Gefolge des Waffenstillstands von Venedig und nach Beendigung des Schismas in Italien entstandene neue Situation zu prüfen als auch Maßnahmen zu erörtern, die gegen die abgefallenen Städte ergriffen werden sollten. Die Liga war zwar auf der Grundlage einer eher zufälligen als tatsächlichen und eher fiktiven als strukturellen (d. h. von der Existenz eines gemeinsamen Feindes bestimmten) Eintracht entstanden, sie hatte sich aber auch dank der Unterstützung des Papstes, des Königs von Sizilien und des *basileus* entwickelt. Es muß gesagt werden, daß alle diese Voraussetzungen zwischen 1177 und 1181 zurückgegangen sind. Die lange Abwesenheit des Kaisers von Italien hatte natürlich die alten Ursachen der Feindschaft, die der Waffenstillstand allein nicht auszumerzen vermocht hatte, zwar nicht beseitigt, aber doch abgeschwächt; der Tod des *basileus* Manuel im September 1180 – auf den eine lange Zeit der Krise folgte, die 1182 mit einem Massaker an den in Konstantinopel lebenden Lateinern ihren Höhepunkt erreichte – und Ende August 1181 der Tod Alexanders III. in Civita Castellana (nicht nur, daß ihn die Römer nicht mehr bei sich hatten aufnehmen wollen, sie haben sogar seinen Leichnam geschmäht) hatten die Liga zweier traditioneller Bezugspersonen im Ausland beraubt. Jetzt machten sich Pisaner und Genuesen Sorgen wegen der Krisenentwicklung im byzantinischen Reich, während sich in der päpstlichen Kurie der neue Papst Lucius III. – der frühere Kardinal Hubald, der an den Verhandlungen von Anagni und Venedig teilgenommen hatte – dem Reich gegenüber sehr versöhnlich zeigte. Unter diesen Gegebenheiten war es das Klügste, den Waffenstillstand in einen wahren und wirklichen Frieden umzuwandeln. Die diesbezüglichen Verhandlungen, die bereits Ende 1182 eingeleitet worden waren, wurden in der ersten Hälfte des darauffolgenden Jahres durch eine Reihe neuer Entspannungsschritte seitens des Kaisers – Schritte, die zwar von bescheidenem Ausmaß, dafür aber von sicherer Wirksamkeit waren – fortgeführt. Friedrich hatte im Februar, noch von Deutschland aus, der Stadt Tortona die Vergebung und den Frieden bestätigt (die er ihr bereits 1176/77 gewährt hatte), und Anfang März hatte er sich sogar mit Alessandria versöhnt:

durch eine formale Zeremonie – nämlich eine symbolische „Zerstörung" der Stadt, gefolgt von einer ebenso symbolischen Neugründung durch den Kaiser –, die ihren Namen in Caesarea („Stadt Cäsars", d. h. des Kaisers) umgewandelt und ihren Konsuln die Einsetzung zugesichert hatte.

Im Frühjahr wurden in Piacenza die feierlichen Friedensvorverhandlungen aufgenommen, die am 30. April ratifiziert wurden: Die kaiserliche Delegation stand unter der Leitung des Bischofs von Asti, jene der Liga wurde von den Vertretern jeder einzelnen jener Städte geleitet, die 1177 den Waffenstillstand unterzeichnet hatten; ausgeschlossen waren natürlich Venedig, Como und Alessandria, die inzwischen mit der Liga gebrochen hatten. Vertreten waren die Städte Treviso, Padua, Vicenza, Verona, Brescia, Bergamo, Mailand, Lodi, Novara, Vercelli, Mantua, Bobbio, Piacenza, Parma, Reggio, Modena, Bologna. Anwesend waren auch die Vertreter von Ferrara, Imola und Faenza, die jedoch nicht die Vorverhandlungen durch Eid billigten, sondern sich das ebenso für einen späteren Zeitpunkt vorbehielten wie Feltre und Belluno, die nicht an den Verhandlungen teilgenommen hatten.

Am Ende des Frühjahrs traf Friedrich in Konstanz ein, das in seinem Herzogtum Schwaben gelegen war und von wo eine der Zweigstrecken ausging, die über Coira und Chiavenna in die Lombardei führte. Dort ratifizierte er am 25. Juni persönlich in Anwesenheit der Delegierten der einzelnen Städte und der Vertreter des Papstes den Frieden mit den italienischen Städten. Objektiv gesehen stellte der Frieden von Konstanz sicher einen wesentlichen Sieg der Städte dar. Aber ebenso trifft zu, daß auf der formalen und Zufallsebene – einer Ebene, die wir mitunter irrtümlicherweise unterschätzen – der Kaiser einen Erfolg davongetragen hat. Die Städte als Mitglieder der Liga (aber nicht die Liga in ihrer Gesamtheit) kamen nicht nach Konstanz um einen Frieden auszuhandeln, sondern um ein hochherziges und wohlwollendes Urteil entgegenzunehmen.

Der Kaiser trat auf als einer, der allein und über Zwänge und Aufmachungen jeglicher Art erhaben zum Vorteil der lombardischen Städte – die ihm zweifellos die oberste Autorität zuerkannten und dafür andererseits schönes Geld zahlten – eine Verfassung verkündete, die ihnen gewisse Freiheiten und gewisse Regalien zugestand, während sie ihnen natürlich andere vorenthielt. Er bekräftigte selbstverständlich, daß die Regalien ein unantastbares Reichsrecht darstellen, akzeptierte aber, daß dieses Recht in der Ausübung der *consuetudines*, der Gewohnheiten, die ihrerseits eine Rechtsquelle darstellen, seine Grenze finden könnte. Die Ausübung der Regalien schloß natürlich die Verpflichtung ein, Straßen, Brücken usw. zu erhalten sowie das sogenannte *fodrum* zu zahlen, wenn der Kaiser nach Italien kommt. Weiters akzeptierte der Kaiser, die Leiter der Städte mit öffentlicher Macht auszustatten (es oblag ihm also nicht mehr die direkte Wahl, sondern die Bestätigung der von den Städten selbst gewählten Männer), und diese müßten ihm dann den Treueid leisten. Den Konsuln wurde außerdem die Gerichtsgewalt in Fällen übertragen, die eine Geldstrafe bis höchstens 25 Silberpfund umfaßten; in Fällen, die darüber hinausgingen, mußte an den Kaiser appelliert werden. Entsprechend ihrer umfassenden Anerkennung der kaiserlichen Autorität erhielten die Städte das Recht zuerkannt, Befestigungsanlagen zu haben und sich in Bünden zusammenzuschließen. Es muß unbedingt betont werden, daß der Kaiser in Konstanz alles frei zu gewähren schien, ohne daß von Notwendigkeiten oder Verhandlungen irgendwelcher Art gesprochen worden wäre. Der sowohl von den *vassi* (Vasallen) wie von den *cives* (Bürgern der Städte) geforderte Eid schloß eine Parallelität zwischen herrschaftlichen Autonomien und städtischen Autonomien ein, die beide in demselben Maß im Rahmen der gemeinsamen Unterordnung unter das Reich behandelt wurden. Bei der Betrachtung der konkreten Situation vor Ort wird deutlich, daß Friedrich in Italien nicht anders als in Deutschland am Aufbau einer „Feudalmonarchie" arbeitete. Und ebenso unverkennbar ist, daß die „Zugeständnisse" von Konstanz juristisch insofern solche bleiben sollten, als der Kaiser absolut nicht wollte, daß sie künftig zu Präzedenzfällen für ähnliche Forderungen seitens anderer Städte werden könnten.

Heinrich der Löwe war besiegt und verbannt, Italien befriedet, das kirchliche Feld von dem Hindernisstein der Rivalität mit dem Papsttum und vom Skandal der Kirchenspaltung geräumt (die zeitgenössischen Quellen haben die Beendigung des Schismas zweifellos als das wichtigste Ereignis jener Jahre empfunden) – nun konnte Friedrich die Früchte seiner langen Arbeit ernten. Am Pfingsttag des Jahres 1184 feierte er in Mainz ein großes Fest, bei dem seine Söhne Heinrich – der bereits zum König gekrönt worden war – und Friedrich zu Rittern geschlagen wurden. Das glänzende Fest dauerte drei ganze Tage, bei Festmählern und Turnieren, die von Burg zu Burg von den Minnesängern ausgiebig besungen wurden – der Kaiser mit seinen rund 60 Jahren erschien kurz persönlich beim Turnier. Zwischen der Stadt und dem Palast von Ingelheim wurde aus dem Anlaß eine Art „Festhauptstadt" aus Holz errichtet, mit einem großen Kaiserpalast und einer eindrucksvollen Kathedrale. Aus allen Teilen Deutschlands, Italiens und Burgunds strömten die Gäste herbei; unter ihnen befanden sich Dichter wie Guiot von Provins und Heinrich von Veldeke, die ihre Verse der Beschreibung des Festes widmen. Bei dieser Gelegenheit setzten Friedrich und Beatrix feierlich die Kronen auf – das Tragen der Krone war, wie wir wissen, nur großen Festtagen vorbehalten –, und Heinrich, frisch geschmückt mit dem Rittergürtel, wurde als Mitregent des Königs akklamiert, während sein Bruder Friedrich offiziell das Herzogtum Schwaben erhielt. Den höfischen Gepflogenheiten entsprechend, die vielleicht durch Vermittlung der anspruchsvollen burgundischen Kaiserin aus Frankreich eingedrungen waren, war der Kaiser dann sehr freigebig mit herrlichen Geschenken an die „armen Ritter" und an die Hofdichter.

Das Fest hätte vielleicht noch länger gedauert, aber wie eine Mahnung vom

Himmel zog ein Frühjahrsgewitter herauf, brachte Holzbauten zum Einsturz und verursachte den Tod von 15 Personen. Man entschied also, daß man sich ausreichend vergnügt hatte, und mit einem Schuß Bitterkeit, wahrscheinlich sogar mit der besorgten Ahnung künftiger Unglücksfälle wurde das Fest beendet.

Friedrich war nunmehr seit sechs Jahren von Italien fern. Er mußte wieder die Alpenpässe überqueren, die lombardischen und toskanischen Städte besuchen, sich mit dem Papst treffen, die Kontakte zum König von Sizilien wiederherstellen. Friedrich zog Anfang September über den Brenner und hielt sich bis Mitte Oktober in den lombardischen Städten auf, wo er überall – und vor allem in Mailand – bejubelt und gefeiert wurde. Im Oktober traf er in Verona mit Lucius III. zusammen, mit dem er seit den Tagen der Friedensverhandlungen von Venedig, wo dieser noch Kardinal gewesen war, nicht mehr gesprochen hatte. Die Begegnung war auf das Fest der Apostel Petrus und Paulus, den 29. Juni, festgelegt worden: Der alte Papst – der sich mit der ganzen Kurie auf der Flucht aus Rom befand, von wo er wieder einmal verjagt worden war – hatte geduldig gewartet, bis Friedrich seine Triumphreise durch die Lombardei beendet hatte. Dem Papst war vor allem daran gelegen, daß sich der Kaiser der feierlichen Verurteilung der Ketzerei anschließe und sich zum Kreuzzug verpflichte, da die Situation des von den Sarazenen eingekesselten Königreiches Jerusalem immer unerträglicher wurde; der Patriarch von Jerusalem und die Großmeister der geistlichen Ritterorden der Templer und der Johanniter, die gleichfalls anwesend waren, versuchten ihrerseits, mit dramatischen Schilderungen das Interesse des Kaisers für ihr Anliegen zu wecken. Was die Ketzerei betraf, so schloß sich der Kaiser ohne Bedenken dem Standpunkt des Dekrets *Ad abolendam* an, das von Lucius III. soeben erlassen worden war und das von da an jahrzehntelang die Grundlage für das Inquisitionsverfahren bilden sollte. Besonders beunruhigt war der Papst über Vorfälle in Mailand, wo die katharische Ketzerei derart um sich gegriffen hatte, daß die Stadt als *fovea hereticorum*, „Ketzerhöhle", gelästert werden konnte. Die Quellen haben uns die theatralische Geste Friedrichs – er liebte theatralische Gesten! – überliefert, wie er stehend, bebend vor Entrüstung und stimmgewaltig die Reichsacht gegen die Ketzer verkündete und zum Zeichen der Herausforderung jähzornig seinen Handschuh zu Boden schleuderte. Was den Kreuzzug betraf, so hatte der Kaiser zweifellos Interesse daran. Aber auch er seinerseits hatte ein kleines Forderungspaket an den Papst – und da mußte er nun, vielleicht mit Erstaunen, gewahr werden, daß Lucius weit weniger gefügig war, als es den Anschein hatte. Der Papst übernahm nämlich keine Verpflichtungen – weder für die Sicherung der Thronfolge Heinrichs von Schwaben noch für die Bereinigung der noch strittigen Punkte bezüglich der Mathildischen Güter, noch für die Wiedereingliederung einiger ex-schismatischer Prälaten, deren Stellung dem Kaiser am Herzen lag.

Die Verhandlungen von Verona erwiesen sich also im wesentlichen als unfruchtbar: und das mehr wegen der Verschlossenheit des Papstes als wegen der Versteifung des Kaisers, die erst eine Folge war. Noch weiter erschwert wurde die Verständigung wohl durch Ratschläge, die der Papst von gewissen deutschen Prälaten erhielt, die aus der Überzeugung, daß Friedrich daran war, die alte Hegemonialpolitik des deutschen Königreiches gegenüber der Kirche wiederaufzurichten, dem Kaiser feindlich gesonnen waren: unter ihnen besonders verbittert Philipp von Köln, der vor dem offenen Bruch mit seinem Herrn stand. Hingegen wird man kaum annehmen können – wenn es freilich auch nicht ganz unmöglich ist –, daß zur Abkühlung der Beziehungen zwischen Papst und Kaiser die Nachricht (die Friedrich geheimzuhalten versucht hatte, die aber dann doch durchsickerte) von der Verlobung Heinrichs von Schwaben mit Prinzessin Konstanze von Altavilla, der Tochter Rogers II. und somit der Tante des damals regierenden sizilisch-normannischen Königs Wilhelm II., beigetragen haben könnte. Ausschließen muß man, daß diese Verbindung als Voraussetzung einer möglichen schwäbischen Nachfolge auf dem Thron von Altavilla verstanden wurde: Der damals dreißigjährige Wilhelm II. hatte eine achtzehnjährige Frau, und nichts ließ annehmen, daß ihre Ehe kinderlos bleiben würde. Der Papst konnte jedenfalls seine Verstimmtheit über eine Entscheidung bekunden, von der er nicht benachrichtigt worden war und die jenes Königreich Sizilien betraf, das formell Vasall der Kirche war. Die verärgerte Reaktion des Papstes rief bei Friedrich Vergeltung hervor: Er stellte sich gegenüber den Bitten des Papstes, ihm bei der Wiedereinsetzung in Rom behilflich zu sein, taub. Man stand an der Schwelle einer neuen Entfremdung zwischen den beiden Hauptmächten des Abendlandes.

Friedrich blieb bis Juni 1186 auf dem Gebiet des Königreiches Italien und war vor allem darauf bedacht, seine Macht in der Lombardei und in der Toskana wieder zu festigen. Er zeigte vielen Häusern des Feudaladels seine Gunst. Vor allem aber überschüttete er seinen neuen Günstling und Verbündeten, Mailand, mit Zeichen des Wohlwollens.

Auf diesem Zickzackkurs nicht nur und nicht so sehr der Politik Friedrichs als seiner Sympathien gab es ein logisches, aber vielleicht auch ein die Leidenschaften berührendes Element. Das erste stellte zweifellos die Tatsache dar, daß Mailand, das vor etwas mehr als 20 Jahren dem Erdboden gleichgemacht worden war, aus Trümmern und Asche wiedererstanden war und aufs neue seine Vorherrschaft über die Poebene durchgesetzt hatte. Nachdem der Kaiser ohne allzuviel Erfolg den Kampf gegen die lombardische Metropole durch Unterstützung der ihr feindlichen Städte versucht hatte, wählte er nun den umgekehrten Weg, den Weg des Bündnisses mit dem, der sich vor Ort als der stärkste erwiesen hatte: das bedeutete die Anerkennung der und die Bürgschaft für die subkaiserliche Rolle Mailands zwischen Alpen und Po. Das zweite Element bei dieser Entscheidung Friedrichs war jedoch vielleicht der Wunsch, den Hauptgegner Mailands, Cremona, zu bestrafen. Wenn ihm Mailand stets ein offener und loyaler Feind gewesen war, so hatte ihn Cremona trotz der vielen Gunstbezeigungen, die er der Stadt erwiesen hatte, 1167 verraten. Es stimmt, daß 1175, als die Verhandlungen von Montebello im Gang waren, zumindest eine der Parteien, die sich in der Stadt um die Macht stritten, eine Wiederannäherung versucht hatte. Aber obwohl Friedrich – wie seine Kanzlei in Anlehnung an eine liturgische Formel von ihm sagte – nur „schwer in Zorn geriet", noch schwerer war er zum Vergeben bereit: Was Beleidigungen anging, hatte er ein langes Gedächtnis. Im Januar 1185 hatte die Lombardische Liga ihren Vertrag für weitere 30 Jahre erneuert, wobei die Erhaltung des Friedens von Konstanz als bloßer Vorwand diente; Friedrich hatte umgehend darauf geantwortet, indem er am 11. Februar in Reggio ein Abkommen mit den Mailändern unterzeichnete. Aufgrund dieses Abkommens verpflichtete sich Mailand, dem Kaiser beizustehen und die Einhaltung der Reichsgesetze in der Lombardei, in den Marken, in der Romagna, auf den Gütern der Gräfin Mathilde durchzusetzen. Genau zur gleichen Zeit erfolgte der Bruch des Kaisers mit Cremona, das – nachdem Lucius III. Ende November 1185 gestorben war – der neue Papst Urban III. zum Aufstand ermutigte und das dann im Juni 1186 von den gemeinsamen Truppen des Kaisers, der Mailänder und der Städte Piacenza und Crema besiegt wurde. Friedrich war sich vollkommen im klaren darüber, daß nach dem Frieden von Venedig das Interesse der päpstlichen Kurie für die italienischen Städte keineswegs abgenommen hatte, so sehr es vielleicht zunächst auch den Anschein gehabt haben mag. Die Päpste hatten stets durch die Ortskirchen ihren Einfluß auf die Städte dadurch spürbar gemacht, daß sie sogar eine Art Kontrolle über sie ausübten. Der Kaiser war also auf der Hut, denn er wußte, daß er den Kampf mit dem Papsttum, was den Einfluß auf die Städte Italiens betraf, noch nicht gewonnen hatte.

Zwischen 1185 und 1186 konnte Friedrich einen neuen Triumph feiern. Nachdem er das Weihnachtsfest in den Mauern des alten befreundeten Pavia verbracht hatte, war er am 27. Januar in Mailand, wo die Hochzeit zwischen dem römischen König Heinrich von Schwaben und Prinzessin Konstanze von Altavilla gefeiert wurde: Die einst von Barbarossa zerstörte lombardische Stadt, die nun blühender erschien als früher, sah durch ihre Straßen die 150 Maulesel ziehen, welche die Ausstattung der normannischen Prinzessin und ihre Mitgift, 40.000 Pfund Gold, zogen. Einem Chronisten zufolge haben bei dieser Gelegenheit sogar drei Krönungen stattgefunden, da Friedrich noch einmal die Krone von Burgund, die er bereits 1178 aufgesetzt hatte, entgegennahm, Heinrich die Krone Italiens und Konstanze jene Deutschlands. Die Nachricht ist nicht gesichert, ja, man darf sie eher bezweifeln; sollte sie jedoch – was nicht unmöglich ist – der Wahrheit entsprechen, würde sie zweierlei bedeuten: einmal den unausgesprochenen Wunsch Friedrichs, von der Bühne abzutreten, was vielleicht einfacher gewesen wäre, wenn Lucius III. darauf eingegangen wäre, seinem Sohn

Heinrich die Kaiserkrone auf die Stirn zu setzen; zum anderen seinen entschlossenen – und klaren – Willen, die Kronen Deutschlands, Italiens und Burgunds mit dem dynastischen Schicksal des Hauses Hohenstaufen zu verbinden.

Aber da gibt es noch etwas: Der neue Papst, Urban III., war niemand anderer als Hubert Crivelli, der Erzbischof von Mailand, der nach seiner Inthronisierung auf dem Stuhl Petri deshalb den erzbischöflichen Stuhl von Mailand nicht aufgegeben hatte. Und eben in seiner Rolle als Metropolit der Kirche des hl. Ambrosius hätte er das ihm traditionellerweise zuerkannte Recht gehabt, die Krönung der Könige Italiens vorzunehmen. An jenem 27. Januar war diese Rolle dagegen vom Patriarchen von Aquileia wahrgenommen worden. Wenn man auf ihn als Erzbischof für die Königskrönung hatte verzichten können, würde man dann nicht ebenso auf ihn als Papst für die Kaiserkrönung verzichten können?

Begründete Zweifel lassen sich nicht anführen, daß diese Vorgangsweise von Mailand zugleich als Beleidigung, Erpressung, Mahnung und Drohung gedacht war. Und Urban III. – der mit der Wahl seines Namens in Erinnerung an Urban II., den Initiator des Ersten Kreuzzuges, unterstrichen hatte, daß seine Hauptsorge dem Nahen Osten gelte – war kein Mann, der einen derartigen Affront hingenommen hätte, ohne mit aller Härte zu reagieren. So war denn das Jahr 1186 durch eine neue Periode der Spannung zwischen Papst und Kaiser und durch wiederholte Angriffe des neuen Königs von Italien, Heinrich VI., gegen das „Patrimonium von St. Peter“ gekennzeichnet, auf dem das Reich irdische Vorrechte beanspruchte.

Friedrich billigte ohne Zweifel das Vorgehen des Sohnes, ja, er dürfte ihn großenteils direkt dazu inspiriert haben; aber er wußte, daß für ihn selber jetzt, nach zwei Jahren, der Zeitpunkt gekommen war, nach Deutschland zurückzukehren. Die Lage in Italien war unter Kontrolle, sie wurde garantiert von einer in besonderer Weise auf das Königreich Italien abgestimmten Verwaltungsordnung, einer *Curia* (Gerichtshof), die sich aus kirchlichen Vikaren und weltlichen Richtern zusammensetzte. Und unbestreitbare Erfolge hatten diese Politik gekrönt: die beschlossene Wiedereingliederung der lombardischen Städte in das Reichsgebiet und der wenigstens teilweise Bruch zwischen dem Städtebund und dem Papsttum; aber auch die Bestätigung der kaiserlichen Vorherrschaft über die Toskana und die Einsetzung von *ministeriales* als kaiserliche Beamte in den Gütern der Gräfin Mathilde: Bestätigung einer zentralistischen Einstellung, auf die man nicht verzichten wollte, obwohl man von ihr abweichen konnte; und schließlich die Ehebande – die wie damals üblich auch politischen Charakter hatte – mit dem Königreich Sizilien. In Deutschland hingegen hatte Friedrich vor allem wegen der Haltung der kirchlichen Fürsten Grund zur Furcht: Diese, allen voran Philipp von Köln und Folmar von Trier, waren nicht unempfänglich für die Appelle, die der Papst an sie richtete, damit sie gegen die kaiserliche Politik Widerstand leisteten.

Die Zeiten Alexanders III. hatten sich freilich geändert. Ende November berief Friedrich einen großen Reichstag in den neuen, soeben fertiggestellten Kaiserpalast von Gelnhausen ein; dort wurde vor allem die Frage des Episkopats von Trier erörtert, eine ziemlich verworrene Angelegenheit, auf die der deutsche Klerus mit der fast einstimmigen Forderung reagierte, der Papst möge Positionen aufgeben, die aufs neue die Einheit des ungenähten Leibrockes gefährden könnten. Selbst Erzbischof Wichmann von Magdeburg, einer der angesehensten Prälaten, der zweideutiger Haltungen gegenüber dem Heiligen Stuhl unverdächtig war, zögerte nicht, seine Stimme gegen Urban zu erheben, den er feindseliger Gefühle gegen den Kaiser und der Intrigen sowohl in Deutschland wie in Italien beschuldigte. Unmittelbar danach erließ Friedrich in Nürnberg neue Friedensbestimmungen und begann, die nunmehr ausgebrochene Rebellion Folmars (der, nachdem er den Bischofsstuhl von Trier verloren hatte, in Metz eingesetzt worden war) und Philipps von Köln mit aller Härte zu vereiteln. Urban III. reagierte zorniger denn je: Als er erfuhr, daß eine Gesandtschaft des Kaisers nach Verona, wo der Papst residierte, unterwegs war, um ihm die Ergebnisse des Reichstages von Gelnhausen mitzuteilen, versuchte er sich der Begegnung zu entziehen. Es hieß, er wollte sich nach Venedig begeben, um von dort aus einen neuen Kirchenbann gegen den Kaiser zu schleudern. Aber in der Nacht des 20. Oktober ereilte ihn plötzlich und unerwartet der Tod.

Friedrich war nun unbestrittener Herr des Reiches und der drei mit ihm verbundenen Kronen; auf dem Reichstag zu Mainz 1188 würde sich Philipp von Köln, der letzte der Rebellen gegen seine Macht, unterwerfen. Nachdem das Feld von seinen Feinden geräumt war, schien der Kaiser von herrlichem und schrecklichem Ruhm umgeben wie der Herr der Geheimen Offenbarung, der die Völker *in virga ferrea,* „mit ehernem Zepter“, beherrscht.

XII.
Auf dem Weg zum Haus des Vaters

Die Straße. Immer und überall die Straße. Sie ist der große Protagonist des 12. Jahrhunderts: mehr als die Burgen der Feudalherren, die großen Abteien, die entstehenden dichtbesiedelten Städte mit den reichen Kathedralen und blühenden Schulen. Sei es eine nie außer Gebrauch gekommene und mehr oder weniger instand gesetzte alte römische Trasse, sei es ein Alpen-, Apenninen- oder Pyrenäenpaß, sei es ein Weg, der die Wälder oder die Sümpfe durchschneidet, oder eine am Rand der Kulturen angelegte Straße: die Straße ist der Lebensnerv Europas, durch ihre Adern fließt der Lebenssaft der Pilger, der umherziehenden Kleriker, der Bauern auf der Suche nach neuem Nutzland, der Kaufleute, der Ritter auf der Jagd nach Glück, der Verbrecher und all derer, die am Rande der Gesellschaft dahinvegetierten. Entlang den Straßen, an den von Steinkreuzen gekennzeichneten Kreuzwegen, auf den manchmal derartig kühn errichteten Brücken, daß in der volkstümlichen Erinnerung der Teufel persönlich als ihr Baumeister gilt, gibt man die Geschichten weiter, lernt die neuen Lieder und erzählt einander Legenden von Kriegern, Heiligen und Reliquien. Seltsames Europa des 12. Jahrhunderts, dieses Europa der Klöster, wo die Mönche an die *stabilitas loci* (Seßhaftigkeit) gebunden sind und wo die seßhafte Kultur der Stadt entsteht: genau betrachtet, aus der Nähe betrachtet, ist es ein Kontinent von Nomaden. Das Abenteuer, das Wissen, der Reichtum, die Freiheit – allem spürt und eilt man auf dem grasbewachsenen und staubigen Band der Straße nach.

Auch dem Wundersamen begegnet man auf der Straße. Dem verspäteten Wanderer kann es widerfahren, daß er in der Dämmerung, wenn es noch weit zur Herberge ist, in die „wilde Jagd“, in das schauerliche Treiben der Toten gerät; und er kann auch einem Engel, einem Heiligen, einem Dämon begegnen und sich ihnen für einige Meilen anschließen. Widerfuhr es den Jüngern, die auf dem Weg nach Emmaus waren, etwa nicht, daß Christus mit ihnen ging und zu Abend aß?

Und auf der Straße begegnet man der Macht. Auch die Bischöfe mit ihrem Gefolge, auch die Großen der Welt mit ihren waffenklirrenden Heerscharen zogen auf der Straße. Auf der Straße reisten die Päpste mit ihren Maultieren und ihren Schätzen; die Könige mit den in Schreinen wohlverschlossenen Dokumenten ihrer Kanzleien.

Rex ambulans, der umherziehende König. Die mittelalterliche Monarchie ist eine Wandereinrichtung. Die Könige des Mittelalters haben keine „Hauptstadt" im antiken oder im modernen Sinn des Wortes. Sie schleppen ihre Kanzlei, ihren Hof überallhin mit: *ubi rex, ibi et curia* (wo der König ist, ist auch der Hof). Sie leben von *palatium* zu *palatium*, von Burg zu Burg, von Abtei zu Abtei; sie schlagen ihre Lager auf und halten dort manchmal auch prunkvoll hof; mitunter lassen sie gleichsam zum Spaß Burgen und Kathedralen aus Holz errichten, die wenige Tage, für die Dauer eines Reichstages oder eines Turniers, stehen bleiben. Der getreue Gottfried von Viterbo, der jahrzehntelang als Kaplan zum Gefolge Friedrich Barbarossas gehört hatte, beklagte sich: „Ich mußte immer als Kaplan bereit stehen, Tag und Nacht, um Messe zu lesen; und dann zu jeder Stunde des Tages, um bei der Tafel Gesellschaft zu leisten, den verschiedenen Problemen nachzugehen, Briefe zu schreiben, mich jeden Tag um neue Unterkünfte zu kümmern, mir den Lohn für mich und meine Leute zu verdienen; ferner mußte ich hochbedeutsame Gesandtschaften auf mich nehmen: so war ich zweimal in Sizilien, dreimal in der Provence, einmal in Spanien, mehrmals in Frankreich und vierzigmal von Deutschland aus in Rom ..."

Wir sind Friedrich nun mehr als 60 Jahre lang gefolgt – und er hat sich uns immer wieder entzogen. Nicht nur, weil wir noch immer nicht wissen, wer er tatsächlich ist; sondern auch, weil er niemals fest an einem Ort geblieben ist. Selten hat er sich länger als wenige Tage an einem Ort aufgehalten; nur ausnahmsweise einige Wochen. Wir sahen ihn über die Alpenpässe, zwischen dem Mantel der Wälder und dem Teppich der Weiden, herunter- und wieder zurückziehen; das sächsische Heideland, die bayerischen Täler, die neblige lombardische Tiefebene durchqueren. Doch von ihm selbst haben wir nur wenig, wenige Worte, wenige Taten wahrgenommen. Seine Einsamkeit scheint uns alles in allem der Preis zu sein, den er seinem Alleinherrscherwillen gezahlt hat; ebenso waren sein ständiges Bedürfnis nach Ortsänderung und der dauernde Bedarf von Geld, den das mit sich brachte, und was seine Steuerpolitik tiefgreifend beeinflußte – alles Dinge, die bis zu einem gewissen Punkt bei einem mittelalterlichen Souverän normal waren –, bei ihm auch eine Funktion seines steten Willens, alles zu kontrollieren. Es ist seltsam: Er ist allgegenwärtig und dennoch bleibt er ein Unbekannter. Im Grunde sind wir uns bewußt, daß wir von den alten deutschen Herrschern – Karl dem Großen, Otto I. – etwas mehr wissen: Ihre Biographen gaben sich der Plutarchschen Lust an der Darstellung von Lebensbildern hin, sie berichten uns von ihren Gewohnheiten, welche Speisen sie bevorzugten, wie sie sich kleideten. Aber Friedrich hat – daran waren seine kirchlichen Berater und die Rechtsgelehrten von Bologna beteiligt – zu viel über die antiken römischen Kaiser und über die priesterlichen *basileis* von Byzanz nachgegrübelt; er hat niemals die archaischen und vertrauten Haltungen des Hirtenkönigs, des Stammeshäuptlings nach biblischem Vorbild oder nach den germanischen Beispielen angenommen: Er hat bereits in ganz jungen Jahren die

Rolle der *sacra persona,* des Stellvertreters Gottes auf Erden, des Schwertes des Herrn zu spielen gelernt. Wir besitzen nur wenige Bilddarstellungen von ihm auf den Buchseiten der Chronisten, auf den Blättern der mit Miniaturen geschmückten Codices oder in der vergoldeten Bronze der Reliquiare. Aber auch wenn wir etwas in Mosaik von ihm hätten – und für ihn wäre das ebenso angebracht wie für die *basileis* in der Hagia Sophia oder wie für die normannischen Könige in der Palastkapelle oder in Monreale –, würde es dieselbe Sprache sprechen wie die Dokumente seiner Kanzlei, jene Sprache des kühlen, ungerührten Glanzes der Macht.

Doch ein kalter Mensch dürfte er wohl nicht gewesen sein. In seinen Zügen, die der Griffel der Chronisten für uns festgehalten hat, schimmert häufig der Eifer der Leidenschaft oder die Hitze des Zornes durch; und mitunter die menschliche, fast sympathische Wärme einer kaum zurückgehaltenen Ergriffenheit und des Humors. Sicher wüßten wir gern etwas Intimeres, etwas mehr von ihm ganz persönlich, zum Beispiel: Welches waren seine bevorzugten Speisen oder Farben, oder welcher Frauentyp hat ihm gefallen? Oder es würde uns – jetzt, wo wir ihn bis an die Schwelle des Alters begleitet haben, interessieren, welche Kümmernisse und Gebrechen er hatte, unter welchen kleinen Süchten oder mehr oder weniger uneingestandenen Ängsten er litt, wie viele Zähne ihm noch im Mund und wie viele rote Haare in dem inzwischen wohl schon ergrauten Bart geblieben waren (denn Blonde ergrauen früh). Wir würden ihn gern atmen hören, wissen, ob er von Hustenanfällen geschüttelt wurde; wir möchten wissen, ob er unter der Kälte litt und von den leidigen Plagen heimgesucht wurde, die er sich bei dem ständigen Unterwegssein zu Pferd zweifellos zugezogen haben wird. Noch einmal sehen wir ihn vor uns, wie er in vollem Lauf den Feind durch die lombardische Tiefebene verfolgt; er steigt nicht einmal vom Pferd, nimmt auf dem Sattel einen Mundvoll Essen zu sich, und dann wieder weiter. Armer Alter, dem der sehnliche Wunsch, fortwährend den ungenähten Rock zu flicken, nicht einmal Zeit läßt, in Ruhe eine Schüssel Suppe zu sich zu nehmen, wie es dem letzten seiner Mönche oder seiner ärmsten Untertanen gegönnt gewesen wäre! Als er sich im August 1177 in Venedig erhebt, um eine feierliche Ansprache zu halten, gleitet ihm der Mantel von den Schultern: eine herrliche Geste von antik-königlicher Großartigkeit, selbst wenn er sie, wer weiß, wie oft, geprobt hatte! Doch unter diesem Mantel befindet sich ein müder Mann, der die Fünfzig weit überschritten hat und der wohl – auf der Straße, unter der brennenden Sonne oder dem eiskalten Regen, im beißenden Staub oder im feuchten Nebel – schon oftmals gehofft hat, daß ihm endlich eines Tages das purpurne Schweißtuch der Macht tatsächlich von den Schultern gleite.

Und hier steht er nun, im Ruhm und Glanz seines ehrwürdigen Alters: die Feinde sind besiegt, die Reiche befriedet, die schmachvollen Niederlagen zumindest anscheinend und für den Augenblick getilgt. Wenn er aber um sich blickt, wird er gewahr, daß er allein geblieben ist: es ist das Los der Alten, beneidenswert, solange man noch jung ist, traurig und melancholisch, wenn man es erreicht hat.

Die Leute im 12. Jahrhundert werden nicht sehr alt. Staatsmänner und Krieger sind seit jeher Gruppen, denen ein eher kurzes Leben beschieden ist. Wen gibt es also noch in Friedrichs Umgebung? Das 12. Jahrhundert, das Jahrhundert Barbarossas, geht zu Ende, es zieht eine andere Zeit herauf, ein Zeitalter, das nicht ihm gehört. Der Tod hat in seiner Umgebung Ernte gehalten: 1179 hat Hildegard von Bingen, die Prophetin mit den blendenden Visionen, die er verehrte und fürchtete, die Augen geschlossen; zwischen September 1180 und August 1181 sind nacheinander seine zwei großen historischen Gegenspieler verschieden, die mit ihm den Ruhm und die Last des *dominium mundi* teilten; *basileus* Manuel und Papst Alexander III.; im September 1180 verlor er einen anderen, „ihm ans Herz gewachsenen Feind", den alten Waffengefährten des Zweiten Kreuzzuges, Ludwig VII., König von Frankreich; im Sommer 1183 starb auch Christian von Mainz, der Kanzler, den Friedrich vielleicht nie geliebt, der ihm aber große Dienste geleistet hat; im November 1184 mußte er seine geliebte Beatrix, die jünger als er war, begraben; und wenige Jahre später, 1189, würden auch Heinrich II. von England und Wilhelm II. von Sizilien sterben. Eine ganze Generation von Herrschern und Protagonisten verläßt innerhalb nur eines Jahrzehnts diese Erde. Friedrich blickt um sich und sieht nur neue, fremde Gesichter, wie die seiner eigenen Söhne. Die Zukunft, die noch vor ihm liegt, ist ein dünner Schleier – und seltsamerweise hat sie, wie es aber oft zu geschehen pflegt, das Aussehen der Vergangenheit. Es ist eine Zukunft, die ihn an eine weit zurückliegende Zeit erinnert und an einen adeligen Jüngling mit rotblonden Haaren, fast noch einen Knaben, der auf den Straßen des Orients dahineilte . . .

Nach dem Scheitern des Unternehmens Ludwigs VII. und Konrads III. war der Kreuzzug der heimliche Kummer der abendländischen Herrscher gewesen. Der sogenannte „Brief", den der „Priesterkönig Johannes" angeblich an die christlichen Herrscher geschrieben hat, nahm sich unter einem gewissen Aspekt als eine *epistola excitatoria* aus, der die Abendländer zum Aufbruch nach dem Orient anspornen sollte. Einige große europäische Fürsten – wie Graf Theoderich von Flandern, der 1139 als Pilger ins Heilige Land zog, dann mit dem Zweiten Kreuzzug und dann noch einmal 1157 – schienen ernsthaft bereit gewesen zu sein, sich selbst für das Heilige Grab anzubieten; aber tatsächlich sollten, so scheint es, die Aufrufe der Könige von Jerusalem zu einer abendländischen Unternehmung, die sie von der über ihnen bald zuschnappenden islamischen Zange befreien sollte, ins Leere gehen. Es ist richtig, daß während des Schismas, das Alexander III. in Gegensatz zu den von Friedrich gewünschten Päpsten gebracht hatte, auf beiden Seiten der zerrissenen Kirche wiederholt von Kreuzzug die Rede war. Der Papst hatte die Christen eindringlich dazu aufgefordert, zum ersten Mal 1165 und dann 1169, dem Jahr, in welchem eine große Gesandtschaft des Königs von Jerusalem Europa besucht und mit dem Papst selbst und mit den Königen von England und Frankreich zusammengetroffen war. Aber das Ausmaß der *de facto*-Tatenlosigkeit Europas im Hinblick auf das Heilige Land trat zutage, als im Herbst 1168 König Amalrich von Jerusalem unter Ausnutzung eines in Kairo ausgebrochenen Machtkampfes in Ägypten eingefallen war und es zu besetzen und zu unterwerfen versuchte. Bei diesem Anlaß hatten sich die Abendländer nicht gerührt; ja, wenige Jahre später, 1173, würden sich die Pisaner sogar den Muslimen gegenüber verpflichten, Waffen, Holz und andere Waren für Kriegszwecke nach Ägypten zu exportieren.

Eines der wenn auch indirekten Ergebnisse des ungeschickten Versuchs von König Amalrich war auf längere Sicht die Vereinigung des nahöstlichen Islams unter einem einzigen Oberhaupt gewesen, dem angesehenen Kurdenführer Yusuf Ibn Salah ad-Din (in den abendländischen Quellen „Saladin"). Nachdem es ihm gelungen war, als Sultan von Kairo und Damaskus anerkannt zu werden, drohte er das zwischen östlichem Mittelmeer und Jordan eingeklemmte Königreich Jerusalem in der Zange seines syrisch-ägyptischen Sultanats zu zermalmen.

Aus dem Kreuzfahrerstaat waren neue Hilferufe nach Europa gedrungen. Die Fürsten des Abendlandes hatten sich ihnen gegenüber nicht unempfänglich gezeigt: 1177 hatten in Nonaincourt Heinrich II. und Ludwig VII. im gemeinsamen Einvernehmen Frieden geschlossen und das Kreuz genommen; zwei Jahre später, 1179, war auf dem Laterankonzil von einem Kreuzzug die Rede; im Januar 1181 hatte Papst Alexander mit der Enzyklika *Cor nostrum* die abendländischen Fürsten aufgefordert, der bedrohten Christenheit in Syrien und Palästina zu Hilfe zu eilen; und neuerlich haben die Kreuzzugsfrage der Kaiser und Papst Lucius III. 1184 in Verona erörtert. Aber die wahren Absichten der Mächtigen und die eigentlichen Probleme des damaligen Europa spielten sich mehr auf der Ebene der praktischen Taten als auf jener der Grundsatzerklärungen ab. Und die praktischen Taten sahen folgendermaßen aus: Im Jahr 1180 führte der junge König Philipp II. August, Nachfolger Ludwigs VII. auf dem Thron von Frankreich, Krieg gegen Philipp von Elsaß, Graf von Flandern, der von seinem Vater Theoderich zwar die Leidenschaft für den Kreuzzug[1] geerbt hatte, aber den Fehler machte, ein Verbündeter des Königs von England zu sein; 1181 führte der päpstliche Legat Heinrich, Abt von Clairvaux, in der Languedoc einen Überfall gegen die sympathisierenden Katharer an; 1182 brach vom Zentrum Frankreichs ein „Kreuzzug" auf, der das Land von den Söldnern und Straßenräubern, die es heimsuchten, säubern sollte. Friedrich war, wie wir gesehen haben, dabei, ein dreißigjähriges Regierungswerk in Italien zum Abschluß zu führen, und konnte sich nun, da es ihm nach unerhörten Anstrengungen und grausamen Rückschlägen zu gelingen schien, solide und dauerhafte Lösungen zu finden, nicht von den für ihn vorrangigen Zielen ablenken lassen. Andererseits hatten sich die Könige von England und Frankreich von einer neuerlichen Gesandtschaft aus Jerusalem 1184 aufrütteln lassen und einvernehmlich beschlossen, ihren guten Willen dadurch zu bekunden, daß sie ihre Königreiche mit einer neuen Steuer belasteten, deren Erlös für die Finanzierung eines Kreuzzuges verwendet werden sollte. Aber sobald das Geld einkassiert war, war ihre Leidenschaft abgeflaut.

Wenn sich die Fürsten Europas so verhielten, heißt das im übrigen nicht, daß sich jene des Heiligen Landes besser bewährten. Unter der schwachen, wenn auch auf pathetische Weise kühnen Herrschaft des sehr jungen Balduin IV., der als Kind vom Aussatz befallen worden war, verbluteten die fränkisch-syrische Aristokratie, der hohe Klerus und die religiös-militärischen Orden in ständigen Machtkämpfen, obwohl Saladin vor den Toren stand; ja, sie zögerten nicht, sich in ihren Machenschaften der Unterstützung des Sultans selbst zu bedienen.

Als der arme Balduin IV. im März 1185 gestorben war, hatte sich Saladin – während das Königreich in größte Verwirrung verfiel, aus der als machtloser König ein Adeliger aus Mittelfrankreich, Guido von Lusignan, Vasall des Königs von England, hervorging – beeilt, dem Königreich Jerusalem den letzten Schlag zu versetzen. In den ersten Julitagen des Jahres 1187 waren in einer großen Schlacht nahe der Anhöhe „Horn von Hattin" in Galiläa, im Anblick des Tiberiassees, die Kreuzfahrer geschlagen und der König von Jerusalem mit einigen der wichtigsten Würdenträger des Königreiches gefangengenommen worden. Danach waren die christlichen Festungen eine nach der anderen gefallen, bis am 2. Oktober – einem Freitag, dem heiligen Tag der Gläubigen des Islams, und obendrein dem Jahrestag jener Nacht, in welcher nach islamischer Überlieferung der Prophet Mohammed im Traum Jerusalem besucht hatte und von dort in den Himmel aufgestiegen war – Saladin friedlich in die Heilige Stadt einzog und sich an den Haram esh-Sharif, den „Tempelplatz", begab, um zu beten. Als die Kreuzfahrer 1099 die Stadt eroberten, hatten sie unterschiedslos Muslime, Juden und orientalische Christen (die sie unter anderem gar nicht zu unterscheiden vermochten) niedergemetzelt. Saladin erlaubte allen Christen, gegen Zahlung eines bescheidenen Lösegeldes gesund, heil und mit ihrer Habe Jerusalem zu verlassen; tatsächlich ließ er aber alle frei, auch jene, die nicht über die Mittel verfügten, sich freizukaufen. Die muslimische Eroberung Jerusalems hatte jedenfalls in Europa eine durchbrechende Wirkung. Das wahre Kreuz, die heiligste und ehrwürdigste Reliquie der Christenheit, befand sich in den Händen der Ungläubigen; und überall in Europa wurden – falsche – Nachrichten über Gewalttaten und Entweihungen verbreitet. Papst Gregor VIII., Nachfolger Urbans III., blieben nur zwei Monate, von Oktober bis Dezember 1187, zu regieren: In dieser kurzen Zeit gab er zwei Kreuzzugsbullen heraus. Sein Nachfolger, Clemens III., setzte sein Werk fort und drängte bei den Fürsten

Europas darauf, daß sie ihre brudermörderischen Kämpfe aufgeben und nun nicht mehr zum Schutz, sondern zur Rückeroberung des Heiligen Grabes aufbrechen sollten. Der Verlust Jerusalems konnte als ein Alptraum, als böser Traum erscheinen, aus dem Europa plötzlich erwachen sollte, als eine göttliche Verdammnis, die sich tief in seine verdorbene Fleischlichkeit eingebrannt hatte. Vor allem als eine Schande für seine Könige.

In jener finsteren Stunde scheint nur ein Krieger, ein Abenteurer, der aus dem nebligen Norditalien ausgezogen war, um das sagenumsponnene Vorderasien zu erobern, noch des Namens des christlichen Rittertums würdig zu sein: Konrad von Montferrat, Mitglied eines Hauses, das, so scheint es, in der Tat den Weg des Abenteuers gewählt hat.

Prinzessin Sibylle von Jerusalem, die Schwester des aussätzigen Königs Balduin IV., hatte im Jahr 1175 Wilhelm mit dem Beinamen „Langschwert", den ältesten Sohn des alten Markgrafen Wilhelm von Montferrat, geheiratet; das Klima dort dürfte ihrem Gemahl allerdings nicht sehr zuträglich gewesen sein, denn er starb schon zwei Jahre später. Ihrem Sohn würde der Onkel mütterlicherseits, der unglückliche König Balduin, seine Herrschaft überlassen; und 1185 war der alte Markgraf Wilhelm nach seiner Versöhnung mit dem Kaiser, von dem er sich, wie wir gesehen haben, nach dem Frieden von Venedig getrennt hatte, dem er aber im Innersten seines Herzens immer treu geblieben war, ins Heilige Land aufgebrochen, um die Interessen seines Enkels zu schützen. Wilhelm war Jahre zuvor durch Zufall die Schmach der Niederlage von Legnano erspart geblieben; aber jene von Hattin blieb ihm 1187 nicht erspart – er wurde gefangengenommen. Wenige Tage später, Mitte Juli 1187, traf im Hafen von Tyrus, der einzigen großen Küstenstadt des Königreiches, die noch in den Händen der Kreuzritter war, der zweitgeborene Sohn des alten Markgrafen ein: Konrad.

Der um 1140 geborene Konrad war damals im Vollbesitz seiner Kräfte. Zwischen 1177 und 1179 hatte er, wie wir bereits wissen, sein Glück in Mittelitalien versucht, wo er auch gegen Christian von Mainz gekämpft hatte. 1183 starb sein Bruder Rainer, der sich in Konstantinopel mit der byzantinischen Prinzessin Maria vermählt hatte, unter mysteriösen Umständen; und zwei Jahre später – nachdem ein normannischer Angriffsversuch auf Byzanz fehlgeschlagen war – brach Konrad seinerseits in das Neue Rom am Bosporus auf, wo der *basileus* Isaak Angelos ihm seine Schwester Theodora zur Frau bestimmt hatte. In Konstantinopel hatte er sich heldenhaft gebärdet, indem er unter anderem den Thron des Schwagers vor einer Revolte rettete; dieser aber hatte ihm das – da er nur zu gut wußte, wie ungern die Lateiner in seiner Hauptstadt gesehen waren, und vielleicht auch, weil er Verdacht gegen ihn geschöpft hatte und eifersüchtig war – sehr unfreundlich vergolten, indem er sich darauf beschränkte, ihm den Ehrentitel *kaisar* (Caesar) zu verleihen. Da hatte Konrad, der vielleicht sogar um sein Leben fürchtete, von seinen Schuhen eines rauhen abendländischen Kriegers den Goldstaub Konstantinopels geschüttelt und sich auf einem sei es genuesischen oder pisanischen Schiff ins Heilige Land begeben. Dort mußte er erfahren, daß sich sein Vater in Gefangenschaft befand und die gesamte Situation verzweifelt war; und von Tyrus aus hatte er den energischen Gegenschlag geführt. Nach seinen Herrschaftshandlungen zu urteilen, würde man sagen, daß er sich bereits als Nachfolger seines Schwagers Balduin IV. und jenes Balduin V., dessen Onkel er war, betrachtet hat. Dieser piemontesische Edelmann, der bereits byzantinischer *kaisar* war, wollte also König von Jerusalem werden (und das sollte ihm für kurze Zeit, 1191 bis 1992, auch gelingen). Saladin belagerte wiederholt Tyrus, aber Konrad vermochte ihm mit der Tatkraft und Genialität des mutigen Ritters und des großen Strategen, der in Italien und in Konstantinopel solide Erfahrungen gesammelt hatte, standzuhalten; Konrad scheint auch Kriegslisten angewandt zu haben, die er dem von Cornelius Nepos und von Frontinus erzählten Leben des Themistokles entnommen hatte. Es heißt sogar, Saladin habe mit ihm zu verhandeln versucht und ihm im Tausch für Tyrus das Leben und die Freiheit seines alten Vaters angeboten; aber Konrad habe verächtlich geantwortet, daß er für den Vater niemals auch nur das unbedeutendste Steinchen von Tyrus preisgeben würde, ja, daß es ihn auch nicht beeindrucken würde, wenn sich der Greis unter der Mauer einfände, denn er habe lange genug gelebt. Der Kurdenführer seinerseits war zu großherzig und zu klug, um sich mit einem nutzlosen Verbrechen zu beflecken: Allem Anschein nach hat er den alten Markgrafen freigelassen, der 1188 friedlich in Italien starb.

An Konrad war es auch, die psychologische Propaganda für den neuen Kreuzzug zu organisieren. Er ließ ein Tafelbild malen, auf dem ein grimmiger sarazenischer Krieger dargestellt war, der sich auf das Grab Christi stürzte, während sein Pferd das ehrwürdige Heiligtum entweihte, indem es sich darüber entleerte. Erzbischof Josse von Tyrus wurde beauftragt, mit dem Bild durch Europa zu reisen, um in den Herzen Erschütterung und Entrüstung zu erregen. Außerdem schrieb Konrad an die Genuesen, an die Pisaner, an den Kaiser, an den König von England und an den König von Ungarn. Und tatsächlich erleben wir bereits in den ersten Februartagen 1188 in den Städten Italiens die Vorbereitungen für den Aufbruch der Kreuzzugskontingente.

Auf die Nachricht vom Fall Jerusalems hatte Wilhelm II. wieder das Büßerhemd angezogen und das Gelübde geleistet, seinen gesamten Reichtum für die Rückeroberung der Stadt des Heiligen Grabes aufwenden zu wollen. Seine Anstrengungen verbanden sich mit jenen Konrads von Montferrat, um vor allem seine Verbündeten und Verwandten, seinen Schwiegervater Heinrich II. von England und den hinzugewonnenen Verwandten Friedrich zum Kreuzzug anzuspornen. Über das ganze christliche Europa verbreiteten sich die Kreuzzugslieder in jenem Frühling des Jahres 1188. Der Frühling ist Osterzeit, Zeit des Gebets. Und er ist die Jahreszeit zum Kriegführen.

Am 27. März 1188, dem Sonntag *Laetare Jerusalem*, dem vierten Fastensonntag, wurde im Dom zu Mainz eine große *Curia Jesu Christi*, ein „Hoftag Jesu Christi", abgehalten. Der Kaiser saß dabei nicht auf dem Thron, den er leer gelassen hatte, um damit – wie auf den Abbildungen der Etimasia (Thronbereitung für die Wiederkehr Christi) – deutlich zu machen, daß der Thron für Christus als *rex regum et dominus dominantium*, König der Könige und Herrscher der Herrschenden, bestimmt war, dessen einziger Stellvertreter und Vasall der deutsche Kaiser war. Rund um diesen leeren Thron nahmen dem strengen hierarchischen Protokoll gemäß der Kaiser, seine Söhne und die großen kirchlichen und weltlichen Herren des Reiches Platz. Das Thema der *Curia Jesu Christi* war die Schmach, die die Christenheit erlitten hatte: Kündigte sich damit, daß Jerusalem neuerlich in die Hände der Ungläubigen gefallen war, nicht das Kommen des Antichrist und das Ende der Zeiten an? Der einige Jahre vorher geschriebene *Ludus de Antichristo* mit der entweihten Heiligen Stadt wurde jetzt wieder aktueller denn je. Als erster sprach der apostolische Gesandte, der ein auf den Kreuzzug bezogenes päpstliches Dokument verlas; danach hielt Bischof Gottfried von Würzburg eine ergreifende Predigt über die Pflicht der Christen, die Heilige Stadt vom sarazenischen Joch zu befreien. Schließlich erhob sich der betagte Hohenstaufen-Kaiser und hielt unter der ergriffenen Anteilnahme der Anwesenden die letzte seiner großen Ansprachen, worin er ein wahrer Meister gewesen sein muß. Er, sein ältester Sohn Friedrich, Herzog von Schwaben, und die Großen des Reiches legten das feierliche Gelöbnis ab und nahmen das Kreuz. Es heißt, an jenem Tag hätten in Mainz 13.000 Menschen, davon 4000 Ritter, das Kreuzzugsgelübde abgelegt. Die Last der Regentschaft während der Abwesenheit des Kaisers sollte von Heinrich wahrgenommen werden, der bereits zum römischen und zum König Italiens gekrönt worden war.

Friedrich war ein Kreuzzugsveteran, hatte er doch bereits vor 40 Jahren an dem Unternehmen seines Onkels, des Königs Konrad, teilgenommen. Aber vor allem verstand er den Kreuzzug und die Verteidigung des Heiligen Landes als eine der vorrangigen Pflichten des Kaisers sowohl als Universalherrscher wie als *defensor Ecclesiae*. Man hat vermutet, daß zu seinen Zielen die Ausweitung der Reichsautorität auf das Königreich Jerusalem gehört haben könnte, das bis dahin außerhalb jenes Horizonts gelegen hatte; aber in Friedrichs Denken mußte dieser Gesichtspunkt des Problems ja mitinbegriffen gewesen sein, da der römisch-deutsche Kaiser der natürliche Erbe der römischen Kaiser war, denen Palästina gehört hatte; und auch da das christliche Jerusalem von Kaiser Konstantin sozusagen wiedergegründet und das Königreich der Kreuzritter von einem Mitglied des Hauses der Herzöge von Niederlothringen und Vasallen des Reiches, Balduin von Boulogne, errichtet worden war.

Im Jahr 1178 soll Kaiser Manuel einen Brief an Friedrich geschrieben haben, der nach einer recht ungesicherten Quelle angeblich im Jahr darauf mit einem Schreiben geantwortet habe, in welchem er sich in den Mittelpunkt der christlichen Welt stellte und sogar seine freundschaftlichen Beziehungen zum Sultan von Ikonium hervorhob, um seinem Herrscherkollegen im Osten zu zeigen, daß sämtliche Fäden der universalen Macht durch seine Hände gingen. Man muß bezweifeln, daß jemals ein solcher Brief Friedrichs Kanzlei verlassen hat, und noch unwahrscheinlicher ist, daß er abgeschickt worden ist: Es wäre eine zu schwerwiegende Provokation gegenüber dem griechischen *autokrator* gewesen. Man kann aber wohl kaum daran zweifeln, daß Friedrich in der Tiefe seines Herzens tatsächlich so gedacht hat; und der Kreuzzug stellte eben den entscheidenden Zeitpunkt für eine Verwirklichung, den erhabensten Augenblick für die Bestätigung einer *auctoritas* und einer *potestas* von universalem Charakter dar.

Diese Frage der im Abendland kursierenden apokryphen Briefe und ihrer Zuschreibung an einen Souverän ist ein wichtiges Argument, das im übrigen einem anderen, nicht zufällig gerade während des Kreuzzuges häufig anzutreffenden berühmten Propagandamotiv nahekommt: wir meinen die sogenannten „vom Himmel gefallenen" Briefe. Es wäre unklug und oberflächlich, sich einfach darauf zu beschränken, diese Dokumente als „Fälschungen" zu bezeichnen. Tatsächlich wurden sie nämlich aus sehr klaren politischen und propagandistischen Motiven in Umlauf gebracht, damit sich in der öffentlichen Meinung Ideen durchsetzten, die offen und offiziell auszusprechen zu gefährlich gewesen wäre. Auf dieser Ebene und in diesem Problemkreis ist der „gefälschte" Briefwechsel zwischen Friedrich und Saladin – über die Frage seiner „Echtheit" hinaus – sehr bedeutsam.[2]

Der große Ayubiden-Sultan pries seine Macht und die des Fürsten der Gläubigen, des Kalifen von Bagdad; und Friedrich hatte seinerseits im Jahr 1188 eine von Heinrich von Diez angeführte Gesandtschaft zu Saladin entsandt. An dieser oder einer Gesandtschaft in einem früheren Jahr nahm Burckard von Straßburg teil, der uns einen Bericht über seine Reise hinterlassen hat, in dem unmittelbares und großartiges Zeugnis, aufmerksam festgehaltene Wirklichkeit und von der antiken geographischen und teratologischen Literatur gespeiste Phantasie miteinander verschmelzen. Der große Hafen von Alexandrien mit seinem Verkehr und seinen eindrucksvollen Ruinen aus der Antike hat ihn in Erstaunen gesetzt; er hat dann „Babylon" besucht, das heißt Kairo, das er von dem mesopotamischen Babylon ebenso zu unterscheiden weiß wie von der antiken Hauptstadt „des Pharao"; der breite Nil, den die mit Gewürzen „aus Indien" beladenen Schiffe durchfurchen, erfüllt ihn mit Bewunderung; die herrlichen Gärten, die Höflichkeit der Bewohner, die Erinnerung an die Flucht der Heiligen Familie nach Ägypten, kurz, die ganze Erlesenheit des Landes fasziniert ihn. Und selbstverständlich hat er zwei riesige „quadratische Marmorgebirge", die Pyramiden, gesehen und läßt sich mit seiner Beschreibung von Vögeln und Krokodilen auf ein exotisches Bravourstück ein. Burckard verdanken wir die übliche mittelmäßige und verworrene Darstellung des Islams – ein *topos* in dieser Art von Literatur –, aber auch eine interessante, obschon phantasievolle Rekonstruktion der „Sekte der Assassinen" und des Initiationscharakters dieser von Hasan As Sabbah gestifteten Sekte der schiitischen Ismailiten. Ergreifend ist Burckards Beschreibung der Stadt Damaskus, die mit ihren Gärten schon zur Zeit des Zweiten Kreuzzuges im Abendland bekannt war. Aber welche Schönheiten und Herrlichkeiten lernen diese gottlosen Ungläubigen, die gewiß kein Recht auf das ewige Leben haben, schon in diesem Leben kennen! Der Mann vom europäischen Festland, wo das Klima rauh und die Erde geizig sein kann, sagt uns mit dieser letzten Bemerkung viel mehr über den Kreuzzugsgeist als alles, was wir aus der Literatur zahlreicher Gelehrter der Geschichtskritik ableiten könnten.

Angesichts dieser schönen Beschreibung, die Barbarossa tatsächlich direkt gelesen haben mag, nimmt der angebliche Brief, den Friedrich 1188 an Saladin gesandt haben soll, noch größere Bedeutung an; und es ist, wenn wir es recht bedenken, nicht ganz unmöglich, daß er ihn abgesandt hat, auch wenn in diesem Fall der diplomatische Vorstoß sicher nicht viel genützt haben mag; aber wahrscheinlicher ist wohl, daß er mit der Verbreitung dieses Briefes im Abendland einverstanden war oder sie sogar gefördert hat, denn der Wortlaut des Briefes nimmt sich als viel wirksamer aus, wenn seine eigentlichen Adressaten die Abendländer sind. Es ist symptomatisch, daß der Text dieses Briefes durch die englisch-normannische Chronik des Benedikt von Peterborough auf uns gekommen ist. Friedrich gebietet, als Kaiser im Namen und durch den Willen des Ewigen Königs, dem „Oberhaupt der Sarazenen", das Heilige Land sofort zu verlassen, und erinnert ihn daran, welche und wie viele Siege er bis dahin errungen habe: Der Ungläubige möge sich also vor den Krallen des siegreichen kaiserlichen Adlers in acht nehmen! Er solle alles zurückerstatten, was er geraubt hat, das Heilige Land von seiner unreinen Anwesenheit befreien oder aber sich darauf vorbereiten, sich dem Gericht Gottes zu unterziehen, denn der Kaiser fordert ihn „im Namen des wahren Josef", des Vaters Jesu (Saladin, dessen persönlicher Name Yusuf ist, führt nach Ansicht der Christen unrechtmäßig den Namen Josefs), zum Kampf heraus, und nach ritterlicher Tradition setzt er auch das Datum der Auseinandersetzung fest: den Allerheiligentag des Jahres 1189. Es handelt sich um ein richtiges Herausforderungsschreiben, ein zweifellos zum Gebrauch der abendländischen Christenheit bestimmtes rhetorisches Schreiben. Es läßt jedoch ganz klar Friedrichs Reichsbegriff und den tiefen Zusammenhang zwischen diesem und der Kreuzzugsidee durchscheinen. Die Entschlossenheit des Kaisers im Jahr 1188, das Kreuz zu nehmen und nach dem Orient aufzubrechen, hat also weder etwas mit „romantischem" Rittertum – bis auf bestimmte äußere „Formen" – noch mit seniler Ergriffenheit zu tun: In ihr spiegelt sich eine politische Auffassung wider, die die aufrichtige Ergriffenheit und auch die Sehnsucht nach einem Unternehmen der Jugendzeit, nach einem „Abenteuer", sicher nicht ausschließt; die aber im wesentlichen einer folgerichtigen logischen Ausführung gehorcht. Beweis dafür sind die Maßnahmen, die

Friedrich vor dem Aufbruch ergreift, und die Haltung, die er gegenüber den anderen europäischen Herrschern, vor allem den Königen von Frankreich und England, einnimmt. Der Kreuzzug ist ein Friedenswerk, und Friedrich will ihn eben als *princeps pacis,* als Friedensfürst, anführen: Wehe, er würde dem inneren Gleichgewicht Deutschlands, Italiens oder Burgunds schaden! Außerdem wird das Unternehmen, wenn der Kaiser sein absoluter Führer ist, neuerlich unterstreichen, daß es nur einen *dominus mundi* gibt, während die anderen nur *reguli provinciarum* sind.

Der Kaiser wollte – wir sagten es schon – keinesfalls zulassen, daß in seiner Abwesenheit die Ergebnisse von 36 Jahren Arbeit steuerlos dahintrieben. Außer daß er die Regentschaft seinem Sohn Heinrich übertrug, ergriff er deshalb eine ganze Reihe anderer bedeutsamer Maßnahmen: Im Mai 1188 übertrug er in Seligenstadt die Grafschaft Namur – indem er sie sogar zur Mark erhob – Graf Balduin von Hennegau, der auf diese Weise auch Reichsfürst wurde. Eine Geste, die sich in Friedrichs Programm zur Festigung der Westgrenze einordnete, obgleich seine Beziehungen zu dem jungen König von Frankreich gut waren. Auf dem Reichstag zu Goslar im darauffolgenden August trat Friedrich neuerlich gegen seinen Vetter Heinrich den Löwen auf, der vom englisch-normannischen Hof heimgekehrt war, und stellte ihm frei, zwischen einem neuerlichen Exil bei den Plantagenets, der nur teilweisen Rückgabe einiger seiner Gebiete und der Teilnahme am Kreuzzug zu wählen. Heinrich entschied sich für die erste Lösung. Wie es für einen Kreuzfahrer recht und angemessen war, versöhnte sich Friedrich schließlich im März/April 1189 mit dem Papst; diese Versöhnung signalisierte das Ende der Aggression Heinrichs VI. gegen die Landgebiete der Kirche. Nun fehlte nur noch eine endgültige Ordnung der Besitzungen der Staufer in Schwaben und im Elsaß, also in ihrem historischen Stammgebiet, und jener Gebiete, die die Familie nach und nach in Franken, Bayern, Lothringen, Thüringen, Sachsen und in der Lausitz erworben hatte. Von seinen Söhnen waren Heinrich als römischer und König Italiens und Friedrich als Herzog von Schwaben eingesetzt; an den dritten Sohn, Otto, sollte mit dem Titel eines Pfalzgrafen Burgund gehen; dem vierten Sohn, Konrad, wurde die Grafschaft Rothenburg übertragen; der fünfte Sohn, Philipp, endlich befand sich auf dem Weg der kirchlichen Karriere, er war dazu ausersehen, das Kapitel der Pfalzkapelle von Aachen zu leiten.

Nun war alles zur Abreise bereit. Der jetzt ungefähr siebenundsechzigjährige Friedrich hatte an die Belange des Reiches, der drei Königreiche und seines Hauses gedacht; und – abgesehen von der Gepflogenheit von Kreuzfahrern und Pilgern, vor der Abfahrt ihr Testament zu machen und alles zu regeln, so, als sollte es ein endgültiger Abschied sein – muß man sich in der Tat fragen, ob in soviel Sorge nicht mehr als nur eine Vorausahnung, ja so etwas wie eine Gewißheit zu erkennen sei. Die Reise ins Heilige Land ist lang und voller Gefahren; das gilt für die Alten noch mehr. Die Menschen des 12. Jahrhunderts sind außerdem zutiefst davon überzeugt, daß *mundus senescit,* die Welt altert, und das Jüngste Gericht nahe ist. Und endlich: Hat es überhaupt einen Sinn zurückzukehren, nachdem man die Schritte nach Osten, zum Haus des Vaters gelenkt hat?

Sicher ist jedenfalls, daß dieser Mann, der jetzt handelt, als wäre er im Begriff, die Erde zu verlassen, uns noch immer in Erstaunen versetzt durch die Tatkraft, mit der er zu denken und zu lenken scheint, als wäre er gewiß, niemals sterben zu müssen. Daß er, während des Hoftages von Mainz den Thron der unsichtbaren Gegenwart Christi überließ, um sich „demütig" neben den päpstlichen Legaten zu setzen, hat einen tiefen Sinn. Damals hat der Kaiser – gleichsam als neuer Moses – seine Rolle bei der Führung des Volkes Gottes in das Verheißene Land übernommen. In Mainz, vor dem leeren Thron, ist Friedrich wahrhaftig *rex et sacerdos,* König und Priester. Einen Augenblick lang scheint das Papsttum nicht einmal im Abendland mehr zu existieren; einen Augenblick lang legt der Kaiser eine antike, patriarchalische Heiligkeit an, die über die „römische" Ausdrucksweise seiner Macht hinausgeht.

Das vom Kaiser angeführte Kreuzfahrerheer setzte sich am 11. Mai 1189 von Regensburg aus in Bewegung. Man hatte den Landweg gewählt – denselben wie beim Ersten Kreuzzug –, sei es, weil der Seeweg zu kostspielig gewesen wäre (und eine Flotte hätte eine zu lange Vorbereitungszeit erfordert), sei es, weil die Byzantiner und die Sarazenen das östliche Mittelmeer kontrollierten, während alle Häfen Syriens, bis auf Tyrus, in der Hand Saladins waren. Vor dem Aufbruch hatte Friedrich Freundschaftsbotschaften an die Fürsten gesandt, durch deren Gebiete er ziehen würde: an den König von Ungarn, an den Fürsten von Serbien, an den *basileus* Isaak II. Angelos, an den Sultan von Ikonium, der einen neuen Kreuzzug für nicht übel hielt, weil er auf die Macht Saladins eifersüchtig war und ihr mißtraute. Der *basileus* hatte, wenn auch widerwillig, für die Durchquerung der anatolischen Halbinsel Hilfe und Verpflegung versprochen; man würde sich auf das christliche Fürstentum Kilikien (das zwischen dem Golf von Alessandretta, der Gebirgskette des Taurus und dem rechten Ufer des Oberlaufes des Euphrat gelegene sogenannte „Kleinarmenien") stützen, um von dort nach Syrien und weiter nach Palästina zu ziehen.

In Regensburg, wohin der Kaiser die Kreuzfahrer zum 23. April, dem Fest des hl. Ritters Georg, einberufen hatte, hatte sich eine große Menge von Kriegern eingefunden; um für das Heer unnötige Belastungen und auch die Gefahr jener Unruhen zu vermeiden, die die Anwesenheit der *pauperes* gewöhnlich mit sich brachte, hatte der Kaiser angeordnet, daß an dem Unternehmen nur teilnehmen könnte, wer sich für zwei Jahre auf eigene Kosten ausrüsten und erhalten konnte. Für gewöhnlich ist es sehr schwierig, über ein Heer des 12. Jahrhunderts genaue Zahlenangaben zu machen; aber es ist wahrscheinlich nicht übertrieben, wenn man (ohne den Übertreibungen mancher Chronisten zu folgen) annimmt, daß die Zahl der Teilnehmer ungefähr 20.000 betragen hat. Außer den deutschen waren einige Kontingente aus Italien gekommen, darunter – wie es scheint – je eines aus Cremona mit Bischof Sicard, aus Verona mit Kardinal Adelard und aus Brescia.

Über Wien und Gran (Esztergom) kamen die Kreuzfahrer in das Königreich Ungarn, wo – vielleicht entgegen den Erwartungen – die Beziehungen mit König Bela so gut waren, daß eine Ehe zwischen einer seiner Töchter und Herzog Friedrich von Schwaben, der dem Vater auf dem Unternehmen folgte, erwogen wurde. Dieser erste Abschnitt der Reise war wirklich – und nicht nur wegen der Jahreszeit – ein Frühling. Wir können uns vorstellen, wie sie frohen Mutes durch die Täler und Wälder entlang der Donau ritten und den Versen des *König Rother,* des *Herzog Ernst,* des *Rolandsliedes* lauschten, die von dem sagenumwobenen Orient und von den Taten der Ritter Christi redeten. Sicher haben Minnesänger und Spielleute, die zahlreich im Heer vertreten waren, sie immer wieder angestimmt. Über Belgrad, Nisch und Sofia gelangten die Deutschen am 24. August nach Philippopel. Hier begannen die Dinge schwierig zu werden: Serbische und bulgarische Banden hatten schon wiederholt versucht, die Kreuzfahrer am Weitermarsch zu hindern; möglicherweise stand hinter diesen Angriffen der verlängerte Arm von Byzanz; aber noch wahrscheinlicher ist, daß die üble Erinnerung an die früheren Kreuzzugsaktionen dazu geführt haben, daß die Einheimischen bewaffnet wurden. Und mit gezückten Waffen mußten die Kreuzfahrer in Philippopel einziehen.

Es ist nicht glaubhaft, daß Friedrich davon geträumt habe, unterwegs das byzantinische Reich zu Fall zu bringen und sich seiner zu bemächtigen. Der *basileus* mußte jedoch etwas Derartiges angenommen haben; außerdem war er sehr beunruhigt wegen der Zukunft des Heiligen Landes, das bis zur muslimischen Eroberung im 7. Jahrhundert zum byzantinischen Reich gehört hatte. Was würde geschehen, wenn Friedrich dorthin gelangte? War es denkbar, daß er sich die Gelegenheit entgehen ließe, das Heilige Land in seinen Machtbereich einzubeziehen? Und war es, wenn die Dinge so standen, nicht besser, daß Jerusalem in der Hand Saladins blieb? Daraus erklärt sich die Verständigung, die sich nun auf diplomatischer Ebene zwischen dem Hof von Konstantinopel und dem von Damaskus abzuzeichnen begann, die zudem im Sultan von Ikonium noch einen weiteren gemeinsamen Feind hatten.

Nach den Schwierigkeiten auf dem Balkan und der Einnahme von Philippopel scheint es sich allerdings auch Friedrich anders überlegt zu haben: Vielleicht wollte er die Byzantiner für ihre Heimtücke bestrafen, vielleicht hatte sich auch in ihm der Gedanke durchzusetzen begonnen – ein Gedanke, der übrigens schon während des Zweiten Kreuzzuges, besonders unter den Franzosen, um sich gegriffen hatte –, daß Jerusalem solange keinesfalls mit Sicherheit christlich sein würde, als das treulose schismatische Reich von Byzanz bestünde, das stets bereit war, im Verein mit den Ungläubigen Intrigen zu spinnen. Daß der *basileus* einige seiner Gesandten ins Gefängnis werfen ließ, war für Friedrich denn doch zuviel: In einem Brief vom 16. November an Heinrich VI. ordnete er an, eine Flotte zusammenzustellen und den Papst zu ersuchen, einen Kreuzzug gegen Byzanz auszurufen. Was wäre wohl geschehen, wenn Wilhelm II. von Sizilien noch am Leben gewesen wäre, der fünf Jahre zuvor bereits einen Angriff auf die griechischen Küsten versucht hatte? Kurz darauf, noch im November, eroberten die Kreuzfahrer Adrianopel und verheerten Thrakien mit Feuer und Schwert.

Zu diesem Zeitpunkt hielt Isaak II. Angelos Verhandlungen für viel nützlicher; dies auch deshalb, weil er um jeden Preis verhindern wollte, daß der Kaiser und sein Heer über den Bosporus kämen und vor seiner Stadt ihr Lager aufschlugen. Er handelte aus, daß die Überfahrt nach Kleinasien durch die Dardanellen, das heißt von Gallipoli aus, erfolge; das hatte eine klare Ablenkung der Kreuzfahrertruppen nach Süden zur Folge. Die vom *basileus* vorgeschlagenen Bedingungen und wohl auch die von ihm angeführten Gründe dürften überzeugend gewesen sein, denn der Kaiser nahm sie an. Zwischen der Aussicht auf ein „Abenteuer Konstantinopel" und dem Gefühl seiner Kreuzzugsverpflichtung hat dieses über jenes gesiegt. Im übrigen hatte er es eilig, am Ziel anzukommen, und bereits in dem Brief vom vergangenen November hatte er dem Sohn ans Herz gelegt, ihm durch den bayerischen Kaufmann Bernhard, der in Venedig lebte, Geld nach Tyrus zukommen zu lassen.

Der Marsch über den Balkan war zu langsam vor sich gegangen; Friedrich wußte gut, daß der Winter in Anatolien hart ist. Er quartierte sich daher in Adrianopel ein, wo das Kreuzfahrerheer eine ständige Gefahr für die Byzantiner bilden konnte, falls diese es sich anders überlegen sollten; und erst im Februar 1190 brachen sie nach Gallipoli auf und ließen sich genau zur Zeit der Frühlings-Tag- und Nachtgleiche von griechischen Schiffen nach Kleinasien übersetzen. Über Bithynien, unweit der Hügel, unter denen die Ruinen von Troja verborgen lagen, setzten sie ihren Weg landeinwärts fort. In den ersten Maitagen ritt Friedrich nach einem Zusammenstoß mit den Türken von geringfügiger Bedeutung – nach den Kreuzfahrern hatte man aber die hll. Gregor und Viktor in ihren Reihen kämpfen sehen – durch die Ebene von Myriokephalon, wo noch die Gebeine jener Soldaten des Manuel Komnenos, die vierzehn Jahre vorher, in dem Unglücksjahr von Legnano, dort hingeschlachtet worden waren, in der Frühlingssonne zu schimmern schienen. Man befand sich auf dem Territorium des Sultans von Ikonium, Kilidji Arslan, der ihm aus der Ferne wahrscheinlich umfassende freundschaftliche Angebote gemacht hatte, jetzt aber offensichtlich keine große Bereitschaft zeigte, sie auch einzuhalten. Die ständigen Überfälle der türkischen Bogenschützen hielten den Marsch auf und erschwerten die Versorgung in einem ohnehin unfruchtbaren, armen Land. Ikonium wurde am 18. Mai nach einer harten Schlacht erobert; aber der Sultan hatte sich zurückgezogen. Nachdem nun die Hoffnungen auf seine Hilfe endgültig begraben waren, stieß Friedrich – nach einer kurzen Erholungspause in den Gärten, die die Stadt umgaben – entschlossen nach Südosten, das heißt in Richtung Taurusgebirge, vor. Ende des Monats war er in Karaman, von wo er zum Übergang über die Bergkette nach Süden, an die Küste, ansetzte. Er hatte große Pläne: Es scheint, daß der armenische Fürst Leon von ihm die Königskrone erwartete und bereit war, ihm zu huldigen. Würden, wenn er einmal in Jerusalem eingetroffen war, die Kreuzritter-Fürsten etwa anders handeln können? *Salve, mundi domine!*

Der Frühling in Anatolien ist warm. Auch nahe der Küste, im Anblick der blauen, tiefen Wasser des Golfes von Alessandretta, ist schon der nahe Sommer zu spüren. Die Menschen des 12. Jahrhunderts baden gern; und hier, zwischen den Schluchten des Taurus, stürzt ein kleiner Fluß wie ein Sturzbach zu Tal. Die Griechen nannten ihn Kalykadnos und kannten ihn auch durch die Taten Alexanders des Großen; sein arabisch-syrischer Name ist Saleph; heute heißt er bei den Türken Gök-su. Eigentlich ist es gar kein kleiner Fluß: er ist ungefähr 240 Kilometer lang. Aber man weiß ja, in Asien ist alles majestätisch, ist alles gewaltig und unermeßlich. Ist Asien nicht die Mutter der Ungeheuer?

In seinem Oberlauf ist das Wasser des Saleph sehr kalt und weist heftige Strudel auf. Eine Einladung zu erfrischender Abkühlung nach dem staubigen Weg und der trockenen Bergluft. Da erhebt der Gott der Heerscharen die Hand und sagt zu seinem Diener: „Halte ein!"

Es ist der 10. Juni 1190, ein Sonntag, und man weiß nicht genau, wie es geschehen ist. Wahrscheinlich stieg Friedrich, angelockt von der Kühle des Wassers, vom Pferd, das Tier glitt aus und riß seinen schon etwas betagten, von der Reise ermüdeten und mit der Last der Waffen beschwerten Herrn in die Fluten. Es kann sein, daß er ertrunken ist; es kann aber auch sein, daß sein Herz vor dem plötzlichen Temperaturunterschied versagte, um so mehr, als der Kaiser unmittelbar vorher sein Essen zu sich genommen hatte.

Saladin konnte nun erleichtert aufatmen, nachdem er sich noch kurz vorher auf die Nachricht vom Heranrücken des Kaisers hin an Kalif Nasr von Bagdad um Hilfe gewandt hatte. Was für die Christenheit eine weitere harte Prüfung war, war für die Muslime ein Wunder Allahs.

Unter den deutschen Kreuzfahrern machte sich tiefste Niedergeschlagenheit breit, auch wenn der Sohn des Kaisers, Herzog Friedrich von Schwaben, das Kommando der Unternehmung übernahm und sein Bestes gab, als er das Heer nach Seleukia und von dort nach Tarsus und dann nach Antiochia führte. Fürst Bohemund von Antiochia und dann – der eigens aus Tyrus herbeigeeilte – Konrad von Montferrat empfingen mit offenen Armen den verstörten und vom Fieber geschüttelten Herzog, der in Kilikien erkrankt war: Aber es gab ja jetzt gar kein deutsches Unternehmen mehr, wo das Heer auf einen Haufen völlig verwirrter Männer zusammengeschrumpft war, die jede Gelegenheit ergriffen, um abzufallen. Herzog Friedrich selbst sollte bald darauf, im Januar 1191, sterben: Ein Friedhof des Deutschen Ordens nahm seine sterblichen Überreste auf. Viele andere hohe Herren und demütige Kreuzfahrer hatten bereits das

Schicksal ihres Herrn geteilt oder würden es in Kürze teilen. Ein Name möge für alle stehen: der rheinische Minnesänger Friedrich von Hausen, der Dichter des Risses zwischen Dienst an Gott und Dienst an der Liebe, des Konfliktes zwischen Liebe als Askese und Liebe als Leidenschaft.

Die Reise Friedrichs von Schwaben vom Saleph nach Antiochia gleicht einem langen Leichenbegängnis, das in die – uns grauenhaft anmutenden – Riten der Verwandlung eines menschlichen Körpers in eine Reliquie zerfiel. In der Sommerhitze begann der Leichnam – obwohl er mit Essig behandelt worden war – rasch zu verwesen. Man mußte ihn daher, nach einem altbewährten Verfahren, in siedendes Wasser legen; die Eingeweide wurden in Tarsus bestattet und der fleischliche Leib in einem Marmorsarkophag vor dem Hauptaltar der St.-Petrus-Kathedrale von Antiochia. Die Knochen setzten die Reise fort, und es war gewiß die Absicht des Sohnes und der Kreuzfahrer, sie in Jerusalem in der Basilika des Heiligen Grabes beizusetzen. Es scheint, daß sie in Tyrus, aber nach anderen Zeugnissen in Acri namenlos bestattet wurden.

Die Nachricht vom Tod des großen Kaisers löste in der Christenheit ungläubige Bestürzung und Trostlosigkeit aus.[3] Der byzantinische Geschichtsschreiber Niketas Choniates, der stets ein harter Gegner Friedrichs gewesen war, schrieb eine ergreifende Lobrede auf ihn: „Der Eifer dieses Mannes war dem der Apostel würdig; seine religiöse Gesinnung stand in nichts der Heiligkeit derer nach, die sich, über die gemeinsame menschliche Situation gestellt, mit der ganzen Kraft ihres Geistes zur Höhe der evangelischen Botschaft erhoben und ihr ganzes Leben lang die menschliche Eitelkeit für Unrat hielten. Deshalb war sein Tod ein glücklicher Tod." Ihm pflichtet der Verfasser der *Kölner Kaiserchronik* schmerzerfüllt bei: „. . . unsere Feder versiegt, die Worte verstummen."

XIII.
„Er ist niemals gestorben ...“

Friedrichs plötzliches Verschwinden in den Wassern des Saleph war wahrscheinlich das Ereignis, das die Zeitgenossen am meisten beeindruckte. Da war einerseits der offenkundige, dramatische Gegensatz zwischen einem ruhmvollen Leben und einem Tod, der armselig erscheinen mochte. Andererseits hatte man es mit dem Zeichen der Vorsehung zu tun, das durch das geheimnisvolle und sakramentale Symbol des Wassers vorgezeichnet war. War es denn möglich, daß der in dem heiligen Unternehmen engagierte Kaiser untergehen konnte wie Pharao, als er das auserwählte Volk verfolgte? Der symbolische Schlüssel zum Ende Friedrichs mußte natürlich ein anderer sein. Der Chronist Albert von Stade läßt den ertrinkenden Kaiser ein Stoßgebet sprechen: „Gelobt sei der gekreuzigte Gottessohn, der mich durch jenes Wasser aufgenommen hat, das mich in der Taufe zu neuem Leben erweckt hat; möge mich jenes Wasser, das mich zum Christen gemacht hat, nun zum Märtyrer machen!“ Das Ergebnis dieser erbaulichen Szene ist ein wenig lächerlich, zeigt aber sehr deutlich, wie der im Wasser erlittene Tod in der Auslegung der damaligen Menschen verklärt werden konnte. Der süditalische Dichter Pietro da Eboli, ein Vertrauter Heinrichs VI. und der Konstanze von Altavilla, hatte ein Barbarossa gewidmetes Gedicht, die *Gesta Friderici,* verfaßt, das uns nicht erhalten ist; aber er spricht von Friedrich auch in seinem berühmteren Werk *De rebus siculis carmen,* wo der Kaiser in die Nähe von Noe und Mose gerückt wird, deren Zeugnis von der Konfrontation mit der Gewalt des Wassers gekennzeichnet war. Und in der exegetischen Sprache der Zeit war der von Mose angeführte Exodus des auserwählten Volkes in das Verheißene Land ein Sinnbild des Kreuzzuges. Im Königspalast zu Palermo scheinen der Kreuzzug und das Opfer Friedrichs dargestellt worden zu sein.

Der Kreuzzug hat jedenfalls der Gestalt des römisch-deutschen Kaisers selbst in Kreisen wie den englischen – wo die von Johannes von Salisbury begründete Tradition und die gewohnte Nähe zu Heinrich dem Löwen nicht gerade für Sympathien für ihn empfänglich machten – einen Glorienschein verliehen.

Friedrichs Kreuzzug hatte in der Tat – zusammen mit der Aussöhnung der Christenheit, die eine Zugabe war – die in den vorangegangenen Jahren von den kaiserlichen und päpstlichen publizistisch-propagandistischen Apparaten betriebenen Polemiken zum Schweigen gebracht, die es darauf abgesehen hatten zu beweisen, daß Friedrich je nachdem entweder ein *rex iustus* (gerechter König) oder ein *tyrannus* war, und daher seine „Person“ als „Herrscher der Endzeit“ oder als „Verkörperung des Antichristen“ mit dem Ende der Zeiten zu verbinden. Diese Art von Publizistik und Polemik würde allerdings im 13. Jahrhundert weitergehen, auch wegen der Verbreitung der von Joachim von Floris (Gioacchino da Fiore) verfaßten oder ihm jedenfalls zugeschriebenen Schriften: aber darin wird die Rolle Friedrich Barbarossas von seinem Enkel Friedrich II. übernommen werden. Und im Umkreis der Erinnerung an letzteren wird die Legende vom Kaiser entstehen, der „lebt und nicht lebt“ und der – nicht tot, sondern an einem geheimen Ort versteckt – das Ende der Zeit erwartet, um auf die Erde zurückzukehren. Ein zweifelhafter, zwischen Dämonie und Theophanie angesiedelter Mythos, in dem man einerseits wohl den Widerschein der in vielen Kulturkreisen lebendigen Dimension des „Welt- oder Universalherrschers“ erkennen kann – die persische Legende von Kereshâspa, die vedische von Puraçu-Râma, die volkstümliche Überlieferung des Buddha Amida, der an das Thema vom „verhüllten Imam“ gebundene muslimische Eschatologismus und so fort –, während andererseits scheinbar die Reste antiker Legenden wie jene von der „wilden Jagd“ darin erhalten sind. Selbstverständlich können derartige Meinungen des Volksglaubens lange im „folkloristischen“ Untergrund Europas geschlafen haben, um in Zeiten der Angst, der Krise oder ähnlicher Umstände wieder zu erwachen und in immer wieder verschiedenen Gestalten neu aufgegriffen zu werden. Nach dem Ersten Kreuzzug bewahrte man in Deutschland das Andenken an eine der grausamsten und blutrünstigsten Raubrittergestalten, die als Anführer der Volkshaufen ein Massaker unter den Juden angerichtet hatten: Graf Emichus von Leiningen, den man – so ging die Sage – an der Spitze eines schauerlichen Gespensterheeres in das Innere eines glühenden Berges habe hinabfahren sehen. Auch das Thema vom „Totenheer“ – ein altes Motiv der germanischen Mythologie, das in christlichen Formen vom Erscheinen verdammter oder von den Flammen des Fegefeuers gepeinigter Verstorbener wieder auftauchte – ist in der Legende von dem im Inneren des Gudenberges („Wotansberg“) schlafenden Karl dem Großen oder in der Sage von König Arthur wieder anzutreffen, der nach seinem Tod in Avallon – oder nach einer anderen Version im Ätna – weiterlebt und von dort in sein Reich zurückkehren wird (im Mittelalter sangen die Bretonen, die Arthurs Rückkehr erwarteten: *Arthurus, rex quondam, rex venturus*).

Diese Sagen lagen politischen Unterfangen zugrunde, wie sie um 1284 von zwei Personen versucht wurden, die sich in Deutschland als der in sein Reich zurückgekehrte Friedrich II. ausgaben. Die deutsche politisch-eschatologische Literatur zwischen Mittelalter und Renaissance ist voll mit solchen Andeutungen der „Rückkehr des Königs“; ja, man kann sagen, diese Art von Mythologie ist eine der Komponenten, auf denen die Voraussetzungen der Reformation beruhen, und sie hängt zweifellos mit dem tiefen Unbehagen und der weitreichenden politischen Verwirrung jener Jahre zusammen. Die Erinnerung an Friedrich Babarossa aber verschwindet weitgehend, sie wird von der Erinnerung an seinen Enkel verwischt und von den nachfolgenden Geschehnissen erdrückt.

Nicht einmal in Italien lebte das Andenken an Friedrich lange weiter; auch dort ließen es die um die Gestalt Friedrichs II. entstandenen Feindseligkeiten in Vergessenheit geraten. Ja, mochte er auch für die staufische Propaganda der Prototyp des starken, siegreichen und gerechten Kaisers sein, für jene der Welfen blieb er weiter die erste der drei „Geißeln" des Hauses Schwaben, jener „Windstoß aus Schwaben", der nach Dante die Geschichte des 12. und 13. Jahrhunderts in Aufruhr gebracht hat. Die „Auferstehung" Barbarossas verdanken wir der Romantik in Deutschland wie in Italien – mit einer bemerkenswerten Parallelität in beiden Ländern, die freilich auch, wie es natürlich war und wie wir sehen werden, gegensätzliche Ergebnisse hervorbringen konnte.

Im 18. Jahrhundert hatte in Deutschland Graf Heinrich von Bünau, ein gelehrter sächsischer Staatsmann, Friedrich eine biographische Studie gewidmet, die 1722 herauskam. Aber die Neubelebung der Studien über Barbarossa in Deutschland ist hauptsächlich zwei Werken zu verdanken: der von Friedrich von Raumer zwischen 1823 und 1825 herausgegebenen sechsbändigen *Geschichte der Hohenstaufen und ihrer Zeit* und der gleichfalls sechsbändigen, zwischen 1855 und 1895 veröffentlichten *Geschichte der deutschen Kaiserzeit* von Wilhelm von Giesebrecht. In den Zeitbogen zwischen den Erscheinungsjahren dieser beiden Werke, die von deutscher Romantik und Historismus erfüllt sind, fallen das Ereignis der Geburtsstunde der modernen deutschen Nation und – zwischen Restauration und Märzrevolution – das Drama des Erwachens des deutschen Patriotismus und seiner Entartung in den Nationalismus. Daß das Werk Giesebrechts ganz von einer politischen Botschaft romantisch-nationaler Prägung durchzogen war, die bei den Deutschen seiner Zeit – und besonders bei der Jugend – Bewunderung für die Erinnerungen an die Vergangenheit wecken sollte, ist bekannt. Noch bedeutsamer ist aber die Aufnahme, die die öffentliche Meinung in Deutschland den folgenden Werken erwies: der 1844 erschienenen *Entstehung des deutschen Königtums* von Heinrich von Sybel, der die universalistische Politik der deutschen Kaiser des Mittelalters als „undeutsch" verurteilte, und den beiden Werken von Julius von Ficker, *Das deutsche Kaiserreich in seinen universalen und nationalen Beziehungen* und *Deutsches Kaisertum und Königtum,* 1861 bzw. 1862 erschienen, wo die Auffassung von Sybel scharf angeprangert wird. Hinter dieser Polemik waren die Umrisse zweier verschiedener politischer Anschauungen, nämlich die der „Kleindeutschen" bzw. die der „Großdeutschen", zu erkennen. Und Barbarossa wurde mit seinen Eigenschaften eines *pater patriae* einerseits und mit seinen Träumen von einer Weltherrschaft andererseits zum Scharnier der wieder hervorgeholten und romantisch verbrämten deutschen Geschichte.

Aber zu dem Zeitpunkt war Friedrich Barbarossa bereits zu einer Gestalt des Mythos geworden: Der alte Sagenzyklus vom „neuen Friedrich“, der auf den Tag des Wiedererwachens wartet, wurde nun ihm mit klaren politischen Merkmalen zugeschrieben. Friedrich war das im Erwachen begriffene neue Deutschland. Christentum, Mittelaltertümelei, Traditionskult: die ganze deutsche Romantik – vom Befreiungskampf gegen die napoleonische Vorherrschaft an – lief in diesem Mythos zusammen, dem der Dichter Friedrich Rückert 1815 Ausdruck verliehen hat, als er in einer berühmten Ballade die Sage von dem großen Kaiser erzählte, der „niemals gestorben ist“, sondern in einem unterirdischen Gewölbe schläft und von seiner Rückkehr träumt:

Der alte Barbarossa,
Der Kaiser Friederich,
Im unterird'schen Schlosse
Verzaubert hält er sich.

Er ist niemals gestorben,
Er lebt darin noch jetzt;
Er hat im Schloß verborgen
Zum Schlaf sich hingesetzt.

Er hat hinabgenommen
Des Reiches Herrlichkeit
Und wird einst wiederkommen
Mit ihr zu seiner Zeit.

Der Thron ist elfenbeinern,
Auf dem der Kaiser sitzt,
Der Tisch ist marmelsteinern,
Auf den sein Kinn er stützt.

Sein Bart ist nicht von Flachsen,
Ist lichte Feuersglut,
Ist durch den Tisch gewachsen,
Auf dem sein Haupt ausruht.

Er nickt als wie im Traume,
Sein Aug' halboffen zwinkt,
Und je nach langem Raume
Er einem Knaben winkt.

Er spricht im Traum zum Knaben:
„Geh vor das Schloß, o Zwerg!
Und schau, ob noch die Raben
Herfliegen um den Berg.

Und wenn die alten Raben
Noch fliegen immerdar,
So muß ich auch noch schlafen,
Verzaubert, hundert Jahr'." –

Dank der Ballade Rückerts und der von den Brüdern Grimm geleisteten Erforschung und Wiederentdeckung der deutschen Überlieferungen nahm Barbarossa wieder seinen Platz unter den „Helden des deutschen Vaterlandes" in der ruhmreichen germanischen Vergangenheit ein. Barbarossa ist die magische Hauptperson in der phantastischen Erzählung *Die Kronenwächter* von Achim von Arnim aus dem Jahr 1817: Sie handelt von der magisch-mystischen Wiedererstehung des Heiligen Römischen Reiches und wurde nicht zufällig zur bevorzugten Lektüre am Hof der Hohenzollern. Aber das alles warf ein Problem auf: nämlich das der Verknüpfung zwischen altgermanischem Mythos und geschichtlicher Wirklichkeit. Das Problem wurde in einem gewissen Sinne von Richard Wagner gelöst, der in „seinem" – neu gedeuteten und zur Hauptgestalt einer allerdings nie geschriebenen Oper ausersehenen – Friedrich Barbarossa die Staufer mit den Nibelungen in Zusammenhang brachte. Der Schwabenkaiser wurde so zum fehlenden Glied der Kette, die vom Mythos zur Geschichte führte.

Die im Oktober 1846 in fieberhafter Eile niedergeschriebene Dichtung *Friedrich I.* war weitaus strenger historisch als der Künstler es ahnen konnte: Er wollte sich gerade deshalb auf die Geschichte, auf die Tatsachen der Geschichte stützen, um etwas wirklich Volkstümliches hervorzubringen. Hinter diesem Vorhaben verbarg sich Wagners gewohnte Idee vom Volkshelden, vom großen Führer, der imstande ist, die rettende Revolution von oben zu leiten. Die Geschichte konnte nicht ausreichen, um eine solche Anschauung zu rechtfertigen: Um dafür gefügig gemacht zu werden, mußte sie notgedrungen vom Mythos zerstört werden. Und so erlebt Wagner selbst, wie er in *Mein Leben* berichtet, eben diesen Übergang von der Geschichte zum Mythos:

„... dachte ich an die Komposition eines Dramas, das den Kaiser Friedrich Barbarossa zum Helden haben sollte. Die Idee vom ‚Souverän' sollte darin in ihrer größten und schrecklichsten Bedeutung dargestellt werden; angesichts der Unmöglichkeit, seine Idee zu verwirklichen, bewahrte der Kaiser eine Würde, die Sympathie weckte und einen klaren Begriff von der Vielfältigkeit der Dinge dieser Welt gab. Ich entwarf nur in großen Zügen jenes Drama, das in volkstümlichen gereimten Versen und im Stil unserer epischen Dichter des deutschen Frühmittelalters ausgeführt werden sollte; in etwa ähnlich dem Gedicht *Alexander* des Priesters Lambert. Die Handlung war auf fünf Akte verteilt, wie folgt. Erster Akt: Versammlung des Reichstages auf den Ronkalischen Feldern; Darstellung der kaiserlichen Souveräni-

tät (Reichssouveränität), die auch die Verleihung des Wassers und der Luft umfaßte. Zweiter Akt: Belagerung und Einnahme von Mailand. Dritter Akt: Verrat Heinrichs des Löwen und Niederlage von Legnano. Vierter Akt: Reichstag zu Augsburg, Demütigung und Bestrafung Heinrichs des Löwen. Fünfter Akt: Reichstag und großes Versammlung des Hofes zu Mainz; Friede mit den Lombarden, Versöhnung mit dem Papst; Friedrich nimmt das Kreuz und bricht ins Heilige Land auf.
Aber das Interesse, das mich zu diesem dramatischen Vorhaben inspirierte, wurde vom ersten Augenblick an abgelenkt von der sehr viel mächtigeren Anziehungskraft, die die mystische Seite eines anderen Themas desselben Genres, nämlich in der Sage von den Nibelungen und Siegfried, auf meinen Verstand ausübte. Die Entdeckung dieser Ähnlichkeit zwischen der Geschichte und der Sage, die sich hier berührten, ließ mich eine Dissertation über dieses Thema schreiben, für die ich mich einiger Monographien bediente (an die Namen der Verfasser erinnere ich mich nicht mehr), die ich in der königlichen Bibliothek entdeckte und die mir präzise Hinweise über die altgermanischen Reiche lieferten. Unter dem Titel *Wibelungen* veröffentlichte ich dann diese ziemlich lange Studie und nach dem Barbarossa habe ich keine historische Gestalt mehr im Drama behandelt."[2]

Der Mythos von Friedrichs Rückkehr erfüllte auf verschiedenste Weise die Phantasie Wagners, aber auch die Geschichte Deutschlands jener Zeit. Ein Biograph des Künstlers, Gregor-Dellin, kommentiert: „Unter den Fragmenten von Wagners Nachlaß fanden sich für die Wibelungen-Phantasie entscheidende ‚Schlußworte' ... ‚Wann wirst du zurückkommen, Friedrich, herrlicher Siegfried? Wann wirst du den bösen Drachen töten, der die Menschheit quält?': welche Mischung von Mythos und Zeitgeschichte, von Kunst und Politik, von lyrischer Oper und Vormärzstimmung!"

Und eben im Jahr der Märzrevolution 1848 verklärte Wagner, indem er – wie Robert W. Gutman es ausdrückt – um des „Mythos" wegen auf die „Geschichte" verzichtete, seine geliebten Hohenstaufen in dem Essay *Die Wibelungen,* einem „entschlossenen, aber verworrenen Versuch" – wir zitieren wieder Gutman –, „seine Lektüre und seine Gedanken über die Mythen vom Rhein, von Siegfried und vom Schatz der Nibelungen und ihre Beziehung zur deutschen Geschichte zu ordnen und zu läutern". Mit dieser kühnen – und, unnötig es zu sagen, auf philologischer Ebene völlig willkürlichen – Anspielung auf den entfernten Gleichklang zwischen Waiblingen und Nibelungen machte der Maestro Friedrich Barbarossa zum direkten Nachkommen Siegfrieds, ja zu einem wiedergeborenen Siegfried, während der Schatz der Nibelungen ein doppeltes und gewissermaßen widersprüchliches Schicksal erlitt: einerseits wurde er auf geheimnisvolle Weise spiritualisiert, um schließlich mit dem Heiligen Gral identifiziert zu werden, dem letzten Ziel des Kreuzzuges, auf dem Friedrich sein

Leben opfern sollte (und diese Entwicklung des Nibelungenschatzes zum spirituellen Mythos würde zum Erbe des deutschen Bewußtseins werden); andererseits verwandelte er sich schrittweise in den „Erbbesitz", das heißt er wurde historisiert zum Besitz, zum Ursprung aller Übel. Diese negative Auffassung von der geschichtlichen Entwicklung des Schatzes vollzog sich vor allem in den Züricher Korrekturen, die Wagner unter dem Eindruck seines großen revolutionären Abenteuers von 1848/49 in das zwölfte Kapitel seines Essays einfügte: die Zugehörigkeit zur revolutionären Bewegung, die Freundschaft mit Michael Bakunin, die aufregende Lektüre von Proudhon, die Teilnahme an den Dresdener Unruhen, die Flucht. In diesem Klima entstand der Dramenzyklus *Der Ring des Nibelungen,* den Wagner 1848 begann und 1852 in Zürich vollendete. In demselben Klima entstand Ende Juli 1849 gleichfalls in Zürich die an Proudhon und Feuerbach inspirierte Abhandlung *Kunst und Revolution* mit Wagners Angriffen gegen das Christentum und gegen die Welt der Industrie, des Geldes, der Ausbeutung. Der unmoralische Arbeitseifer bzw. die korrupte Trägheit, „Ideologie der Reichen", wären – bemerkt Gregor-Dellin – genau die Charaktermerkmale der beiden negativen Gestalten des *Ringes,* Alberich und Fafner. In Wagners Auffassung scheinen Elemente, die der von den Autoren der Restauration vorangetriebenen Kritik an der Industriegesellschaft entnommen sind („unsere Fabriken zeigen uns das peinliche Bild der verkommensten Entartung des Menschen: eine ständige Anstrengung, die Leib und Geist tötet und weder Freude noch Liebe kennt"), Themen der Naturverherrlichung auf der Linie von Rousseau und Proudhon und so etwas wie die Entdeckung des Begriffes der Entfremdung miteinander zu verschmelzen.

Im Jahr 1870 erfolgte im Spiegelsaal von Versailles die feierliche Ausrufung des Deutschen Reiches – der alte Barbarossa war auferstanden. Und tatsächlich setzte eine vehemente geschichtlich-demagogische Propaganda ein. In Goslar wurde in neoromanischem Stil ein feierlicher „Kaiserpalast" errichtet, bewacht von zwei großen Reiterstatuen, die die „parallelen Kaiser" Barbarossa und Wilhelm I. von Hohenzollern darstellten; ein offensichtlich nicht ganz humorloser Historiker, Felix Dahn, hatte diesem Hohenzoller auch einen „parallelen Spitznamen" angehängt: *Barbablanca.* Und noch in einem anderen kolossalen Reiterstandbild ragte Kaiser Wilhelm empor: auf der Bergspitze des thüringischen Kyffhäuser; im Sockel dieses Denkmals schlug man die Grotte des schlafenden Barbarossa heraus, der allerdings inzwischen wieder erwacht war. Man schrieb das Jahr 1871. Auch im Ehrensaal des Schlosses von Goslar erzählten romantische Fresken die Taten des mittelalterlichsten und zugleich deutschesten aller Kaiser. Einige Jahre später, ungefähr 1897/98 fand der Kyffhäuserbund – „Bund für die Abhaltung feierlicher Zeremonien auf dem Kyffhäuser" – auf diesem Berg und in dem Denkmal sein Zentrum, den mystisch-magischen Rahmen für seine patriotischen Zeremonien, die richtiggehend den Charakter laizistisch-militärischer Liturgien hatten.

Von da an wurde das „thüringische Heiligtum" am Kyffhäuser zum sakralen Zentrum dieses Barbarossakultes, der ausgehend vom Eschatologismus einer im romantischen Gewand wiederbelebten mittelalterlichen Sage schließlich zum liturgisch-theatralischen Fanatismus der „Nationalisierung der Massen" führte. Der Kyffhäuser hatte natürlich Rivalen: zum Beispiel das schwäbische Göppingen bei Waiblingen, Wiege der Staufer, wo eine Votivkapelle in neugotischem Stil eingeweiht wurde; oder den Untersberg, der mit dem Kyffhäuser darin konkurrierte, dem schlafenden Kaiser seine Residenz anzubieten.

In diesem Zusammenhang nimmt das von Bismarck angeregte Vorhaben, das tatsächliche Grab Barbarossas in Kleinasien aufzufinden, eine zweifelhafte Bedeutung an. An diesem Unternehmen beteiligten sich im Jahr 1878 Johann Sepp und Heinrich Prutz; ihr Arbeitsbericht löste eine Polemik aus, in die auch der Mentor der überstrengen Zeitkritik, Scheffer-Boichorst, eingriff. Aber was hatte Fürst von Bismarck mit Barbarossas Grab im Nahen Osten, sollte es tatsächlich aufgefunden werden, im Sinn? Die Errichtung eines weiteren patriotischen Kultzentrums? Einen Vorwand für eventuelle deutsche Gebietsansprüche an der syrisch-libanesischen Küste? Oder ein Argument geschichtlicher Rationalisierung, da die genaue Lage der Grabstätte den Enthusiasmus der Mystiker des Kyffhäuser abkühlen lassen würde, die sich um den Mythos zusammenfanden, der aus der objektiven Tatsache des Fehlens eines tatsächlichen Grabes entstanden war?

Wir wissen es nicht. Fest steht, daß der Kyffhäuser weiter seine Faszination ausübte. Da richteten die satirischen Verse nichts aus, die Heinrich Heine der Sage in der Dichtung *Deutschland. Ein Wintermärchen* widmete, wo der schlafende Kaiser zu einem reaktionären Schlaukopf wird, der sich kein Bein ausreißt und keine Lust verspürt, sich aufs Pferd zu schwingen und das gedemütigte Deutschland zu rächen. Der sich an die nationalistische Neurose anlehnende romantische und Wagnersche Zauber behielt jedenfalls die Oberhand über Heines ätzende Satire. Der Mythos von Friedrich Barbarossa wurde ständig herangezogen, um die Hohenzollerndynastie in den deutschen Traditionen zu verwurzeln, und noch in der Weimarer Republik erlebte er manche prunkvolle Aufpolierung: so in der Verherrlichung, die Friedrich Gundolf – einer der interessantesten Vertreter des Stefan-George-Kreises – ihm im Jahr 1924 in seinem *Caesar* widmete; und verschiedene politische Gruppen und Vereine inspirierten sich auch nach dem Ersten Weltkrieg weiterhin an Barbarossa, an seiner Geschichte und an den Orten, die ihn in seinem Glanz gesehen hatten, wie der Kaiserpalast zu Gelnhausen. Selbst Hitler benutzte wenigstens teilweise den Barbarossa-Mythos, als er ihn zu einer der Grundlagen für das messianische „Dritte Reich" machte, das „tausend Jahre" bestehen sollte. Die Sommerresidenz des Reichskanzlers auf dem Obersalzberg blickte auf den Untersberg, also den „bayerischen Kyffhäuser"; und der Rußlandfeldzug wurde „Unternehmen Barbarossa" genannt, wiewohl Kaiser Friedrich bekanntlich niemals ein Vertreter des *Dranges nach Osten* gewesen war; historisch war diese Rolle allenfalls von seinem Vetter Heinrich dem Löwen wahrgenommen worden. Und in der Tat stützte sich die nationalsozialistische Propaganda nie sehr stark auf den Barbarossa-Mythos: die Nationalsozialisten fühlten sich dabei H. von Sybel näher als Ficker und betrachteten die mittelländische Politik Friedrichs gleichfalls als „undeutsch". Er war ihnen für ihren Geschmack zu sehr Christ, zu ökumenisch, zu mittelländisch. Was nicht hindert, daß sich außerhalb Deutschlands – hauptsächlich in Italien – unmittelbar nach dem Zweiten Weltkrieg eine ebenso schamlos falsche wie zählebige pseudohistorische Ansicht (sie ist tatsächlich in manchen Schulbüchern noch immer anzutreffen!) herausgebildet hat, die im Charakter und im politischen Handelns Barbarossas eine Art Nazismus *avant la lettre,* d. h. ehe es diesen Begriff überhaupt gab, erblicken möchte! Aber Seichtigkeiten dieser Art sind es nicht einmal wert, daß man sie widerlegt, geschweige denn sich eingehender mit ihnen befaßt.

Wir haben hier das Leben dieses großen Kaisers in Erinnerung gerufen. Wir wollen uns an die Anspruchslosigkeit des biographischen „Genres" halten und nicht eine geschichtliche Bilanz dieses Lebens zu ziehen versuchen. Es sei jedoch bemerkt, daß gewisse alte Polemiken über die „reaktionäre" oder „erneuernde" Rolle der Politik Friedrichs oder darüber, ob er „erfolgreich" gewesen oder „gescheitert", ob er ein Sieger oder ein Besiegter gewesen sei, heute keinen Sinn mehr haben.

Sicher ist, daß Barbarossa einem in der Geschichte Europas so zentralen Jahrhundert wie dem 12. ebenbürtig und gewachsen war. Sein tiefer Sinn für die Würde des Reiches und die hohe Auffassung, die er stets von seiner eigenen Rolle an den Tag legte, hinderten ihn nicht daran, häufig Haltungen anzunehmen, die von einem entschlossenen politischen Realismus, ja sogar einer gewissen Skrupellosigkeit getragen waren; und in Reaktion auf alte Behauptungen, die – zu Unrecht – von seiner übermäßigen Strenge oder seinem einseitigen Einsatz zur Unterstützung des Feudalsystems gegen jede andere Kraft sprachen, hebt man heute lieber die „opportunistische" Komponente seiner Politik, seine Flexibilität hervor, die allein von der Härte abhängig war, mit der er jene Fragen zu verfechten pflegte, die er für grundsätzlich hielt, auf denen seine Souveränität beruhte. Was andererseits z. B. seine Beziehungen zu den italienischen Städten betrifft, so bestätigt die Klarheit, mit der Friedrich sich ihre großen wirtschaftlichen Möglichkeiten bewußt machte, nur seine Schwierigkeit, auch die politische Natur der Kommunalbewegung zu verstehen: Daraus resultierte eine despotische Haltung und vor allem ein drückendes Steuersystem, das von der Auffassung ausging, daß man so reiche Städte die Last einer weitläufigen Politik, die gigantische Kosten erforderte, zahlen lassen könnte. Aber Plumpheit führte am Ende dahin, daß das Reich eine objektiv zerstörerische Rolle in der Entwicklung der Gesellschaft der italienischen Städte spielte; tatsächlich vermochte der von Barbarossa erzwungene Ausgleich die Ergebnisse des Friedens von Konstanz von 1183 nicht lange zu überdauern. Anders sah die Lage in Deutschland aus, wo Friedrichs Vorgehen dem auf das Gleichgewicht zwischen den ethnischen Gruppen gegründeten System den letzten Schlag versetzte und auf territorialer und feudaler Grundlage eine neue Ordnung schuf, die noch die „föderalen" Wurzeln des modernen Deutschland bilden sollte.

Gewiß, der Plan einer auf das römische Recht gestützten universalen Monarchie zerbrach. Er war zu tief und zu spezifisch im 12. Jahrhundert verhaftet, um es überleben zu können. Aber die Wirksamkeit eines während einer fast vierzigjährigen Herrschaft verfolgten Planes brachte – sowohl in Deutschland wie in Italien und in Burgund – eine Reihe objektiver Ergebnisse mit sich, denen es bestimmt war, noch lange weiterzubestehen. Ganz und gar ein Mensch seines Jahrhunderts, ein Gestalter seines Jahrhunderts gewesen und daher mit ihm vergangen zu sein – das ist die Rolle Friedrich Barbarossas, das ist seine Stellung gegenüber der Geschichte.

Anmerkungen

KAPITEL I

1 Diese Frage stellt sich R. S. Lopez, *La nascita dell'Europa,* Turin 1966, S. 102ff.
2 Vgl. J. D. Mansi, *Sacrorum conciliorum amplissima collectio,* XVIII, coll., 265f.; vgl. *Ps* 11,6.
3 *Ebd.*, col. 284.
4 Dieser Aspekt der Politik Lothars wird verschieden interpretiert: nach den einen trug er unrettbar zur Schwächung des Ansehens und der Würde der Krone gegenüber dem Feudaladel bei; nach den anderen hingegen habe der König dadurch, daß er sich als erster streng an das neue Lehnsrecht hielt und daher allmählich die Verfechtung der Auffassung von der Öffentlichkeit der Macht aufgab, gewissermaßen ein Gegenmittel gegen die Gefahren einer tatsächlichen Feudalanarchie ersonnen. Nicht zufällig wird diese These von einem englischen Gelehrten vertreten, J. W. Thompson, *Feudal Germany,* London 1928, S. 237ff., der das Projekt Lothars schließlich als das einer „föderativen Feudal-Monarchie" definiert. Es ist jedenfalls anzumerken, daß die Monarchie in Deutschland berufen ist, wegen des Vorhandenseins eines Hochadels, an dessen Spitze eine Fürstenaristokratie steht, eine eher föderative als zentralistische Rolle zu entfalten. Und eben Friedrich Barbarossa wird am Ende des 12. Jahrhunderts diese so klare und ausgeprägte Tendenz formalisieren, so daß Karl Bosl von Deutschland als „einem aristokratischen Staat mit einem König an der Spitze" sprechen kann.

KAPITEL II

1 Ein „klassischer" Ausgangspunkt ist in diesem Zusammenhang das Buch von A. Overmann, *La contessa Matilde di Toscana,* Rom 1980 (deutsche Ausgabe: Gräfin Mathilde von Tuscien. Geschichte ihres Gutes 1115–1230, Innsbruck 1965).
2 Die Schenkung vom 17. November 1102 in Anwesenheit des Kardinal-Legaten stellt sich als Bestätigung einer von der Großherzogin an Papst Gregor VII. bereits vollzogenen früheren Schenkung heraus (vgl. Overmann, *La contessa Matilde,* a. a. O., S. 151f.).
3 Zwischen dem 6. und 8. Mai des Jahres 1111 war Heinrich V. in Bianello Mathildes Gast: Bei dieser Gelegenheit ernannte sie ihn zu ihrem Universalerben (vgl. Overmann, *La contessa Matilde,* a. a. O., S. 166).
4 Welf V. (Zählung in seiner Dynastie) ist als Herzog von Bayern Welf II.: Darauf sei ausdrücklich hingewiesen, denn die von den Historikern für die Welfen üblicherweise gebrauchte Doppelzählung kann zu Verwirrungen führen.
5 Für das komplexe italisch-normannische Geschehen verweisen wir auf das Buch von P. Delogu, *I Normanni in Italia. Cronache della conquista e del regno,* Neapel 1984, für Roger II.: S. 131ff.
6 Der Prämonstratenser Anselm von Havelberg, Lieblingsschüler Norberts von Xanten, ist gerade für die drei Bücher seiner *Dialoge* berühmt, die er über die in Konstantinopel geführten religiösen Gespräche verfaßt hat (vgl. H. Wolter – H. G. Beck, *Civitas medievale XII–XIV secolo,* Mailand 1975, S. 61).

7 In der Geschichte der Päpste ist dieser Gregor als der Gegenpapst Viktor IV. bekannt; seine kurze Regierung dauerte vom 15. März bis 29. Mai.
8 Welf VI. (nach der dynastischen Zählung) ist gewöhnlich als Welf von Memmingen bekannt.

KAPITEL III

1 Vgl. die Diskussion in P. Munz, *Frederick Barbarossa. A study in medieval politics,* London 1969, S. 40.
2 Vgl. G. Duby, *Il cavaliere, la donna, il prete,* Bari 1981, S. 128ff.
3 *Tob* 1,4.
4 *Spr* 22,15; 29,15.
5 Vgl. R. Pernoud, *La donna al tempo delle cattedrali,* Mailand 1982, S. 50–58.

KAPITEL IV

1 Zu diesem in der jüngsten Geschichtsschreibung viel diskutierten Problem vgl. Ph. Sénac, *L'image de l'autre. Histoire de l'occident médiéval face à l'Islam,* Paris 1983.
2 Vgl. E. Christiansen, *Le crociate del nord. Il Baltico e la frontiera cattolica (1100–1525),* Bologna 1983.
3 Vgl. N. Cohn, *I fanatici dell'Apocalisse,* Mailand 1976, S. 83ff.
4 Vgl. J. Markale, *Eleonora d'Aquitania. La regina dei trovatori,* Mailand 1980, S. 36ff.; R. Pernoud, *Eleonora d'Aquitania,* Mailand 1983, S. 51ff.
5 Es handelt sich um den Haram esh-Sharif („das vornehme Viertel"), der das Gelände des alten Salomontempels umfaßt: Hier erheben sich die „Omar"-Moschee und die „al-'Aqsa"-Moschee (vgl. E. Hoade, *Guide to the Holy Land,* Jerusalem 1974, S. 212–238.
6 Nach der Zerstörung der Auferstehungskirche durch den Kalifen von Kairo, Hakem, im Jahr 1009 und dem vom byzantinischen *basileus* Konstantinos Monomachos betreuten Wiederaufbau in der Mitte des 11. Jahrhunderts stellten die Kreuzfahrer um die Mitte des 12. Jahrhunderts einen Umbau des Gebäudes fertig, der in seinen großen Linien bis in unsere Tage fortbesteht.
7 Vgl. F. Opll, *Amator Ecclesiarum. Studien zur religiösen Haltung Friedrich Barbarossas,* in: „Mitteilungen des Instituts für Österreichische Geschichtsforschung", LXXXXVIII, 1980, S. 75.

KAPITEL V

1 Vgl. E. Otto, *Von der Abschließung des Ritterstandes,* in: AA. VV., *Das Rittertum im Mittelalter,* von A. Borst, Darmstadt 1976, S. 106–129.
2 An diesem Dokument entzündeten sich die Polemiken; berühmt auch die von Rudolf IV., Herzog von Österreich, zwischen 1358 und 1359 vorgenommene Fälschung, die als *Privilegium maius* bekannt ist.
3 Wir spielen hier auf die berühmte These von D. de Rougemont, *L'amore e l'Occidente,* Mailand 1977, an.

KAPITEL VI

1 Ottonis et Rahewini, *Gesta Friderici I imperatoris,* hrsg. von G. Waitz – B. de Simson, Hannover–Leipzig 1912, S. 116f.
2 Gerhoh, *De investigatione Antichristi,* I, 40, hrsg. von F. Scheidelberger, Linz 1875, S. 85.

KAPITEL VII

1 Vgl. B. Smalley, *Storici nel medioevo,* Italien. Übersetzung aus dem Englischen, Neapel 1979, S. 136f.
2 Der Salzhandel spielt in der Geschichte dieser Periode wie übrigens in jeder Periode der Menschheitsgeschichte eine sehr wichtige Rolle. Vgl. die Darstellung in J. F. Bergier, *Una storia del sale,* italien. Übers., Venedig 1984 (deutsche Ausgabe: Die Geschichte vom Salz, Frankfurt 1989).
3 *Quod principi placuit legis habet vigorem, cum populus ei et in eum suum imperium et potestatem concessit.*

KAPITEL VIII

1 Die Geschichte dieser und anderer Reliquien müßte ganz neu geschrieben werden. Im vorigen Jahrhundert machte sich J. A. S. Collin de Plancy darüber lustig: *Dizionario delle reliquie e delle immagini miracolose,* Newton Compton, Rom 1982, S. 124f. Man beachte, daß Collin de Plancy, nachdem er sein pamphletartiges Lexikon geschrieben hatte (es erschien 1821/22), sich zu einem strengen Katholizismus bekehrte und Mitarbeiter von Abt Migne wurde.
2 Vgl. P. Dronke, *Donne e cultura nel Medioevo,* ital. Übers., Mailand 1986, S. 201.
3 *Purgatorio,* XVIII, 119.

KAPITEL IX

1 Vgl. *Testi religiosi zoroastriani* von A. Bausani, Rom 1957, S. 83.
2 *Mt* 2,1–2.
3 *Ps* 71,10; *Jes* 60,6.
4 Vgl. M. Bussagli, *Il contesto storico da cui emersero i Re Magi,* in „Il Tempo", 6. Januar 1983.
5 *Salve mundi domine,* in M. Manitius, *Geschichte der lateinischen Literatur des Mittelalters,* III, Heidelberg 1931, S. 984ff.
6 *Il dramma dell'Anticristo,* in E. Franceschini, *Teatro latino medievale,* Mailand 1960, S. 277.
7 *Ebd.,* S. 278f. Vgl. F. Cardini, *Il Ludus de Antichristo e la teologia imperiale di Federico I,* in: AA. VV., *Mito e realtà del potere nel teatro: dall'antichità classica al Rinascimento,* hrsg. von M. Chiatò – F. Doglio, Rom 1988.
8 M. Sbriccoli, *Crimen lesae maiestatis,* Mailand 1974, S. 95.

KAPITEL X

1 Sprichwörtliche Härte und Ausbeutung, wie aus dem *Liber tristitiae sive doloris* ersichtlich, d. h. dem Verzeichnis der Steuern und anderen Belastungen, die den Mailändern von dem Statthalter Markhold von Grumbach, einem „unerbittlichen Folterknecht", auferlegt wurden; dieses Verzeichnis „enthält eine eindrucksvolle Aufzählung der Beschlagnahmungen von Rindern und Holzkarren, von Ochsenpaaren, von Schweinen und Hühnern und jeder anderen Besteuerung, durch die jene Menschen geschunden wurden, die aller bürgerlichen Rechte beraubt ohne jeglichen Schutz lebten" (P. Brezzi, *Da Roncaglia a Costanza,* in: AA. VV., *La pace di Costanza 1183,* Bologna 1984, S. 17).
2 Es handelt sich um Otto II., der durch Verfügung seines Vaters Otto I. gekrönt wurde.
3 Vgl. G. Pistarino, *Alessandria nel mondo dei comuni,* in „Studi medievali", s. III, vol. XI, 1970, S. 1–101.

KAPITEL XI

1 Zur Frage der Vorherrschaft Mailands über die Liga und der dadurch hervorgerufenen Probleme vgl. die Abhandlung von A. Haverkamp, *La Lega lombarda sotto la guida di Milano (1175–1183)*, in: AA. VV., *La pace di Costanza 1183*, a. a. O., S. 159–178.

2 Zu den Beziehungen Friedrichs zu Venedig vgl. G. Rösch, *Venedig und das Reich*, Tübingen 1982, s. Bibliographie.

KAPITEL XII

1 Zur Bedeutung Theoderichs und Philipps im Hinblick auf den Kreuzzug, die Reliquienverehrung und die mit der Verehrung des Grabes Christi in Zusammenhang gebrachten Gralserzählungen vgl. H. Adolf, *Visio Pacis. Holy City and Grail*, Pennsylvania State University 1960, s. Bibliographie.

2 Nach manchen deutschen Chroniken sollen bereits 1173 oder 1179 Gesandte Saladins (bzw. des Sultans von Ikonium) eine Vermählung des Sohnes ihres Herrn (oder des Sultans von Ikonium selber) mit der Tochter Friedrichs – mit dem Versprechen, daß sie sich zum Christentum bekehren würden – vorgeschlagen haben. Auch hier handelt es sich vielleicht nicht so sehr um „Legenden" als um Gerüchte, die zu Propagandazwecken in Umlauf gesetzt wurden (vgl. B. Z. Kedar, *Crusade and mission*, Princeton 1984, S. 70).

3 Selbst Joachim von Floris war bestürzt über den Tod Friedrichs und nahm ihn zum Anlaß, um eine Betrachtung darüber anzustellen, daß die Macht der Menschen nutzlos ist, wenn ihre Pläne nicht mit dem Willen Gottes übereinstimmen. Der Tod Friedrichs würde – gerade wegen des hohen Ansehens, das er und die Erinnerung an ihn auf die Nachwelt ausübten – im 13. Jahrhundert zu einem der traditionellen Argumente werden, um die Nutzlosigkeit der Kreuzzüge aufzuzeigen (vgl. Kedar, *Crusade* . . ., a. a. O., S. 114).

KAPITEL XIII

1 *Purg.*, XVIII, 119.

2 Richard Wagner, *Mein Leben*, München 1983.

Bibliographie

Die Bibliographie zu Barbarossa ist sehr umfangreich; die folgenden Seiten erheben daher keinerlei Anspruch auf Vollständigkeit. Sie wollen sich darauf beschränken, einen Überblick der Quellen und Studien zu geben, die sich am unmittelbarsten auf Friedrich und seine Welt beziehen, und sehen von vielem ab, was man notwendigerweise anführen müßte, um ein auch nur annäherndes Bild seiner Welt und Europas im 12. Jahrhundert zeichnen zu wollen.

QUELLEN

Außer den schon klassischen Sammlungen wie *Acta imperii selecta,* hrsg. von J. F. Böhmer – J. Ficker, Innsbruck 1870, und H. Simonsfeld, *Jahrbücher des deutschen Reichs unter Friedrich I.,* I., Leipzig 1908 (Neudruck Berlin 1967), sind die wichtigsten Quellensammlungen über Friedrich I.: *Regesta imperii,* IV. 2, hrsg. von J. F. Böhmer, durchgesehen und korrigiert von F. Opll, Wien–Köln–Graz 1980; *Die Urkunden Friedrichs I.,* überarbeitet von H. Appelt u. a., 2 Bde., Hannover 1975–1979 (M. G. H. *Diplomata regum et imperatorum Germaniae,* X. 1–2); *Constitutiones et acta publica imperatorum et regum,* hrsg. von L. Weiland (M. G. H. *Legum sectio,* IV. 1 [für die Ronkalischen Gesetze von 1158 vgl. Nr. 175–178, S. 244ff.]).

Eine reiche Sammlung der Quellen zu Friedrich und seiner Zeit mit einer umfassenden, auf den Stand der Mitte der siebziger Jahre gebrachten Bibliographie und besonderer Bezugnahme auf sämtliche dokumentierten Ortsveränderungen des Kaisers zwischen 1152 und 1190 findet man in einer Studie, die für jeden, der sich mit Barbarossa befassen will, grundlegend ist: F. Opll, *Das Itinerar Kaiser Friedrich Barbarossas (1152–1190),* Wien–Köln–Graz 1978.

Alle italienischen und deutschen (und viele der französischen oder englischen) Chronisten des 12. Jahrhunderts sprechen von Friedrich I. Für eine erste Orientierung sind unerläßlich: F. Böhm, *Das Bild Friedrich Barbarossas und seines Kaisertums in den ausländischen Quellen seiner Zeit,* Berlin 1936, und O. Engels, *Federico Barbarossa nel giudizio dei suoi contemporanei,* in: AA. VV., *Federico Barbarossa nel dibattito storiografico in Italia e in Germania,* von R. Manselli u. J. Riedmann, Bologna 1982, S. 45–81.

Unter den Friedrich gewidmeten Chroniken ragt jene von seinem Onkel, dem Zisterzienser-Bischof Otto von Freising, verfaßte und dann von Rahewin fortgesetzte an Bedeutung heraus: Ottonis Frisingensis episcopi et Rahewini, *Gesta Federici I imperatoris,* hrsg. von G. Waitz – B. von Simon, in M. G. H. *Script. rer. Germ. in usu schol.,* XLVI (Neuausgabe von F. J. Schmale, 1965). Das Werk war, wie im übrigen alle Beiträge Ottos von Freising zur Geschichtsschreibung, sehr abgewogen. Erwähnt seien: J. Hashagen, *Otto von Freising als Geschichtsphilosoph und Kirchenpolitiker,* Leipzig 1900; A. Hofmeister, *Studien über Otto von Freising.* I – *Der Bildungsgang Ottos von Freising,* in: „Neues Archiv", XXXVII, 1911, S. 101–161; P. Brezzi, *Le fonti dei ‚Gesta Friderici I' di Ottone e Rahewin,* in: „Bullettino dell'Istituto storico italiano per il Medio Evo e Archivio muratoriano", LXXV, 1963, S. 105 bis 121; J. B. Gillingham, *Why did Rahewin stop writing the ‚Gesta Frederici',* in: „English historical review", LXXXIII, 1968, S. 224–303; K. F. Morrison, *Otto of Freising's Quest for the Hermeneutic circle,* in: „Speculum", LV, 1980, S. 207–236.

Zahlreich sind die Zeugnisse kirchlicher Zeitgenossen Friedrichs: zunächst die Briefe der

Päpste Hadrian IV. und Alexander III. (beide in: P. L., Bd. CLXXXVIII bzw. CC); dann die Schriften von Kardinal Boso, dessen *Gesta pontificum Romanorum* dem gegen Kaiser und Reich gerichteten politischen Vorgehen gerade Hadrians und Alexanders ein wahres Denkmal setzen (vgl. o. Engels, *Kardinal Boso als Geschichtsschreiber,* in: AA. VV., *Konzil und Papst. Festgabe H. Tüchle,* München 1975). Viel weniger parteiisch ist das Zeugnis von Gerhoh von Reichersberg, über den informieren: P. Classen, *Gerhoch von Reichersberg,* Wiesbaden 1960; E. Meuthen, *Der Geschichtssymbolismus Gerhohs von Reichersberg,* in: AA. VV., *Geschichtsdenken und Geschichtsbild im Mittelalter,* hrsg. von W. Lammers, Darmstadt 1965, S. 200 bis 246; A. M. Lazzarino del Grosso, *Società è potere nella Germania del XII secolo. Gerhoch di Reichersberg,* Florenz 1974.

Aber die übelwollendsten Stimmen gegen Friedrich kommen von einer Gruppe von Autoren aus dem fränkisch-anglo-normannischen Raum, die die kaiserfeindlichen Thesen Alexanders III. an die westeuropäische Welt weitergeben: dazu gehören vor allem Johannes von Salisbury, Bischof Arnulf von Lisieux, Walther von Chatillon und Radulf von Diceto. Vgl. z. B. *The letters of John of Salisbury,* hrsg. von W. J. Miller – H. E. Butler – C. N. L. Brooke, zwei Bde., Oxford University Press 1955–1979 (vgl. im 1. Bd., ep. 124, S. 206ff., den berühmten Urteilsspruch: „Wer hat je die Deutschen zu Richtern über alle Nationen eingesetzt?"); *The letters of Arnulf of Lisieux,* hrsg. von F. Barlow, London 1939; K. Strecker, *Moralistisch-satirische Gedichte Walthers von Chatillon,* Heidelberg 1929. Insbesondere zu Johannes von Salisbury siehe das grundlegende Werk von K. Guth, *Johannes von Salisbury. Studien zur Kirchen-, Kultur- und Sozialgeschichte Westeuropas im 12. Jahrhundert,* St. Ottilien 1978. Zu einer sehr interessanten These, die die Lehre vom Tyrannenmord bei Johannes von Salisbury auf den Kampf gegen Friedrich zurückführt, vgl. J. Spörl, *Gedanken um Widerstandsrecht und Tyrannenmord im Mittelalter,* in: AA. VV., *Widerstandsrecht und Grenzen der Staatsgewalt,* Berlin 1956, S. 21.

BÜCHER UND ABHANDLUNGEN

Friedrich I. hat in der deutschen Geschichte zweifellos eine einzigartige Stellung, die die Geschichtsschreibung zumindest seit dem Ende des 18. Jahrhunderts als solche behandelt hat. Sie gehört auf alle Fälle in den weiteren und komplexeren Problemkreis der Kaiserpolitik, für die man immer noch nicht von dem klassischen Buch von F. Schneider, *Neuere Anschauungen der deutschen Historiker zur Beurteilung der deutschen Kaiserpolitik des Mittelalters,* Weimar 1934, absehen kann. Vgl. auch J.-P. Cuvillier, *L'Allemagne médiévale,* Bd. 2, Paris 1979–1984.

Es ist eine offenkundige Tatsache, daß die gesamte deutsche Geschichtskritik des 19. Jahrhunderts Barbarossa nicht so sehr und nicht nur in sich und für sich sieht, als vielmehr durch den Filter des Aufbaus der deutschen Nation und der Beziehung zwischen Kaiserpolitik und deutscher Politik. Daher rührt das negative Urteil H. v. Sybels über den kaiserlichen Universalismus und dessen Einstufung als „undeutsch"; daher dann auch die Verteidigung dieser Politik durch Ficker, der gerade bezüglich der süditalienischen Kaiserpolitik und der *unio regni ad imperium* entgegnete, daß die mittelländische Politik nicht zur Schwächung des Reiches beitrug, ja vielmehr einen konstitutiven Bestandteil seiner Tradition darstellte, wenn auch das Verhalten gegenüber dem Papsttum nicht energisch genug war: aus dieser Diskussion ging eine These über die spezifische Sendung des Reiches selbst hervor (vgl. H. v. Sybel, *Entstehung des deutschen Königtums,* 1844; J. Ficker, *Das deutsche Kaiserreich in seinen universalen und nationalen Beziehungen,* 1861, und *Deutsches Kaisertum und Königtum,* 1862). Aber dem Barbarossa-"Mythos" in Deutschland galt vor allem die von Ergriffenheit bestimmte Verherrlichung des Reiches durch W. Giesebrecht, *Geschichte der deutschen Kaiserzeit,* 6 Bde., Leipzig 1859–1895; während wenige Jahre später K. Hampe mit viel weniger mystisch-romantischen, aber viel ausgeprägteren nationalistischen Akzenten in den Staufern und in ihrer Politik die Grundlagen der deutschen Nation pries (vgl. K. Hampe, *Deutsche Kaisergeschichte in der Zeit der Salier und Staufer,* Leipzig 1909, [6]1929). Ganz anders, ja geradezu entgegengesetzt, wurde die Rolle Barbarossas bekanntlich vom italienischen Risorgimento gesehen: Auch da waren die politische Zweckdienlichkeit und, wenn man will, die politische Entstellung offenkundig, aber unter klar entgegengesetztem Vorzeichen. Doch zwischen Risorgimento-Rhetorik und neuer Geschichtslektüre gewann die Gelehrsamkeit eine Reihe objektiver historischer Elemente zurück, die weniger anachronistische und weniger leidenschaftliche Bewertungen ankündigten (vgl. L. Simeoni, *Note storiche all'ode ‚Sui campi di Marengo'*, in: „Convivio", I, 1948). Die 1977 in Stuttgart veranstaltete Ausstellung über die Zeit der Staufer und ihr großartiger Katalog geben Zeugnis von einem mühevollen Zurückholen Barbarossas in die Geschichte nach jahrzehntelangen leidenschaftlichen Polemiken. Für die Rekonstruktion dieser Polemiken wichtig bleibt auf alle Fälle der AA. VV.-Band *Federico Barbarossa nel dibattito storiografico in Italia e in Germania,* Bologna 1982. (Es handelt sich um die Akten eines im September 1980 in Trient abgehaltenen Seminars; der sehr gute Bericht über dieses Seminar stammt von R. Dondarini, *Federico Barbarossa in due storiografie,* in: „Quaderni medievali", 11, Juni 1981, S. 152–158.)

Das kolossale Werk *Die Zeit der Staufer,* 5 Bde., Stuttgart 1977–1979, ist zwar nur der Katalog der Ausstellung von 1977, stellt aber tatsächlich ein fundamentales Arbeitsinstrument nicht nur und nicht so sehr wegen der Geschichte Friedrichs und der anderen Kaiser der Schwabendynastie dar, als wegen der reichen Informationen, das es auf ikonographischem und dokumentarischem Feld bietet. Was die Ikonographie betrifft, so ist der besonders wertvolle Band von C. A. Willemsen, *Die Bildnisse der Staufer,* Göppingen 1977, zu nennen; was Friedrichs Geburtsort, die Wiege des Hauses der Staufer und die romantische Verehrung betrifft, die dort im 19. Jahrhundert ihren Mittelpunkt hatte und auch heute noch nicht völlig erloschen ist, sind zwei Bücher sehr nützlich: H. Schwarzmaier *Die Heimat der Staufer,* Sigmaringen 1976, und von AA. VV., *Hohenstaufen. Staufer-Forschungen im Stauferkreis Göppingen,* hrsg. von W. Ziegler, Göppingen 1977. Aber über das wohl berühmteste – und in seiner Art sogar zuverlässigste – „Porträt" Friedrichs lese man H. Grundmann, *Der Cappenberger Barbarossakopf und die Anfänge des Stiftes Cappenberg,* Köln–Graz 1959.

Was die Stauferdynastie in Beziehung zu ihrem Herkunftsgebiet betrifft, beschränken wir uns auf drei Arbeiten aus der jüngeren Zeit: E. Maschke, *Das Geschlecht der Staufer,* Aalen 1970; K. Schmid, *De regia stirpe Waibligensium, Bemerkungen zum Selbstverständnis der Staufer,* in: „Zeitschrift für die Geschichte des Oberrheins", CXXIV, 1976, S. 63–73; H. Schwarzmaier, *Staufisches Land und staufische Welt im Übergang,* Sigmaringen 1978.

Die Staufer waren Herzöge von Schwaben. Über das Herzogtum Schwaben sowohl als „überpersonale" Einrichtung wie als Forschungsgegenstand, dem man sich mit den in der Landesgeschichte angewandten Methoden stellen kann, liegt heute ein großes Werk vor: H. Maurer, *Der Herzog von Schwaben. Grundlagen, Wirkungen und Wesen seiner Herrschaft in ottonischer, salischer und staufischer Zeit,* Sigmaringen 1978.

Es ist bei einem König immer schwierig, die private „Biographie" vom öffentlichen Leben zu unterscheiden; bei einem Souverän des 12. Jahrhunderts ist es aber angesichts des Standes und der Beschaffenheit der uns zur Verfügung stehenden Quellen schier unmöglich. In diesem Zusammenhang – und wenn man von einigermaßen annehmbaren Ergebnissen absieht – rufen Arbeiten wie E. Otto, *Friedrich Barbarossa in seinen Briefen,* in: „Deutsches Archiv", V, 1941/42, S. 72–111, eben wegen einer Methodenfrage – welches auch immer die angewandten methodologischen Vorsichtsmaßnahmen sein mögen – Bestürzung hervor. Es ist nämlich unmöglich (oder zumindest sehr schwierig), Informationen abzuleiten bzw. sichere Urteile persönlich-privaten Charakters abzugeben (angenommen, daß diese Adjektiva, und besonders das zweite, im 12. Jahrhundert einen annähernd ähnlichen Sinn haben, wie wir ihnen zuschreiben), wenn wir von Dokumenten ausgehen, die der stilisierte Ausdruck einer Kanzlei sind und jedenfalls nicht oder nur sehr entfernt Ideen und Absichten, aber noch viel weniger Eindrücke, Humor und Seelenzustände eines Kaisers widerspiegeln. Andererseits bleiben die Methodenprobleme immer offen, und es ist nicht auszuschließen, daß neue Systeme der Quellenbefragung auch auf diesem heiklen Gebiet zu Ergebnissen führen, die weit entfernt von jenen sind, die heute möglich erscheinen. Was oben gesagt wurde, ist also nicht im Sinne einer totalen Verschließung (ja Taubheit) gegenüber künftigen „neuen Grenzen des Historikers", welcher Art auch immer sie sein mögen; sondern lediglich als ein Hinweis auf die notwendige Vorsicht. Im vorliegenden Fall ist es ratsam, ehe man sich an die Beurteilung der verschiedenen Biographien Friedrichs macht, sich wenigstens durch die Lektüre zweier meines Erachtens unerläßlicher Abhandlungen abzusichern: W. Holtzmann, *Quellen und Forschungen zur Geschichte Friedrich Barbarossas,* in: „Neues Archiv", XLVIII, 1930, S. 284–413, und O. Engels, *Beiträge zur Geschichte der Staufer im 12. Jahrhundert,* in: „Deutsches Archiv", XXVII, 1971, S. 432–456.

Diese lange Einleitung dient lediglich dazu, zu unterstreichen – wenn das notwendig ist, woran wir nicht zweifeln –, daß eine „Biographie" Barbarossas letzten Endes immer nicht so sehr ein Bericht über das Leben eines Mannes ist, als vielmehr ein Diskurs über das römisch-deutsche Königtum im 12. Jahrhundert.

Es gibt viele Biographien Friedrichs. Zumindest auf der Ebene der Geschichtsschreibung kann man nicht von den beiden großen Werken absehen: F. v. Raumer *Geschichte der Hohenstaufen und ihrer Zeit,* 5 Bde., Leipzig [2]1840–1842, und Giesebrecht, *Geschichte . . .,* a. a. O., dessen zwei letzte Bände, V und VI, Friedrich Barbarossa gewidmet sind. Nach der umfassenden Studie von H. Prutz, *Kaiser Friedrich I.,* 3 Bde., Danzig 1871–1874, und jener von E. Otto, *Friedrich Barbarossa,* Potsdam 1940, stellt die gelungene Kurzbiographie von E. Maschke, *Kaiser Friedrich I.,* in: AA. VV., *Die großen Deutschen,* hrsg. von H. Heimpel – Th. Heuss – B. Reifenberg, Berlin 1956, S. 70–86, eine nützliche Überarbeitung dar, und zwar nicht so sehr, was den Rahmen der Ereignisse betrifft, als auf der kritischen Ebene der Synthese. Interessant das freilich nicht immer kritische (sondern eher erklärende) und da und dort feierlich verherrlichende Vorhaben von K. Jordan, *Friedrich Barbarossa, Kaiser des christlichen Abendlandes,* Göttingen–Berlin–Frankfurt 1959 (Göttingen [2]1967). Eine andere Kurzbiographie, verfaßt von H. Heimpel, *Friedrich I.,* in: AA. VV. *Neue deutsche Biographie,* V, Berlin 1961, S. 459–478, ist ebenso bemerkenswert, wie die von F. J. Schmale, *Konrad III. und Friedrich I. als Könige und Kaiser,* in: AA. VV., *Probleme des 12. Jahrhunderts,* Stuttgart–Konstanz 1968, S. 33–52. Aber am Ausgang der sechziger Jahre gibt es zwei große biographische Arbeiten – beide bezeichnenderweise nicht von deutschen Verfassern: M. Pacaut, *Frédéric Barberousse,* Paris 1967, löste jedoch bestürztes Erstaunen mit seinem Versuch aus, die Zwietracht zwischen „Welfen" und „Ghibellinen" (Staufern), über die es bekanntlich zahllose Mißverständnisse und Polemiken auch bezüglich der nachfolgenden Epochen gibt, vor das 12. Jahrhunderts zu datieren; und die Studie von P. Munz, *Fredereck Barbarossa. A study in medieval politics,* London 1969.

Nach den beiden Biographien von Pacaut und Munz sind noch zu nennen: A. Cartellieri, *Das Zeitalter Friedrich Barbarossas 1150–1190,* Aalen 1972, und die beachtliche AA. VV.-Studiensammlung, *Friedrich Barbarossa,* hrsg. von G. Wolf, Darmstadt 1975, ein kritisches Werk ersten Ranges. Einem Thema, das – im Gegensatz zu dem, was man annehmen könnte – keineswegs klar ist, widmet sich E. Assmann, *Friedrich Barbarossas Kinder,* in: „Deutsches Archiv für Erforschung des Mittelalters", XXXIII, 1977, S. 435–472. Bedeutsam ist auch noch A. Borst, *Reden über die Staufer,* Frankfurt a. M. 1978.

Es gibt auch Studien über einige besondere Episoden und Perioden aus dem Leben des Kaisers. Was seine Jugend betrifft, so kann man noch immer auf W. Berhardi, *Konrad III.,* Leipzig 1883, zurückgreifen.

Über Friedrichs Politik im allgemeinen sind zwei Bücher bemerkenswert: H. J. Kirfel, *Weltherrschaftsidee und Bündnispolitik. Untersuchungen zur auswärtigen Politik der Staufer,* Bonn 1959, und P. Rassow, *Honor imperii. Die neue Politik Friedrich Barbarossas 1152–1159,* München–Berlin 1940, Neudruck Darmstadt 1961. Zu einigen Einzelaspekten der Politik Friedrichs vgl. z. B.: R. Holtzmann, *Zum Strator- und Marschalldienst,* in: „Historische Zeitschrift", CXLV, 1932, S. 301–350; H. Mitteis, *Die deutsche Königswahl,* Brünn [2]1943; W. Heinemayer, *Die Verhandlungen an der Saône im Jahre 1162,* in: „Deutsches Archiv", XX, 1964, S. 155–189; F. J. Schmale, *Friedrich I. und Ludwig VII. im Sommer des Jahres 1162,* in: „Zeitschrift für Bayerische Landesgeschichte", XXXI, 1968, S. 315–368; J. P. Niederkorn, *Die Datierung des Tafelgütverzeichnisses. Bemerkungen zu einer Neuerscheinung,* in: „Mitteilungen des Instituts für Österreichische Geschichtsforschung", LXXXVII, 1979, S. 471ff.; R. M. Herkenrath, *Studien zum Magistertitel in der frühen Stauferzeit,* ebd., LXXXVIII, 1980, S. 3–35; F. Opll, *Amator ecclesiarum. Studien zur religiösen Haltung Friedrich Barbarossas,* ebd., S. 70–83.

Von grundlegender Bedeutung für Friedrich wie für jeden Herrscher des 12. Jahrhunderts war die Kanzlei, über die es eine sehr umfangreiche Literatur gibt. Wir beschränken uns hier nur auf wenige Titel: die klassische Studie von K. T. Stumpf-Brentano, *Die Reichskanzler des 10., 11. und 12. Jahrhunderts,* Innsbruck 1865–1883; und von den jüngeren Arbeiten: R. M. Herkenrath, *Regnum und Imperium. Das Reich in der frühstaufischen Kanzlei (1138–1155),* Wien 1969; W. Koch, *Die Reichskanzlei in den Jahren 1167 bis 1174,* Wien 1973; R. M. Herkenrath, *Die Reichskanzlei in den Jahren 1174 bis 1180,* Wien 1977; W. Koch, *Die Schrift der Reichskanzlei im 12. Jahrhundert,* Wien 1979; ders., *Zu Sprache, Stil und Arbeitstechnik in den Diplomen Friedrich Barbarossas,* in: „Mitteilungen des Instituts für Österreichische Geschichtsforschung", LXXXVIII, 1980, S. 36–69.

Die Erörterungen über die Kanzlei führen unwillkürlich zu Studien über manche Mitarbeiter Barbarossas, die in gewissen Fällen entscheidende Mitwirkende an seiner Regierungstätigkeit waren. Auch hier beschränken wir uns auf einen allgemeinen Hinweis (R. M. Herkenrath, *I collaboratori tedeschi di Federico I,* in: AA. VV., *Federico Barbarossa,* a. a. O., S. 199–232) und auf einige Monographien, z. B.: F. Keszycka, *Kaiserin Beatrix,* Freiburg 1923; F. J. Jakobi, *Wibald von Stablo und Corvey (1098–1158), benediktinischer Abt in der frühen Stauferzeit,* Münster 1979; W. Grebe, *Studien zur geistigen Welt Rainalds von Dassel,* in: „Annalen des Historischen Vereins für den Niederrhein", LXXI, 1969, S. 30–36; C. Varrentrapp, *Erzbischoff Christian I. von Mainz,* s. l. 1867; K. Pfisterer, *Heinrich von Kalden Reichsmarschall der Stauferzeit,* Heidelberg 1937.

Doch der Mitarbeiter, der Hauptmitwirkende und auch der Gegenspieler Friedrichs par excellence ist Heinrich der Löwe. Und auch über ihn besitzen wir eine umfassende Biographie. Wir nennen nur: A. L. Poole, *Henry the Lion,* Oxford 1912; F. Güterbock, *Der Prozeß Heinrichs des Löwen,* Berlin 1909; M. Philippson, *Heinrich der Löwe, Herzog von Bayern und Sachsen. Sein Leben und seine Zeit,* Leipzig [2]1918; J. Heydel, *Das Itinerar Heinrichs des Löwen,* Hildesheim 1929; O. Haendle, *Die Dienstmannen Heinrichs des Löwen,* s. l. 1930; G. Läwen, *Die herzogliche Stellung Heinrichs des Löwen in Sachsen,* s. l. 1937; K. Jordan, *Bistumsgründungen Heinrichs des Löwen,* Stuttgart 1939; J. Bährmann, *Die Städtegründungen Heinrichs des Löwen und die Stadtverfassung des 12. Jahrhunderts,* Köln–Graz 1961; K. Jordan, *Enrico il Leone e la Lega lombarda nella politica di Federico Barbarossa,* in: AA. VV., *Popolo e stato in Italia nell'età di Federico Barbarossa,* Turin 1970; G. Scaramellini *Barbarossa ed Enrico il Leone a Chiavenna,* Chiavenna 1976; P. Barz, *Heinrich der Löwe. Ein Welfe bewegt die Geschichte,* Bonn 1977; K. Jordan, *Heinrich der Löwe,* München 1979; AA. VV., *Heinrich der Löwe,* hrsg. von W.-D. Mohrmann, Göttingen 1980; K. Jordan, *Friedrich Barbarossa und Heinrich der Löwe,* in: „Blätter für deutsche Landesgeschichte", CXVII, 1981, S. 61–71; K. Heinemeyer, *Der Prozeß Heinrichs des Löwen,* ebd., S. 1–60.

Zur Situation der Kirche im 12. Jahrhundert im allgemeinen seien genannt: G. Alberigo, *Cardinalato e collegialità. Studi sull'ecclesiologia tra l'XI e il XIV secolo,* Florenz 1969; A. Fliche – R. Foreville – J. Rousset de Pina, *Dal primo concilio lateranense all'avvento di Innocenzo III,* Torino 1974 *(Storia della Chiesa,* dir. A. Fliche – V. Martin, IX); R. Floreville, *Latran I, II, III et IV,* Paris 1965. Über die Beziehungen zu Hadrian IV.: M. Maccarone, *Papato e impero dalla elezione di Federico I alla morte di Adriano IV,* Rom 1959; H. Schrörs, *Untersuchungen zu dem Streite Kaiser Friedrichs I. mit Papst Hadrian IV. (1157/58),* Bonn 1915. Zum Reichstag von Besançon von 1157 vgl. W. Heinemeyer, *„Beneficium – non feudum sed bonum factum". Der Streit auf dem Reichstag zu Besançon 1157,* in: „Archiv für Diplomatik", XV, 1969, S. 155–236. Was Alexander III. anbelangt, ist die Biographie von M. Pacaut, *Alexandre III,* Paris 1956, noch immer sehr wichtig; erwähnenswert sind ferner: P. W. Baldwin, *Alexander III and the twelfth century,* New York 1969; C. Ober, *Papst Alex-*

ander III. und Friedrich Barbarossa, München 1980; G. Tabacco, *Empirismo politico e flessibilità ideologica nelle relazioni fra Alessandro III e i due imperi,* in: „Bullettino storico-bibliografico subalpino", LXXXI, 1983, S. 239–246. Über das Schisma: M. Meyer, *Die Wahl Alexanders III. und Viktors IV.*, Göttingen 1871; A. M. Ameli, *La Chiesa di Roma e la Chiesa di Milano nella elezione di papa Alessandro III,* Florenz 1910; H. Karge, *Die Gesinnung und die Maßnahmen Alexanders III. gegen Friedrich Barbarossa,* Greifswald 1914; P. Brezzi, *Lo scisma inter regnum et sacerdotium al tempo di Federico Barbarossa,* in: „Archivio della deputazione romana di storia patria", LXII, 1940; O. Capitani, *Alessandro III, lo scisma e le diocesi d'Italia,* in: AA. VV., *Popolo e stato,* a. a. O.; N. Gussone, *Thron und Inthronisation des Papstes von den Anfängen bis zum 12. Jahrhundert,* Bonn 1978, S. 270–278; W. Madertoner *Die zwiespältige Papstwahl des Jahres 1159,* Wien 1978; J. Petersohn, *Papstschisma und Kirchenfriede,* in: „Quellen und Forschungen aus italienischen Archiven und Bibliotheken", LIX, 1979, S. 159–197; O. Capitani, *Federico Barbarossa davanti allo scisma: problemi e orientamenti,* in: AA. VV., *Federico Barbarossa,* a. a. O., S. 83–130. Ebenfalls über Alexander III.: R. Somerville, *Pope Alexander III and the Council of Tours,* Berkeley–Los Angeles–London 1977, und K. Schreiner, *Geschichte, symbolisches Handeln, standortbedingte Urteilsbildung. Wirkungsgeschichtliche Studien zur Begegnung zwischen Kaiser Friedrich Barbarossa und Papst Alexander III.*, Bielefeld 1981.

Über den Konflikt zwischen Papsttum und Reich im 12. Jahrhundert im allgemeinen kann man – außer auf den alten, aber klassischen Band von U. Balzani, *Italia, papato e impero nel secolo XII,* Mailand 1930 – zurückgreifen auf: G. Dunken, *Die politische Wirksamkeit der päpstlichen Legaten in der Zeit des Kampfes zwischen Kaisertum und Papsttum in Oberitalien unter Friedrich I.*, Berlin 1931; K. Jordan, *Die Stellung des deutschen Episkopats im Kampf um die Universalmacht unter Friedrich I. bis zum Frieden von Venedig,* Würzburg 1939; F. Kempf, *Der „Favor apostolicus" bei der Wahl Friedrich Barbarossas und im deutschen Thronstreit,* in: AA. VV., *Speculum Historiae. Geschichte im Spiegel von Geschichtsschreibung und Geschichtsdeutung,* Freiburg 1965, S. 469–478; H. Tillmann, *Ricerche sull'origine dei membri del collegio cardinalizio nel XII secolo,* in: „Rivista di storia della Chiesa in Italia", XXIV, 1970, S. 441–464; XXVI, 1972, S. 313–353; XXIX, 1975, S. 363–402; K. Jordan, *Investiturstreit und frühe Stauferzeit,* in: *Gebhards Handbuch der deutschen Geschichte,* hrsg. von A. Grundmann, I, Stuttgart [9]1973, S. 323–426. Ein geschichtliches Gesamtbild bietet: *La riforma della Chiesa e la lotta fra papi e imperatori,* Mailand 1979 (Geschichte der mittelalterlichen Welt – Cambridge, IV).

Friedrichs Herrschaft war bekanntlich von großer Bedeutung auf dem Gebiet des Rechts und Rechtswesens. Dazu allgemein: C. Wacker, *Beiträge zur Geschichte der staufischen Reichstage,* Leipzig 1882; I. Ott, *Der Regalienbegriff des 12. Jahrhunderts,* in: „Zeitschrift für Rechtsgeschichte", Kan. Abt., LXVI, 1949; H. Appelt, *Friedrich Barbarossa und das römische Recht,* in: „Römische Historische Mitteilungen", V, 1961–62, S. 18–34; P. Costa, *Iurisdictio. Semantica del potere politico nella pubblicistica medievale, Mailand 1969; H. Kellenbenz, Das deutsche Reich,* in: *Handbuch der europäischen Wirtschafts- und Sozialgeschichte,* hrsg. von H. Kellenbenz, II, Stuttgart 1980, part. S. 521f. über die *regalia iura.* Über die Beziehungen zwischen dem Kaiser und den Juristen von Bologna sowie über den Reichstag von Roncaglia 1158 vgl.: G. Blondel, *Les droits régaliens et la constitution de Roncaglia,* in: AA. VV., *Mélanges Paul Fabre,* Paris 1902, S. 237–257; H. Koeppler, *Frederick Barbarossa and the Schools of Bologna,* in: „English historical review", LIV, 1939, S. 577–603; A. Erler, *Die Ronkalischen Gesetze des Jahres 1158 und die oberitalienische Stadtfreiheit,* in: „Zeitschrift für Rechtsgeschichte", Germ. Abt., LXI, 1941; E. Rota, *Il valore politico immediato per l'Italia della costituzione „De Regalibus" del 1158,* in: „Studi sassaresi", S. II, Bd. XXIII, 1950; W. Ullmann, *The medieval interpretation of Frederick I Authentic „Habita"*, in: AA. VV., *L'Europa e il diritto romano. Studi in memoria di Paolo Koschaker,* I, Mailand 1954, S. 99ff.; G. de Vergottini, *Lo Studio di Bologna, l'impero, il papato,* in: AA. VV., *Studi e Memorie per la storia dell'Università di Bologna,* N. S., I, Bologna 1956; A. Haverkamp, *Die Regalien-, Schutz- und Steuerpolitik in Italien unter Friedrich Barbarossa bis zur Entstehung des Lombardenbundes,* in: „Zeitschrift für bayerische Landesgeschichte", XXIX, 1966, S. 3–156 (wie bei diesem Gelehrten nicht anders zu erwarten, eine grundlegende Arbeit zum Verständnis der Beziehung zwischen Recht, Verwaltungspolitik und Steuersystem); V. Colorni, *Le tre leggi perdute di Roncaglia (1158) ritrovate in un manoscritto parigino,* in: AA. VV., *Scritti in memoria di Antonino Giuffrè,* I, Mailand 1967, S. 113–170 (Colornis Fund hat einen Wendepunkt in den Forschungen zur Gesetzgebung Friedrichs von 1158 an bedeutet); G. Santini, *L'origine bolognese di due leggi di Roncaglia: Le Constitutiones „Habita" e „Sacramenta puberum",* in: „Archivio giuridico Filippo Serafini", Ser. VI, Bd. XLIV, 1968, S. 494ff. Wichtig sind auch die beiden Abhandlungen von T. Szabó, *Römischrechtliche Einflüsse auf die Beziehung des Herrschers zum Recht. Eine Studie zu vier Autoren aus der Umgebung Friedrich Barbarossas,* in: „Quellen und Forschungen aus italienischen Archiven und Bibliotheken", LIII, 1973, S. 34–48, und W. Stelzer, *Die Summa Monacensis (Summa „Imperatorie Maiestati") und der Neustifter Propst Konrad von Albeck. Ein Beitrag zur Verbreitung der französischen Kanonistik im frühstaufischen Deutschland,* in: „Mitteilungen des Instituts für Österreichische Geschichtsforschung", LXXXVIII, 1980, S. 94–112.

Über Friedrichs „Außenpolitik" gebe es zahlreiche Themen, die Beachtung verdienten. Aber die Gelehrten wurden – außer von der etwas episodenhaften Diplomatie gegenüber dem Frankreich der Kapetinger oder dem Reich der Plantagenets (Normandie-England) – mit Recht von zwei Aspekten der politischen Tätigkeit des Staufenkaisers angezogen: nämlich seinem Verhalten gegenüber dem normannischen Königreich von Sizilien und dem gegenüber Byzanz. Für den ersten genügt der Hinweis auf G. Baaken, *Unio regni ad imperium. Die Verhandlungen von Verona 1184 und das Eheversprechen zwischen König Heinrich VI. und Konstanze von Sizilien,* in: „Quellen und Forschungen aus italienischen Archiven und Bibliotheken", LII, 1972, S. 219–297, und G. Tabacco, *Impero e regno meridionale,* in: AA. VV., *Potere, società e popolo tra età normanna ed età sveva,* Bari 1983, S. 13–48. Für den zweiten Aspekt sind außer der schönen Untersuchung von P. Lamma, *Comneni e Staufer. Ricerche sui rapporti fra Bisanzio e l'Occidente nel secolo XII,* 2 Bde., Rom 1955–1958 (die Darstellung ist weit umfassender als der Titel vermuten läßt), zu nennen: W. Ohnsorge, *Die Byzanzpolitik Friedrich Barbarossas und der „Landesverrat" Heinrichs des Löwen,* in: ders., *Abendland und Byzanz,* Darmstadt 1958, S. 456–491, und P. Classen, *La politica di Manuele Comneno tra Federico Barbarossa e le città italiane,* in: AA. VV., *Popolo e stato,* a. a. O., S. 265–279.

Zur Rolle Friedrichs in der deutschen Geschichte führen wir die folgenden Werke an: G. Barraclough, *Le origini della Germania moderna,* Florenz 1957, und J.-P. Cuvillier, *L'Allemagne médiévale.* Naissance d'un état (VIIIe–XIIIe siècle), Paris 1979.

Über die eigentliche Verwaltungs- und Regierungstätigkeit der Staufer vgl.: J. Ficker, *Die Reichshofbeamten der Staufischen Periode,* Wien 1862; O. V. Dungern, *Die Staatsreform der Hohenstaufen,* München–Leipzig 1913; K. Bosl, *Die Reichsministerialität der Salier und Staufer,* 2 Bde., Stuttgart 1950/51 (grundlegendes Werk!); G. Rauch, *Die Bündnisse deutscher Herrscher mit Reichsangehörigen. Vom Regierungsantritt Friedrich Barbarossas bis zum Tod Rudolfs von Habsburg,* Aalen 1966; W. Hotz, *Pfalzen und Burgen der Stauferzeit,* Darmstadt 1981; J. Fried, *La politica economica di Federico Barbarossa in Germania,* in: AA. VV., *Federico Barbarossa,* a. a. O., S. 311–383. Zur Entstehung Österreichs: H. Fichtenau, *Von der Mark zum Herzogtum. Grundlagen und Sinn des Privilegium minus für Österreich,* München 1958; O. Brunner, *Land und Herrschaft. Grundfragen der territorialen Verfassungsgeschichte Österreichs im Mittelalter,* Wien [2]1959 (ohne Zweifel eines der schönsten Geschichtsbücher, das in diesem Jahrhundert geschrieben wurde); H. Appelt, *Privilegium minus. Das staufische Kaisertum und die Babenberger in Österreich,* Wien–Köln–Graz 1973; K. Lechner, *Die Babenberger,* Wien–Köln 1977; E. Zöllner, *Das Privilegium minus und seine Nachfolgebestimmungen in genealogischer Sicht,* in: „Mitteilungen des Instituts für Österreichische Geschichtsforschung", LXXXVI, 1978, S. 1–26; AA. VV., *Das Babenbergische Österreich,* hrsg. von E. Zöllner, Wien 1978, S. 43–53. Für andere Herzogtümer seien z. B. erwähnt: E. Heyck, *Geschichte der Herzöge von Zähringen,* Freiburg 1891; T. Mayer, *Der Staat der Herzöge von Zähringen,* s. l. 1935; A. K. Hömberg, *Westfalen und das sächsische Herzogtum,* Münster

1963. Über die Lehnsreform: H. Gunia, *Der Leihezwang,* Düsseldorf 1938; W. Goez, *Der Leihezwang,* Tübingen 1962. Über Friedrichs Städtepolitik: H. Planitz, *Der deutsche Staat im Mittelalter,* Graz–Köln 1954; H. Boockmann, *Barbarossa in Lübeck,* in: „Zeitschrift des Vereins für Lübeckische Geschichte und Altertumskunde", LXI, 1981, S. 7–18; F. Schwind, *Reichsstadt und Kaiserpfalz Gelnhausen,* in: „Blätter für deutsche Landesgeschichte", CVII, 1981, S. 73–96. Eine wichtige Grenze des deutschen Reiches im 12. Jahrhundert war die nordöstliche Reichsgrenze; dazu: R. Kötzsche, *Quellen zur Geschichte der ostdeutschen Kolonisation im 12.-14. Jahrhundert,* s. l. ²1931; K. Hampe, *Der Zug nach dem Osten,* Leipzig ³1935; E. Christiansen, *Le crociate del nord. Il Baltico e la frontiera cattolica,* Bologna 1983. Was Friedrichs Politik in Deutschland und die Nordwestgrenze betrifft, sei natürlich auf alle Arbeiten hingewiesen, die bereits oben zu Heinrich dem Löwen angegeben wurden.

Die deutsche Politik Friedrichs ist eng mit seiner Italienpolitik verbunden: Darüber bestehen große Meinungsverschiedenheiten, ja viele Polemiken, aber die Verknüpfung an sich läßt sich nicht leugnen. Für eine kritische Analyse sind hilfreich: E. Jordan, *L'Allemagne et l'Italie aux XIIᵉ et XIIIᵉ siècles,* Paris 1939; G. Fasoli, *Città e sovrani fra il X e il XII secolo,* Bologna 1963; F. Opll, *Effetti della politica italiana di Federico Barbarossa in Germania,* in: AA. VV., *Federico Barbarossa,* a. a. O., S. 265–309.

Über eine in vieler Hinsicht sehr wichtige Episode, nämlich die Verträge von Montebello, vgl. F. Güterbock, *Der Friede von Montebello und die Weiterentwicklung des Lombardenbundes,* Berlin 1895; W. Heinemeyer, *Der Friede von Montebello (1175),* in: „Deutsches Archiv", XI, 1954, S. 101–139.

Zur Schlacht von Legnano: G. Martini, *La battaglia di Legnano: la realtà e il mito,* in: „Nuova Antologia", CXI, 1976, S. 357–371; AA. VV., *Legnano e la battaglia,* hrsg. von G. d'Ilario, E. Gianazza, A. Marinoni, Legnano 1976.

Zum Frieden von Venedig: P. Brezzi, *La pace di Venezia del 1177 e le relazioni tra la repubblica e l'impero,* in: AA. VV., *Venezia dalla prima crociata alla conquista di Costantinopoli del 1204,* Florenz 1965, S. 49–70; F. J. Schmale, *Der Friede von Venedig,* Bochum 1981. Zum Frieden von Konstanz: W. Lenel, *Der Konstanzer Frieden von 1183 und die italienische Politik Friedrichs I.,* in: „Historische Zeitschrift", CXXVIII, 1923, S. 189–261; C. G. Mor, *Il trattato di Costanza e la vita comunale,* in: AA. VV., *Popolo e stato,* a. a. O.; AA. VV., *La pace di Costanza 1183,* Bologna 1984 (es handelt sich um die Akten eines 1983 in Piacenza abgehaltenen Kongresses; vgl. dazu auch T. Zambarbieri, *La pace di Costanza,* in: „Quaderni medievali", 16. Dezember 1983, S. 203–210). Zur letzten Phase der Italienpolitik Friedrichs vgl. H. Kauffmann, *Die italienische Politik Kaiser Friedrichs I. nach dem Frieden von Konstanz,* Greifswald 1933.

Der Adel des Königreiches Italien in seinen Beziehungen zum Staufenkaiser bietet eine Fülle interessanter Elemente. Dazu folgende Arbeiten: J. Fischer, *Königtum, Adel und Kirche im Königreich Italien,* Bonn 1965; M. Strachwitz, *Die Privilegierung des italienischen Adels durch Kaiser Friedrich I.,* Wien 1968; R. Manselli, *La grande feudalità italiana tra Federico Barbarossa e i comuni,* in: AA. VV., *Popolo e stato,* a. a. O.; A. Haverkamp, *Friedrich I. und der hohe italienische Adel,* in: AA. VV., *Beiträge zur Geschichte Italiens im 12. Jahrhundert,* Sigmaringen 1971, S. 53ff.; H. Keller, *Adelsherrschaft und städtische Gesellschaft in Oberitalien,* Tübingen 1979.

Burgund betreffend: P. Fournier, *Le royaume d'Arles,* Paris 1891; H. Hirsch, *Urkundenfälschungen aus dem Regnum Arelatense. Die burgundische Politik Kaiser Friedrichs I.,* Wien 1937; J-Y. Mariotte, *Le comté de Bourgogne sous les Hohenstaufen 1156–1208,* Paris 1963; H. Büttner, *Friedrich Barbarossa und Burgund. Studien zur Politik der Staufer während des 12. Jahrhunderts,* in: AA. VV., *Probleme des 12. Jahrhunderts,* a. a. O., S. 79–119.

Das Reich, der Reichsgedanke, die Reichsliturgie, die sakrale Reichspolitik bei Friedrich sind Gegenstand von Studien, die einen breiten thematischen Raum einnehmen. Was das liturgische Gebiet betrifft, ist besonders wichtig: *Die Ordines für die Weihe und Krönung des Kaisers und der Kaiserin,* hrsg. von R. Elze, Hannover 1960 (Fontes iuris Germanici antiqui, IX. *Ordines coronationis imperialis).* Ferner: M. Krammer, *Der Reichsgedanke des staufi-*

schen Kaiserhauses, Breslau 1908; A. Dempf, *Sacrum imperium,* Mailand–Messina 1933; E. Dupré Theseider, *L'idea imperiale di Roma nella tradizione del medievo,* Rom 1942; P. Brezzi, *Roma e l'impero medievale,* Bologna 1947; G. Tabacco, *Le relazioni fra i concetti di potere temporale e di potere spirituale nella tradizione cristiana fino al secolo XV,* Turin 1950; R. Folz, *L'idée d'empire en Occident du Ve au XIIe siècle,* Paris 1953; P. Zerbi, *Papato, impero e repubblica cristiana dal 1187 al 1198,* Mailand 1955; P. A. van der Baar, *Die kirchliche Lehre der translatio imperii bis zur Mitte des 13. Jahrhunderts,* Rom 1956; A. J. Carlyle, *Il pensiero politico medievale,* 4 Bde., Rom–Bari 1959; H. J. Kirfel, *Weltherrschaftsidee und Bündnispolitik. Untersuchungen zur auswärtigen Politik der Staufer,* Bonn 1959; H. Appelt, *Die Kaiseridee Friedrich Barbarossas,* Wien 1967; M. Bloch, *I re taumaturghi,* Turin 1973; G. Martini, *Regale sacerdotium,* Neuveröffentlichung in „Nuova rivista storica", LXV, 1981, S. 73–156; C. Brühl, *Kronen- und Krönungsbrauch im frühen und hohen Mittelalter,* in: „Historische Zeitschrift", CCXXXIV, 1982, S. 1–31. Weniger erforscht sind die Tendenzen zum Protest, die gleichfalls vorhanden waren: Vgl. B. Paradisi, *Spunti polemici contro l'impero in alcuni giuristi del XII secolo,* in: „Studi romani", XIX, 1971, S. 11–21. Über die Symbole der Macht: P. E. Schramm, *Rom und Renovatio,* Berlin 1929 (Neudruck 1957); H. Sedlmayr, *Die Entstehung der Kathedrale,* Zürich 1950 (bes. S. 125ff. über den „Leuchter von Aachen"); P. E. Schramm, *Sphaira – Globus – Reichsapfel,* Stuttgart 1958 (bes. S. 81–91 über den schwäbischen Reichsapfel); P. E. Schramm – F. Mütherich, *Denkmale der deutschen Könige und Kaiser,* I, München 1962 (sehr wichtig wegen der Abbildungen); P. E. Schramm, *Kaiser, Könige und Päpste,* 3 Bde., Stuttgart 1968/69; R. Elze, *Insegne del potere sovrano e delegato in Occidente,* in: AA. VV., *Simboli e simbologia nell'Alto Medievo,* II, Spoleto 1976, S. 569–593; R. Staats, *Theologie der Reichskrone. Ottonische „Renovatio imperii" im Spiegel einer Insignie,* Stuttgart 1976; R. Elze, *Päpste – Kaiser – Könige und die mittelalterliche Herrschaftssymbolik,* London 1982. Zum Bezug zwischen Reich und Eschatologie vgl.: E. Sakkur, *Sibyllinische Texte und Forschungen,* Halle 1899; F. Kampers, *Die deutsche Kaiseridee in Prophetie und Sage,* München 1896; M. Reeves, *Joachimist influence of the idea of a „Last World Emperor",* in: „Traditio", XVII, 1961, S. 323–370; B. Töpfer, *Das kommende Reich des Friedens. Zur Entwicklung chiliastischer Zukunftshoffnungen im Hochmittelalter,* Berlin 1964. Über die Legende vom „schlafenden Kaiser": L. Bechstein, *Die Sagen des Kyffhäusers,* s. l. 1835; J. Adamek, *Vom römischen Endreich der mittelalterlichen Bibelerklärung,* Würzburg 1938. Zur Reichsidee in der Dichtung vgl.: R. Schnell, *Die Reichsidee in der deutschen Dichtung des Mittelalters,* Darmstadt 1983.

Über die Legende der Magier: U. Monneret de Villard, *Le leggende orientali sui Magi evangelici,* Vatikanstadt 1952; L. Olschki, *L'Asia di Marco Polo,* Florenz 1957; Johannes von Hildesheim, *La storia dei Re Magi,* hrsg. von A. M. Di Nola, Florenz 1966; M. Elissagaray, *La légende des Rois Mages,* Paris 1965; über das Grab der Magier in Mailand: P. Spreafico, *La basilica di Sant'Eustorgio. Tempio e museo,* Mailand 1976. Grundlegend ist H. Hofmann, *Die Heiligen Drei Könige,* Bonn 1975.

Karl der Große hat im „ideologischen" Plan Barbarossas eine entscheidende mythische Präsenz, vgl.: R. Folz, *Le souvenir et la légende de Charlemagne dans l'empire germanique médiéval,* Paris 1950; ders., *Etudes sur le culte liturgique de Charlemagne dans les églises de l'Empire,* Paris 1951; G. Martini, *La memoria di Carlomagno e l'impero medievale,* in: „Rivista storica italiana", LXVIII, 1966, S. 255–281; AA. VV., *Karl der Große. IV – Das Nachleben,* hrsg. von W. Braunfels – P. E. Schramm, Düsseldorf 1967; N. v. Holst, *Zu den Jakobs- und Nikolauspatrozinien im Italien der Stauferzeit,* in: „Mitteilungen des Kunsthistorischen Instituts in Florenz", XXIV, 1980, S. 357–361.

Der Dritte Kreuzzug wird natürlich in allen Gesamtdarstellungen über die Kreuzzüge behandelt. Was aber insbesondere Friedrichs Beitrag betrifft, muß auf folgende Werke hingewiesen werden: H. Patze, *Kaiser Friedrich Barbarossa und der Osten,* in: AA. VV., *Probleme des 12. Jahrhunderts,* a. a. O., S. 243–253; H. E. Mayer, *Der Brief Kaiser Friedrichs I. an Saladin vom Jahre 1188,* in: „Deutsches Archiv", XIV, 1958, S. 488–494; F. W. Wentzlaff-Eggebert, *Der Hoftag Jesu Christi 1188 in Mainz,* Wiesbaden 1962; E. Eickhoff, *Friedrich*

Barbarossa im Orient. Kreuzzug und Tod Friedrichs I., Tübingen 1977 (grundlegend); H. Möhring, *Saladin und der Dritte Kreuzzug. Ayubidische Strategie und Diplomatie im Vergleich vornehmlich der arabischen mit den lateinischen Quellen*, Wiesbaden 1980; B. Z. Kedar, *Ein Hilferuf aus Jerusalem vom September 1187*, in: „Deutsches Archiv für Erforschung des Mittelalters", XXXVIII, 1982, S. 112–122.

Das Zeitalter Friedrichs I. war ein Knotenpunkt in der deutschen Kultur. Das sieht man sehr gut schon an jenem außergewöhnlichen Drama des *Ludus de Antichristo*, dessen Text in: *Geistliche Spiele. Lateinische Dramen des Mittelalters mit deutschen Versen*, hrsg. von K. Langosch, Darmstadt 1961, S. 181–239, behandelt wird; vgl. auch die Abhandlung von K. Hauck, *Zur Genealogie und Gestalt des staufischen „Ludus de Antichristo"*, in: „Germanisch-Romanische Monatsschrift", XXXIII, 1951/52, S. 11–26. Zum Archipoeta vgl.: V. W. Stach, *Salve mundi domine. Kommentierende Beobachtungen zum Kaiserhymnus des Archipoeta*, Leipzig 1939; K. Langosch, *Politische Dichtung um Kaiser Friedrich Barbarossa*, Berlin 1943; F. Cairnis, *The Archpoet's confession: sources, interpretation and historical context*, in: „Mittellateinisches Jahrbuch", XV, 1980, S. 87–103. Das Zeitalter Friedrichs und die soziokulturelle Entwicklung des Standes der *ministeriales* werden auch als das Milieu genannt, in dem sich die deutsche Ausformung jener höfischen Kultur und jener Rittertraditionen entwikkelte, die bereits um die Mitte des 12. Jahrhunderts in Frankreich, aber noch nicht in Deutschland ausgebildet waren; vgl.: M. Huby, *L'adaptation des romans courtois en Allemagne au XII*^{e} *et au XIII*^{e} *siècle*, Paris 1968; J. Flori, *Les origines de l'adoubement chevaleresque. Etude des remises d'armes et du vocabulaire que les exprime dans les sources historiques latines jusqu'au début du XIII*^{e} *siècle*, in: „Traditio", XXXV, 1979, S. 222–223. Über das Zeitalter Friedrichs in der Literatur vgl. L. Mittner, *Storia della letteratura tedesca*, Turin 1977, S. 169ff., Bd. I/1. Zu den Rittertraditionen in Deutschland und dem diesbezüglichen Beitrag der *entourage* von Beatrix von Burgund vgl. auch: G. Fleckenstein, *Friedrich Barbarossa und das Rittertum. Zur Bedeutung der Großen Mainzer Hoftage von 1184 und 1188*, in: AA. VV., *Festschrift Heimpel*, II, Göttingen 1977, S. 1023–1041.

Zeittafel

1120–1126: Innerhalb dieses Zeitraums ist die Geburt Friedrichs anzusetzen.
1122 Wormser Konkordat zwischen Papst Calixtus II. und Kaiser Heinrich V.
1123 März: Erstes Laterankonzil.
1125 Mai: Tod Kaiser Heinrichs V.
August/September: Wahl und Krönung Lothars III. zum König der Römer.
1133 Juni: Lothar III. wird in Rom zum Kaiser gekrönt.
1137 Dezember: Tod Lothars III.
1138 März: Wahl und Krönung Konrads III. zum König der Römer.
1139 Zweites Laterankonzil.
1143 Erste Anfänge des kommunalen Rom.
1144 Eroberung der Grafschaft Edessa durch den *Atabeg* von Damaskus und Mosul.
1145 Dezember: Papst Eugen III. ruft den Zweiten Kreuzzug aus.
1146 Dezember: Während des Reichstags zu Speyer nehmen Konrad III. und Herzog Friedrich von Schwaben das Kreuz.
1147 Herbst: Aufbruch der deutschen Kreuzfahrer von Regensburg.
Oktober: Niederlage des deutschen Kreuzfahrerheeres bei Doryläum.
1149 Friedrich von Schwaben vermählt sich mit Adela von Vohburg.
1152 Februar: In Bamberg stirbt Konrad III.
März: Friedrich von Schwaben wird zum König der Römer gewählt und gekrönt.
Mai: Reichstag zu Merseburg. Schluß mit den privaten Kriegen.
1153 März: Reichstag zu Konstanz. Erste Vereinbarungen Friedrichs mit dem Papsttum und mit einigen Lehnsherren und lombardischen Städten.
Annullierung der Ehe zwischen Friedrich I. und Adela von Vohburg.
1154 Oktober: Erster Italienzug Friedrichs I.
November: Erster Reichstag auf den Ronkalischen Feldern.
1155 Februar: Plünderung von Asti.
April: Friedrich I. in Pavia zum König von Italien gekrönt.
Zerstörung von Tortona.
Mai: Begegnung Friedrichs I. mit den Juristen von Bologna.
Juni: Begegnung zwischen Friedrich I. und Papst Hadrian IV. in Sutri.
Kaiserkrönung Friedrichs I. in Rom.
Juli: Zerstörung von Spoleto.
September: Friedrich I. kehrt nach Deutschland zurück.
Oktober: Offizielle Einsetzung Heinrichs des Löwen als Herzog von Sachsen und Herzog von Bayern.

1156 Juni: Vermählung Friedrichs I. mit Beatrix von Burgund.
September: Reichstag zu Regensburg. Rainald von Dassel wird Reichskanzler. Errichtung des Herzogstums Österreich, mit dem Heinrich von Babenberg betraut wird.
1157 September: Reichstag zu Würzburg.
Oktober: Reichstag zu Besançon. Auseinandersetzung zwischen dem Kaiser und dem päpstlichen Gesandten Kardinal Roland Bandinelli.
1158 Juli: Zweiter Italienzug Friedrichs I. Belagerung von Brescia.
August: Friedrich I. befiehlt den Wiederaufbau der von den Mailändern zerstörten Stadt Lodi. Zerstörung von Brescia.
Belagerung von Mailand.
September: Kapitulation Mailands. 11. November: Zweiter Reichstag auf den Ronkalischen Feldern.
1159 16. April: Mailand wird in Abwesenheit zur Aufrührerin gegen das Reich erklärt.
Juli: Beginn der Belagerung von Crema.
September: Tod Papst Hadrians IV. Gleichzeitige Wahl von Roland Bandinelli (Alexander III.) und Ottaviano Monticelli (Viktor IV.).
23. Oktober: Schreiben Friedrichs I. an die deutschen Bischöfe über die Ereignisse im Zusammenhang mit der Doppelwahl des Papstes.
1160 Januar: Zerstörung von Crema.
5. Februar: Konzil von Pavia; die vom Kaiser einberufenen Bischöfe bestätigen die Wahl Viktors IV. zum Papst.
24. März: Alexander III. verhängt über Friedrich I. den Kirchenbann.
1161 August: Friedrich I. beginnt mit der Belagerung von Mailand.
1162 März: Kapitulation Mailands.
April: Zerstörung Mailands.
August: Friedrich I. in Burgund. Erfolglose Verhandlungen mit dem König von Frankreich.
1163 Oktober: Dritter Italienzug Friedrichs I.
1164 April: Bildung der Liga von Verona.
Viktor IV. stirbt; von kaiserlicher Seite wird Paschalis III. zum Papst gewählt.
Juni: Rainald von Dassel verläßt Mailand mit den Reliquien der Heiligen Drei Könige.
23. Juli: Rainald von Dassel trifft in Köln ein.
September: Aufstand in Piacenza gegen den kaiserlichen Stadtvogt.
Oktober: Friedrich I. kehrt nach Deutschland zurück.
1165 Mai: Reichstag zu Würzburg. Der Kaiser und die deutschen Adeligen verpflichten sich eidlich, niemals Alexander III. als rechtmäßigen Papst anzuerkennen.
23. November: Feierlicher Einzug Alexanders III. in Rom.
Dezember: Heiligsprechung Karls des Großen in Aachen.
1166 Oktober: Vierter Italienzug Friedrichs I.
15. November: Reichstag zu Lodi.
1167 8. März: Liga zwischen Bergamo, Brescia, Cremona und Mantua und Einladung an Mailand zur Teilnahme.
7. April: Überliefertes Datum des sogenannten Eides von Pontida.
27. April: Die Liga beginnt mit dem Wiederaufbau Mailands.
Mai: Der Kaiser belagert zum ersten Mal Ancona.

23. Mai: Lodi schließt sich der Liga von Cremona an.
29. Mai: Sieg des kaiserlichen Heeres über die Römer bei Monteporzio.
1. August: Neuerliche Kaiserkrönung Friedrichs I.
Epidemie im kaiserlichen Heer.
September: Friedrich I. verhängt den Reichsbann gegen die Liga von Cremona.
1. Dezember: Die Liga von Verona und die Liga von Cremona vereinigen sich zur Lombardischen Liga.

1168 März: Friedrich hält sich auf dem Rückweg in Susa auf.
Frühjahr: Gründung der Stadt Alessandria.
15. Mai: Reichstag zu Bamberg.
29. Mai: Reichstag zu Würzburg. Schiedsspruch Friedrichs zwischen Heinrich dem Löwen und seinen Gegnern.
20. September: Tod Paschalis' III. Calixtus III. wird zum Papst des Kaisers gewählt.
24. Oktober: Erneuerung der Verträge der Lombardischen Liga.
1. Dezember: Tagung der Lombardischen Liga in Lodi.

1169 24. Juni: Reichstag zu Bamberg: Wahl Heinrichs von Schwaben, des Sohnes Friedrichs I., zum König der Römer.
15. August: Krönung Heinrichs zum König der Römer.

1170 Verhandlungen zwischen Friedrich I. und Alexander III. in Veroli.

1171 März: Der *basileus* Manuel Komnenos läßt auf dem Gesamtterritorium des byzantinischen Kaiserreiches die Venezianer verhaften.

1172 Heinrich der Löwe reist in das Heilige Land.

1173 April–Oktober: Zweite Belagerung Anconas durch das kaiserliche Heer.

1174 September: Friedrich I. bricht zum fünften Mal nach Italien auf.
Oktober: Beginn der Belagerung von Alessandria.

1175 12. April: Friedrich I. hebt die Belagerung von Alessandria auf.
16. April: Abkommen von Montebello.

1176 Januar: In Chiavenna Gespräch Friedrichs I. mit Heinrich dem Löwen.
29. Mai: Schlacht von Legnano.
Oktober: Verhandlungen zwischen Papst und Kaiser in Anagni.
Dezember: Getrennte Abkommen Friedrichs I. mit Tortona und Cremona.

1177 Juli–August: Frieden von Venedig zwischen Kaiser und Papst. Waffenstillstand des Kaisers mit dem König von Sizilien und mit den Städten.

1178 30. Juli: In Arles Krönung Friedrichs I. zum König von Burgund.
29. August: Calixtus III. unterwirft sich Papst Alexander III.
15. September: Kongreß der Lombardischen Liga in Verona.
11. November: Reichstag zu Speyer.

1179 Januar: Reichstag zu Worms gegen Heinrich den Löwen.
Februar–März: Drittes Laterankonzil.
Juni: Reichstag zu Magdeburg gegen Heinrich den Löwen.
August: Reichstag zu Kayna gegen Heinrich den Löwen.

1180 Januar: Reichstag zu Würzburg gegen Heinrich den Löwen.
April: Aufteilung der Güter Heinrichs des Löwen.
Juni–September: Feldzug gegen Heinrich den Löwen, der mit der Niederlage des Löwen endet.
September: In Konstantinopel stirbt der *basileus* Manuel Komnenos.

1181 30. August: Alexander III. stirbt; auf ihn folgt Lucius III.
November: Heinrich der Löwe wird begnadigt und geht ins Exil an den Hof Heinrichs II. von England.
1182 Massaker an den Lateinern in Konstantinopel.
1183 14. März: Die Stadt Alessandria wird von Friedrich I. anerkannt und in Caesarea umbenannt.
April: Friedensvorverhandlungen zwischen Friedrich I. und der Lombardischen Liga in Piacenza.
Juni: Friedensvertrag zwischen Friedrich I. und der Lombardischen Liga wird in Konstanz ratifiziert.
1184 20. Mai: Fest am Hof zu Mainz. Heinrich, König der Römer, und Friedrich werden zu Rittern geschlagen.
Juli: Verhandlungen zwischen dem Kaiser und dem Papst in Verona.
14. November: Tod der Kaiserin Beatrix von Burgund.
1185 Januar: Das Bündnis der Liga wird für weitere dreißig Jahre erneuert.
11. Februar: Abkommen Friedrichs I. mit Mailand.
25. November: Lucius III. stirbt; Urban III. wird zum Papst gewählt.
1186 27. Januar: Die Vermählung Heinrichs IV. mit Konstanze von Altavilla; große Krönungszeremonie.
Juli–August: Friedrich kehrt nach Deutschland zurück.
Sommer: Angriff Heinrichs IV. auf das Territorium der Kirche.
November: Reichstage in Gelnhausen und Nürnberg.
1187 2. Juli: Das Heer des Königs von Jerusalem wird von Saladin in der Schlacht von Hattin in Galiläa besiegt.
10. Juli: Saladin erobert Acri.
2. Oktober: Saladin erobert Jerusalem.
Oktober: Urban III. stirbt; Gregor VIII. wird zum Papst gewählt.
17. Dezember: Gregor VIII. stirbt; sein Nachfolger ist Clemens III.
1188 27. März: *Curia Jesu Christi* in Mainz.
1189 11. Mai: Die deutschen Kreuzfahrer brechen von Regensburg auf.
1190 März: Die Kreuzfahrer überqueren die Meerenge der Dardanellen.
17. Mai: Eroberung von Ikonium.
10. Juni: Tod Friedrichs I.

Register